閱讀評量與寫字教學

教育部國語文課程與輔導諮詢團隊

江惜美　洪月女　孫劍秋

鄭圓鈴　劉　瑩　等　著

五南圖書出版公司 印行

序

自民國八十九年起，教育部為配合九年一貫課程推動工作，並依據精緻國民教育方案及建構中央與地方教學輔導網絡實施方案，成立了各學習領域及類科組群之教學輔導團，而語文學習領域國語文組，在前任召集人王開府教授、各大學專家學者及諸多中小學教師的努力之下，亦累積了相當豐碩的成果。

本輔導諮詢團隊的主要任務在國家教育政策宣導、課程、教材、教學、評量等方面提供專業諮詢服務與協助，近年來亦致力推動中小學閱讀活動、識字與寫字教學專題等項目。延續先前閱讀教學、資訊融入教學及國字形音義教學等議題，本（99）學年度將目標定於閱讀策略、寫作教學、命題評量、識字與寫字教學及資訊融入教學等五大議題上，並配合教育部九十八至一〇一年之中程計畫目標，期能建立語文學習領域國語文組的專家人才庫與資料庫，並進行課程統整、教材研發、協同教學、創新教學、多元評量等研究，提供國語文創新教學方法與具體教學示例以供全國中小學教師參酌，期能具體增進教學效能。

自九十八學年度始，除例行的到團輔導工作及定期會議之外，並分北、中、南三區辦理各縣市輔導員及教師之閱讀教學與寫作增能工作坊，以提升教師閱讀教學理論能力、命題實作與評量能力及寫作與批閱能力。此外並建置推廣網路平臺，整合人力、教學資訊網，統合各縣市輔導團網頁，以分享研討會、工作坊之成果及教學資源作品、教學檔案，逐步建立全國交流平臺，並定期發刊《國語文輔導群通訊》電子報，報導中央及地方輔導團相關訊息。

為呈現輔導成果，國語文輔導諮詢團隊於九十九年五月十四日，假國立臺北教育大學舉辦「2010 年閱讀策略、寫字教學與命題評量研討會」，會中廣邀全國教育專家、各級教師參與發表，經擇優錄取，於會中共宣讀論文二十四篇，與

會人數逾二百之眾，專家咸集、群賢畢至，灼見交流、砥礪切磋，可謂盛況空前，亦為本年度之輔導工作畫下完美的句點。

為彰顯會議盛景並廣收研討成效，會後祈請作者校刪補述，再請專家學者另行審查，而後勒於一編。本論文集按教學理論與實務大分為「學術論文」與「教學示例」二類，再按「閱讀策略」、「命題評量」及「寫字教學」等議題分三部，共計收錄學術論文十一篇、教學示例九篇，凡二十篇。綜觀本論文集，除深具學術之前瞻與指導，亦兼顧教學之參考與實用，可謂理論與實務兼具矣。

本次會議籌劃歷數月之久，會議能圓滿舉行、論文集能順利出版，端賴各級師長、輔導團夥伴的指導與協助，而參與會議及編輯的諸位師長及同學，亦在此一併致上萬分謝意。今專集付梓在即，爰贅數語，尚期方家賢達不吝指正。

教育部國語文課程與教學輔導諮詢團隊召集人 孫劍秋 謹誌　99.08.18

閱讀評量與寫字教學

研究論文篇 （順序依第一作者之姓名筆畫遞增排列）

目 次

閱讀評量與寫字教學

教學示例篇 （順序依第一作者之姓名筆畫遞增排列）

閱讀教學策略對閱讀態度與能力影響之研究
——以智慧國民小學三年級閱讀童話為例

王生佳[*]、孫劍秋[*]

摘　要

　　本實驗研究旨在探討運用「閱讀教學策略」融入「大量閱讀童話」的活動，對國小三年級學童閱讀態度與能力之影響。

　　本研究採準實驗研究法。以臺北市一所國小三年級兩個班級學童為研究樣本共 58 人，安排一班為實驗組（人數 30 人），另一班為控制組（人數 28 人）。實驗組學童於一年的實驗處理階段，運用「閱讀教學策略」融入「大量閱讀童話」的活動，控制組學童則只進行「大量閱讀童話」的活動，而無策略的運用。

　　本研究的研究工具為研究者自編的「學童閱讀態度問卷」、柯華葳編製的「閱讀理解困難篩選測驗」、林寶貴和錡寶香編製的「中文閱讀理解測驗」，以及黃秀霜編製的「中文年級認字量表」。實驗研究前先以柯華葳編製的「閱讀理解困難篩選測驗」得分將實驗組學童依閱讀能力分組，再對兩組學童進行前後測，以統計搭配質性分析，瞭解兩組學童在閱讀態度與閱讀能力進退步的差異情形。

　　茲將本研究之結果分述如下：

一、閱讀態度方面

（一）透過閱讀教學策略融入大量閱讀童話教學對學童的「閱讀態度」具有「正面」的提升作用。

（二）實驗組學童在閱讀態度之「認知」向度上有較佳表現，但於「情感」和「行為」向度上無較佳表現。

二、閱讀能力方面

（一）實驗組學童在「認字」能力的表現上優於控制組學童。

（二）實驗組學童在「閱讀理解」能力的表現上優於控制組學童。

　　最後，根據研究的結果提出對教育行政機關、學校行政、教學者，以及推廣

[*]臺北市信義區興雅國民小學老師
[*]國立臺北教育大學語文與創作學系教授兼教育部國語文課程與教學輔導諮詢團隊召集人

國小三年級學童「大量閱讀」方向之具體建議，以供參考。

關鍵詞：閱讀教學、閱讀策略、閱讀態度、閱讀能力

.

第一章　前　言

　　處在終身學習的社會裡，如何因應資訊爆炸和大量知識的衝擊，以符合時代的需求，是一件極為重要的事，而「閱讀」正是解決這個問題的最主要方式，閱讀的「數量」與「品質」已成為社會進步的重要指標。

一、研究背景、動機與目的

　　面對二十一世紀資訊爆炸的武器，便是閱讀，越來越多的有識之士深刻的認識到，閱讀不僅是學好國語文的基礎，也是學好其他學科的基礎。世界各國為了使國家得以永續發展與提升國家競爭力，莫不對兒童閱讀大力倡導與推動（范熾文、黃榮隆，2008）。閱讀使人們可以在最短的時間內吸取別人研究的成果，也是唯一可以替代經驗使個體獲得知識的方法（洪蘭，2001）；閱讀是最實際的能力，它是所有學習的基礎，有閱讀能力的人，才有自己學習的能力(柯華葳，2008)。

　　李家同教授曾以「看見閱讀之美」為題，分享閱讀的喜樂。李家同表示，臺灣教育過度強調「精讀」，傳統教育都是重視字詞的解釋，欣賞文詞之美，一篇文章不斷的去解釋、欣賞。他說，一本書的內容不見得全部有意義，要捉住書本的重點，並大量的閱讀，而不是精讀、選讀一些文章。

　　李家同也以自身經歷指出：如果閱讀不夠，很難在看完文章後，很快的捉到重點與主旨，很多理工科的學生看不懂科學論文，有時不是專業知識的不足，而是沒有保持閱讀的習慣，學生數學不會做，也常常是因為看不懂題目。他強調，只讀課本內的文章是不夠的，也不是讀幾篇古文就可以。西方國家就強迫學生大量閱讀，唯有不斷閱讀，才能累積各式能力（李家同，2009）。讓兒童主動接近書本，喜愛閱讀，是教師重要的職責，只有讓兒童感到閱讀的喜悅，才能更常閱讀，而閱讀越多，認識的字彙越多，閱讀越流暢，才能使聽、說、讀、寫的技巧更精進（陳海泓，2000）。

　　讀書也得有方法，正確的閱讀方法，如同一座橋樑，可以讓孩子走向勝利之路（陳衛平，2006）。潘麗珠也認為，小學的閱讀教學（指導）方式要講究策略及效率（潘麗珠，2008）。閱讀能力需要慢慢學習而成，愈早接觸閱讀，以及愈有機會接觸閱讀，能力就愈早形成（柯華葳，2006），根據有關「兒童閱讀」的研究發現：六到十二歲是閱讀的豐沛期，他們就像一塊海綿，遇水即吸。在小學中年級階段，兒童讀物類別中的「童話」世界變化多端，最能讓孩子保有一顆快

樂的心，提供孩子一個彩色而豐富的世界。（林滿秋，2006）

　　研究者思考推動閱讀之意義在於讓學童重拾閱讀的樂趣，教師適時進行閱讀指導，以協助學生掌握技巧並幫助學習，因此，研究者欲將閱讀教學策略的研擬和閱讀歷程中的指導，列為主要的研究方向，故自 96 年 9 月起，以充實自我的閱讀素養[1]為目標，積極地實際參與數十場有關閱讀教學的研習與討論。研究者從閱讀專家學者們的身上汲取了許多寶貴的經驗，故於 97 年 4 月起，嘗試設計「閱讀教學策略」融入大量閱讀童話教學活動中，也與目前的科技教育趨勢結合，提升教學的便利性。

　　基於以上的研究背景，茲將研究動機敘述如下：

（一）關於閱讀能力與閱讀態度

　　針對「閱讀能力」而言，許多相關研究皆指出第一階段（3-9 歲）是「學習閱讀」的階段，第二階段（10 歲以後）學童則開始進入「從閱讀中學習」的階段，所以三年級是從「學習閱讀」過渡到「從閱讀中學習」的橋樑地位（柯華葳、游雅婷，2001）。美國的研究顯示：學童在三年級結束，如果還不具備基本閱讀能力，未來在學習其他各種學科時，也都會碰到困難；如果在國小中年級就能培養出閱讀的習慣，對於學童將來的知識、人格等發展，能有非常良好的影響（柯華葳，2008）；英國教育部長布郎奇指出：「每當我們翻開書頁，等於開啟了一扇通往世界的窗，閱讀是各種學習的基石。在我們所做的事情中最能解放我們心靈的，莫過於學習閱讀」（齊若蘭、游常山、李雪莉，2003）。

　　在臺灣，兒童閱讀政策在九十年教育部宣布啟動後，已全面實施，閱讀能力的重要性，更明列在九年一貫課程綱要的能力指標中，國語文分段能力指標之閱讀能力，指出第一階段(1－3 年級)閱讀能力指標包含：

　　　　能讀懂課文內容、了解文章的大意、能培養閱讀的興趣，並培養良好的閱
　　　　讀習慣及態度、能喜愛閱讀課外（注音）讀物，進而主動擴展閱讀視野、
　　　　能理解在閱讀過程中所觀察到的訊息、能提綱挈領、概略了解課文的內容
　　　　與大意、能掌握基本閱讀的技巧、學會用自己提問，自己回答的方法，幫

---

[1]國際教育成就委員會(IEA)對於「閱讀素養」的定義如下：1.學生能夠理解並運用書寫語言的能力。2.能夠從各式各樣的文章中建構出意義。3.能從閱讀中學習。4.參與學校及生活中閱讀社群的活動。5.在閱讀當中可以獲得樂趣。

助自己理解文章的內容。

針對「閱讀態度」而言，所謂「閱讀態度」即是閱讀的情意領域之中心成份，包含認知、情感和行為三成份。研究者認為有積極的閱讀態度，較有可能導致閱讀的成功，許多國內外相關研究顯示：閱讀態度與閱讀成就是否具有相關，結論仍有差異（湯平志，2000），所以值得進一步研究。

（二）從閱讀研究結果中反思閱讀教學方向

臺灣這幾年來鋪天蓋地致力於校園閱讀、兒童閱讀的推動。香港教師與學者，為了觀摩臺灣國中小的「閱讀推廣」運動，頻繁的造訪、觀摩臺灣。他們羨慕臺灣有這麼精緻的出版品，有這麼優雅的誠品書店，良好的教師群，有這麼多熱情義務的志工媽媽做為學校的後盾……（柯華葳，2007），然而，臺灣實際推動閱讀的歷程與成效如何？

2007 年底公布了的 PISA 閱讀素養[2] 和 PIRLS 國際閱讀素養[3] 兩項測驗成績排名，為臺灣的教育界投下兩顆力量不算小的震撼彈。測驗結果不如預期，凸顯出兩個值得深思之問題（柯華葳，2008）：

1. 重視閱讀的形式成果

前教育部長曾志朗有感於閱讀教育之重要，於 2000 年致力推動閱讀活動，教育部亦訂定系列閱讀教育政策，各校紛紛實施推廣閱讀教育相關活動，用各種方式鼓勵學生大量閱讀，除了閱讀書籍累積到一定的數量即頒發獎狀或兌換獎品之外，有些學校校長還不計形象，粉墨登場大跳天鵝湖，這樣的方式雖然能提升學生閱讀量，但值得思考的是－學童有沒有提升了內在的閱讀動機與培養閱讀的習慣？

---

[2] PISA 第一次評量在 2000 年，每隔 3 年舉行一次，現今有 57 個國家參與，參與國的 GDP 總和佔全球的 86%。臺灣自 2006 年加入，全國共有 245 所學校，其中 8815 名的 15 歲學生被選樣，接受測驗。受測學制包含：國中、高中、五專、高職（包含實用技能班、建教合作班）、進修補校。

[3] PIRLS（Progress in International Reading Literacy Study）是由國際教育成就調查委員會（International Association for the Evaluation of Educational Achievement; IEA）主持的計畫。目的在研究世界各國及地區四年級兒童的閱讀能力。臺灣在 2004 年加入這項國際性的研究。根據 *PIRLS 2006* 的定義：學生能夠理解並運用書寫語言的能力；能夠從各式各樣的文章中建構出意義；能從閱讀中學習；參與學校及生活中閱讀社群的活動；由閱讀獲得樂趣。

此外，為了留下推動閱讀活動之紀錄以及呈現閱讀教育成效而要求學童「撰寫閱讀學習單或讀書報告」，然而 PIRLS 2006 施測的結果卻發現閱讀完撰寫閱讀學習單頻率高之學生其閱讀成就並沒有高於撰寫閱讀學習單頻率低之學生。（柯華葳，2008）這樣的結果提醒大家應該重新思考，每天閱讀完要求學生填寫學習單或作業之意義在哪裡？我們的閱讀教學觀念要適時的轉換與調整，不要太執著於『結果』，一定要看重「過程」。

2. 國語文教學時數不足，影響學生高層次閱讀能力之發展

九年一貫課程改革的結果，學童學習的科目因此增多，例如鄉土語言、電腦和英語，國語文領域教學的時數因此大幅縮減。網際網路的發達和視訊媒體的氾濫，更瓜分了學童大量的閱讀時間，導致影響學童高層次閱讀能力之發展；前教育部長曾志朗就指出，臺灣學生在閱讀評量上，總是贏在詞彙的量，卻輸在篇章的理解以及概念的比擬與延伸（柯華葳，2008）。

再者，臺灣的閱讀教學活動經常是讓學生自行選擇閱讀書籍，閱讀完填寫學習單，PIRLS 2006 施測結果發現，不管是正式的國語課程或是閱讀活動對於閱讀理解策略之教導甚少著墨，反觀香港地區的老師則會於課堂上進行一些和閱讀理解有關的教學活動，如預測文中接下來會發生的事等，以提升高層次閱讀理解能力（柯華葳，2008）。

（三）閱讀教學策略與大量閱讀的價值

根據研究顯示，透過一些閱讀策略的教學，是可以增進學生的閱讀能力（張莉珍，2003；黃瓊儀，2003；陳世杰，2004；林容妃，2004；許晴佩，2005；劉穎韻，2005；林淑珍，2005；李燕妮，2006）。

教學應教導學童學習策略的應用，對孩童來說，若能在閱讀過程中有良好的策略技巧，不僅能增加閱讀速度，記住文章重點，又能了解其中要義，對於知識的汲取必有極大的幫助（陳淑絹，1995）。

從文獻發現，大量閱讀也有許多價值，如：提升學習興趣、增進語文能力、促進智力開發、陶冶思想品格及養成良好的習慣等（劉明宗，2000）。常見許多兒童大量閱讀後，卻對內容一知半解，徒勞無功，令人惋惜。師長應多給予兒童正確的指導、啟發，深入作品的內涵，從中獲得心靈的喜悅（吳當，2000）。

因此，研究者希望臺北市深耕閱讀的下一步，能著眼於閱讀教學策略。充實

教師的閱讀素養與教學技能，訓練學童的閱讀技巧，增加學童大量獨立閱讀的時間，以補課堂教學的不足，讓學童保有學習的優勢。

　　本研究要探討的目的是指導國小三年級學童[4]從閱讀教學策略的過程中引領思維，增進閱讀的數量，提升閱讀的品質。期待學童養成固定閱讀的習慣，培養思維能力和語文學習的興趣。

　　具體而言，本研究目的為：

　　1、分析「閱讀教學策略」融入大量閱讀童話活動對國小三年級學童「閱讀態度」的影響。

　　2、探討「閱讀教學策略」融入大量閱讀童話活動對國小三年級學童「閱讀能力」的影響。

　　3、了解國小三年級學童對於大量閱讀童話故事活動的看法。

　　4、根據研究結果與發現，提供學校行政、教學者以及推廣國小三年級學童「大量閱讀」方向時的參考。

　　此教學方案，以具體引導「多數學童」從「比較不會閱讀思考」到「更會閱讀思考」的原則，同時輔以豐富的閱讀環境，並結合教學活動及策略，有計畫的掌控教學流程。

二、研究問題

　　根據上述的研究目的，本研究針對下列主要問題進行探討：

（一）接受「閱讀教學策略」融入大量閱讀童話活動之國小三年級學童在「閱讀態度」有無顯著差異？

（二）接受「閱讀教學策略」融入大量閱讀童話活動之國小三年級學童在「閱讀能力」有無顯著差異？

（三）根據研究的結果，對有關教育行政機關、學校行政、教學者以及推廣國小三年級學童「大量閱讀」方向所提出之具體建議為何？

三、研究範圍

（一）研究時間

　　本研究進行的時間，從民國九十七年九月至九十八年六月。其前測時間

---

[4] 選定國小三年級學童為研究對象的原因：1.根據兒童閱讀能力發展指標，三年級是閱讀能力養成階段（Learn to read）。2.根據閱讀專家的研究，兒童在小學四年級以前宜發展出流暢的閱讀能力。3.研究者新學年任教三年級。

約爲九十七年九月，後測約在九十八年六月。其實驗處理階段共計一年
(上、下學期)。

（二）研究內容

目前國小閱讀教學所涵蓋的面向甚廣，本研究的內容主要探究閱讀教學
策略融入大量閱讀童話活動對學童「閱讀態度」與「閱讀能力」之影響。

（三）研究對象

本研究的對象爲臺北市智慧國小（化名）九十七學年度在籍的三年級兩
個班級之學童爲範圍。

第二章 閱讀教學策略

本研究的閱讀教學策略，具體而言，就是結合「聽」、「說」、「讀」、「寫」的
多元閱讀教學策略，以下就研擬的緣由和策略內容作敘述。

一、研擬緣由

從 2006 年國際閱讀素養檢測的結果，我們發現，臺灣過去的閱讀教學，對
於提升學童的閱讀成就，並不見效果！中央大學學習與教學研究所柯華葳教授對
此研究結果，提出了她的觀察，她指出臺灣過去的閱讀教學十分缺少閱讀理解教
學，而且學童獨立閱讀頻率過低，以及現今課文的份量與教學時數不足等，都是
造成閱讀成效不彰的因素。

研究者十分認同上述柯教授對臺灣閱讀教學的看法，教師應重新調整教學心
態與發展新的閱讀教學策略，故自 2007 年起著手探討閱讀教學策略之相關研究，
積極參與閱讀教學策略的相關講座與研討，在整合相關閱讀教學策略的想法後，
研究者認爲，未來新閱讀教學的方向，應該是引導學童養成「自發性的」閱讀和
「思考」習慣－學童能在閱讀中主動思考，透過閱讀改變思維，轉化知識爲能力。
另外，教師一個學期深度導讀幾本書是不夠的，必須讓學童「大量閱讀」課外書，
而且是有主題的小組討論、分享，引導深層思考及推敲。

換句話說，結合「閱讀教學策略」的「大量閱讀」，才能讓學童讀得更多更
廣，也才能訓練學童的思維。閱讀教學的重點要著力於「學童與文本」之間的互
動，而不是老師和學童間的互動；學童要能從課外書中「自己讀得懂」或「了解
自己的理解」；從閱讀中建構意義，也讓閱讀自然而然成爲生活的一部份。

　　從文獻中發現，多數的教學研究者常以「單一」的閱讀教學策略做爲其實驗研究的策略，但研究者認爲在國小的實際閱讀教學現場，閱讀策略的實施與研究應該朝「多元」的發展，除了能靈活引導閱讀學習外，也能全面兼顧每個學童的個別需求。因此研究者在考量國小三年級學童的學習背景與身心特質後，嘗試設計以國小三年級學童爲對象且能兼顧閱讀「數量」與「品質」的閱讀教學活動，讓學童可以盡情「放鬆閱讀」、可以盡情「討論發表」的閱讀活動。

二、教學流程

第一階段－激發閱讀興趣，引導正向的閱讀態度

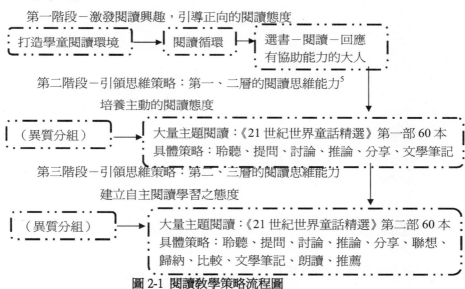

圖 2-1 閱讀教學策略流程圖

三、教學內容

（一）實驗組的教學內容：

　　研究者實際運用「聽」、「說」、「讀」、「寫」的多元閱讀教學策略，引導實驗組學童在晨間、閱讀課和課餘時間，逐步幫助實驗組學童養成良好的自主閱讀學習之態度，進而提升閱讀能力。

表 2-1 教學內容摘要表

---

[5]閱讀的思維能力，在國際上可以分爲四層，最低一層是尋找資訊，即看一篇文章時是否找到篇章的內容，第二層是看完文章後是否能作出推論，第三層是能否把內容整合，算是比較深層的能力，第四層則是否可以就看過的篇章發表意見和評論。

上學期（第一、二階段）閱讀教學策略融入大量閱讀童話活動		
（一）激發閱讀興趣，引導正向的閱讀態度		
（二）策略的運用		
打造學童閱讀環境	1、閱讀書籍的選擇 2、圖書角的佈置 3、書籍陳列方式 4、學童座位安排 5、異質分組	
書目	**具體策略**	
《21世紀世界童話精選》 六十本（1－60）	聆聽 CD	輕鬆愉悅地遨遊世界童話天地
	文學筆記	蒐集生難字和有趣的詞句
1、《自私的巨人》 2、《青蛙王子》 3、《小紅帽》 4、《國王的新衣》 5、《三隻狗》 6、《許願燭》	提問	師生互動：鷹架式學習閱讀
	討論	
	推論	
	分享	

表 2-1 教學內容摘要表（續）

下學期（第二、三階段）閱讀教學策略融入大量閱讀童話活動		
（一）策略的運用		
（二）建立自主閱讀學習之態度		
書目	**具體策略**	
《21世紀世界童話精選》 六十本（61－120）	聆聽 CD	輕鬆愉悅地遨遊世界童話天地
	文學筆記	小組整理到自行整理
	聯想	個別學童主動（含親師）與文本互動
	朗讀	閱讀的延伸活動
	推薦	

1《十個奇怪的兄弟》 2、《夸父追日》 3、《錦中仙子》 4、《生命泉》 5、《法蘭德斯狗》	提問 討論 推論 分享	小組互動：藉高閱讀能力學童的鷹架協助學習，熟練策略使用，最後獨立閱讀學習。
1、《國王的新衣》 《夸父追日》 （兩本） 2、《韓森和葛莉特》 《小國王》 《勇敢的裁縫》 （三本）	歸納 比較	師生互動：鷹架式學習閱讀

（二）控制組的教學內容：

　　控制組學童的閱讀內容和實驗組學童相同，為安靜獨立閱讀《21世紀世界童話精選》120本套書，在閱讀過程中，只讓學童愉悅地享受大量閱讀的樂趣，無任何策略的指導。

四、教學進度

（一）實驗組的閱讀教學策略進度（限於篇幅，僅列上學期進度表）

表2-2 實驗組的閱讀教學策略進度表（上學期）

週次	日期		策略	教學法
二	9/6		學校日對家長說明閱讀教學計畫	直接教學為主，
四	9/15	9/17	前測	
五	9/23	9/25	文學筆記(生難字)	
六	9/30	10/2	文學筆記(生難字)	
七	10/7	10/9	文學筆記(四字語詞和成語)	
八	10/13	10/16	文學筆記(四字語詞和成語)	
九	10/21	10/23	文學筆記(佳句)	
十	10/28	10/30	文學筆記(佳句)	

十一	11/4	11/6	文學筆記(字詞句)	相
十二	11/11	11/13	《自私的巨人》提問、討論、推論、分享	互
十三	11/18	11/20	《青蛙王子》提問、討論、推論、分享	、
十四	11/25	11/27	《小紅帽》提問、討論、推論、分享	合
十五	12/2	12/4	《國王的新衣》提問、討論、推論、分享	作
十六	12/9	12/11	《三隻狗》提問、討論、推論、分享	爲
十七	12/16	12/18	《許願燭》提問、討論、推論、分享	輔
十八	12/23	12/25	檢討、省思	

第三章 研究歷程和成效的省思

一、關於研究對象方面的省思

　　本研究僅以58名國小三年級學童爲樣本，分二組進行實驗教學，在統計分析上仍略嫌不足，加以研究設計的限制，無法推估或分析全體國小學童之成效，因此，建議未來的研究應嘗試跨越不同的取樣，以瞭解本教學實驗方案的成效是否會因地區、人數、年級、文類或閱讀策略之不同而有所差異，並儘可能地增加研究樣本來進行實驗教學。

二、關於閱讀教學歷程的省思

（一）積極充實本身閱讀指導的能力

　　教學實驗方案的實施，使學童在各方面皆能有所收穫。本研究也發現，在引導討論教學的過程中，老師的一些提問能幫助學童增進閱讀的理解，對於學童日後的小組討論技巧也會有所提升。研究者在教學過程當中，雖有不斷參加閱讀研習、請教專家及閱讀一些專書來進行教學，但對於學童提問的訓練，及討論過程中如何引道學童對話與思考的技巧仍自覺不足，在討論的過程中常發現學童對問題的提問及思考不夠深入，或常有離題的狀況出現。(TJ－980317)

　　由此可知，教師扮演重要的角色與影響，因此，閱讀指導教師應積極充實本身閱讀指導的能力。另外，學童的問題在討論過程中也扮演著極爲重要的關鍵，平常就針對學童如何將問題說清楚、講明白加以訓練，對於整個閱讀討論的活動也會有極大的幫助。

（二）協尋夥伴進行協同教學

在本研究中，因時間和其他原因的限制，只請一位教師擔任控制組的觀察者，雖然其間也會和同事討論，但是未能邀請同事進行協同教學，故對於研究者在教學引導上的技巧及教學流程中可能有看不見的盲點，雖然研究者在教學後也常省思，但或許仍未察覺也不自知。因此研究者認為，若能協尋對於閱讀教學策略有興趣或專精的老師協同進行教學，對於教師在閱讀引導上的專業必能提供更多的省思與成長。

（三）思索讓學童回顧自己學習歷程的方式

在本次的研究設計中，研究者常口頭對於他們「自己」在閱讀過程中的表現提出省思與改進的方法或由「小組成員」彼此省思與檢討，也藉「文學筆記」和「學習回饋省思單」讓學童填寫，除此之外，研究者覺得若能將學童整個閱讀策略互動的過程做重點「錄影」，並且定期舉辦回顧活動，讓學童有重新瀏覽自己閱讀學習過程的機會，找出自己或小組互動時常犯的錯誤，並加以改進，且定期檢視，以避免同樣的錯誤一犯再犯，或許對於學童的幫助更大。

（四）設計學習內容的省思

本研究的閱讀教學策略是結合聽、說、讀、寫的活動－讓午餐時間「聆聽」童話故事 CD；閱讀課「提問」、「討論」、「推論」、「分享」、「歸納」、「比較」、「朗讀」和「推薦」；課後「聯想」和整理「文學筆記」。研究者從學童的問卷統計單中發現，多數學童非常喜歡老師設計的閱讀策略活動，唯「文學筆記」是多數學童較不喜歡的活動（如附錄十四），其中也包含「喜愛閱讀的高閱讀能力學童」在內。雖然學童在「認知」上，幾乎都是正向的回饋話語。經私下詢問，學童多表示「內容好多」、「想到的要寫出來很麻煩，用說的比較快」、「很累」、「要寫很久」……。

研究者認為在閱讀過程中讀寫結合能夠使我們的學童思考、提出問題和探求答案，培養自主學習能力，所以讀寫能力是一扇通往學習與未來之門。閱讀伴隨而來的閱讀筆記，把書中有價值的內容記下來；把閱讀中的新思考和新想法記下來；整理新知識，讓知識在自己的大腦裡紮根，這樣長期下來才能根本提升語文能力。所以，研究者將來在文學筆記內容的設計上，想朝向「階段式」的方向實施，初期稍加「簡化」，重「質」不重量的「漸進」操作，以免學童出現厭煩而產生有礙持續學習的反效果。

（五）關於選用閱讀書目的省思

根據謝錫金教授的研究，全球多數國家都以兒童故事書、經典原著作為教材，只有臺灣和香港是以單篇或短文作為閱讀教材，故研究者先以學童最愛的童話故事書做為教學素材，讓學童從長篇故事中學習閱讀，讓學童習慣閱讀長篇故事或文章，提升閱讀態度與閱讀能力，以利未來整合大量資料的能力。

謝錫金教授曾說，有些教師為了讓學生閱讀，會指定閱讀書目，要求學生撰寫閱讀心得，可是這樣一來，學生沒有自行選擇圖書的機會，喜歡讀書的學生自然不須要求，但是更多學生只是為了應付老師，反而更討厭閱讀課外書。所以謝教授認為要讓學生和老師一起共讀自選的課外書，讓學生主動閱讀。（廖雲章，2008）

針對謝教授的說法，研究者有進一步的解釋，我認為在推行閱讀除了需先對學童的閱讀背景與相關閱讀條件做考量，以引導學童自行選讀適合的讀物外，研究者認為自行選讀書目較適宜放在課程之外的時間（晨光時間、課後時間和假日）。

臺灣目前的語文教學時數十分有限，閱讀教學的時間更是少，故我認為現階段的課堂閱讀教學，仍應以「指定書目」為主，以利全班學童閱讀、討論與分享等，塑造愉快的閱讀氣氛，改變他們對閱讀的被動態度。

（六）落實學童策略運用的省思

學童必須把所學得的閱讀策略使用於平日的閱讀裡，才能鞏固所學。研究者除鼓勵學童把學得的策略用於其他文類的課外閱讀中，也於平時的國語課文教學中引導學童從「提問」、「討論」中找出課文重點、中心句，去「歸納」段意，從重點段找出篇章主旨；從主題單元中「比較」、「分析」主題與事件；從課文的「聆聽」到深究課文後的「朗讀」；就課文的人事物「聯想」與「推論」；國語習作的造句內容會出現童話故事的人物、事件或對話…等。學童的表現比未進行多元閱讀教學策略前為佳，特別在找出課文主旨和歸納段意的部分，掌握得不錯。

三、 學童學習態度的省思

經過一整年的實驗教學後，實驗組學童在整體的閱讀態度上雖有進步，在學校中，多數學童很喜歡和同學從事閱讀活動，也與質性資料分析的結果相似。但從量表資料中顯示，卻僅有「認知」項目達到顯著差益，知道閱讀的重要，但自

發性的閱讀相關活動並不高，這讓研究者好奇地想探知在「情感」和「行為」上是否有其他因素是造成無法達成顯著差異的原因。

根據研究者十多年的教學經驗，從整個教育大環境，平時和家長間的訪談，到對社區生活型態觀察，研究者整理出幾個可能的原因：

1、重考試忽略思考閱讀：

臺灣考試引導教學，數學課講求速成答案，忽略演算過程，忽略「一步一腳印」的基本功，許多專家學者也都認為：「臺灣學生家長太重視考試，反而忽視閱讀思考」，所以研究者應正視這個問題，推動閱讀教學過程能循序漸進，考量學童的身心特質發展與興趣，提升學童課後的閱讀態度。

2、學童才藝和課後活動安排過多：

研究者發現，多數學童課後仍然非常忙碌，在美語課、鋼琴課、直笛、游泳、跆拳道、國標舞、溜直排輪、自然科學、珠心算……等一連串的才藝學習後，晚上回到家，扣除寫功課的時間，幾乎已無多餘時間和氣力閱讀，就算想閱讀，也可能會被家長以時間過晚影響睡眠為由而作罷。

3、父母的身教：

學校和老師固然要有計劃的推展校園閱讀氛圍，教導學童閱讀的方法和策略，然而家庭和父母其實也應配合，因家庭閱讀環境和氣氛是影響學童是否喜愛閱讀的重要因素之一，尤其是對孩子而言，如果父母能陪孩子多讀書，以身作則，自己也先喜歡閱讀，相信孩子日後自然會容易愛上閱讀，在學校，根本不需老師督促，孩子也會主動閱讀課外讀物，在父母重視閱讀及潛移默化的影響下，必定能培養良好的閱讀態度。

四、關於研究成效的省思

以一年的時間投入閱讀教學策略設計方案及教學實踐，在實驗組方面，確實有助益，不但提升了學童的閱讀態度，也提高其閱讀能力。由於閱讀能力的提高，也可帶動學童的自學能力；實驗組學童在平日的閱讀裡，也慢慢學會自我提問、思考與解決問題。研究者看到實驗組學童在實踐中獲得成就感，感到十分欣慰，雖然過程中時有小插曲，有時因學校活動或其它因素干擾，導致閱讀課程的進行受到考驗，但是次的研究設計及教學實踐十分有意義。

另外，實驗組學童在經過長期的大量閱讀童話後，是否能對童話故事的特質

有所了解，童話創作的能力如何，也是研究者頗感興趣的一部份。期末時，研究者利用一週的作文課時間帶領學童創作童話故事，但由於時間的關係，未能呈現結果，在未來新的學年裡，研究者有興趣繼續探討－策略融入大量閱讀童話教學對學童創作童話故事能力的影響。

最後，關於「控制組」方面的研究結果，在「閱讀態度」或「閱讀能力」方面的表現均不因大量閱讀童話書活動而有明顯的提升與進步。其可能之原因，研究者從兩個方面省思：

（一）從觀察記錄和訪談內容的省思：

研究者和觀察者長期「觀察記錄」控制組學童在晨光時間的閱讀狀況，發現，其實大部份的學童均能安靜地閱讀童話，只有少部份學童不愛閱讀，而在教室裡四處張望、玩耍、發呆或閒逛等，研究者也私下利用午休時間進行「訪談」，發現控制組學童多數無法說出閱讀過的童話故事內容，且課後閱讀的時間並不長。另外，從「觀察者的口述內容」和「研究資料」中也發現一個頗值得關注的現象：部份非常熱衷於閱讀活動之學童，總能主動安靜地閱讀，且讀的量也頗多，但是在期末進行的「中文閱讀理解能力測驗」結果卻是退步的情形。從以上的觀察和訪談分析，研究者認為，可能多數學童其實是沒有深入了解閱讀的內容，讀後也無閱讀想法的分享或討論等，故無閱讀成效。

（二）從學童問卷和家長問卷的省思：

根據問卷發現，幾乎多數的學童是喜歡閱讀童話的，家長也是持高度的認同，在態度上多是支持閱讀活動的，但是無法判讀問卷內容對閱讀態度和閱讀能力造成什麼影響，所以研究者對控制組的問卷內容設計應多方設想，才不致於影響結果的分析。

（三）從填答態度的省思：

閱讀能力表現不佳的原因，研究者和觀察者推想可能是填答問卷和測驗時的態度造成，因為控制組多數學童在期末時，心情顯得有些浮躁，填答的態度隨便，以致於可能產生資料分析和實際狀況有所出入的現象。

第四章　結　論

本研究主要是以《21世紀世界童話精選》套書作為教學教材的讀本，探討

接受「閱讀教學策略」融入大量閱讀童話教學對學童閱讀態度與能力影響之成效。

一、學童閱讀態度的研究結果

根據本研究的教學分析結果，獲得下述之研究結論：

（一）透過「閱讀教學策略」融入大量閱讀童話教學對學童的閱讀態度具有正面的提升作用。

本研究發現，控制組實施一年的大量閱讀童話，但無施予閱讀教學策略，其後測分數不論在閱讀態度的整體表現或在「認知」、「行為」和「情感」三大分向度的得分上，均低於前測分數，也就是說控制組學童在對閱讀活動的正向看法、實際的閱讀表現或對閱讀的喜惡均有退步的情形，在整體的閱讀態度上較低落。

但經過一年的實驗處理教學後，實驗組學童在靜態的大量閱讀童話的過程中融入動態的閱讀教學策略，在閱讀態度量表整體表現與「認知」、「行為」和「情感」三大分向度的得分上，均高於前測分數，且從質性資料之家長問卷和學童問卷和訪問中也發現，家長和實驗組學童對整體的閱讀態度表現上多是正面的肯定，顯示「閱讀教學策略」融入大量閱讀童話教學對學童的閱讀態度是有助益的。

此外，透過「閱讀教學策略」融入大量閱讀童話教學的實驗組學童，在「閱讀態度問卷」中之整體表現有顯著差異，顯示實驗組比控制組在整體閱讀態度上較為良好。

（二）實驗組學童在閱讀態度之「認知」向度上有較佳表現，但於「情感」和「行為」向度上無較佳表現。

1、學童在閱讀態度「認知」向度的共變數分析

接受「閱讀教學策略」融入大量閱讀童話教學的實驗組學童，其與控制組學童，在「閱讀態度問卷」的「認知」向度上有顯著差異，亦即實驗組在「認知」向度上優於控制組學童。

2、學童在閱讀態度「行為」向度的共變數分析

接受「閱讀教學策略」融入大量閱讀童話教學的實驗組學童，其與控制組學童，在「閱讀態度問卷」的「行為」向度上沒有顯著差異，顯示兩組學童在此向度的表現沒有太大差距。

3、學童在閱讀態度「情感」向度的共變數分析

接受「閱讀教學策略」融入大量閱讀童話教學的實驗組學童，其與控制

組學童，在「閱讀態度問卷」的「情感」向度上沒有顯著差異，亦即實驗組學童在「情感」向度上並無明顯優於控制組學童。

二、學童閱讀能力的研究結果

（一）實驗組學童在「認字」能力的表現上優於控制組學童。

本研究發現，無接受「閱讀教學策略」融入大量閱讀童話教學的控制組學童，在「認字」能力的表現上，除了三位學童退步外，其餘學童均有些許進步，其中七位學童在「中文年級認字量表」上的得分達一百以上；而實驗組學童在經過一年的實驗處理階段後，「認字」能力的表現，除了一位學童退步外，其餘學童均有大幅的進步，在「中文年級認字量表」上的得分表現，有高達二十一位學童得分超過一百以上，最高分達一百四十八，而且從質性資料之家長問卷中得知，有二十一位家長肯定學童在認字能力方面的表現，顯示，接受「閱讀教學策略」融入大量閱讀童話教學對於提升學童的認字能力是有積極正面的促進功能。

另一方面，接受「閱讀教學策略」融入大量閱讀童話教學的實驗組學童，其與對照組學童，在「中文年級認字量表」中之整體表現有顯著差異，顯示實驗組學童在整體認字表現上較為佳。

（二）實驗組學童在「閱讀理解」能力的表現上優於控制組學童。

接受「閱讀教學策略」融入大量閱讀童話教學的實驗組學童，在中文閱讀理解測驗之共變數分析上有顯著差異，其中實驗組學童在「了解文章基本事實」、「比較分析」和「推論」方面均有顯著的進步，質性資料也顯示，經過一年的「多元策略」教學實驗後，有二十八位家長肯定閱讀教學方案對學童的思考能力有幫助（從比較不會閱讀思考到比較會閱讀思考；從比較會閱讀思考到更會閱讀思考）。

故可證明此教學方案，以具體引導「多數學童」從「比較不會閱讀思考」到「更會閱讀思考」的原則，獲得支持。

綜合以上結果得知，學童的閱讀能力除了從閱讀理解測驗的得分結果來看，再透過質性資料的輔助佐證，則能以更客觀的立場看待學童一年後的閱讀理解能力進步情形。

九年一貫課程閱讀與寫作分段能力指標探究

江惜美[*]

摘　要

本文旨在檢視九年一貫課程（九十七年課程綱要）「閱讀與寫作」分段能力指標，在橫的聯繫與縱的承接上，是否完善，並分別提出四個階段的改進意見，供修訂課程綱要者參考。閱讀與寫作是一體的兩面，新的課程綱要分為國小低、中、高年級以及國中四個階段，其中閱讀與寫作的分段能力指標是否密切結合，其中如果有不完善之處，應如何改進？本文主要在提出個人對「閱讀與寫作」四個階段的改進意見，以供制訂九年一貫課程綱要者修訂之用。

關鍵詞：九年一貫、閱讀與寫作、分段能力指標

壹、前　言

閱讀與寫作是一體的兩面，因此在教學目標中，可以看出兩者常是一致的。「讀什麼」與「寫什麼」，不但關係密切且無法分割，因此，必須相參互看，以明其對應的關係。

閱讀不僅僅是為寫作提供素材而已，它同時是寫作的構思活動[1]。兒童約七、八歲時，已能用簡易句子表達意思，但要進入有條理、有方法的寫作，必須到九歲以後。九到十一歲之間，他們開始學習組織句子，由單句進入複句，由字、詞銜接成句，句再組織成段，段再組織成篇。這個時期，各種句子的形式出現，他們必須分類、整理、練習；同時，文章的開頭、修辭、結尾漸次成形，他們已能寫出完整的文章了，這個階段最重要的是大量閱讀。

藉由閱讀，知道別人表達的意思，內化為自己的情思。畢竟語文的功能是溝通，一方面要知道別人怎樣表達，而後學會自己怎樣表達，別人才聽得懂、看得

---

[*]曾任臺北市立教育大學中文系教授，現任銘傳大學應用中國文學系教授。

[1] 參見 Ken Goodman 著，洪月女譯《談閱讀》（臺北：心理出版社，1998 年 11 月），頁 71。原文是「閱讀不僅只是連續性地辨認單字而已，閱讀的時候，有種東西驅使你一直往前讀，它能有效的幫助您預測下文，所以您只需藉著文字的線索（cues），就能不斷的掌握意義」。

懂。如果涉獵太少，不但理解他人的意思有困難，要清楚表達自己的情思也不容易。因此，這個階段是語文發展很重要的階段，任何一個環節都疏忽不得。

十二歲以後的青少年，要發展的是推理、判斷、思考的創造能力。這個時期除了大量閱讀課外書籍，更要廣博涉獵各類的書籍。主要原因是擴充生活經驗，汲取他人的智慧，做為充實文章內涵的準備。透過接觸各種文學作品，才能反思寫作的要訣。所以，安排每天寫日記，將所思所想用文字表達出來，有助於化理論為實際，做到「無意不能表」、「無情不能達」。

無論是第一（小學一、二年級）、二（小學三、四年級）、三（小學五、六年級）階段的兒童，抑或是第四（國中學一至三年級）階段的青少年，都是從閱讀書籍中去建構意義，也就是為建構文章做準備。以下分析九年一貫課程綱要閱讀與寫作分段能力指標，以探究這四個階段有何不同，並提出建議。

貳、九年一貫閱讀與寫作分段能力指標的比較

首先，九年一貫課程綱要列出每一階段「閱讀」的「分段能力指標」，分段能力指標先標舉主要學習重點，下有文字敘述，為能力指標學習內涵，供教材編選及教學參考。第一個數字(1-6)代表能力指標項目序號；第二個數字(1-4)代表階段序號；第三個數字代表能力指標內涵序號；第四個數字則為分項說明序號，部分無分項說明者，則無此序號。如：(1-1-1-1)即表示注音符號運用能力，第一階段，指標內涵第一項，及該項下之第一分項說明序號。2茲分四階段羅列如下：

---

2 參見教育部《97年國民中小學九年一貫課程綱要》，（臺北市：教育部，97年5月）。

九年一貫課程綱要第一階段閱讀分段能力指標

基本能力	課程目標	第一階段（1-2 年級）
1. 瞭解自我與發展潛能	應用語言文字，激發個人潛能，拓展學習空間。	5-1-1 能熟習常用生字語詞的形音義。 5-1-2-1 能讀懂課文內容，瞭解文章的大意。 5-1-3-1 能培養閱讀的興趣，並培養良好的習慣和態度。 5-1-4-1 能喜愛閱讀課外(注音)讀物，擴展閱讀視野。
2. 欣賞、表現與創新	培養語文創作之興趣，並提升欣賞評析文學作品之能力。	5-1-2-2 能分辨基本的文體。 5-1-4-2 能和別人分享閱讀的心得。 5-1-5-1 能瞭解圖書室的設施、使用途徑和功能，並能充分利用，以激發閱讀興趣。
3. 生涯規劃與終身學習	具備語文學習的自學能力，奠定生涯規劃與終身學習之基礎。	
4. 表達、溝通與分享	應用語言文字表情達意，分享經驗，溝通見解。	
5. 尊重、關懷與團隊合作	透過語文互動，因應環境，適當應對進退。	5-1-7-2 能理解在閱讀過程中所觀察到的訊息。

6. 文化學習與國際瞭解	透過語文學習體認本國及外國之文化習俗	
7. 規劃、組織與實踐	應用語言文字研擬計畫，並有效執行。	5-1-7-3 能從閱讀的材料中，培養分析歸納的能力。
8. 運用科技與資訊	結合語文、科技與資訊，提升學習效果，擴充學習領域。	5-1-6 認識並學會使用字典、(兒童)百科全書等工具書，以輔助閱讀。
9. 主動探索與研究	培養探索語文的興趣，並養成主動學習語文的態度。	5-1-2-3 能概略瞭解課文的內容與大意。
10. 獨立思考與解決問題	應用語文獨立思考，解決問題。	

筆者整理

第一階段的學生，約七、八歲，此時能用簡單的句子表達意思，程度好些的，能瞭解文章大意。這個階段宜培養學生喜愛閱讀故事書、童話、兒童詩的習慣和態度，並能閱讀注音的課外讀物。他們要能從閱讀中觀察到文章基本的寫法，並瞭解圖書室的功能、設施，激發閱讀的興趣。根據筆者的觀察，他們已能使用工具書查考生字、新詞，有些學生也能使用教育部線上辭典查考字詞，並經常使用電腦的記事本，檢索不會寫的字詞。

　　我們可以從九年一貫綱要所列的分段能力指標，看出國語文讀與寫的相關能力。而第一階段作文分段能力指標又是如何呢？茲列表如下，再與閱讀做一比較，進行論述，即可看出兩者之間的關係。

九年一貫課程綱要第一階段寫作分段能力指標

基本能力	課程目標	第一階段（1-2年級）
1. 瞭解自我與發展潛能	應用語言文字，激發個人潛能，拓展學習空間。	6-1-1-1 能學習觀察簡單的圖畫和事物，並練習寫成一段文字。 6-1-2-1 能運用學過的字詞，造出通順的短語或句子。 6-1-2-2 能仿寫簡單句型。 6-1-5-1 能指出作品中有明顯錯誤的句子。 6-1-6 能認識並練習使用常用的標點符號。
2. 欣賞、表現與創新	培養語文創作之興趣，並提升欣賞評析文學作品之能力。	6-1-1-2 能在口述作文和筆述作文中，培養豐富的想像力。
3. 生涯規劃與終身學習	具備語文學習的自學能力，奠定生涯規劃與終身學習之基礎。	6-1-3-3 能認識並欣賞童詩。
4. 表達、溝通與分享	應用語言文字表情達意，分享經驗，溝通見解。	6-1-1-3 能相互觀摩作品。 6-1-3-1 能練習寫作簡短的文章。 6-1-3-2 能配合日常生活，練習寫簡單的應用文(如：賀卡、便條、書信及日記等)。

5. 尊重、關懷與團隊合作	透過語文互動，因應環境，適當應對進退。	6-1-4-1 能利用卡片寫作，傳達對他人的關心。
6. 文化學習與國際瞭解	透過語文學習體認本國及外國之文化習俗	
7. 規劃、組織與實踐	應用語言文字研擬計畫，並有效執行。	
8. 運用科技與資訊	結合語文、科技與資訊，提升學習效果，擴充學習領域。	
9. 主動探索與研究	培養探索語文的興趣，並養成主動學習語文的態度。	6-1-1-4 能經由作品欣賞、朗讀、美讀等方式，培養寫作的興趣。
10. 獨立思考與解決問題	應用語文獨立思考，解決問題。	

筆者整理

對應第一階段的閱讀內容，學生應可寫出簡單而通順的句子。同時，為拓展學生的想像力，應可從閱讀課外讀物及童話、童詩入手，並讓學生學寫童詩。至於簡單的便條、賀卡、書信、日記，必須提供正確的範例，供學生習寫。這個階段，口述作文與筆述作文應交互應用，方能引起學生的寫作興趣，尤須注意標點符號的用法，以幫助他們瞭解文意。

　　將第一階段閱讀和寫作分段目標做一比較，會發現兩者目標是一致的。閱讀要達到熟習常用語詞的形、音、義；寫作則是能運用學過的字詞，造出通順的句子。閱讀要能讀懂課文內容，瞭解文章大意；寫作則是能練習寫作簡短的文章。閱讀旨在能和別人分享閱讀心得；寫作則是能相互觀摩作品，分享寫作的樂趣。閱讀希望在材料中培養分析、歸納的能力；寫作則是要求能應用文字來表達日常生活的想法。因此，兩者可說相輔相成，從閱讀中可以培養想像力，從寫作中能認識並習寫短文。

　　從第一階段提升到第二階段，我們一樣先列出閱讀與作文的分段能力指標，

進行比較，即可看出不同之處。

九年一貫課程綱要第二階段閱讀分段能力指標

基本能力	課程目標	第二階段（3-4 年級）
1. 瞭解自我與發展潛能	應用語言文字，激發個人潛能，拓展學習空間。	5-2-2 能調整讀書方法，提升閱讀的速度和效能。 5-2-11-2 能喜愛閱讀課外讀物，進而主動擴展閱讀視野。
2. 欣賞、表現與創新	培養語文創作之興趣，並提升欣賞評析文學作品之能力。	5-2-3-1 能認識文章的各種表述方式(如：敘述、描寫、抒情、說明、議論等)。 5-2-3-2 能瞭解文章的主旨、取材及結構。 5-2-4-1 能閱讀各種不同表述方式的文章。 5-2-4-2 能讀出文句的抑揚頓挫與文章情感。 5-2-11-1 能和別人分享閱讀的心得。 5-2-14-1 能流暢朗讀出文章表達的情感。 5-2-14-5 能說出文章的寫作技巧或特色。

3. 生涯規劃與終身學習	具備語文學習的自學能力，奠定生涯規劃與終身學習之基礎。	5-2-5 能利用不同的閱讀方法，增進閱讀的能力。 5-2-6-1 能利用圖書館檢索資料，增進自學的能力。
4. 表達、溝通與分享	應用語言文字表情達意，分享經驗，溝通見解。	5-2-7-1 能概略讀懂不同語言情境中句子的意思，並能依語言情境選用不同字詞和句子。
5. 尊重、關懷與團隊合作	透過語文互動，因應環境，適當應對進退。	5-2-8-1 能討論閱讀的內容，分享閱讀的心得。 5-2-8-2 能理解作品中對周遭人、事、物的尊重與關懷。 5-2-8-3 能在閱讀過程中，培養參與團體的精神，增進人際互動。 5-2-12-1 能在閱讀中領會並尊重作者的想法。 5-2-14-2 能理解在閱讀過程中所觀察到的訊息。
6. 文化學習與國際瞭解	透過語文學習體認本國及外國之文化習俗	5-2-13-1 能從閱讀中認識華語文的優美。 5-2-13-2 能從閱讀中認識不同文化的特色。

7. 規劃、 組織與實踐	應用語言文字研擬計畫,並有效執行。	5-2-1 能掌握文章要點,並熟習字詞句型。 5-2-12-2 能與父母或師友共同安排讀書計畫。 5-2-14-3 能從閱讀的材料中,培養分析歸納的能力。
8. 運用科技 與資訊	結合語文、科技與資訊,提升學習效果,擴充學習領域。	5-2-9-1 能利用電腦和其他科技產品,提升語文認知和應用能力。
9. 主動探索 與研究	培養探索語文的興趣,並養成主動學習語文的態度。	
10. 獨立思考與解決問題	應用語文獨立思考,解決問題。	5-2-10 能思考並體會文章中解決問題的過程。 5-2-14-4 學會自己提問,自己回答的方法,幫助自己理解文章的內容。

筆者整理

第二階段不同於第一階段,要求學生能理解寫作的技巧和特色,閱讀並認識各種文章表述的方式。他們要利用不同的閱讀方法,增進閱讀的能力,同時要從閱讀材料中,培養分析歸納的能力。另一方面,他們也要懂得與父母、師長共同安排讀書計畫,並學會從閱讀中提問,以理解文章的內容。

　　第二階段和第一階段的閱讀基本能力最大的不同,在於由被動閱讀到主動閱讀,從分辨文體到理解其表述方式,從朗讀文章到分享閱讀的心得,從理解文章的訊息到能領會作者的想法,從自讀到與父母或師友共讀,從學會使用工具書到透過電腦科技提升語文認知能力,從整理文章內容到思考並解決閱讀面臨的問題,在廣度和深度上都有所提升。

　　至於這一階段閱讀與寫作分段能力指標上,又有何不同呢?列表如下:

九年一貫課程綱要第二階段寫作分段能力指標

基本能力	課程目標	第二階段（3-4 年級）
1. 瞭解自我與發展潛能	應用語言文字，激發個人潛能，拓展學習空間。	6-1-1-1 能學習觀察簡單的圖畫和事物，並練習寫成一段文字。 6-1-2-1 能運用學過的字詞，造出通順的短語或句子。 6-1-2-2 能仿寫簡單句型。 6-1-5-1 能指出作品中有明顯錯誤的句子。 6-1-6 能認識並練習使用常用的標點符號。
2. 欣賞、表現與創新	培養語文創作之興趣，並提升欣賞評析文學作品之能力。	6-1-1-2 能在口述作文和筆述作文中，培養豐富的想像力。 6-2-10-1 能在寫作中，發揮豐富的想像力。
3. 生涯規劃與終身學習	具備語文學習的自學能力，奠定生涯規劃與終身學習之基礎。	6-2-4-1 能概略知道寫作的步驟，如：從蒐集材料到審題、立意、選材及安排段落、組織成篇。 6-2-7-1 能蒐集自己喜好的優良作品，並加以分類。

4. 表達、 溝通與分享	應用語言文字表情達意，分享經驗，溝通見解。	6-2-1-2 能相互觀摩作品。 6-2-2-1 能練習寫作簡短的文章。 6-2-2-2 能配合日常生活，練習寫簡單的應用文(如：賀卡、便條、書信及日記等)。 6-2-7-2 能學習敘述、描寫、說明、議論、抒情等表達技巧，練習寫作。 6-2-7-4 能配合閱讀教學，練習撰寫摘要、札記及讀書卡片等。
5. 尊重、 關懷與團隊 合作	透過語文互動，因應環境，適當應對進退。	6-2-3-1 能利用卡片寫作，傳達對他人的關心。 6-2-7-3 能寫作慰問書信、簡單的道歉啟事，表達對他人的關懷和誠意。
6. 文化學習 與國際瞭解	透過語文學習體認本國及外國之文化習俗	6-2-3-2 能以短文寫出自己身邊的人、事、物。
7. 規劃、 組織與實踐	應用語言文字研擬計畫，並有效執行。	6-2-4-2 能練習利用不同的途徑和方式，蒐集各類寫作的材料。 6-2-4-3 練習利用不同的途徑和方式，蒐集各類可供寫作的材料，並練習選擇材料，進行寫作。
8. 運用科技 與資訊	結合語文、科技與資訊，提升學習效果，擴充學習領域。	

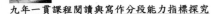
| 9. 主動探索與研究 | 培養探索語文的興趣，並養成主動學習語文的態度。 | 6-2-1-3
能經由作品欣賞、朗讀、美讀等方式，培養寫作的興趣。 |
| 10. 獨立思考與解決問題 | 應用語文獨立思考，解決問題。 | 6-2-3-3
能以短文表達自己對日常生活的想法。 |

筆者整理

第一階段和第二階段的寫作基本能力，最大的差異在於：從仿寫到創作，從培養想像到發揮想像力，從寫通順或簡短的句子，到寫出語意完整的句子，從認識標點符號到恰當的使用標點符號，從蒐集作文材料到理解文章寫作的方法，從會寫簡易的文章到掌握寫作技巧，從會寫卡片到會寫慰問信、道歉啟事，換言之，學生可以獨立寫作，而且有條理的寫出一篇文章。值得注意的是：學生必須自己從文章中，瞭解如何排除寫作的困境。

　　從以上的四個表看來，第一階段和第二階段對閱讀和寫作基本能力的要求，的確有所不同。這是因為學生認知能力一直在提升，隨著年齡的增長，他們從具體運思期跨越到正式運思期，理解能力不斷提升，由只認識具體事物提升到瞭解抽象的事理，因此無論在閱讀或寫作上都有較高的要求。

　　至於第三階段，也就是國小五到六年級學生，他們在閱讀與寫作分段能力指標的關係又如何呢？我們一樣列表，以進行比較。茲整理如下：

九年一貫課程綱要第三階段閱讀分段能力指標

基本能力	課程目標	第三階段（5-6年級）
1. 瞭解自我與發展潛能	應用語言文字，激發個人潛能，拓展學習空間。	5-3-1-1 熟習活用生字語詞的形音義，並能分辨語體文及文言文中詞語的差別。 5-3-2-1 能養成主動閱讀課外讀物的習慣。 5-3-2-2 能調整讀書方法，提升閱讀的速度和效能。

2. 欣賞、表現與創新	培養語文創作之興趣，並提升欣賞評析文學作品之能力。	5-3-3-1 能瞭解文章的主旨、取材及結構。 5-3-3-2 能認識文章的各種表述方式(如：敘述、描寫、抒情、說明、議論等)。 5-3-3-3 能理解簡易的文法及修辭。 5-3-4-1 能認識不同的文類(如：詩歌、散文、小說、戲劇等)。
3. 生涯規劃與終身學習	具備語文學習的自學能力，奠定生涯規劃與終身學習之基礎。	5-3-5-1 能運用不同的閱讀策略，增進閱讀的能力。 5-3-6-1 能利用圖書館檢索資料，增進自學的能力。 5-3-6-2 能熟練利用工具書，養成自我解決問題的能力。 5-3-6-3 學習資料剪輯、摘要和整理的能力。
4. 表達、溝通與分享	應用語言文字表情達意，分享經驗，溝通見解。	5-3-7-1 能配合語言情境，欣賞不同語言情境中詞句與語態在溝通和表達上的效果。

5. 尊重、關懷與團隊合作	透過語文互動，因應環境，適當應對進退。	5-3-8-1 能討論閱讀的內容，分享閱讀的心得。 5-3-8-2 能理解作品中對周遭人、事、物的尊重與關懷。 5-3-8-3 能在閱讀過程中，培養參與團體的精神，增進人際互動。
6. 文化學習與國際瞭解	透過語文學習體認本國及外國之文化習俗	5-3-4-2 能主動閱讀不同文類的文學作品。 5-3-4-3 能主動閱讀不同題材的文學作品。
7. 規劃、組織與實踐	應用語言文字研擬計畫，並有效執行。	5-3-4-4 能將閱讀材料與實際生活經驗相結合。 5-3-5-2 能運用組織結構的知識(如：順序、因果、對比關係)閱讀。
8. 運用科技與資訊	結合語文、科技與資訊，提升學習效果，擴充學習領域。	5-3-9-1 能利用電腦和其他科技產品，提升語文認知和應用能力。
9. 主動探索與研究	培養探索語文的興趣，並養成主動學習語文的態度。	5-3-5-3 能用心精讀，記取細節，深究內容，開展思路。 5-3-8-4 能主動記下個人感想及心得，並對作品內容摘要整理。

| 10. 獨立思考與解決問題 | 應用語文獨立思考,解決問題。 | 5-3-10-1
能思考並體會文章中解決問題的過程。
5-3-10-2
能夠思考和批判文章的內容。 |

筆者整理

理解式的閱讀內容包括:一、能正確理解字詞涵意,二、能正確理解結構複雜的句子,三、能理解書、文的段落、層次以及各部份間的聯繫,四、能夠把握全書的主題,五、能看出寫作方法上的特色,六、能用自己的語言進行概括3。這一階段學生,正是進入理解式閱讀的階段,我們要培養他們正確解讀文章的能力。

　　第三階段增加了文言文和語體文的分辨,並要求理解簡易的文法與修辭,同時要認識不同的文類,如:詩、散文、小說、戲劇。這個階段要求由不同的閱讀方法,提升到應用不同策略閱讀,由檢索資料到會進行資料的剪輯、摘要、整理,由認識不同文化特色到閱讀不同文類,特別強調要精讀、記細節、深入內容、開展思路。從自我提問、理解內容到對內容進行摘要、整理與思辨。其中,在獨立思考與解決問題方面,提出「批判」二字,筆者以為要求國小學生批判文章優劣,似乎求之過甚,改為「辨明文章優劣」較為妥當。

　　第三階段的作文分段能力指標,與閱讀關係為何呢?茲列表如下:

九年一貫課程綱要第三階段寫作分段能力指標

基本能力	課程目標	第三階段(5-6年級)
1. 瞭解自我與發展潛能	應用語言文字,激發個人潛能,拓展學習空間。	6-3-1-1 能應用各種句型,安排段落、組織成篇。 6-3-3-1 能養成觀察周圍事物,並寫下重點的習慣。

3　參見王開府、趙琴《精妙閱讀技巧》(臺北:漢欣文化公司,1997 年 3 月),頁 28。

2. 欣賞、表現與創新	培養語文創作之興趣，並提升欣賞評析文學作品之能力。	6-3-6-1 能理解簡單的修辭技巧，並練習應用在實際寫作。 6-3-8-1 能在寫作中，發揮豐富的想像力。
3. 生涯規劃與終身學習	具備語文學習的自學能力，奠定生涯規劃與終身學習之基礎。	6-3-2-1 能知道寫作的步驟，如：從蒐集材料到審題、立意、選材及安排段落、組織成篇。 6-3-4-3 能應用改寫、續寫、擴寫、縮寫等方式寫作。 6-3-8-2 能嘗試創作(如：童詩、童話等)，並欣賞自己的作品。
4. 表達、溝通與分享	應用語言文字表情達意，分享經驗，溝通見解。	6-3-4-1 能學習敘述、描寫、說明、議論、抒情等表述方式，練習寫作。 6-3-4-2 能配合學校活動，練習寫作應用文(如：通知、公告、讀書心得、參觀報告、會議紀錄、生活公約、短篇演講稿等)。 6-3-4-4 能配合閱讀教學，練習撰寫摘要、札記及讀書卡片等。
5. 尊重、關懷與團隊合作	透過語文互動，因應環境，適當應對進退。	

6. 文化學習與國際瞭解	透過語文學習體認本國及外國之文化習俗	
7. 規劃、組織與實踐	應用語言文字研擬計畫,並有效執行。	6-3-2-2 能練習利用不同的途徑和方式,蒐集各類寫作的材料。
8. 運用科技與資訊	結合語文、科技與資訊,提升學習效果,擴充學習領域。	6-3-7-1 能利用電腦編輯班刊或自己的作品集。 6-3-7-2 能透過網路,與他人分享寫作經驗和樂趣。
9. 主動探索與研究	培養探索語文的興趣,並養成主動學習語文的態度。	6-3-5-1 能經由共同討論作品的優缺點,以及刊物編輯等方式,主動交換寫作的經驗。
10. 獨立思考與解決問題	應用語文獨立思考,解決問題。	6-3-2-3 練習從審題、立意、選材、安排段落及組織等步驟,習寫作文。

第三階段的作文,由養成觀察周圍事物到獨立寫作,由口述、筆述作文到將修辭應用在寫作上,可說是內化的過程。到了第三階段,學生已可抽象思考,因此讓學生運用改寫、續寫、縮寫、擴寫等方式寫作並不難,但要他們用各種表述方式寫作,必須善加指導。尤其重要的是能利用網路與他人分享寫作經驗和樂趣,應列為寫作的評量指標。

第三階段的閱讀與寫作,也有相關。閱讀方面要瞭解如何蒐材,然後應用在寫作上。閱讀要配合語境、欣賞不同語境的表達方式,寫作則要學會不同的敘述手法,會寫各類的應用文和摘要、札記、讀書卡片。閱讀要能透過電腦和科技產品的協助,寫作則是學會用電腦編班刊,用網路與他人分享寫作心得。

前三個階段,應該可以訓練熟練白話文的表達能力,對於文言文卻仍只有初步的認識。因此第四階段,我們將它和前三階段做比較,就可看出有那些不同的重點。第四階段閱讀分段基本能力指標,列表如下:

九年一貫課程綱要第四階段閱讀分段能力指標

基本能力	課程目標	第四階段（7-9 年級）
1. 瞭解自我與發展潛能	應用語言文字，激發個人潛能，拓展學習空間。	5-4-1 能熟習並靈活應用語體文及文言文作品中詞語的意義。 5-4-2-1 能運用不同的閱讀理解策略，發展出自己的讀書方法。 5-4-3-1 能瞭解並詮釋作者所欲傳達的訊息，進行對話。 5-4-4-1 能廣泛閱讀課外讀物及報刊雜誌，並養成比較閱讀的習慣。 5-4-8-1 能依不同的語言情境，把閱讀獲得的資訊，轉化為溝通分享的材料，正確的表情達意。

2. 欣賞、表現與創新	培養語文創作之興趣,並提升欣賞評析文學作品之能力。	5-4-2-2 能具體陳述個人對文章的思維,表達不同意見。 5-4-3-2 能分辨不同文類寫作的特質和要求。 5-4-3-3 能經由朗讀、美讀及吟唱作品,體會文學的美感。 5-4-3-4 能欣賞作品的內涵及文章結構。 5-4-3-5 能欣賞作品的寫作風格、修辭技巧及特色。
3. 生涯規劃與終身學習	具備語文學習的自學能力,奠定生涯規劃與終身學習之基礎。	5-4-2-3 能活用不同閱讀策略,提升學習效果。 5-4-6-1 能使用各類工具書,廣泛的閱讀各種書籍。
4. 表達、溝通與分享	應用語言文字表情達意,分享經驗,溝通見解。	

5. 尊重、關懷與團隊合作	透過語文互動，因應環境，適當應對進退。	5-4-2-4 能培養以文會友的興趣，組成讀書會，共同討論，交換心得。 5-4-5-1 能體會出作品中對周遭人、事、物的尊重與關懷。 5-4-5-2 能廣泛閱讀臺灣各族群的文學作品，理解不同文化的內涵。 5-4-5-3 能喜愛閱讀國內外具代表性的文學作品。 5-4-7-1 能共同討論閱讀的內容，交換心得。
6. 文化學習與國際瞭解	透過語文學習體認本國及外國之文化習俗	5-4-5-4 能喜愛閱讀海洋、生態、性別、族群等具有當代議題內涵的文學作品。
7. 規劃、組織與實踐	應用語言文字研擬計畫，並有效執行。	5-4-2-5 能從閱讀過程中發展系統性思考。
8. 運用科技與資訊	結合語文、科技與資訊，提升學習效果，擴充學習領域。	5-4-6-2 能靈活應用各類工具書及電腦網路，蒐集資訊、組織材料，廣泛閱讀。
9. 主動探索與研究	培養探索語文的興趣，並養成主動學習語文的態度。	5-4-7-2 能統整閱讀的書籍或資料，並養成主動探索研究的能力

10. 獨立思考與解決問題	應用語文獨立思考,解決問題。	5-4-2-6 能依據文章內容,進行推測、歸納、總結。 5-4-7-3 能從閱讀中蒐集、整理及分析資料,並依循線索,解決問題。 5-4-7-4 能將閱讀內容,思考轉化為日常生活中解決問題的能力。

筆者整理

由上表得知,這個階段要求讀簡易文言文和優美的語體文,要提升閱讀的速度和效能,養成閱讀習慣,要有意識的閱讀文章的主旨、取材及結構,要看出文章的表達方式,要閱讀不同的文類、題材,要明白文章結構的知識,要能討論閱讀的內容,分享閱讀的心得,要能精讀文章、記取細節,將它們變成創作的一部分。

與上一階段的學生進行比較,會發現要從調整讀書方法,提升閱讀速度和效能,轉而為運用閱讀理解策略,發展自己讀書的方法;要從養成主動閱讀的習慣,提升到廣泛閱讀課外讀物及報刊雜誌,並養成比較閱讀;要從分辨語體與文言,將閱讀的資訊轉化為溝通分享的材料;要從認識不同文類,到能欣賞作品寫作風格和修辭技巧;要能廣泛的閱讀各種書籍,包括臺灣各族群的文學作品、國內外具代表性
,或有關海洋、生態、性別等作品;要能組成讀書會,共同討論閱讀內容,交換心得;要將閱讀活動發展為系統性思考,養成主動探索研究的能力;能根據文章內容,進行推測、歸納、總結。

其中,能欣賞作品寫作風格這一點,難度是很高的。特別標舉要閱讀海洋、生態、性別、族群的文章,也顯得突兀、不合理。因為這時期的青少年,應多接觸各類文體,也應閱讀各方面的文章,不必侷限於以上的題材。

或許我們可以從寫作分段能力指標中,看出一些問題來。第四階段的寫作能力指標為何?列表如下:

九年一貫課程綱要第四階段寫作分段能力指標

基本能力	課程目標	第四階段（7-9年級）
1. 瞭解自我與發展潛能	應用語言文字，激發個人潛能，拓展學習空間。	6-4-1 能精確表達觀察所得的見聞。 6-4-2-1 能精確的遣詞用字，恰當的表情達意。 6-4-2-2 能靈活應用各種句型，充分表達自己的見解。 6-4-5-1 能配合寫作需要，恰當選用標點符號和標點方式，達到寫作效果。
2. 欣賞、表現與創新	培養語文創作之興趣，並提升欣賞評析文學作品之能力。	6-4-4-1 能確立主旨，擬定大綱，並完成寫作。 6-4-6-1 能養成反覆推敲的習慣，使自己的作品更加完美，更具特色。 6-4-6-2 能靈活的運用修辭技巧，讓作品更加精緻優美。
3. 生涯規劃與終身學習	具備語文學習的自學能力，奠定生涯規劃與終身學習之基礎。	6-4-8-1 能主動創作，並發表自己的作品。

4. 表達、溝通與分享	應用語言文字表情達意,分享經驗,溝通見解。	6-4-3-1 能配合各項學習活動,撰寫演說稿、辯論稿或劇本。 6-4-3-2 能培養寫日記的習慣。 6-4-3-3 能配合各學習領域,練習寫作格式完整的讀書報告。 6-4-3-7 能以敘述、描寫、抒情、說明、議論等不同表述方式寫作。 6-4-7-1 能透過電子網路,與他人分享寫作的樂趣。
5. 尊重、關懷與團隊合作	透過語文互動,因應環境,適當應對進退。	6-4-3-4 能合作設計海報或文案,表達對社會的關懷。
6. 文化學習與國際瞭解	透過語文學習體認本國及外國之文化習俗	6-4-3-5 能靈活運用文字,介紹其他國家的風土民情
7. 規劃、組織與實踐	應用語言文字研擬計畫,並有效執行。	6-4-3-6 能撰寫自己的工作計畫、擬定各項計畫。 6-4-4-2 能將蒐集的材料,加以選擇,並做適當的運用。

8. 運用科技與資訊	結合語文、科技與資訊，提升學習效果，擴充學習領域。	6-4-7-2 能透過電子網路，與他人分享作品，並討論寫作的經驗。 6-4-7-3 能練習利用電腦，編印班刊、校刊或自己的作品集。
9. 主動探索與研究	培養探索語文的興趣，並養成主動學習語文的態度。	6-4-8-2 能藉由擴充標題撰寫、表現技巧、圖文配合、字體安排等寫作經驗，使作品具有獨特的風格，並嘗試應用於編輯學校的刊物。
10. 獨立思考與解決問題	應用語文獨立思考，解決問題。	6-4-4-3 能依據寫作步驟，精確的表達自己的思想，並提出佐證或辯駁。

筆者整理

這個階段的寫作，要能依據寫作步驟，精確的表達自己的思想、情感；要能活用各種句型，主動創作，並發表自己的作品；要能用不同表述方式寫作；要能透過電子網路，分享文章；要能練習利用不同的途徑和方式，蒐集各類寫作的材料；要能寫作演講稿、辯論稿或劇本；要能設計海報、文案及工作計畫等；要能透過電子網路，與他人分享作品，並利用電腦編印班刊、校刊或自己的作品集。

　　如果從以上重點看來，那麼閱讀的分段能力指標，顯然是無法符應的。在閱讀方面，要欣賞各類的文章，要閱讀各國代表性的作品，要閱讀海洋、生態、兩性、族群的文章，但寫作方面卻付之闕如，僅提到介紹世界各國的風土民情。至於要求國中生「依據寫作步驟，精確表達思想，並提出佐證或辯駁」，更不知是何用意。所謂提出佐證，乃是論說文特有的寫法，辯駁則是辯論稿的要素，似不應出現在「依據寫作步驟，精確表達思想」之下，建議另立一則。

　　從上表可以看出：國中階段只要求語體文的部分，並未強調應用文言語詞的重要，這一點似應商榷。

　　閱讀的內容也就是學生賴以寫作的內容，一個學生認知到哪裡，寫出來的文

章精密度就到哪裡。有時候,學生讀得多,卻表達得不甚理想,那是「內化」功夫不夠,寫作技巧薄弱,以至於「辭不達意」,假使教師能鼓勵學生大量閱讀,然後授以寫作技巧,那麼,學生內化之後,應能寫出符合程度的文章。

參、閱讀與寫作分段能力指標的商榷

要得知閱讀是否有效,可從能否將閱讀內容內化為寫作材料看出來。寫作是語文的綜合活動,要寫出一篇好文章,至少有四個面向:

一、會使用文字:這是屬於素材應用的問題。一個字的形體、聲音、意義,可以和哪些詞結合?結合了之後,詞的性質有沒有改變?這些詞在造句時要怎麼用?造出的句子如何變成有意義的段落?句與句之間的銜接是否順暢呢?段落形成後,要怎樣銜接,才能成為一篇好文章?在閱讀文章時,雖然不一定要每個字詞都了解[4],但如果了解,一定有助於理解文章。

二、知道語文的線索:這是有關組織文句的功夫。一般人會有固定的表達方式,主要是「辭達」就好,但作家會去思索除了辭達之外,是否有創意。同樣的字、 詞,到了作家手中,重新組合,往往有意想不到的名言、佳句。這些作家對文字、詞語、句子特有的敏覺度,是一般人做不到的。熟練的閱讀者,通常閱讀速度較快,也較流暢,同時,他們也比較容易掌握語文的線索。

三、內部線索:意指寫作者的概念、背景經驗和語文技巧。具備各方面的概念,豐富的生活經驗,善用語文的技巧,去組織文句,構思文章,使讀者閱讀文章時,得到啟發或共鳴,這樣才算會寫文章。平日裡,作家透過閱讀儲存知識、體驗人情、伸展同情,就是在涵養內在的知能,一旦化為創作,自然富含深入的哲理。

四、外部線索:意指教師的指導、閱讀的指示、字典的查考,借助綱要等,屬於外在的協助,稱為外部線索。寫作者經過教師的指導,閱讀後的啟發,或者字、辭典的協助,可以有助於寫作能力的提升。所以,後天的努力與先天的資質相互為用,有好的老師指導,好的讀物提供寫作素材,再加上勤勉的學習,才有可能把文章寫好。

---

[4] 同註 1,頁 161。文中提及視覺、感知、語法以及語意,是一個循環的過程。我們會從閱讀的情境脈絡中,建立起對意義的預期。

　　我們發現：喜歡閱讀的人，他們的文筆也比較好，這是模仿的成果。當我們看到別人寫出好文章，於是模仿他的用語、表達方式，做為自己表情達意的工具，久而久之，就能創造新的用語，內化為一己文章的風格。很多人寫文章是從仿寫下手的，不懂得擷取別人寫作的菁華，也很難有好文章出現。

　　從以上羅列的閱讀、寫作指標看來，仍有許多不聯貫和重複的現象。茲分述如下：

第一階段（國小一、二年級）

　　一、在欣賞、表現與創新項下，閱讀應力求內容具體化。一、二年級的小朋友，接觸到的文章有記敘文和童詩、簡單的應用文，閱讀項下應具體指出這幾種文體的辨認，而不是只寫「分辨基本文體」，否則太過籠統。

　　二、在規畫、組織與實踐項下，閱讀與寫作應有對應內容。可在寫作項下增加「能經由指導蒐材，寫出文章要點」，以便和第二階段「蒐集各類材料」銜接。

　　三、在運用科技與資訊項下，寫作應列「能利用電腦蒐尋不會寫的生難字詞，以協助寫作」，以副實情。

第二階段（國小三、四年級）

　　一、在欣賞、表現與創新項下，寫作的要點只寫出在口述作文和筆述作文中，發揮豐富的想像力」，顯然和閱讀所列的指標無法符應。閱讀項下列出「認識各種文章表述方式」、「閱讀各種文章表述方式」，因此，寫作項下應有「能應用各種表述方式寫文章」。又，「能讀出文句的抑揚頓挫與文章情感」，已能涵蓋「流暢朗讀出文章表達的情感
」，故可刪去其中一項。

　　二、在表達、溝通與分享項下，列了「能學習敘述、描寫、說明、議論、抒情等表達技巧」，其中的表達技巧是不是表述方式？如果是，用語應統一，且該指標應列在「欣賞、表現與創新」項下，方能與閱讀一致。

　　三、在運用科技與資訊項下，寫作應列「能運用電腦整理蒐集的資料，並嘗試發表文章」，如此一來，方可與閱讀指標符應，並與第三階段的寫作指標相銜接。

第三階段（國小五、六年級）

　　一、在表達、溝通與分享項下，重複了第二階段「能學習敘述、描寫、說明、

議論、抒情等表述方式,練習寫作」,表述方式用語與表達方式用語不一,在此似可刪去;否則,可於第二階段列敘述、描寫、說明,第三階段列議論、抒情,以區別其難易。

二、在運用科技與資訊項下,閱讀指標第二階段與第三階段重複。似可在第三階段改為「能運用各類工具書及網路,與他人分享閱讀的心得」,如此可與寫作指標符應,又能與「主動探索與研究」相配合。

三、在獨立思考與解決問題項下,宜改為「能夠思考和思辨文章的內容」,用語較為適切;否則,以小五、小六的學生而言,思慮尚未成熟,要求其批判文章,並不適宜。

第四階段(國中一到三年級)

一、在瞭解自我和發展潛能項下,寫作應列「能運用文言語詞,凝鍊字句,使文章精練」,如此,學生在寫作時,方能注意使用成語、俗語等文言用語,使文章更具可讀性。

二、在文化學習與國際瞭解項下,閱讀指標可改為「能喜愛閱讀具有當代議題內涵的文章」即可,又寫作指標可增列「能靈活運用文字,書寫當代重要議題的文章」。

三、在獨立思考與解決問題項下,應將「能依據寫作步驟,精確的表達自己的思想」獨立成一項,另列「能在寫論說文或辯論稿時,提出佐證,進行論辯」,如此一來,指標較為明確。

以上提出各點,大致上是朝閱讀與寫作橫的聯繫,以及各階段縱的銜接立論。教育部此一分段能力指標,將在民國一百年時實施,目前仍有修訂的空間,因此本文就研究者的角度,提供以上的修訂意見,僅供參考。

肆、結語

能力指標的制訂,一方面供書商出版教科書、編選教材,做為依據,另一方面,引導教師教學的方向,並藉以評量本國學生語文能力,茲事體大。制訂出的指標,應當兼顧其橫的連繫與縱的銜接,而且必須簡單明確,便於施行。

本文衡量學生語文發展的能力,並剖析閱讀與寫作的要素,以此兩方面將九

年一貫「閱讀與寫作」分段能力指標，逐一比較，提出建議，目的是使此一即將施行的課程能力指標，更臻完善，俾教師、學生，以及編纂教材的書商們，更能掌握新課綱的精神。

課綱能力指標的制訂十分不易，所需照應的環節兼賅注音符號運用、聆聽與說話、識字與寫字、閱讀與寫作等。有關閱讀與寫作在教材編選、教學方法與學習評量方面，請參考教育部九十七年國民中小學九年一貫課程綱要的網路版5。其它各項分段能力指標，俟異日再進行比較研究。

今後教師在進行閱讀及寫作教學時，若能參考修正後的指標，當較能掌握讀寫結合的技巧，讓學生將閱讀內容，轉化為寫作的一部分。筆者誠摯的提出呼籲：請讓孩子們「讀什麼、就寫什麼！」

5　網址為 http://www.edu.tw/eje/content.aspx?site_content_sn=15326，教育部國民教育司。

閱讀與寫作教學之運用策略

周靜琬[*]

摘　要

　　七十年代隨著人文社會科學研究承受典範轉移之衝擊後，傳統以教師為知識權威、由上而下(top-down)之指導主義備受質疑，在對傳統教育的反思過程中，師生觀、知識觀、課程觀都受到逆向的檢視。此一時期已進入後教學法時代，中小學老師應該透過反思教學和行動研究來開拓教學方式，由內而外為教學注入新能量，在不斷接收的新思維中，舊知隨時可能被取代，教師已不再是知識的威權，學生才是知識的真正「建構者」。

　　本文旨在提升中小學教師閱讀與寫作教學與策略運用之能力，應從觀察者、詮釋者、中介者、釋放者、啟發者等不同角度中幫助學生從聽和說的訓練中，更進一步建立其理解能力和應用能力。閱讀與寫作教學是一種語言能力的培養，從閱讀與寫作的角度去看教師在不同角色中，幫助學生從聽和說的訓練，更進一步建立學生的理解能力和應用能力，依不同階段作一審視及檢覈學生學習成效，故教師在閱讀與寫作教學之運用策略如下：

　　1.以教學法觀之：閱讀材料之編撰應首選以貼近學習者生活化、擬真的主題為佳，閱讀文本，則應以文章式體裁體現，使教材運用可提升語言程度為目標。

　　2.以課室經營觀之：具有多層性、同時性、即時性、不可預期性及公開性，以有機、高度個別化的學習經驗為重點。

　　3.以課程設計觀之：教師教學以「閱讀」為語言「輸入」方式，「寫作」則為語言「輸出」方式，創造出教學的熱力和美感。

關鍵詞：後教學時代、語言能力、思維模式、策略

---

[*]逢甲大學華語中心教師　，國立高雄師範大學國研所博士生

一、前　言

七十年代隨著人文社會科學研究承受典範轉移之衝擊後,傳統以教師為知識權威、由上而下(top-down)之指導主義備受質疑,在對傳統教育的反思過程中,師生觀、知識觀、課程觀都受到逆向的檢視[1]。教學法亦隨著傳統教育理念之反思而不斷發展、超越、替代。此一時期已進入後教學法時代,中小學老師應該透過反思教學和行動研究來開拓教學方式,由內而外為教學注入新能量,而不該去迎合某一教學方法所規範的外在框架,在不斷接收的新思維中,舊知隨時可能被取代,教師已不再是知識的威權,學生才是知識的真正「建構者」;課程則具開放性,經由師生互動而不斷發展。[2]

中小學教師在閱讀與寫作中應以感受–領悟–積累–運用的過程作一著力點去幫助學生學語言。從閱讀與寫作的角度去看教師以觀察者、詮釋者、中介者、釋放者、啟發者及學習者、引導者及資源提供者等不同角色中,幫助學生從聽和說的訓練,更進一步建立學生的理解能力和應用能力。定位點一經確立,教師即可依不同階段作一審視及檢覈學生學習成效,此點攸關至要。

87 年 9 月教育部公布「國民教育九年一貫課程總綱」,[3]其中第九項為「主動探索與研究」:激發好奇心及觀察力,主動探索和發現問題,並積極運用所學的知能於生活中。第十項為「獨立思考與解決問題」:養成獨立思考及反省的能力與習慣,有系統地研判問題,並能有效解決問題和衝突。所提及的思考能力不只是邏輯思維而已,除歸納、演繹能力外,還應包括比較、分析、綜合、理解、應用、評鑑、創造之能力。其進行與表達係以語言與文字為主,符號、圖像、肢體為輔,在國語文學科中,如能以第九項、第十項為閱讀與寫作教學之重要策略,必能增進培養日常語文的基本思考能力。江惜美認為:[4]

---

1. 甄曉蘭、曾志華:《建構教學理念的興起與應用》(嘉義師院國民教育研究學報,1997 年) 第 3 期,頁 179-208。
2. 多爾著、王紅宇譯:《後現代課程觀》(北京:教育科學出版社,2000 年),頁 230。
3. 陳伯璋:〈九年一貫課程的理念與理論分析〉(臺北:中華民國教材研究發展學會,1999 年) 頁 12-14,文中指出民國八十七年九月教育部公布「國民教育階段九年一貫課程總綱綱要」,並已於民國九十年開始逐年實施,在做法上將原有學科規劃為七個「學習領域」,以合科統整的方式取代過往的分科教學,並擬定未來國民必須具備之「十項基本能力」作為課程設計的指標,從綱中,我們約略可以看出學校本位、課程統整、空白課程、能力本位,還有績效責任這五個重要理念。
4. 江惜美:〈華語教學的現況與省思〉《多元文化與族群和諧國際學術研討會》(臺北:國立臺北教育大學 2007 年 11 月)

身為教師應具備六大職責為教學、示範、管理、保護、裁判、服務…教學法可歸
納為兩大原則：類化與熟練。根據皮亞傑的說法，人類是從模仿中學習…教師應
具熟練教學法，學會在地人的思維模式，……最重要的是將語文融入到教學方法
裡。例如如何以「編序教學法進行字詞教學」、「以合作教學法進行語文教學」「後
設認知教學進行作文教學」。

由於全語言教學中的教師角色，教師除了須具專業素養以外，必須根據情況彈性地扮演和
變換角色，也許有時教師是一觀察者，懂得把握可教的時機（Teachable Moment）；有時是
一中介者（Mediator）從旁提供學習者協助，認知學習者才是中心，教師只是一適時適性
的輔助者；有時又成一釋放者（Liberator）讓學習者在學習過程中發揮自主權成為真正獨
立的個體；有時又轉化為一啟發者（Initiator），能以不同的刺激引導學習者，思考問題、
解答問題並激發學生潛能；也是引導者及資源提供者，他自身也是一個學習者，教會學生
「學的方法」，這才是最重要思維、培養內涵與應變能力之道。[5]

二、閱讀教材是學習語文的基石

國內學子多年來因課程的繁多、升學領導教學及意識形態拉扯之故，語文教育、
語文教材與教法、師資培訓、教材編寫等多有輕忽之，語文教學工作者也未能省思與
規劃此種危機，以致閱讀風氣每下愈況，尤其在閱讀教材中所滲入之文化思維，對學
習語文、了解國情民俗的學習者來說，正是積極培養學習者較高層次的理解、應用和
分析能力。並能順勢從閱讀中進入寫作的訓練，提高學生鑑賞並轉化作品的能力。劉
瑩指出：[6]

近年西方的「讀寫啟蒙」（Emergent literacy）研究，從兒童讀寫能力的發展中
發現：閱讀與寫作，不是孰先孰後的關係，而是攜手並進的，應該「從閱讀中學
習寫作，在寫作中應用閱讀所得到的訊息」（Teate, W. H. & Sulzby, E. ，1989；

---

[5] 「全語言之父」 Goodman（1986）以一套有別於傳統教學觀的語言及教育之研究方法，受到教育界廣
泛研究與推擴，他對「閱讀」的研究，建構了「全語言」理論一個非常有力的基礎。他用「差異分析的
方式」作閱讀的研究，發現閱讀的歷程，是一個「心理語言的猜測遊戲」，而非僅僅是認字的歷程。這種
認識打破了傳統上教學觀，認為閱讀不只是認字歷程的觀點，並且開始將語言的學習視為一個整體。於
是，與傳統學習方式不同的一套理論便由此而生，所以「全語言」係對於傳統強調技能(skills)教學的
反動浪潮，上網日期：2010.4..20。網址：*mail.mchps.kh.edu.tw/f2blog2/download.php?id=58*
[6] 劉瑩：〈讀而優則寫─論童話之「讀寫一貫」教學策略〉,《國文月刊98年10月號》，頁6-14。

Strickland, D. S. & Morrow, L. M. ,1989 ），因此善用學生的「學習動機」，
是促進學習效果很重要的動力。

1.建置學習的鷹架[7]

　　孩子在學習知識的歷程裡碰到困難時，經由成人的輔導或其他高能力的同儕
合作，學習成果得以發展到較高的階段。

2.運用腦力激盪術

　　這種鷹架教學中，極強調合作學習奧斯朋的「腦力激盪術」帶動激發創意的
團隊活動。[8]

文中提出善用學生的「學習動機」，由此動力激發，再由成人的輔導或其他高能力的同
儕合作，學習成果就可提升與擴大，多提供學生大量閱讀和互動寫作，使學生在言語的
學習過程中已儲存先備的知識，又有內部語言內隱思維輔之，加之「教學者」和「學習
者」從不同角度互動，如此從閱讀而至寫作的訓練，是從語文基石上提高學生鑒賞並轉
化作品的能力，教師更應有其認知感應在應時、應人、應地的不同情境中隨機修正，同
時概念圖[9]與心智圖在思考教學上是有利於腦力激盪以及傳達一些複雜概念，所以閱讀
教材圖像化學習的功能.[10]，如此多元化皆可作教學及教材編寫之參考。

三、影響學生閱讀及寫作之困難因素

（一）影響學生閱讀及寫作之困難因素

　　錢玉蓮指出影響學生閱讀之困難點為：[11]

---

[7] 鷹架理論（Scaffolding）是心理學家維高斯基(Vygotsky，1978)所提出的教學理論，指孩子在學習知識的
歷程裡碰到困難時，經由成人的輔導或其他高能力的同儕合作，學習成果得以發展到較高的階段。維高
斯基強調社會互動、語言、思考三者是密不可分的。

[8] 腦力激盪術是由美國奧斯朋(Osborn，1993)博士在 1938 年首先發明應用，其實施的方式可分為集體思
考與個別思考兩種，像寫作的活動，可以先採團隊的集體思考，待學生熟練這種思考方式之後，就可以
自行思考。

[9] 概念圖（concept map）是呈現概念間關係的圖解（diagram）。在概念圖中，由方形表示概念，如「狗」
和「動物」等等。概念間的關係則以標名（labelled）的箭頭線段連結，箭頭的方向表示往下發展的層次。
這些線段會像是：「引發」、「導致」、「需要」、「提供」等等，美國康乃爾大學 Novak 教授等人於 1971
年左右提出概念構圖法，以用於教學、學習、研究與評鑑。而心智圖通常只受限於描繪階層（樹狀）架
構的關係，而概念圖圖突出概念節點和關係線（即一種 true graph 結構）。

[10] 王開府：〈心智圖與概念模組在語文閱讀與寫作思考教學之運用〉，（國文學報 2008 年）43 期，頁 263-296

[11] 錢玉蓮 ：〈第一章 詞匯學概要〉《現代漢語詞匯講義》（北京：北京大學出版社，2006 年），頁9。按 ：
L1 指第一語言，L2 指第-二語言。

（1） L1 閱讀的困難點在於文化。

L2 閱讀的困難點在於語言，而語音語法詞彙這些語言知識中，詞彙應居首位，詞彙識別和詞彙知識是讀者閱讀能力流利的必要技能。

（2） 閱讀是一項高度複雜的心理活動，在閱讀過程中除實際視覺行為外，尚有認知上的理解，華語教師應把漢語閱讀教學的重點先放在語言上。

林秀惠針對閱讀理解能力的觀點提出：[12]

閱讀理解能力跟一個人對訊息的認知處理（理解和記憶儲存效果）有很大的關係，而標準化測驗（如 SAT, AP, HSK, 和臺灣的 CPT）檢測的就是 L2 學生是否具有高效閱讀理解能力。測驗表現好的多半來自「平時訓練+考試策略」的運用得宜。針對準備考試而言，學生必須準備關鍵步驟有三：

（1） 平時需用精讀，泛讀積累閱讀實力

（2） 針對性強化學生速讀能力。

（3） 考前速讀熱身練習並記得運用應試策略。

可知學習者對訊息的認知處理，不只在閱讀速度或詞彙理解的表層面，在以上研究可知已進入知識層面，要「知」而後「識」並由此產生活化及運作的效果，方能收事半功倍之利，可見閱讀是一項高度複雜的心理活動。

（二）學生對閱讀的文本反應：[13]

范信賢以學生對閱讀的文本反應[14]是另一角度的研究，從「思維」觀點而論教材中的視覺表徵、語言和文字的使用，也潛藏著社會權力關係的脈絡：

文本不僅只是某種形式的「產品」，它也指涉了詮釋的「過程」，並對其中所蘊含的社會權力關係進行一種揭露的「思維」。

---

[12] 林秀惠：〈網路報刊閱讀測驗及其課程設計：AP 中文的暖身練習之一〉。上網日期：2010.4.3。網址：edu.ocac.gov.tw/icice2005/ICICE2005/html/paper2/A69.pdf

[13]閱讀的材料愈多元，閱讀的文本愈複雜（如小說），閱讀素養的程度就愈好。...但若學校用心經營，同樣也能帶領學生進入提高閱讀興趣與提升閱讀素養，幫助解決學生因為先天社經條件不足對課業表現造成的影響也可應用於學生對閱讀的文本反應，上列各點是觀察學生閱讀及與學生討論整理之觀點。

[14]范信賢：《「文本」：後現代思潮下對「教材」概念的省思》，《國教學報,2001 年》第 13 期，頁 169-183。也強調在當代符號學和詮釋學的研究中，文本超出了印刷出版品和語言現象範圍用權力關係的脈絡。

誠如詩論家簡政珍所言:「讀者不能改變既有的文本,但文本經由讀者「具體化」活動,卻敞開廣泛的美學空間[15]」,明瞭學生對閱讀的文本反應方可提升閱讀素養及效果,其中討論觀點如下:[16]

1.學生文本中的背景、角色的情緒反應及閱讀程度的隔閡。如:閱讀時對長句或複雜句感困難或對詞彙識別和詞彙知識的不足。

2.教師對教材體裁的選擇及教學策略過於形式化、制式化,與實際生活有差異。

3.學生閱讀態度對文本中過分強調的道德教條及人物情節的安排理想化,具被動性與倦怠感,無法興發共鳴。

4.學生閱讀時因有課程進度之限制,以至於出現跳過、重讀、推理、聯想及預測的策略不穩定之情形‧學習動機因而降低。

5.閱讀環境中出現的干擾因素,如背景知識的不足,如對閱讀速度的快慢,如對教師個人的好惡,如對閱讀環境的設備、氣氛等的要求都是影響因素之要點。

6.教師在教學詞彙時的選擇與控制應基於階段性的隨機補充,應視學生程度規劃詞彙以達到語用交際之實用功能。

曾乙嵐、吳斯茜、計惠卿以心理學角度分析:[17]

心理學者主張閱讀理解應包含「感知」與「理解」兩大歷程,其中包含許多無先後順序、視需求而平行式交錯進行運作的子歷程(Irwin, 1991; Just & Carpenter, 1987),如感知 1-注視(將文本符號輸入後產出字母表徵);感知 2-轉碼(產出視覺表徵或感知文字);理解歷程 1-微觀(確認句意且將句意輸入記憶);理解歷程 2-整合(運用指示重複詞、連結詞或先備知識將句間概念整合融會而確立段落概念);理解歷程 3-宏觀(藉著組織歷程與摘要歷程而建構出全文的篇章概念);理解歷程 4-延伸(將文本與先備知識做結合);理解歷程 5-後設認知(閱讀監控、閱讀技巧、調整策略)。

---

[15]簡政珍《臺灣現代詩美學》,(臺北:揚智出版社,2004 年),頁 171。
[16]參考金立鑫:〈閱讀教學的層次、目標和方法〉《對外漢語閱讀研究》,(北京:北京大學出版社,2005 年),頁 113-116 並與學生討論後整理之觀點。
[17] 同前註 7。

閱讀理解包含「感知」與「理解」兩大歷程，所得的知識類型中就進入不同的層次為語意知識（Semantic Knowledge）、程序知識（procedural Knowledge）、策略知識（strategic Knowledge）。[18]所以運用之教學策略自然有不同層次的分別。

（三）教師應有之策略認知：

趙維玲指出[19]

閱讀大致分成三個層面：

一．是注重閱讀歷程的理解，希望藉著研究瞭解閱讀發展相關認知能力。

二．是偏重藉著分析閱讀理解的歷程和類型，發展各種實驗教學方案，以期能增進學生的閱讀理解表現。

三．則是研究影響讀者的閱讀習慣、態度、動機、頻率、興趣、偏好…等因素。

首先應從學生「感知」與「理解」轉換的交錯中去達到效果，依目前目前閱讀材料之體裁大致分為對話式材料與文章式材料兩類。以教學法觀之，材料之編撰應首選以貼近學習者生活化、擬真的主題為佳，然閱讀文本，則應以文章式體裁體現，使教材運用可具引導及提升語言程度的作用，以課室經營觀之，應有內涵與複雜面，具有多層性、同時性、即時性、不可預期性及公開性，在氣氛的塑造上應是活的，是有機的。每間課室在不同教材、不同教師設計上都是高度個別化的學習經驗，因此課室經營中教學有其重要地位。20 依閱讀歷程觀之，閱讀會經歷字音、字形和字義的轉換，從近義和一字多音多義中進入第二階段的磨礪過程，從修正、.猜測、推理作一提升及擴展。21閱讀情境中也潛藏的七合，即合時、合地、合人、合體、合境、合情、合旨。22這些教師皆應鼓勵學生由伴隨性閱讀23增加領悟更多語感及語境經驗。同時為提高學生學習的動機和興

---

[18]　語意知識（Semantic Knowledge）是事實和概念及其關係的知識，可用概念圖予以表徵。

　　程序知識（procedural Knowledge）是如何完成一些程序的知識，可用程序圖予以表徵。

　　策略知識（strategic Knowledge 是如何建立目標），選擇適當步驟和監控進程以獲致目標等知識

　　參考Richard E. Mayer 著、林清山譯《教育心理學－認知取向》（臺北：遠流公司，1997年）

[19]趙維玲：《Booktalk 對國小學童閱讀動機和閱讀行為之成效探討》（臺南師範學院國民教育研究所碩士論文，2001 年）

[20]　劉敏瑛　：《華語文教師跨文化課室經營之探討》（臺北：臺灣師範大學華語所碩士論文 2008 年）。

[21]　孫懿芬　：〈強化閱讀和寫作的線上輔助教學課程設計與實驗〉上網日期：2010.4..2。網址：edu.ocac.gov.tw/discuss/academy/netedu05/html/paper/sw67.pdf

[22]　樂鳴：《語言與思維的教學與研究》　（北京：北京語文出版社，2008 年），頁 28。

[23]　伴隨性閱讀指學習者為自主性閱讀，是指在課堂以外，就生活中所接觸的材自行閱讀

趣，應從從語用交際運用上將教材中如同義字、破音字、口語與書面語、成語、俗語、歇後語或流行語…適時或隨機地幫助學生掌握並說明其語言現象為主。學習閱讀的重要策略是在教學時必須增加民情文化中的事物來舉例。使學生有其先備經驗再學習詞彙，更能提升他們學習的樂趣，同時還可延伸出不同的詞義拓展能力。閱讀是一種建構文章意義的過程，蘇國榮《如何實施閱讀指導》認為閱讀的特性如下：

> 第一、 閱讀是有發展性，不同的發展階段有不同的閱讀問題；第二、閱讀是有個別差異；第三、閱讀能力與技巧是可以增進。在從字句的理解文章的內在聯結（internal connections）再加以作含義之外的推理建構所以存有三種知識：內容知識、結構知識和過程知識。）理解監控（comprehension monitoring）上述各個歷程在進行時，會受到個體本身的知覺所監控，即各個歷程進行狀況如何，個體能夠有所意識或覺察。…此即所謂的「理解監控」。理解監控歷程包括目標設定、策略選擇、目標檢視和修正（Gagne'，1985）。此歷程對於閱讀學習的品質有重要的影響。[24]

閱讀者在進行閱讀工作時，都具備有一個儲存現有知識的巨大倉庫（ storehouse），這個倉庫內存有三種知識：內容知識、結構知識和過程知識。所以，要使學習有意義， 關鍵在於如何充實與利用已存有的先備知識內容。針對閱讀，臺灣師範大學張國恩教授和宋曜廷教授提出「ASOIM 閱讀策略模型」，[25]其中論點深具參考價值。

（四）資訊融入教學的概念

好的教師是教學網路的後盾，不時對其支援、充實、補強、更新，讓網路呈現生長中的「活」的狀態。教育科技可以是很簡單使用在課堂上用來播放歌曲或會話錄音帶的錄音機，一直到設計複雜而多功能的互動式教學軟體或網路網頁教學資源。其中種類繁多，可以提供教師與學習者多元化的選擇，又可普遍的運用在課堂語言教學中，如網路資源與 e-mail 的傳遞的盛行就是 一個最好的例子。就影音工具而言，隨著教育科技的

---

[24] 蘇國榮：《如何實施閱讀指導》（臺北：國教月刊，1985 年），第 3 2 卷第 4 期，頁 21-27。
[25] 張志玲：〈ASOIM 閱讀策略－－提升閱讀效果的利器〉《科學發展》（臺北行政院國家科學委員會出版，2007 年 4 月）412 期，頁 76 提到臺灣師範大學張國恩教授、宋曜廷教授提出「ASOIM 閱讀策略模型」，內容包括專注（attending）、選擇（selecting）、組織（organizing）、整合（integrating）、監控（monitoring）等五大策略，同時又發展出評量閱讀成效的「閱讀策略表現測驗」與「閱讀策略覺察量表」，並以潛在的語意分析（latent semantic analysis, LSA）技術開發出摘要評量機制。

日益蓬勃,也不再只侷限於傳統的課堂教學上, 並 且運用在語言視聽室及平時生活的學習中(Canning,1998;Nagel,199);[26]「資訊融入教學」的概念,對於實體教室裡的老師來說,最大的問題不在於需要學會自行製作數位教材,或是應用 Moodle 等的數位學習平臺來提供教學服務,而是在於如何將資訊技術的應用,放到他的教學教案設計之中。姚蘭(E 化與易化中級閱讀教學學之難點)一文中提出一般華語閱讀教材面臨之挑戰:[27]

（一）教材不夠豐富,無法滿足廣大學習群之不同學習需要。
（二）紙本教材僵化,模組不易,編修費時,增加製作成本。
（三）教材條件不佳,閱讀教學理論落實受限。
（四）數位科技潛力無限,然而融入閱讀教學不夠深入,從而影響到閱讀教學的現代化。…教材模組化與素材化,活化教材內容,可隨學生之程度與需求不同,隨時重新組合並重新融入學程中,因此多媒體教材成為不可缺之資源。

由於現有的教材不夠豐富,教材條件不佳,媒體科技夾帶「互動」與「虛擬情境」的雙重優勢,是可以平衡教與學之間的落差。如利用電腦科技並整合多種媒體,將文字、圖案、影像、聲音、動畫、音樂等多種媒體的電子書,改變紙本的出版品,改變人們的閱讀習慣,也使得教學的策略與工具產生極大衝擊。開發有效、合適的輔助教材,是目前各中小學教師在教學上刻不容緩的任務。科技發達,處處皆是教學資源,無論紙本教材或電子書(e-book),[28]都是教材的來源。教師們面臨的新挑戰卻是與日俱增,必須自身不段地學習以因應快速成長的科技,方能提升教學品質和提升學生的學習成就。

四、教師專業發展之必要性

---

[26] 陳姿青、張靜怡、李宜年:〈教育科技於華語教學之運用〉上網日期:2010.4.3。網址:
www.mdu.edu.tw/~ged/other%20download/bulletin/..2008 年。
[27] 姚蘭 :〈E 化與易化中級閱讀教學學之難點〉《臺灣華語教學年會暨討論會論文集》(臺北:臺灣華語文教學學會 2007 年),頁 87-90。
[28] 「e-Book 電子書」是簡單好用的電子書閱讀與製作軟體 ,一個好的電子書軟體,除了格式要普及之外,製作及觀看的方便性都很重要。可建立於 HTML 文件、圖片、動畫等各式各樣的網頁元件的基礎之上,讓一般使用者可快速的製作、觀看電子書,或將個人藏書電子檔整理成一個人圖書館,既方便又實用。

閱讀與寫作教學之運用策略

　　教育部於九十三年六月二十一日公佈「高級中等以下學校及幼稚園教師分級失實施辦法草案」正式揭示教師分級之實施，對教師的生涯發展及專業成長有正面的發展，也可見個人的發展及學校組織是須有轉換階段，新的教學策略是須教師不斷自我成長才能有其靈活度和成熟度。顏士程〈從教師生涯發展觀點談教師分級之必要性〉中強調教師生涯階梯的觀念：[29]

> 　　我國中小學教師長久以及即缺乏升遷發展的機會，這種逐漸晉升的機會是專業生涯的特質之一…，教師分級制度的適當規劃，或許提供教師一個升遷及專業發展的機會…，而進行教師專業的進階設，區別學校行政科層導向的晉升管道，不僅可提升教師之專業發展，亦可活化教師之生涯發展。

林素桂〈教師專業發展活動型態與教師實際應用及教學效能之相關研究〉提到教師專業的意義在於：[30.]

> 　　Guskey, T（2000, P35）認為應從學生成就倒回去看何種專業進修能提升學生成就，何者就是最有效的專業進修。從這樣的模式，Guskey 發現有效的專業進修活動原則上應該是：
> 　　1. 有一個有清楚的焦點擺在學習者或學習上。儘管有不同的形式，但有效的專業進修應強調學習的最高品質。
> 　　2. 有效的專業進修活動應不僅強調教師個人的改變，同時亦應強調這個組織及文化的改變。教師應該有機會參與學校行政對教學的任何決定。
> 　　3. 有效的專業進修活動是持續的，並且交織在教師的發展課程，評量課程，教學活動，甚至學生的成就裡。他是一個組織裡每一個人都必須不斷努力的過程。

---

[29] 顏士程：〈從教師生涯發展觀點談教師分級之必要性〉上網日期：2001.3.30。網址：
192.192.169.230/edu_paper/data_image/g0000468/.../p0000055.pdf
[30] 林素桂：〈教師專業發展活動型態與教師實際應用及教學效能之相關研究〉　此文為應教育部出國報告
（出國類別：考察，2007年）上網日期：2001.4.10。
網址：　open.nat.gov.tw/OpenFront/report/show_file.jsp?sysId...001

教師的專業已可看出有其必要性，在臺灣如此優勢條件發展下的中小學教師，必須常作自我反思及修正的體認。廖玉蕙在聯合報《名人堂》專欄中以〈語言邏輯的錯亂〉為題以現代人邏輯不通竟成為常態，而提出發人深省的看法：[31]

> 周延的邏輯和豐富的語彙，是使語言深具魅力的因素，如何讓學生在國語課本上學到其中三昧很是重要，…語言的繁複豐富需要更細緻學習與體會，才能在應用時曲盡其中神髓，達到風趣幽默的境界。

（一）教師閱讀與寫作的專業認知

實際上教師專業除應具備語音、語法、字形、字義、教材教法、數位教學、語言習得、評量等方面足夠的教學知識。基本上，這些學識都是來自課堂學習。專業的定義如果繼續延伸，應該包括教師的投入程度。經驗，除了教學年資以外，還有兩個指標性的重點：一是教學的技巧，包括班級經營等；一是見識的增長，包括在研討會、演講會、工作坊、海外訪視等方面所獲致的教學心得與信息。另外「教師的被信賴感」、「人文素養」、「國際觀」及「對本國及世界社會文化的瞭解」及對教學的研究能力等項都是努力的目標。這些都不是傳統以一本教科書、一枝粉筆教遍各門課程的教師可以應付裕如的。

孫懿芬〈強化閱讀和寫作的線上輔助教學課程設計與實驗〉一文中提出：（1）基模理論[32]（2）閱讀歷程與字音、字形和字義的轉換。（3）運用寫作教學理論將寫作視為社會活動中，必要的傳意活動之一。[33]

劉敏瑛〈課室經營策略〉一節中提出：（1）創造積極學習群體，以課室是主動、可行的社會經驗，去促進學生高昂的學習情緒。（2）建立有效的學習情緒（3）維持有效學習環境，以全然覺知、動力與流暢性、多重角色等增加學生對課程的投入。[34]

---

[31] 廖玉蕙：〈語言邏輯的錯亂〉《聯合報》A4 版〈名人堂〉專欄，2010 年 4 月 2 日

[32] Bartlett（1932）提出基模理論，基模是人過去的經驗儲存在大腦中的動態組織。應用在解釋學習過程，認為學習是把新的知識和大腦中已有的知識結合起來，擴充原有的知識。有中文背景的華裔學習者因家庭及社會因素，已具備Carrell（1983b, 1988a）所謂的內容基模、文化基模和語言基模。這些基模是他們的先備知識（prior-knowledge），只要在教學中重新提取這些知識，就可縮短學習時間，提高學習成效。

[33] 同前注 18。

[34] 同前注 17。

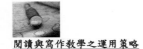

劉瑩〈讀而優則寫－論童話之「讀寫一貫」教學策略〉在從預測閱讀、摘取重點做心智圖、用心智圖構想故事這三個階段，藉「腦力激盪術」實施團體討論，強化學生的思考能力。運用的策略都是以「開發創意」為核心，[35]

這些都是各教育界先進針對中小學教師在閱讀與寫作教學上的專業認知才能的指導，強調以設計、啟蒙、開發的觀點教學，可知教師的專業發展是不容忽視的。

彭妮絲以四位華文初習者為例，[36]以研究閱讀理解與學習遷移兩面切入，也提出在語言的異同中教學的看法：

> 學生在一個課文中學到的學習方法，如果不能在新得情境加以運用，那麼這些知識其實並沒有被掌握，只有在新的情境中靈活地運用這些知識或方法解決新的問題才有意義。教學中多運用比較的方法，可以幫助學生全面、深刻地分析不同語言的異同。
>
> 教學中要善於尋求新舊知識之間的內在聯繫，充分利用舊知識學以習新知識，…以同國籍學長為 TA，是聯繫新舊經驗與文化的好策略。…誠如信世昌（2001：32）真正的閱讀是理解篇章內容，而非只對句子或詞彙的理解；這個理念給閱讀教學的目的做了最好的說明。

從以上論點觀之，教師在教學上，不但須時時吸取學者的研究心得及方法外，也應聆聽學習者的建議，不時作一自我反思及修正的體認，了解實際上專業面應準備的教學知識，在閱讀與寫作教學上方能有所認知：

（二）讀和寫的語言與說的語言不同

在聽說讀寫上不同表達方式皆有其特定的目的與語境，說的語言跟寫的語言有各自的功能，因此也表現出不同的特色，說的語言可興之所至，可絮絮叨叨，可轉換或跳接話題，以片段而非連續方式呈現，加上表情及聲調的立即互動，夾雜語助詞如「嗎」、「呢」、「哇」、「呀」甚多，故較為平淺易懂，但在語用的角度上觀之，是否合於語法？是否省略主詞？是否為模糊語言？[37]或言談間只要表情達意即可？但若訴之於文

[35] 同前注 6。
[36] 彭妮絲：〈華文閱讀課程學習之個案研究--以四位華文初習者為例〉《二十一世紀華語文科際整合學術研討會論文集，2009 年》，頁 93-105。
[37] 周靜琬：〈從語用學角度觀察語言的模糊美感〉，《高師大第十五屆所友暨第二屆研究學術討論會，2008

字，則有其時空之「隔」的分野，由於在心靈中有其迂迴百轉之餘地，故可連續而綿密地在句與句之間、段落與段落之間，如編織手法般銜接前後文，因有充裕的時間思考，斟字酌句可反覆修改，因此用詞遣字也較為講究，陳述語言也可完整妥當。

（三）閱讀策略與閱讀技巧不同

在閱讀策略與閱讀技巧方面，皮爾森等人（1992）強調，技巧與策略之間有重要的差別。閱讀策略是指學習者腦中對於理解文本有清清楚楚的計畫，學習者運用策略的時候，他們是逐漸理解文本，對自己的推論過程也越來越熟悉，通曉策略的讀者閱讀不同文類而不斷改變策略，然而卻是不自覺的運用起閱讀技巧技巧，所以閱讀策略才是主導力量。宋曜廷、黃嶸生等研究指出：[38]

> 在提升閱讀能力方面，閱讀策略教學（reading strategy instruction）一向是研究者最常採取的方法之一。無論是對於改善基礎識字層次的問題（Sindelar, Monda, & O' Shea, 1990），或提升較高層次的文章理解能力(De Corte, Verschaffel, & De Van, 2001; Johnson-Glenberg, 2000)，閱讀策略教學都發現有相當良好的效果。閱讀策略教學除了提升學生的閱讀理解能力外，也促進學生的主動學習與高層次思考（Rosenshine & Meister, 1994; Sears, Carpenter, & Burstein, 1994），或提昇學生的自我效能感(Schunk & Rice, 1993)、

可知閱讀策略可以因人而異，可以隨時調整增刪，完全是一種後設的自主性行為。相較於閱讀技巧與方法，閱讀策略的運用是難以指導與訓練的，主要在於讀者是否能產生閱讀意識，以既有的閱讀技巧與方法為基礎材料，為自己的即將面臨的閱讀任務，進行一項閱讀的計畫，以有效能達成的閱讀目標。

金立鑫〈閱讀教學的層次、目標和方法〉[39]說明：

年》。

[38] 宋曜廷　黃嶸生　蘇宜芬　張國恩：〈具多重策略的閱讀理解輔助系統之設計與應用〉《臺灣師範大學教育心理與輔導系》上網日期：2001.4.10。網址：www.ioe.sinica.edu.tw/chinese/seminar/oldfiles...

[39] 金立鑫：《閱讀教學的層次、目標和方法》《對外漢語閱讀研究》，（北京：北京大學出版社，2005 年），頁 113。

在閱讀教學的研究中，有兩種不同的理論觀點，一種認為，閱讀教學的目的是培養或建立學生個人的語言系統（或者建立語感），另一種認為，閱讀教學的目的是培養學生理解話語/文本提供的所有信息的能力。兩種不同的觀點在具體的教學策人類學習語言的目的策略上會有所不同。…我們認為人類學習語言的目的在通過信息和輸出信息。…這是兩種不同的語言能力。對輸出來說，輸入是它的必要性前提，但輸出不一定是輸入的必然結果，輸入也不是輸出的充分條件。輸入的教學不必一定考慮輸出的要求，因為輸入（這裡指的是閱讀，或許輸入和閱讀這兩個概念可以分開，但討論的核心問題仍然是閱讀教學），本身也是語言的一種能力，獲得這種能力同樣是學習者所需要的。

學者對閱讀策略與閱讀技巧作不同層次的分析，強調閱讀能力的培養是一個漸進的過程，因此，閱讀的分級及教學是很有必要的。不同程度的分級教學有不同的教學目標和方法。如此才能由閱讀的理解而轉化為寫作上的精進。

（四）教師在閱讀與寫作上交互運用之策略

　　江新《對外漢語字詞與閱讀學研究》中談及給學生提供有意義的富有挑戰性的閱讀練習，建議如下[40]

(1) 課文在引進生字的同時，對以前學過的字詞也要循環復現；要求學生反復閱讀他們已經讀過的課文。

(2) 給學生創設各種為不同目的而閱讀的練習機會，使他們能學會理解課文整體意義的策略。

(3) 不要鼓勵那種將每個重點放在對每個字和詞費力解碼上的策略。

(4) 鼓勵學生計算自己的閱讀時間；使他們能夠意識到自己的理解水平不斷提高的同時閱讀速度也在提高。

(5) 作為一種挑戰，給學生閱讀他們以前沒有見過的課文，但是新課文仍然包含足夠的已知的字詞，以便他們能夠將舊詞應用到新的語境中去。

---

[40]江新：〈閱讀的基本理論〉《對外漢語字詞與閱讀學研究》（北京：北京語言大學出版社 2008 年），頁 7。

（6）課文在引進生字的同時，對以前學過的字詞也要循環復現；要求學生反復閱讀他們已經讀過的課文。

（7）給學生創設各種為不同目的而閱讀的練習機會，使他們能學會理解課文整體意義的策略。

（8）作為一種挑戰，給學生閱讀他們以前沒有見過的課文，但是新課文仍然包含足夠的已知的字詞，以便他們能夠將舊詞應用到新的語境中

舒兆民、林金錫認為讀和寫應有所轉換：

1. 在寫作過程的困難性及教師角色的轉變：
寫作過程定會面對重重困難、教師就應設計如何從此一角色至另一角色、變化愈多、學生所看到的寫出的層面愈廣。

2. 實際溝通的實用性及師生互動的作用：
當學生習慣在網路上溝通以後，『討論區』發揮的作用不僅是作練習的平臺，也成為真實傳遞訊息互相問候，詢問意見，無所不談，甚或一些當面不便於表示的感受，也可以透過文字產生的疏離性來傳達，師生情感一旦建立，學生的學習熱度也將上升。

3. 集體創作的可能性及同儕彼此的學習。

4. 自我修正的積極性及自我限制的突破。

5. 教材一元化轉為多元化[41]。

由於該文重點在運用網路互動進行寫作學習，本文則以第二點再作一補充強調，在閱讀與寫作課程的設計上，實際溝通的實用性及師生互動的作用除網路上溝通外，亦可準備點心、零食、菜單、圖片、海報、歌曲、廣告、影片、極短篇、或演短劇作角色扮演或至戶外活動、旅遊等作適度的設計？以不同的策略、宜靜宜動與語境、情境配合之？老師若依學生個別差異作調整，以同質性高者學生分列不同組別，是否會有出乎意料的火

---

[41] 參考舒兆民、林金錫：〈多媒體正體漢字之策略教學實驗1〉《第五屆全球華文網路教育研討會》（臺北：國立臺灣師範大學國語教學中心，2007年），頁133－144。 信世昌、舒兆民：〈結合網路教學與課室教學之華語文寫作課程---「上網學寫中文信」課程之規畫與實施〉；陳懷萱、林金錫：〈 運用網路互動進行華語文寫作學習之探討〉這幾篇論文皆可供參考。

種燃燒？都令師生為之期待如何建立文化基模和語言基模的先備知識？教材的選擇，教師對讀和寫的認知能力就會帶來不同的發現。

綜觀以上學者觀點，教師對閱讀的層次、目標和方法應有所體悟，在寫作教學應偏重在整體文章的佈局鋪陳、文字修辭技巧的運用。筆者多年來在大學中文系執教亦在臺中國語日報資優作文班教學，不斷對大中小學生進行各種實驗教學，同時因應學習者背景、程度及年齡的不同，先設定不同的教學目標，強調目標語作為寫作訓練，包括用詞的適當性、語法結構的掌握、句段篇章的銜接、文體語言的運用、思惟邏輯的系統性、文化認知的差異性，將寫作教學涵蓋的層面以廣泛化、類別化、層級化推動實驗，而學習者在大量的泛讀中先貯存先備知識，再模仿內化閱讀材料的語言形式，同時加強師生間、同儕間的互動討論，去逐步了解中文的思維過程，提升學習者靈活運用其寫作能力。馬笑霞〈寫作心理研究〉[42]認為：

> 寫作是學生語言心理改組的過程。它表現一種多方面的、複雜的心理過程
>
> （一）作文的書面表達是在語表達的基礎上形成的。
>
> （二）作文之前必先識字，這是口語向書面語過渡的基本環節
>
> （三）寫作與內部言語的發展有著密切的關係。

寫作是一項複雜的心智技能活動，它應當具備的寫作能力，是指在寫作活動中表現出來比較穩固的心理特徵的綜合。寫作活動既需要智力因素，又需要非智力因素的積極參與。其中觀察力、注意力、記憶力、想像力、思考力等智力因素和興趣、動機、情感、意志、個性等非智力因素構成了一個嚴密多維的結構。其中智力因素是人們認識客觀事物的工作系統，非智力因素是人們認識客觀事物的動力系統，沒有非智力因素的參與，智力因素也就難以發揮作用;沒有智力因素的參與，非智力因素也就成為無效的活動。

再從寫作的本身規律來看，它是一個「內化-意化-外化」的構建過程，內化是積累吸收，意化是加工參考，外化是傾吐運用。由於寫作表現一種多方面的、複雜的心理過程，所以華語教師在不同寫作理論方法之執行中應以觀察者、中介者、輔助者、釋放者、啟發者、引導者、及資源提供者的角色觀點中，要成為一座觀察學生主體的心理感知活

---

[42] 馬笑霞：〈寫作心理研究〉，《語文教學心理研究》（浙江：浙江大學出版社，2003 年），頁 259-262。

動架向客體彼岸的橋樑。如何搭起這座橋將沿岸的風土人情、風光水色盡入眼中囊內。以下是教師在閱讀與寫作上可運用之教學策略：

羅青松《對外漢語寫作教學研究》中提供不少寫作理論方法之執行，[43]本文參考其綱目而提供個人實務經驗 ：（每種角色宜以學生學習狀況及課室氣氛而隨機採行）。

1. 控制法：採取控語言輸出的方式，限制語言表達的範圍，逐漸培養學生寫作能力。教師可為觀察者，此適用於初級學習者，條件為中文詞彙有限，語法使用不嫻熟者。

2. 自由寫作法：在一定的時間內確定主題後，圍繞主題匯集自己的想法。以集體的創作方式可匯集更多想法完成。教師可為釋放者、啟發者、引導者、及資源提供者。此適用於中級學習者，條件為中文詞彙仍有限，但已有能力寫造句短文者。

3. 交際法：強調寫作的目的和閱讀作品的意義，是讓寫作在交際行為、實際溝通中，呈現有意義的寫作而不只是練習的作業。教師可為觀察者、中介者、輔助者。此適用於中高級學習者，條件為中文詞彙已可運用成語、慣用語等，且已有能力寫短文日記或可回答申論題者。

4. 任務法：通過具體的寫作任務，訓練學生寫作技能。以不同的任務讓學生完成，如參與活動、如參觀古蹟、參加競賽。教師可為啟發者、引導者、及資源提供者。此適用於高級學習者，條件為中文詞彙對成語、慣用語、俗諺語、歷史典故等已可運用自如者，且已有能力發揮個人所見所感者。

5. 過程法：注意引導學習者思惟和表達的能力，提供一個有鼓勵作用的學習環境，在老師的協助下，共同推動寫作的學習過程。學習者在寫作時以反覆、紆迴、探索的實驗寫作。教師可用上網 音樂、圖片、角色扮演等多種方式請學生上網依自己所長發揮，教師角色的轉變方式就有觀察者、中介者、輔助者、釋放者、啟發者、引導者、及資源提供者等多重角色出現，輔助學生反覆練習以增加學習者真實寫作的機會，並提高學習者的語文能力。

6. 關鍵字聯想法：關鍵字聯想法是根據學習記憶理論發展出來的一種詞彙教學法。這種方法能有效幫助學習記憶和辨析詞義。教師先從目標詞裏選定一個具體的、可以想像的，而能聯繫目標詞的特徵的字作為關鍵字，藉此引入目標詞的掌握。教師引導學生利用關鍵字的詞義特徵進行聯想，在腦海構成一幅與目標詞義聯繫的圖像，藉以掌握詞的詞義。如 春天可聯想至花朵、年輕、綠草、愛情、活潑、欣欣向榮、五彩繽紛、朝氣

---

[43] 羅青松：《對外漢語寫作教學研究》（北京：中國社會科學出版社，2002 年），頁 19-64。

蓬勃、活力四射等詞彙。教師可為啟發者、引導者、資源提供者。此適用於初中高級學習者，目的為擴大其運用中文詞彙的能力。

7.語義地圖：語義地圖是把新概念與背景知聯繫起來的途徑。訓練學生分出文章內容的主次，知道那些是主要觀念，那些是次要觀念。指導學生有效的運用組織文章材料的策略，幫助學生掌握文章的結構。教師可為觀察者、釋放者、啟發者、引導者、資源提供者。此適用於初中高級學習者，目的為提升學生閱讀層次。

五、結　論

研究者在閱讀與寫作教學上以「歸零」的心態重新思索，重塑因應教學情境差異之教學理念。在諸多電視節目中、漫畫雜誌中、同儕閒聊中良莠不齊的強力放送中諸多不合邏輯之言談方式或狂言粗語之滲透中，如何找尋提升國民素質的定位點，並不是以齊頭方式定位於陽春白雪之境界，而是應有委婉有禮、謙和樂群的言談教養。閱讀與寫作這個領域是以教學理論為重？是以提升學生耳濡目染於文字的美感為重，還是以學生的進度為重？是關心他們的學習成效為重？還是安於現狀即可？中小學教師面臨的「知識性社會」及與國際接軌的教育大任，應三思之。

閱讀與寫作的理論從各種理論中去觀察、修正、反省、思考，有因時、人、地…的考量，但首要明瞭學生在閱讀理解之困難點，教師方能有教學效率：就心理的歷程而言，如學生無背景知識的儲備；教師無教學目的與目標導向；師生亦無主動的歷程（包括專注、熱誠、毅力、耐力…）；同時又無閱讀教學前與教學後的使用時機；師生就無從交互建構的策略與默契；又缺乏教學網路或教學科技作後盾，學生即無從在這樣乏味的探索中，思考自己究竟發現了什麼？在傳統教學製造成果的壓力下，他們只有在漫遊而「盲」無目的，不知漫遊到何處？近幾年來，世界各國所推動的教育改革，幾乎都把推廣閱讀風氣、提升閱讀能力列為重點，識字率或閱讀能力在全球名列前前名茅的英國、芬蘭、日本等國，甚至紛紛發起全國閱讀年的活動，希望傾舉國之力，塑造良好的閱讀環境，希望孩子能在良好的閱讀環境中快樂閱讀，從閱讀中孕育未來的夢想和希望。

重要參考書目　（依年代先後為序）

蘇國榮：《如何實施閱讀指導》（臺北：國校月刊，1985 年）

范信賢：《「文本」：後現代思潮下對「教材」概念的省思》（臺北：國教學報，2001 年）

第 13 期

羅青松：《對外漢語寫作教學研究》（北京：中國社會科學出版社，2002 年）

馬笑霞：《語文教學心理研究》（浙江：浙江大學出版社，2003 年）

信世昌、舒兆民：〈結合網路教學與課室教學之華語文寫作課程－－「上網學寫中文信」課程之規畫與實施〉《第三屆全球華文網路教育研討會論文集》，2003 年

金立鑫：〈閱讀教學的層次、目標和方法〉《對外漢語閱讀研究》（北京：北京大學出版社，2005 年）

周小兵、宋永波：《對外漢語閱讀研究》（北京：北京大學出版社， 2005 年）

村天一夫著 趙文瑜譯：《磨練語言的 power》（臺北：書泉出版社， 2005 年）

錢玉蓮：〈詞匯學概要〉《現代漢語詞匯講義》（北京：北京大學出版社，2006 年）

戴雪梅：《對外漢語閱讀研究》（北京：北京大學出版社， 2006 年）

周健：《對外漢語語感教學探索》（浙江：浙江大學出版社，2006 年）

張志玲：〈ASOIM 閱讀策略－－提升閱讀效果的利器〉《科學發展》（臺北行政院國家科學委員會出版 ，2007 年）

姚蘭：〈E 化與易化中級閱讀教學學之難點〉《臺灣華語教學年會暨討論會論文集》（臺北： 臺灣華語文教學學會，2007 年）

陳純音：〈第二語言習得〉《華語文教學與研究》（臺北：世界華文出版社，2007 年）

林素桂： 〈教師專業發展活動型態與教師實際應用及教學效能之相關研究〉（臺北：教育部， 2007 年）

江新：〈閱讀的基本理論〉《對外漢語字詞與閱讀學研究》（北京：北京語言大學出版社，2008 年）

舒兆民、林金錫： 〈多媒體正體漢字之策略教學實驗 1〉《第五屆全球華文網路教育研討會》（臺北：國立臺灣師範大學國語教學中心， 2008 年）

張榮興：〈換個「角度」看華語文閱讀教學」《亞洲太平洋區華語文教學與發展國際研討會，2008 年》

孫懿芬：〈強化閱讀和寫作的線上輔助教學課程設計與實驗〉（第五屆全球華文網路教育國際研討會，2008 年）

樂鳴：《語言與思維的教學與研究》（北京：北京語文出版社，2008 年）

彭妮絲： 〈華文閱讀課程學習之個案研究--以四位華文初習者為例〉《二十一世紀華語

文科際整合學術研討會論文集，2009 年 》

劉瑩：〈讀而優則寫－論童話之「讀寫一貫」教學策略〉〈臺北：國文月刊，2009 年〉
10 月號

博碩士論文

趙維玲《Booktalk 對國小學童閱讀動機和閱讀行為之成效探討》（臺南師範學院國民教
育研究所碩士論文，2001 年）

劉敏瑛：《華語文教師跨文化課室經營之探討》（臺灣師範大學華語所碩論， 2008 年）

引用網路資源：

林秀惠：〈網路報刊閱讀測驗及其課程設計：AP 中文的暖身練習之一 〉。

網址：edu.ocac.gov.tw/icice2005/ICICE2005/html/paper2/A69.pdf

顏士程：〈從教師生涯發展觀點談教師分級之必要性〉上網日期：2001.3.30。

網址： 192.192.169.230/edu_paper/data_image/g0000468/.../p0000055.pdf

林素桂：〈教師專業發展活動型態與教師實際應用及教學效能之相關研究〉

網址： open.nat.gov.tw/OpenFront/report/show_file.jsp?sysId...001

宋曜廷 黃嶸生 蘇宜芬 張國恩：〈具多重策略的閱讀理解輔助系統之設計與應用〉《臺
灣師範大學教育心理與輔導系》網址：www.ioe.sinica.edu.tw/chinese/seminar/oldfiles...

陳姿青、張靜怡、李宜年：〈教育科技於華語教學之運用〉上網日期：2010.4.3。網址：
www.mdu.edu.tw/~ged/other%20download/bulletin/..2008 年

孫懿芬 ：〈強化閱讀和寫作的線上輔助教學課程設計與實驗〉（第五屆全球華文網路教
育國際研討會， 2008 年）

網址：edu.ocac.gov.tw/discuss/academy/netedu05/html/paper/sw67.pdf

開啟文化視窗
——民間文學融入閱讀教學之策略運用

邱凡芸[*]

摘要

　　透過口耳代代相傳的民間文學，有謎語、笑話、諺語、兒歌、童謠、繞口令、神話、民間故事、民間童話、民間傳說、寓言故事、史詩、敘事詩、戲曲等等。無論是采錄的口頭記錄，或是保存在各文本中的文字記載，其內容包含了各族豐富多樣的文化特色，可成為傳承本族文化，及認識他族文化之教材。本文將以民間文學為素材，探討其於閱讀教學上可運用之策略，並以端午節為閱讀教學教案示例說明。

關鍵詞：文化教育、民間文學、閱讀

---

[*]國立東華大學民間文學研究所博士生。

一、前言

　　推動英國閱讀年的前英國教育部長布朗奇(David Blunkett)認為，閱讀開啟了世界之窗，亦是未來學習與成功人生關鍵能力的第一步。[1]透過口耳代代相傳，流行於庶民中的民間文學，呈現了各民族的文化特色，閱讀民間文學可開啟世界的文化之窗，將民間文學作品轉化為閱讀素材，融入中小學閱讀課程中，既可傳承本族文化，亦可認識他族文化。

　　兩岸不乏民間文學與教育或教學相關之論文。以「民間文學」與「教育」或「教學」為篇名，查詢「臺灣期刊論文索引系統」[2]，可得五篇期刊論文[3]，以同樣的方式查詢「中國期刊全文數據庫」[4]，可得十五篇期刊論文[5]。而以「民間文學」及「閱讀」為期刊論文篇名者，僅 2008 年，周麗玲發表的〈生命之源：苗族民間文學的閱讀價值〉。綜觀上述二十一篇期刊論文，有強調民間文學與文化之關係者，有著重民間文學之教育功能者，亦有論及民間文學與教學方法相關者，然而尚未有學者針對臺灣中小學學生為對象，探索民間文學融入閱讀教學之策略。故本文將從認識文化之角度，提出民間文學融入閱讀教學之策略，並以端午節故事為教案示例說明。

---

[1] 引自 http://davidblunkett.typepad.com/rt_hon_david_blunkett_mp/2009/09/index.html 原文為：This is a superb scheme and crucial to youngsters beginning to open a window on the world and to appreciate that the ability to is a crucial first step to learning for the future and success throughout life.

[2] 「臺灣期刊論文索引系統」檢索網址為 http://readopac.ncl.edu.tw/nclJournal/。檢索日期為 2010 年 4 月 19 日。

[3] 此五篇論文有：1996 年，潘江東的〈談民間文學的教育功能〉；1998 年，彭衍綸的〈期許民間文學教育在大學教育中紮根、成長〉；2001 年，姜佩君的〈大專生之民間文學教學及採錄〉；2001 年，王雨等人的〈耕植文學的苗圃--專訪民間文學教育工作者〉；2009 年，楊振良的〈民間文學在通識教學中的活化功能〉。

[4] 「中國期刊全文數據庫」檢索網址為 http://cnki50.csis.com.tw/kns50/Navigator.aspx?ID=CJFD。檢索日期為 2010 年 4 月 19 日。

[5] 此十五篇論文有：1994 年，賈芝的〈民間文學與啟蒙教育〉；陳建憲的〈民間文學與中學語文教學〉；1996 年，劉守華的〈適應現代文化發展：改進民間文學教學〉；1999 年，張小永的〈幼兒民間文學教育方法初探〉；2003 年，邢亮的〈民間文學與審美教育—析中學語文教材中民間文學作品的美育功能〉；孫正國的〈一個兼容人文精神與學術品格的教學平臺—評劉守華先生主編的《民間文學教程》〉；2005 年，陳明媚的〈南龍布依族古寨經濟、教育、民間文學藝術、宗教調查〉；毛慧媛的〈不妨把民間文學融入語文教學〉；李卉的〈談民間文學教學和民族文化素質的培養〉；陳玉平的〈貴州高校民間文學、民俗學教學與研究狀況調查—兼談培養相關專業人才的重要性〉；2006 年，湯梅的〈民間文學應用到兒童情商教育中的可行性研究〉；孫嫣的〈挖掘民間文學瑰寶：促進幼兒語言發展—幼兒古詩文教學之我見〉；2007 年，孫正國的〈論民間文學教學的新視域〉；2008 年，黃永林的〈關於民俗學與民間文學教學問題〉；陳杰的〈民間文學教學新論〉。

二、民間文學與文化

欲了解民間文學與文化之關係，需先認識何謂民間文學、何謂文化。下面將分別探討民間文學與文化之定義，以及民間文學與文化教育的關係。

(一)何謂民間文學

「民間文學」英文常以 folklore 表示，folklore 於「牛津文學辭典」[6]上的定義為：

> Folklore 是一個現代專有名詞，其主體包含已被社群採用且保存於反覆傳講(而非文字書寫)的傳統習俗、迷信、故事、舞蹈、歌謠。伴隨著民間歌謠與民間敘事，這個廣大的文化形式範疇包含了各種的傳說、謎語、笑話、諺語、遊戲、符咒、卜兆、咒語、儀式，特別是文明之前的社會或社會階層。這些口頭形式的表達方式，潛藏於一代或一區透過口語傳承，構成了口頭傳統。[7]

從上面的定義可知，folklore 混合了「民俗學」與「民間文學」兩種涵義，代表非文字書寫社會之民眾，透過口傳的方式，呈現他們的文化。

另一方面，鐘敬文主編的《中國民間文學大辭典》對民間文學之定義為：

> 民間文學，又稱「人民口頭創作」，它是和作家書面文學相對而言的。它是人民大眾直接創作並在口頭流傳，主要反映人民群眾的生活和思想感情，表現他們審美觀和藝術情趣的口頭文學作品。作為學術名稱，民間文學從國際術語 folk-lore 發展而來，這一國際術語的涵義是「民眾的智慧」、「民眾的知識」，十九世紀七十年代，這個術

---

[6] 引自"folklore"The Oxford Dictionary of Literary Terms. Chris Baldick. Oxford University Press, 2008. Oxford Reference Online. Oxford University Press. National Dong Hwa University. 20 April 2010 <http://www.oxfordreference.com/views/ENTRY.html?subview=Main&entry=t56.e471>

[7] 原文為：A modern term for the body of traditional customs, superstitions, stories, dances, and songs that have been adopted and maintained within a given community by processes of repetition not reliant on the written word. Along with folk songs and folktales , this broad category of cultural forms embraces all kinds of legends , riddles , jokes, proverbs , games, charms, omens, spells, and rituals, especially those of pre-literate societies or social classes. Those forms of verbal expression that are handed on from one generation or locality to the next by word of mouth are said to constitute an oral tradition.

語被西方學者所使用，被確定為「民俗學」的涵義，同時它還被狹
義地局限為口傳文學，即今天所稱的民間文學。…民間文學的作者
主要是普通的勞動人民，由他們口頭創作，並在口頭流傳，這就形
成了其創作與流傳的集體性、口頭性與變異性等特徵。[8]

　　《中國民間文學大辭典》較精確的指出「民間文學」就是「人民大眾直接創
作並在口頭流傳」的「口頭文學作品」，並具有集體性、口頭性與變異性三項特
徵。本文所說的「民間文學」即採取此定義。
　　民間文學成為一門學科，起源於歐洲，且與民族意識息息相關。民間文學的
內涵與精神，常被重新建構為民族傳統，用以對抗外來的政權或文化。[9]下面將
進一步探索何謂文化，及其與民間文學的關連。

(二)何謂文化

　　「文化」一詞的英文 culture 於「牛津哲學辭典」[10]的定義為：

　　文化是人們的生活方式，包含他們的態度、價值觀、信仰、藝術、科
　　學、感知模式、思維和活動的習慣。生活形式的文化特徵是學習而來，
　　卻過於普遍，而不易於被內在察覺。[11]

　　由此可知 culture 為人類生活方式的總稱，人們往往在不知不覺中學習到特
有的態度、價值觀、信仰等等。另一方面「教育部重編國語修訂本」[12]對「文化」
的解釋有兩方面，一是「人類在歷史發展過程中創造的總成果。包括宗教、道德、
藝術、科學等各方面。」一是「文治教化。」故中文的「文化」一詞包含「人文」
及「教化」之意。

---

[8] 引自鐘敬文：《中國民間文學大辭典》（黑龍江：黑龍江人民出版社，1996 年），頁 22。
[9] 關於民間文學於歐洲發展的情況，可參考胡萬川《民間文學理論與實際》〈民族、語言、傳統
　　與民間文學運動〉一文。
[10] 引自"culture" The Oxford Dictionary of Philosophy. Simon Blackburn. Oxford University Press, 2008.
　　Oxford Reference Online. Oxford University Press. National Dong Hwa University. 20 April 2010
　　<http://www.oxfordreference.com/views/ENTRY.html?subview=Main&entry=t98.e800>
[11] 原文為：The way of life of a people, including their attitudes, values, beliefs, arts, sciences, modes of
　　perception, and habits of thought and activity. Cultural features of forms of life are learned but are often too
　　pervasive to be readily noticed from within.
[12] 「教育部重編國語修訂本」網址為 http://dict.revised.moe.edu.tw/。查詢日期為 2010 年 4 月 20 日。

(三)民間文學與文化教育

　　若是查考文化教育的發展，可發現中西都有先認同在上統治階層的菁英文化，隨著歷史的演進，才逐漸關心且尊重下層大眾文化的趨勢。民間文學既是流傳於人民口頭的文學，很明顯的代表下層民眾之本土文化，有別於在上位者之菁英文化。臺灣雖然是一個多元族群融合之地，然而因著歷史的發展，政權的更迭，意識型態的改變等因素，「文化教育」常成為當權者同化族群的工具。例如日治時期的「皇民化」政策，說日語、著和服、廢漢姓等等行為，意圖將臺灣人民教化成日本人；而 1966 年，為了對抗大陸「文化大革命」，臺灣推行的「中華文化復興運動」，則以中國漢族儒家傳統的菁英文化為核心。臺灣島上生存的各民族，從日本文化教育，歷經中國漢族儒家教育，到強調多元文化的今日，加上兩岸敏感的政治議題，居住在臺灣島上的人們常懷疑自己究竟是誰。

　　不知道自己是誰，就不知道該珍惜保存本族的文化；不知道該珍惜保存本族的文化，就不會尊重與自己不同族群的文化。各民族的文化隨著時空而變遷流動，群眾口中的「民間文學」，正存留了各族文化傳統與變遷的紀錄。將「民間文學」融入當今臺灣中小學的閱讀教育中，教導中小學生認識本族以其他族的文化，以及這些不同文化相遇時，或衝突、或融合的過程，臺灣新生代才有機會尋找自己是誰，並且培養廣闊的胸襟，尊重不同的文化。

三、民間文學閱讀教學策略

　　既然民間文學具有傳承本族文化與認識他族文化的功能，下面將提出以民間文學為素材，融入中小學閱讀課程中，具體可行之教學策略。

(一)教學目標

　　民間文學閱讀教學策略之目標為：透過民間文學，認識本族或他族的文化，進而珍惜本族之文化、尊重不同族群之文化。教師於課堂上面對之學生，可能來自不同的族群，若閱讀之某篇民間文學作品僅流傳在特定族群，則對該族群的學生來說，是了解本族文化的機會，對其他學生來說，則是認識他族文化的管道。

(二)教學對象

　　依臺灣目前中小學的學制，區分為一到二年級、三到四年級、五到六年級、七到九年級四個階層。對應此四個階層之學生，年齡通常為七到八歲、九到十歲、

十一到十二歲、十三到十五歲，本文以一般情況給予閱讀教學策略之建議。若為補校、新住民或特殊族群之閱讀教學，則應當適時調整為符合學生語文能力與心智年齡之教學方式。

（三）教材類別

民間文學之類別廣泛，且依各民族的特色，發展出不同的文類。低年級兒童適合唸誦篇幅短小的謎語、笑話、諺語、兒歌、童謠、繞口令等等；中、高年級兒童，則可閱讀字數較多的神話、民間故事、民間童話、民間傳說、寓言故事等等；國中生，則可嘗試閱讀長篇史詩、民間敘事詩、民間戲曲等等較為複雜之類別。

然而，是否所有的民間文學，都適合成為中小學生閱讀的教材呢？筆者並不認同。閱讀教材必須視學生的語文程度、心智年齡有所取捨。民間文學乃流傳於大眾口中的文學，並不區別兒童與成人的界限，講述者往往為了讓聽眾感興趣，偶爾會帶有情色、暴力、血腥等之情節，若是讓中小學生接觸此類之民間文學，對其心智發展的負面作用，可能多於文化認知的正面功能。故此，筆者主張教師應當避免不適合學生閱讀之民間文學，挑選可詮釋該族某些文化內涵之民間文學為閱讀教材。

（四）教學方式

由上述民間文學教材類別可知，民間文學透過各種活潑多樣的方式，在日常生活情境下，於無形中傳遞該族之文化。例如漢族元宵節的燈謎，為遊戲娛樂之一；猶太民族習慣於飯席間說一則有哲理的寓言，讓孩子思考兩難問題[13]；又如中國邊疆少數民族唱著長篇史詩，要族人不忘記自己的文化歷史。

民間文學的傳播方式既是如此多樣，以之為課堂上的閱讀素材認識各族的文化，當然也要以生動有趣的方式教學。筆者建議教學方式之設計，可扣住「情境」與「活動」兩個要素。在情境上而言，教師必須先了解所選取閱讀素材之相關文化背景，介紹該族之文化特色，且並佈置教學情境，使學生在類似的情境中，體驗民間文學之美，而非僅是聽或讀。例如謎語的閱讀教學，可佈置元宵節猜燈謎的情境，又如戲曲說唱，可有應景之簡易裝扮、道具與舞臺。在活動上而言，教師可依照所選取素材之特性，設計不同的活動。例如繞口令可成為分組競賽之遊

---

[13] 可參考林鬱：《猶太 5000 年智慧》（臺北市：智慧大學，1992 年）。

戲，又如民間故事、民間傳說可以角色扮演戲劇方式呈現。若是王小玉說書不夠精采動人，客官是會立刻拍屁股走人的，同樣地，教師民間文學閱讀教學方式活潑有趣，學生才會熱切期待每一次的課程。

(五)教學評量

閱讀教學最常見的評量是「閱讀心得」的填寫，並且以「量」取勝，不僅是每篇閱讀心得的字數要多，所謂的「學習護照」上面閱讀書籍的數量也要多，量越多的，越能得到肯定，分數也就越高。然而值得反思的是，閱讀運動長年推動下來，學生是否達到起初「培養閱讀興趣」或者「開啟世界之窗」的目標？如今教育現場能看到的，往往是學生拿起一本書，便猛抄封面的介紹、內文的片段，卻不願意花時間好好閱讀一本書，因為當他浪費一學期時間讀完《紅樓夢》的鉅著，只能得到一個點數的積分，如果到圖書館抄一些「推薦好書」的介紹，不用半天就可以蒐集到十個點數。

民間文學的閱讀教學評量，應當評量什麼？又當如何評量？如果民間文學閱讀教學目標為「認識本族或他族的文化，進而珍惜本族之文化、尊重不同族群之文化」，傳統制式閱讀心得的撰寫，字數的多少、閱讀數量的多寡，是否能評量出一個學生究竟認識了多少自己或他族的文化，有待商榷，至於是否能評出學生有多麼珍惜自己的文化或尊重不同族群之文化，則更令人懷疑了。

筆者建議，民間文學閱讀教學之評量，可隨著教學目標，區分為認知、情意、技能三部份。「認識本族或他族的文化」為認知的部分，教師可設計專為該教材關於文化認知方面的問答題評量學生，低年級學童可透過口頭問答方式，中高年級與國中之學生則可透過紙筆書寫方式，評量其認知方面之學習成果。「珍惜本族之文化、尊重不同族群之文化」為情意的部分，教師可透過平日之觀察、同儕互評、自我評量三方面，以敘述的方式，產生師生之間對話的空間，盡量減少只給一個阿拉伯數字為分數的情況，畢竟情意教育需要長期培養，並非一個分數可以草率代表。技能部份則可隨著閱讀素材的特性而調整，例如選擇的民間文學作品為某民間戲曲，則學生在呈現時，是否領會該戲曲之表現技巧；或者選擇的民間文學作品為某故事，則學生在敘說時，是否抓住口述故事之訣竅。

下面，筆者將實際以「端午節」為例，參考本段之閱讀教學策略，設計一份民間文學閱讀教學教案。

四、閱讀教學教案示例

　　端午節龍舟競賽、吃粽子習俗，常與漢族屈原跳汨羅江的事件連結在一起。然而，學者早已發現，不同的族群，本來即有本族的龍舟(或獨木舟)演變過程、亦有各自包粽子的形式。各族的端午節，何時與龍舟競賽、吃粽子以及屈原聯想在一起，則又有各自的歷史。[14]中小學之民間文學閱讀教學，並不需要學生做如此深入的學術研究，只需要透過口頭故事的采錄、相關文獻的搜集，讓學生明白，不同之族群有各自的端午節故事和文化，進而了解自身文化，並尊重不同文化即可。

單元名稱	端午節的故事
班級人數	36 人
教學目標	(一)認知：認識本族或他族的文化 (二)情意：珍惜本族之文化、尊重不同族群之文化 (三)技能：以個人說故事、雙人相聲或多人戲劇表演方式，呈現端午節相關之民間故事
教學對象	國中九年級學生
教材類別	(一)訪問家族之長輩關於端午節之民間故事 (二)各民族過端午節之民間故事文字記錄
教學方式	(一)情境佈置：教師可準備不同族群龍舟競賽的照片，張貼於教室四週，並懸掛不同民族之肉粽串為裝飾。 (二)活動設計： 　　1.分組：全班三十六人，每六人一組。 　　2.課前預備：請學生訪問家族中之長輩，關於端午節之故事。並到圖書館查詢與端午節相關之各族民間故事記錄。 　　3.小組討論：各組學生於課堂上討論彼此蒐集到關於端午節的故事，有何異同。 　　4.表演：各組選擇其中一則故事，以個人說故事、雙人相聲或

---

[14] 相關論述請參考《中華龍舟文化》、《屈原文化研究論集》、《屈原研究》、《端午》等書籍。

	多人戲劇表演之方式呈現。
	5.小組討論：各組表演結束後，分組討論這些故事可分為哪幾類，及背後可能代表的族群文化意涵。
教學評量	(一)認知：透過學習單設計之問題，了解學生是否認識不同族群端午節之民間故事、相關文物，以及文化意涵。 問題舉例： 1.請寫下你所蒐集到關於端午節之民間故事。 2.請問你所蒐集到的民間故事可能來自哪一族群？ 3.這族群過端午節時，有什麼特別的文物或活動呢？ 4.你所蒐集到的民間故事，與端午節習俗有什麼關係？ (二)情意：透過教師觀察、同儕互評、自我評量之方式，培養學生「珍惜本族之文化、尊重不同族群之文化」之精神。 1.教師觀察：教師可於課堂進行中，觀察學生對各種文化之態度，給予學生口頭或書面之建議。 2.同儕互評：同學於小組討論過程中，可以就彼此對於各種文化之態度，給同學口頭或書面之建議。 3.自我評量：學生可以口頭報告或書面的方式，表達自己對某文化的感受。學生表達對不同文化正面的態度時，教師可給予肯定；學生表達對不同文化負面的態度時，教師應適時輔導。但教師不宜因學生誠實的表達對某文化的排斥，就給予較低的評量分數，而應探究造成學生排斥某文化的因素，適時引導，培養學生接納不同文化的胸襟。 (三)技能：學生是否能以個人說故事、雙人相聲或多人戲劇表演方式，呈現端午節相關之民間故事。 1.個人說故事：是否善用敘說技巧營造氣氛。 2.雙人相聲：是否呈現相聲對話之技藝。 3.多人戲劇表演：是否掌握戲劇表演之要領。

五、結語

　　臺灣為多元文化族群融合之島，原住民各族、閩南人、客家人、外省族群以及近幾年增加之新住民族群。透過能自然呈現各民族本色的民間文學為素材，融入閱讀教學中，可引導學生探索本族之文化，建立其對本族文化之認同，亦可認識不同族群的文化，學習尊重不同之族群與文化。帶領民間文學閱讀課程的教師，本身必須對民間文學以及各民族之文化有所涉略，且有包容不同民族文化之胸襟，才能成功的引導學生享受這場文化的盛宴。

參考文獻

一、參考書籍

李瑞岐、楊培春：《中華龍文化研究》（貴陽市：貴州民族出版社，1991 年）。

林鬱：《猶太 5000 年智慧》（臺北市：智慧大學，1992 年）。

胡萬川：《民間文學的理論與實際》（新竹市：清大出版社，2004 年）

張忠民：《屈原文化研究論文集》（宜昌市：宜昌市炎黃文化研究會，1997 年）。

陸家驥：《端午》（臺北：臺灣商務印書館，1996 年）。

褚斌杰：《屈原研究》（武漢：湖北教育出版社，2003 年）。

鐘敬文：《中國民間文學大辭典》（黑龍江：黑龍江人民出版社，1996 年），頁 22。

二、參考期刊

王雨等人：〈耕植文學的苗圃--專訪民間文學教育工作者〉《文訊》2001 年 5 月，35-60 頁。

楊振良：〈民間文學在通識教學中的活化功能〉《國際通識學刊》2009 年 9 月，53-64 頁。

李卉：〈談民間文學教學和民族文化素質的培養〉《教育與職業》2005 年 36 期。

陳玉平：〈貴州高校民間文學、民俗學教學與研究狀況調查—兼談培養相關專業人才的重要性〉《貴州民族學院學報(哲學社會科學版)》2005 年 6 月。

孫嫣：〈挖掘民間文學瑰寶：促進幼兒語言發展—幼兒古詩文教學之我見〉《中國教育研究論叢》2006 年。

賈芝：〈民間文學與啟蒙教育〉《文藝理論與批評》1994 年 5 月。

陳建憲：〈民間文學與中學語文教學〉《語文教學與研究》1994 年 7 月。

劉守華：〈適應現代文化發展：改進民間文學教學〉《華中師范大學學報(哲學社會科學版)》1996 年 5 月。

彭衍綸：〈期許民間文學教育在大學教育中紮根、成長〉《臺灣教育》1998 年 10 月 29-32 頁。

張小永：〈幼兒民間文學教育方法初探〉《中華女子學院山東分院學報》1999 年 1 月。

姜佩君：〈大專生之民間文學教學及採錄〉《中國文化月刊》2001 年 12 月，96-118
　　頁。

邢亮：〈民間文學與審美教育—析中學語文教材中民間文學作品的美育功能〉《濟
　　南教育學院學報》2003 年 5 月。

孫正國：〈一個兼容人文精神與學術品格的教學平臺—評劉守華先生主編的《民
　　間文學教程》〉《高等函授學報(哲學社會科學版)》2003 年 5 月。

陳明媚：〈南龍布依族古寨經濟、教育、民間文學藝術、宗教調查〉《黔西南民族
　　師范高等專科學校學報》2005 年 1 月。

毛慧媛：〈不妨把民間文學融入語文教學〉《學語文》2005 年 2 月。

湯梅：〈民間文學應用到兒童情商教育中的可行性研究〉《民族教育研究》2006
　　年 5 月。

孫正國：〈論民間文學教學的新視域〉《文學教育(上)》2007 年 4 月。

黃永林：〈關於民俗學與民間文學教學問題〉《文學教育(下)》2008 年 5 月。

周麗玲發表的〈生命之源：苗族民間文學的閱讀價值〉《貴州民族學院學報(哲學
　　社會科學版)》2008 年 6 月。

陳杰：〈民間文學教學新論〉《新課程研究(教師教育)》2008 年 9 月。

潘江東：〈談民間文學的教育功能〉《社教資料雜誌》1996 年 3 月，1-3 頁。

三、參考網址

ORO 牛津線上大辭書 http://www.oxfordreference.com/views/GLOBAL.html?authstatuscode=202

中國期刊全文數據庫 http://cnki50.csis.com.tw/kns50/Navigator.aspx?ID=CJFD

臺灣期刊論文索引系統 http://readopac.ncl.edu.tw/nclJournal/

對話策略在國小閱讀理解教學之研究

黃秀莉*

摘　要

　　本研究旨在以對話策略為教學媒介，提升國小學童在國語文學習領域的閱讀理解能力，透過行動研究的歷程改進教師教學能力及促進教師專業成長。參與研究對象為五年級的學童，進行研究，為期四個月。研究期間蒐集學童學習文件、教師省思札記、學童晤談資料及課堂錄影等質性資料，以及閱讀理解測驗和學童對對話策略教學問卷等工具所獲得量化資料，經分析討論獲得結論如下：一、對話策略能有效提升學童閱讀理解的能力；二、實施閱讀理解的對話策略有提問、摘要、澄清、預測、追問與反駁。最後，研究者提出實施對話策略時應考量的因素，及可能影響因素的，作為教學之建議。

關鍵字：閱讀教學、對話策略、閱讀理解

一、前　言

　　1990 年代以後學習理論開始從個體思維者和其孤立心智的認知理論轉向強調認知和意義的社會性本質[1]。強調互動的交互特性，在互動中，個體以及認知和意義都被認為是社會性和文化性的建構[2]。一般說來，建構主義、社會心理學認為學習是個體參與社群的對話過程中，經過社會活動來建構知識的。在個人的知識不斷的受到環境的挑戰，尤其是與社會中他人的互動，個人的知識或理論慢慢的具有公共性的色彩，擺脫主觀而逐漸走向所謂的客觀。

　　自訊息處理論對學習研究產生重大影響後，閱讀理解教學的研究逐漸擺脫傳

---

* 投縣鹿谷鄉鹿谷國民小學教師

[1] Resnick, L. B. (1987). Constructing knowledge in school. In L. S. Liben (Ed.), *Development and learning: Conflict or congruence?* (pp.19-50). Hillsdale, NJ: Erlbaum。

[2] Lave, J.(1993). Word Problems: A microcosm of theories of learning. In P. Light & G.Butterworth (Eds.) *Context and cognition. Ways of learning and knowing*(chap.5).Hillsdale, NJ: Erlbaum。

Michael, S.R. （1996）.Itegratag chronic illness into one's life: A phenomenological inqury. *Journal of Holistic Nursing, 14（3）*,251-267。

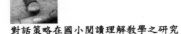

對話策略在國小閱讀理解教學之研究

統以文章學習為基礎的教學模式---著重字詞句的熟習、概括段意與歸納中心思想---轉而以各種學習策略和後設認知歷程的教導，結合認知心理學的研究成果，嘗試將專家經常採用的閱讀策略教導給處於生手階段的學童。社會互動，尤其是以語言和對話為主要形式的交流，同樣受到學習的社會理論的支持[3]。

　　觀國內閱讀教學的現況，仍然以傳統的語文教學偏多－執著於以教師為中心的講授法為主，偏重字詞義講解和對文章的闡述[4]；但許學仁[5]則強調語文教學的本質，並不只是侷限在語言文字技術層面的訓練，應是在培養兒童閱讀文學的興趣。

　　雖有研究[6]以指導學童閱讀策略，提升學童閱讀理解能力的，但尚未歸結出較有效的實施策略可供現場教師使用。然而，一般教師對於如何促進學童進行閱讀理解的教學策略並不是很清楚[7]。因此，本研究根據上述之理由，試圖以對話策略解決閱讀理解教學之問題。

二、文獻探討

（一）閱讀中理解的教學研究

1、文本理解

　　文本理解能力是指理解文章基本事實的能力，此事實明顯的標示在文本內，讀者可直接由題目的字彙、句子線索找到答案[8]；其中包含文章表層文義的理解[9]，也就是經由「解碼、字面理解」達到對文章基本事實的理解。本研究認為文本理解能力區分為二種：一是，針對一個問題提問，而且在同一個句子可直接找到答

---

[3]Lave, L.,& Wenger, E. (1991). *Situated learning: Legitimate peripheral participation.* Cambridge: Cambridge University Press。

[4]柯華葳、詹益綾、張建妤、游婷雅：《臺灣四年級學生閱讀素養(PIRLS 2006 報告)》，(桃園：國立中央大學學習與教學研究所，2009 年)。

[5]許學仁：＜生活處處皆語文－語文領域統整課程芻議＞，(2000 年)。上網日期：2009.5.23。網址：http://www.lib.nhltc.edu.tw/9years/9years.htm。

[6] 蔡佩芳：《相互教學法對國小國語文閱讀教學成效之研究》(高雄：國立高雄師範大學教育學系，2004 年)。

[7]簡馨瑩：《國小教師之教學專業發展研究：以閱讀策略教學為例》(臺北市：國立臺灣師範大學教育心理與輔導學系博士論文，2006 年)。

[8]董宜俐：《國小六年級學生中文閱讀理解測驗編製研究》 (臺中：國立臺中師範學院教育測驗統計研究所碩士論文，2003 年)。

[9]Pearson, P. D., & Johnson, D. D. (1978). *Teaching reading comprehension.*N. Y.：Holt, Rinehart and Winston。

案;二是,也是針對一個問題提問,但是答案和問題不在同一個句子,要統整上下文的描述,才能找出答案。

　　例如:施秀美[10]曾利用仲介模式實施語文學習;薛秉鈞[11]以合作學習融入閱讀策略教學模式對國中學生科學文本閱讀理解;馮珮珍[12]應用文學圈於閱讀教學及曾玉萱[13]透過敘事課程教學來促進學生的文本理解;Casazza利用EMQA(摘要、模型化、提問、應用)的摘要教學模式學生能學會摘要並增加他們對文本的理解。

2、字義理解

　　字義理解是指能將所提取的字義組合在一起形成命題,亦是一種刺激字義的理解歷程。鄭麗玉[14]說,字義理解的主要功能在於能「從印刷文件上擷取字面上的意義」,它包含二個過程:一為字義取得(lexical access);一為語法分析(parsing)。在字義取得的運作歷程中,閱讀者會從被活化的知識當中,去選出最適合其情境的一項意義;而語法分析的歷程,在於閱讀時,閱讀者認出單字,賦予符合上下文的字義,然後聚集各種字義的合適關係,形成一個有意義的命題。在此歷程中,讀者對字面意義的解釋可能會因文字脈絡(context)線索,或因讀者本身的語法知識程度而有差異。例如「小狗玩球」,「玩」這個單字,連接了「小狗」和「球」兩個概念,組成了一個命題,即產生了字義的理解[15]。黃堯香[16]認為字義理解的能力可區分為三種程度,一是,從文章中挑出較難的語詞;二是,需要充分理解該語詞的意義,並加以應用;三是,判斷語詞在新句型中是否適當。董宜俐[17]則強調,字義理解應涵蓋下列七個面向:一、用例子解釋詞義;

[10]施秀美:《仲介模式應用於讀寫教學之行動研究》(臺北市:國立臺北師範學院課程與教學研究所碩士論文,2004 年)。

[11]薛秉鈞:《合作學習融入閱讀策略教學模式對國中學生科學文本閱讀理解之研究》(高雄:國立高雄師範大學化學系研究所碩士論文,2006 年)。

[12]馮珮珍:《「文學圈」在國小二年級閱讀教學之研究》(新竹:國立新竹教育大學語文學系語文教學碩士班碩士論文,2007 年)。

[13]曾玉萱:《一位國小教師提升小五學童閱讀理解能力之行動研究:敘事課程之建構》(臺北市:臺北市立教育大學課程與教育研究所碩士論文,2007 年)。

[14]鄭麗玉:《認知與教學》(臺北:五南,2000年)。

[15]林淑美:《交互教學法對國小五年級學生在科學性文章閱讀理解之研究》(臺中:臺中師範學院語文教育學系碩士論文,2003 年)。

[16]黃堯香:《國小四年級學童中文閱讀理解測驗編製與其相關研究》(臺中市:國立臺中教育大學教育測驗統計研究所,未出版,2007 年)。

[17]同註 8

對話策略在國小閱讀理解教學之研究

二、同音異字的新義；三、文中的語詞應用在哪一種情境下最恰當；四、文中的語詞應用在哪一種情境下不恰當；五、哪一語詞可代替文中的情境；六、字義推理；七、本文與哪個成語的意思類似。那麼，字義理解能力除運用語言知識外，尚需語彙知識提供字典知識，文字知識提供解決生字新詞的資料。

3、推論理解

推論理解乃是指閱讀者具有相當的能力，能了解文章隱含的意義，並能將文章予以整合、摘要，且能運用先前知識，透過精心推論的歷程，去連結新舊訊息，使文章內容更具意義。所以，推論理解的歷程中，閱讀者對於他們所閱讀的事物，已能擷取先前知識融進概念性理解與策略的應用，而具備足夠的技巧，可以在閱讀歷程中達到更高層次的理解。

過去 Harvey 和 Goudvis[18]研究認為「推論」是讀者的背景知識、文章線索和個人預測產生了交集，專家讀者根據以上概念推測文章中隱含的觀點並建構意義，當讀者獲得的資訊越多，越能做出正確的推論。讀者推論時，在個人信念、知識與結論連結，做出分析性的判斷。由此可知，推論是和文本中的主題、觀點、人物之間的協調、辯證，使得文本的閱讀理解更具有讀者個人觀點。透過推論的過程，讀者能記憶與應用所讀的知識、建構新的背景知識，分析明辨作者與作品特色，並熱烈的投入討論時的回應。Chilcoat 研究檢驗推論策略的訓練結果，發現學生經由嚴密的推論策略訓練後，提高後設認知分數，更能覺察其理解的正確性，啟發深刻的理解。國內學者吳敏而[19]研究發現二至六年級學童在字面推論、行間推論及批判推論能力發展，顯示年齡愈高者推論能力相對較好。

雖然董宜俐[20]研究發現學童在閱讀理解能力上的表現以「推論理解」為最佳。但是，陳文安[21]認為程度較差的學生不知如何判斷那裡是屬於重複的內容，因此可以教導學生在文本中尋找「也就是」、「意思就是」、「換句話說」等暗示重覆的線索，來決定哪些內容是屬於重複的部分。一般來說，既使是一篇簡單的文章，

---

[18] Harvey, S. & Goudvis, A (2000). Strategies that work: Teaching comprehension to enhance understanding. York. ME: Stenhouse。

[19]吳敏而：＜國民小學學生文章理解層次分析＞，（臺灣省國民學校師研習會主編）《國民小學國語科教材教法研究第三輯》（臺北縣：臺灣省國民學校教師研習會，1993 年），頁 73-85。
[20]同註 8。
[21]陳文安：《國小學生摘要策略之教學研究---以六年級為例》（屏東：國立屏東教育大學教育心理與輔導學系碩士班，2006 年）。

在閱讀時仍需要做推論[22]，而且通常會使用內容知識、策略知識及後設認知的知識來追求文本的意義。故欲加強推論理解的能力，可以從六個面向著手：一、預測作者的身分；二、預測記敘文的結局；三、預測下一段的可能發展；四、對文章描述的可能聯想；五、反向思考文章的敘述；六、以下的推論何者與本文的論點相衝突[23]。

4、摘取要旨

摘取要旨的能力是指當讀者經過讀者與文本的對話，找到作者的原意。故摘取要旨可以考驗是否理解，是理解監控的基礎，是自我診斷的初步階段。其摘取要旨的能力包括：一、這段文字最主要在強調什麼觀念；二、下面哪一個句子最貼近文章的中心思想；三、為文章下標題；四、找出文章的啟示[24]。

這樣的研究結果與官美媛[25]摘取文章大意的教學能夠對於學童訊息判斷能力、歸納能力對於閱讀理解有顯著影響；換言之，教導摘取要旨的能力訓練確實能影響學童運用其結果在閱讀理解上，並能提升學童的閱讀理解能力。

（二）對話在學習上的觀點

Bakhtin 式的對話強調，它是一種動態的表達方式，因此，對話的內容會伴隨特定的目標及活動情況來產生；亦即，對話不是獨立的行動，而是在活動脈絡下有特定的目標。Wells[26]進而指出：首先，每一次的對話都是斟酌主客觀的情境，在某個一般性通則中加以發展；第二，Bakhtin 所注意的特質是對「聽」與「說」的反應。所以，對聽者而言，察覺另一個人的表達方式，就是對他採取積極、回饋式的態度。而回應性作用應在於：「塑造表達方式」及「為接下來的對話做準備」。另外，Bakhtin[27]針對「對話性的暗示」提出一個寶貴的觀點，他認為與他人

[22]劉錫麒：《數學思考教學研究》（臺北：師大書苑，1997年年）。
Just, M. A., & Carpenter, P. A. (1980). A theory of reading: From eye fixation to comprehension. *Psychological Review, 87 (4)*, 329-354。
[23]同註 8。
[24]同註 8。
[25]官美媛：《國小學生摘取文章大意策略之教學研究－以五年級說明文為例》（花蓮：國立東華大學教育研究所碩士論文，1999 年）。
[26]Wells, G. (1999). Dialogic inquiry: Toward a sociocultural practice and theory of education. Cambridge: Cambridge University Press。
[27]Bakhtin, M. M. (2002). *The dialogic imagination: Four essays* (C. Emerson & M.Holoquist,Trans.) .Austin, TX: University of Texas Press. (Original work published 1975)

對話是參與對話的同時將對話內化的心智功能。所以對話的原則是與別人傳達話語時，透過此過程去了解或遷就對方意見，滿足自己的需求及溝通的目的。因此「回應性」（responsivity）是對話的重心，回答的內容必須針對別人先前的表述加以回應。這些對話可能依附在當時的情境下所做出之回應（並不表示對方同時認同）；在言辭方面，我們所說的話，很多都是他人講過的，修辭依遠近、親疏而有所不同。不管作者或說話者學問有多淵博，所有表達的方式都被視為是為接下來的對話及至回應預作準備。

Bohm 曾提出對話的兩個觀點：一是，對話群體中共享意義；二是，不預設目的或議程而展開對話[28]。Bohm[29]並進一步強調：在好的對話中不論是個人還是社群都必須仔細思考他們的觀點，如果所有的知識都能通過協商達成一致，那麼這個社群就可以協調共同的工作。因為對話思維不同於「是—是」、「否—否」二元對立的思維方式；反之，對話的過程是一個異中求同、同中求異的雙向運動過程。所以對話式的真理是超越真理，是兩極在相互作用和相互肯定中「生發」出來的[30]。由此發現，對話意識所追求的乃是消解種種兩極間的對立，讓他們平等地對話，在對話中相互作用，產生出某種既與二者有關，又與二者不同的全新概念，這也就是意義的生成。

但對話要具有價值，包含的不僅僅是意見的分享，它必須在進展中產生結果，使意見的分享、提問、校訂能導向一個全新的認知[31]。以全新的認知而言，就是每個參與者的同意，高於他們自己原先的認知。所以對話總是包含多種面向和製造意義的模式，有些同時發生，有些則在不同的方面扮演互補的角色來完成活動的整體目標。「對話」是教學中互動的重要途徑和形式[32]。因此，對話就是學習者發展認知與獲得知識重要的一種機制。

對話的參與者能夠做到以下四個條件：（1）對話就能夠向前發展，朝向達成全體滿意的共識；（2）提出有相關證據的問題及論點；（3）擴展集體有效的論點；

---

[28]王松濤譯：《論對話》（北京：教育科學出版社，2004 年）。

[29]Bohm, D.《*On dialogue*》（New York: Routledge. 1996）。

[30]滕守堯：《藝術社會學描述》（臺北市：生智文化事業有限公司，1997 年）。

[31]同註 26。

[32]李奉儒：＜對話教學論：Jurgen Habermas 與 Paulo Freire 的溝通與對話＞，《「當代教育哲學」專題研討會》（臺北：中央研究院，2002 年 10 月）。

管建剛：＜小學「對話」作文教學的實踐研究的構想＞（2005 年）。上網日期：2009 年 4 月 12 日。網址：http://www.wjxz.com/view.php。

（4）允許信念接受評論以促進對話[33]。更好的是鼓勵學童不僅僅表達個人的意見，也應發表評論並向別人提出疑問，這樣的過程會幫助個人認知以及社群認知的進展。所以，Bereiter[34]認為對話是否會成功，在對話的過程中取決於社群成員能（1）從他人的話語（或行為）中篩選出與前面內容相關的要素；（2）生成話語（或行為）以承認對話者說話內容的權威性與連貫性；（3）用有利於交流的方式拓展對話中話語和行為的方式；（4）在互換中為別人的參與留出空間；（5）提供回饋訊息以有助於保留互換的軌跡；（6）避免終止對話的行為（如對個人的威脅、侮辱）等[35]。知識建構要在具有意圖的活動進行，方能達成有意義的理解。理解就是把原本是相互競逐、且不完全能給予檢驗的諸命題用訓練有素的方式加以組織和脈絡化，之後獲得結果。因此，知識無論是通過個人的認知活動或是與他人協作下產生，對話都是知識建構重要的歷程。

（三）閱讀理解與對話之關係

閱讀教學的目的即是要學生學會在閱讀時運用策略達成理解；換句話說，就是要師生在共同參與的對話中，塑造出一個互動模式，使學童加深對文本的理解[36]，所以對話不只是閱讀理解主要的媒介，它在社會化智力上更扮演了重要的角色[37]。當教師與學童共同參與持續的互動協商、辯證與解釋，會使學童更加理解。Pupley,Willson,和 Nichols針對國小五六年級學童進行閱讀理解教學發現能夠提升學童在閱讀理解上的認知能力；Brigitte和Cynthia利用小組教學教學來促進高層思考，明顯會影響學生閱讀理解；Hollingsworth, Amanda, Sherman, Jennifer, Zaugra和Cynthia利用合作學習來提升閱讀理解，其教學策略會影響閱讀理解的結果是相同的。

---

[33]同註 26。

[34]Bereiter, C. (1994). Implications of postmodernism for science, or, science as progressive discourse. *Educational Psychologist, 29(1)*, 3-12。

[35]Steffe, L. P., & Gale, J. (Eds.)(1995). *Constructivism in education*. New Jersey: Lawrence Erlbaum。

[36]Wolf, M.K, Crosson, A.C., & Resnick, L.B. (2006). Accountable talk in reading comprehension instruction (CSE Technical Report 670). University of California, Los Angeles, National Center for Research on Evaluation, Standards, and Student Testing, Center for the Study of Evaluation。

[37] Edwards, A. D., & Westgate, D. P. G. (1994). *Investigating classroom talk*. (2nd ed.). London: The Falmer Press。

Resnick, L. & Nelson-LeGall, S. (1999). Socializing intelligence. In L. Smith, J. Dockrell, & P. Tomlinson (Eds.), *Piaget, Vygotsky, and beyond*. London: Routledge。

　　閱讀是主動的嘗試去了解文章的意義,而不是被動的將訊息輸入記憶。因此讀者必須結合文章內容、他的背景知識、和生活經驗相互呼應。故劉錫麒[38]指陳文章是由讀者與作者兩個不同的心靈嘗試建立共同表徵的工具。然而,好的閱讀者若非碰到難題,幾乎不會察覺自己不斷在做推論和詮釋。但研究發現,既使是一篇簡單的文章,在閱讀時仍需要做推論[39],而且通常會使用內容知識、策略知識及後設認知的知識來追求文本的意義。

　　故閱讀理解最關鍵在於對文章意義的了解。一般閱讀者會在閱讀過程中讀者運用自己的先前知識(prior knowledge),與文章作有意義的連結,進而能與文章訊息產生互動(interaction),使能獲致更深層、更積極的意義。另外在閱讀理解的後設認知教學中,國外的研究頗多。例如 Palincsar 和 Brown 在 1984 年根據 Vygotsky 在 1978 年,所發展出來的教學模式之「相互教學」(reciprocal teaching)。這種教學策略,是教師教導學童利用學習的「對話」,促進學童發展其後設認知的能力,以增進閱讀理解的效果。本研究基於對話是省思、是協作的機制,運用四種學習策略,包括預測(predicting)、摘要(summarizing)、澄清(clarifying)、提問(questioning)等,採學習社群互動的方法,進行閱讀理解的教學。

　　因此,以閱讀理解的對話策略來說,進行過程中除了必須考慮課程的嚴謹性之外,尚須維繫在整個活動過程中的 (1) 成員參與;(2)教師所連結的想法;(3)學童所連結的想法;(4)尋求知識;(5)提供知識;(6)要求嚴密的思考;(7)彼此之間解釋性的對話,提供嚴密的思考[40]。以上六個面向會影響師生共同參與的對話,若師生能共同塑造出一個互動模式,那麼學童對於文本理解的實務活動也較容易形成[41]。

三、研究方法與工具

　　本研究以行動研究為研究方法。首先,以二班五年級學童為研究參與對象,並以班級為單位,區分為實驗組及對照組進行研究。為深入了解實驗組在閱讀理解活動中的實施情形,並以觀察紀錄、研究者省思札記、學童回饋單、學童訪談

---

[38]同註 22。
[39]同註 22。
[40]同註 36。
[41]黃秀莉:《對話學習社群的理論建構與實施～以閱讀理解為例》(花蓮縣:東華大學國民教育研究所博士論文,2009 年)。

紀錄、學童問卷等資料予以記錄。

研究過程為兼顧資料的真實性與完整性，研究中將採用觀察紀錄（錄影）、訪談、評量表，及研究者省思札記等相關文件進行資料蒐集。

本研究量化部份以黃堯香[42]所設計之「國小四年級中文閱讀理解測驗」進行實驗組與對照組之前、後測。將實驗組與對照組在閱讀理解測驗的前、後測計分完成，逐步校閱無誤後，研究者分別將資料建檔，以 SPSS11.0 for windows 進行資料的整理與分析，並利用單因子獨立樣本共變數分析，比較實驗組與對照組學生在閱讀理解教學前後之差異。

四、綜合討論與分析

（一）對話策略實施於閱讀理解之成效

在實施三十二次的實驗教學後，為了解兩組學童在各分項目與總分之差異是否具有統計上的實質意義，遂以其前測分數為共變數，進行獨立樣本單因子共變數分析。

在進行共變數分析之前，先進行組內迴歸係數同質性考驗，以考驗兩組學童在閱讀理解測驗的「文本理解」、「字義理解」、「推論理解」、「摘取要旨」和「總分」之前測分數對後測分數進行迴歸分析所得之斜率是否相等，考驗結果詳如表1所示。

表1　兩組學童在「閱讀理解測驗」之迴歸係數同質性考驗摘要表

項目	變異來源	離均差平方和	自由度	均方	F 值
文本理解	分組•前測	3.379	1	3.379	2.245
	組內＋誤差	96.349	64	1.505	
字義理解	分組•前測	3.862	1	3.862	2.431
	組內＋誤差	101.661	64	1.588	
推論理解	分組•前測	2.050	1	2.050	2.332
	組內＋誤差	56.263	64	.879	

---

[42]同註 16。

摘取要旨	分組‧前測	.149	1	.149	.080
	組內＋誤差	119.363	64	1.865	
總分	分組‧前測	10.118	1	10.118	.820
	組內＋誤差	721.019	64	11.266	

*p＜.05

　　由表1中之結果，可以得知：「文本理解」的F值為2.245，p＝.139＞.05；「字義理解」的F值為2.431，p＞.05；「推論理解」的F值為2.332，p＞.05；「摘取要旨」的F值為.080，p＞.05；「總分」的F值為.82009，p＞.05。表示不同的教學方法與閱讀理解之前測分數，在「文本理解」、「字義理解」、「推論理解」、「摘取要旨」和「總分」無交互作用存在，其組內迴歸線沒有交叉情形，因此具有同質性，故可以進一步進行獨立樣本單因子共變數分析。

　　為進一步探究實驗組與對照組學童在排除前測分數的影響下，不同的教學方式對於兩組學童在「閱讀理解測驗」的得分情形是否具有顯著差異，故以其前測為共變數、後測為依變數，進行獨立樣本單因子共變數分析，分析結果如下頁表2所示。

表2　兩組學童在「閱讀理解測驗」之共變數分析摘要表

項目	變異來源	離均差平方和	自由度	均方	F值
文本理解	組間	18.406	1	18.406	11.996*
	誤差	99.729	65	1.534	
字義理解	組間	23.460	1	23.460	14.451*
	誤差	105.523	65	1.623	
推論理解	組間	22.785	1	22.785	25.320*
	誤差	58.312	65	.820	
摘取要旨	組間	95.472	1	95.472	51.925*
	誤差	119.363	65	1.839	
總分	組間	502.643	1	502.643	44.686*
	誤差	731.137	65	11.248	

*p＜.05

由表2可以得知：在「閱讀理解測驗」中 ，「文本理解」在排除前測的影響下，F 值為11.996；「字義理解」在排除前測的影響下，F 值為14.451；「推論理解」在排除前測的影響下，F 值為25.320；「摘取要旨」在排除前測的影響下，F 值為51.925；「總分」在排除前測的影響下，F 值為44.686。以上結果均達.05的顯著水準，表示兩組學童在實施對話策略後，於閱讀理解測驗的「文本理解」、「字義理解」、「推論理解」、「摘取要旨」和「總分」之表現，均有顯著差異。

表3兩組學童在「閱讀理解測驗」之原始後測得分平均數與調整後平均數摘要表

項目	實驗組		對照組	
	原始後測平均數	調整後平均數	原始後測平均數	調整後平均數
文本理解	6.8529	8.5588	7.1471	7.6176
字義理解	6.5588	8.4412	7.0882	7.4412
推論理解	6.5294	8.7941	6.6765	7.6765
摘取要旨	5.3235	8.4706	5.6176	6.2059
總分	25.2647	33.9412	26.5294	29.0000

※分項各10分，總分40分

兩組學童的原始後測得分平均數與調整後平均數，詳如表3之結果，顯示實驗組調整後的平均數皆比對照組要來的高，可見實驗組經實驗教學處理後之進步幅度大於對照組。綜合上述之結果，可以從中推測得知：實施對話策略的教學活動後，將有助於提升國小的閱讀理解能力。

由表 2 可以得知：兩組學童在閱讀理解測驗的文本理解得分，其 F 值為11.996，達.05 的顯著水準；又從表 3 得實驗組調整後的平均數為 8.5588，高於7.6176。可見實施對話策略的閱讀理解教學之實驗組學童在文本理解項目的表現明顯高於一般的閱讀學習對照組學童；換句話說，本研究在經過教學實驗後實驗組的學童對於文章基本事實與表層文義的理解都能有效地提升。這種結果與其他

研究利用各種教學策略增進文本理解是相同的。

本研究透過對話策略所進行的閱讀理解後，由表2可以得知：兩組學童在閱讀理解測驗的字義理解得分，其F值為14.451，達.05的顯著水準；又從表3得實驗組調整後的平均數為8.4412，高於7.4412。可見實施對話策略的閱讀理解教學之實驗組學童在字義理解項目的表現明顯優於一般的閱讀學習對照組學童。

本研究在表2可以得知：兩組學童在閱讀理解測驗的推論理解得分，其F值為25.320，達.05的顯著水準；又從表3得實驗組調整後的平均數為8.7941，高於7.6765。可見實施對話策略的閱讀理解教學之實驗組學童在推論理解項目的表現明顯優於一般的閱讀學習對照組學童。

由表 2 可以得知：兩組學童在閱讀理解測驗的摘取要旨得分，其 F 值為51.925，達 .05 的顯著水準；又從表 3 得實驗組調整後的平均數為 8.4706，高於6.2059。可見實施對話策略的閱讀理解教學之實驗組學童在摘取要旨項目的表現明顯優於一般的閱讀學習對照組學童。

由表2可以得知：兩組學童在閱讀理解測驗的文本理解得分，其F值為44.686，達.05的顯著水準；又從表3得實驗組調整後的平均數為33.9412，高於29.0000。可見實施對話策略的閱讀理解教學之實驗組學童在文本理解項目的表現明顯優於一般的閱讀學習對照組學童。

（二）對話策略實施於閱讀理解之實務活動

在進行三十二次的實務活動[43]後，社群成員對於閱讀理解的四個策略提問、摘要、澄清、預測已經運用自如，但是，在對話當中頻頻出現「追問」和「反駁」。社群成員認為「追問」與「澄清」不同；另外，對話當中，出現能接受彼此的對話，但是成員表示卻無法認同對話的內容，因此提出「反駁」策略。

例一

師：今天希望大家能運用之前學過的策略，來理解這篇文章。

生：意思就是大家想說什麼就說什麼嗎？

師：當然也是希望你們要遵守對話的規則呀！例如：最好能接著前一個人的話來對話，還有要根據文章來對話等等。

---

[43] 本研究之成員區分為以 ABCDEF 等六組，例如 D5 為「D 組第 5 個成員」；另外 T 為小老師

C1：《服務人群》這篇文章，只要是希望大家要培養服務的精神，還要從服務身邊的人做起。【摘要】

師：嗯，C1剛剛用的是摘要的策略。還有誰要來說？

A2：我想，如果這個社會沒有人願意服務他人，人與人之間就會變得很冷漠。【預測】

師：真的是嗎？

E3：為什麼會很冷漠？【提問】

F4：冷漠就是彼此不互相關心。【澄清】

B3：不關心就是是冷漠嗎？你可以舉個例子來說嗎？

（觀 20091016）

在對話策略介入學童閱讀理解活動之初，主要還是以摘要、預測、提問與澄清四個策略為主。

例二

D5：因為我們通常就像 C4 講的，一般在富貴人家家裡才有傳家寶，通常貧窮人家也沒有什麼可以有值錢東西可以傳的啦！

T：我不知道你們有沒有去留意到這個問題。

（大多數的成員都舉支持）

T：F2，妳為什麼偏偏舉反駁？

F2：我覺得不一定要有錢人家他們才會有傳家之寶，因為文章裡面也沒有寫說：「鐵匠是很有錢的。」而且大寶也是想，裡面一定是金銀財寶，可是打開是一些工具，所以我覺得傳家之寶不一定是有錢人有的。

（觀 20091027）

但是，對話策略的使用愈來愈熟稔後，成員的對話能力與對話思維則面臨挑戰，因此，出現不同的想法與看法。

例三

F3：我們覺得那個飯盒可能會變成傳家寶。可能會一代一代的傳下來，

因為那個飯盒具有很大的意義。

T：那個飯盒具有很大的意義？可以請你再說詳細一點嗎？【追問】

F3：因為那個飯盒是爸爸以前用過的。

D5：那平時用過的東西不是有很多嗎？為什麼，只把它當傳家寶。【追問】

F3：我應該這麼說，這個飯盒是他爸爸為了紀念「過去苦日子」的東西。
所以，它似乎也告訴家人，現在生活改善了，但是也不要忘記曾經有過的
苦日子。

A2：我很同意 F3 的說法。除了很有道理之外，F3 還可以說得很完整！

（觀 20091229）

在對話的過程中，社群成員提出的想法或意見雖然得到認同，但是，其他社群成
員會要求進一步的說明或解釋，因此，成員希望由「追問」得到更佳的解答。

例四

D5：我們覺得老道士的出現是因為他已經看不下去魏三的小氣，所以他
必須要用梨子來處罰他。

C1：我支持 D5 那一組的講法。因為如果魏三一直小氣不大方的話，他絕
對做不了大事情。

A1：我反駁 C1 的說法。不一定小氣的人，就一定會變成大方的人！【反
駁】B6：我反駁 A1 的說法。因為大方不一定就會做成大事。我覺得老道
士用魏三的梨子去請大家吃，這樣反而幫魏三做功德，因為他免費請大家
吃，他就可以洗刷他的小氣，以後就不會下地獄了。【反駁】

F2：剛剛 C1 說：「小氣不大方，做不了大事」，是不是可以請 C1 再說清
楚一些。【追問】

C1：我的意思是說，魏三那麼小氣不大方，是沒辦法做大事的。

生：喔，原來是這樣！

T：你們不斷的追問，又要反駁，可以換話題了嗎？

生：（小老師說完，大家才發現快下課了）

（觀 20090107）

學習社群正式進入對話實務時，社群成員發現現有的策略是不夠的。原本四個策略，這四個策略裡面，除了提問以外，其它都是自己一個人講，提問別人會回答你嘛 預測，摘要，澄清都是自己在說話，別人其實也插不上來，提問別人會回答你，對於反駁，大家會反駁來反駁去，課程才不會死氣沉沉。（訪 20091204- F2）當我試著問他們理由時，他說，因為我們想突破問題，有反駁出現才會找到話題。（訪 20091204- F2）被反駁會試著讓自己去尋找一些對的真理。（訪 20091204-E3）

他們認為：

有時候共同點不相同的時候，容易對人家反駁，感覺就覺得很生氣，既然你跟我共同點不同，可能再去看哪一個人的想法比較 OK。（訪 20091204-A2）所以，講話要有說服力，而且你說的要讓大家認同你，不然就會變成二度被反駁（訪 20091204- A2）。還有，要反駁人家的時候雖然證據要足夠，但是可以用委婉的方式去反駁人家，才不會讓人家面子掛不住會很尷尬之類。（訪 20091204- A2）最後，社群成員認為既然有澄清，是不是就也要反駁，通常你反駁的時候，譬如，反駁我，我覺得我還是有一點道理存在，我就會趕快再澄清一下，讓自己的理念更清楚，不論是反駁或是怎樣，都沒有一定的答案，因為每個人的觀點都是不太一樣的。（訪 20091204- A2）

從以上的四個例子與事後訪談的結果來說，社群成員認為「追問」及「反駁」是對話策略應該存在的策略，才能發展出更有深度的對話，創造出多元的意義。

五、結論與建議

（一）結論

1、對話策略在閱讀理解上實施之成效有顯著提升

　　本研究證實對話策略的實施能顯著提升國小學童的閱讀理解能力。經過三十二次閱讀理解活動後，相較於對照組在進行閱讀理解後書寫學習單的教學，實施對話策略更有助於提升國小學童在「文本理解」、「字義理解」、「推論理解」、「摘取要旨」等分項能力與「總分」的表現。

2、實施閱讀理解的對話策略有提問、摘要、澄清、預測、追問與反駁

　　本研究雖以 Brown（1984）預測、摘要、澄清及提問的閱讀理解策略進行教學，但在實務活動中學童發現四個策略是不夠的，因此成員認為需要有「反駁」和「追問」才能展開更深入精緻或較寬廣的對話。本研究認為：因個人的後設認知及協作性對話則發展出「反駁」和「追問」的策略是必要的。反思，過去廣為被研究者所接受的「預測」、「摘要」、「澄清」及「提問」四種策略僅能運用在「同意且認同」的觀點下，對於「同意但不認同」時則會出現「反駁」和「追問」這二種策略。

（二）建議

1、可改進研究工具，增加評量的客觀性

　　在本研究中，於閱讀理解能力的評量方面，係採取黃堯香[44]所編製的「國小四年級學童中文閱讀理解測驗」針對閱讀理解實施前後測，此評量方式採選擇題型，僅在「文本理解」、「字義理解」、「推論理解」及「摘取要旨」予以評量，然在其編製的評量中，欠缺解釋性理解的評量；且本研究參與者為五年級學童，在所有閱讀理解評量測驗中，缺少針對五年級學童閱讀理解的評量測驗。因此，為使研究的信度與效度更趨嚴謹和檢視的向度更為客觀，此研究工具的內容可做進一步發展。

2、對於反駁的閱讀理解策略要能妥善使用

　　從訪談的過程中發現學童為了要追求知識，提升對文本理解的層次，因此而產生反駁的策略。因此在閱讀理解活動上使用反駁策略時，教師要先建立學童對話的信心，要能彼此尊重且為社群實務而努力，切勿因為使用反駁而造成行為上的衝突，或是導致個人因為被反駁而受傷。

3、追問是需要等待的，要培養學童自己延伸智能，教師不要急於給答案

　　對話策略在活動的過程中，社群成員間會根據對話彼此追問。但是，也會因

---

[44]同註 16。

為追問的態度或語氣使得成員間的關係緊繃，教師有時會受到當下情境的影響，介入社群成員的對話，甚至是直接給答案。然而，追問的回應是需要時間的等待，倘若當下對話者無法立即回應，教師應引導學童利用學習資源尋找答案，培養學童解決問題的能力。如此的追問過程才可以引發學童另一層次的學習，使學童主動的延伸智能。

筆記欄

以心智圖法加強學童摘要能力之研究

劉　瑩[*]、鄭玟玟[*]

摘　要

　　臺灣的小學生於 2007 參加 PIRLS 國際閱讀能力評比，成績不佳，引起學界相當大的震撼。探究其原因，是由於學生普遍缺乏閱讀策略。所以，本研究擬以 SQ3R 的模式為基礎，輔以心智繪圖加強摘要能力，閱讀前並加上預測的策略，也就是設計預測、概覽、提問、精讀、摘要及複習等六階段（PSQ3R）的策略，並進行深入探究，期望能加強學童的思考能力。本研究團隊帶領學生運用的閱讀策略，是先做預測閱讀，接著速讀內容，歸納大意之後，為加強學生閱讀後的歸納統整能力，特選用心智繪圖法，使學生於閱讀之後，能快速而便捷地回憶文章的重點，歸納全文的中心思想，並找出主要脈絡，製作一張全篇文章重點的架構圖，以加強摘要的能力。

關鍵字：SQ3R、心智圖、閱讀教學策略

一、前　言

　　臺灣的小學生於2006年參加PIRLS國際閱讀能力評比，在45個國家中，僅居於22名，落後於同為華人，排名第2的香港與排名第4的新加坡。這樣不理想的成績，引起學界相當大的震撼。

　　探究其原因，最主要是由於教師未教授閱讀策略，學生普遍缺乏閱讀策略。九年一貫課程綱要的能力指標中，明訂國小四到六年級的學生，必須具備整理與摘要文章的能力，因為，摘要對於理解與記憶文章是很重要的（指標E-2-1、2-6-3-3、2-8-9）。[1]

　　董宜俐於2002年調查全臺灣國小六年級學生閱讀理解能力，發現在字義理

---

[*]國立臺中教育大學語文教育學系教授

[*]國立臺中教育大學語文教育學系博士生

[1] 九年一貫能力指標本國語文 E-2-1 能掌握文章要點，並熟習字詞句型；2-6-3-3 學習資料剪輯、摘要和整　理的能力；2-8-9 能主動記下個人感想及心得，並對作品內容摘要整理。

解、文本理解、推論理解、摘要、佈題等能力上，學生的摘要能力最弱。[2]所以教導學生摘要策略，培養學生摘要能力，使學生在眾多資料中，選取有用的資訊，覺察重點，是國小教師重要的責任。

　　本研究以 SQ3R 的模式為基礎，輔以心智繪圖加強摘要能力，閱讀前並加上預測的策略，也就是設計「預測、概覽、提問、精讀、摘要及複習」六階段 PSQ3R 的策略，期望能加強學童的思考能力。本研究團隊帶領學生運用的閱讀策略，是先做預測閱讀，接著速讀內容，歸納大意之後，為加強學生閱讀後的歸納統整能力，特選用心智繪圖法，使學生於閱讀之後，能快速而便捷地回憶文章的重點，歸納全文的中心思想，並找出主要脈絡，製作一張全篇文章重點的架構圖，以加強摘要的能力。

二、心智圖法理論與相關研究

（一）心智圖法的基本概念

　　心智圖法是英國湯尼‧布桑(Tony Buzan)所研發出來，運用「心法（教育）」與技法（訓練）的一種筆記法，是針對「大腦和心智」的發明。在心智圖聖經當中強調，圖像心智可以釋放大腦視覺化的心智潛能，透過圖像的吸引力與聯想力可以強化記憶力。他創作的靈感來自於天才中的天才－達文西。放射式思考可說是心智圖的核心概念，Tony Buzan & Barry Buzan 對心智繪圖的定義是：「這是放射性思考的最佳表現方式，因此它也符合人類的大腦機制。它是一種釋放大腦潛能的圖形化工具。」[3]多才多藝的達文西，就是運用具有高效率的思考法，產生大量創作，而湯尼‧布桑將此法發揚光大，幫助許多學習者提高了學習效率。

　　Tony Buzan 當初從達文西的筆記而產生心智圖的構想，並利用此學習方法來解決生活上的一些問題，例如：擬定生涯目標、日常計畫、效率學習、資訊管理、思想整合，或解決人際關係問題等。陳盈達經過實驗印證，運用此法，對於工作、親子關係或是任何目標設定等都非常有助益，是一個訓練自己大腦平衡思考很有效的學習方法。[4]

---

[2] 董宜俐：《國小六年級學童中文閱讀理解測驗編製研究》，臺中師範學院教育測驗統計研究所論文，2002 年，頁 83。

[3] Tony Buzan & Barry Buzan著，孫易新譯：《心智圖聖經—心智圖法理論與實務篇》（臺北：耶魯，2007年），頁3。

[4] 陳盈達：《心智繪圖法課程之學習成效研究--以南投縣政府社區大學為例》，朝陽科技大學企業管理系碩士論文，2003 年，頁 11。

　　心智圖法可以運用到生活的每一個層面,不論是學習或是釐清思緒都有大幅度的績效。心智圖法有下列四項基本要素:[5]

　　1.將思考主題以具體圖像呈現在紙中央。

　　2.從主題產生的幾個主要概念,寫再從中心圖像延伸出來的放射性支幹上面。

　　3.每一個聯想所衍伸的支幹上面只畫一個關鍵圖像或寫一個關鍵字。次要概念接在上一個高層次概念之後。

　　4.所有支幹形成一個節點狀的結構。

　　輔以 Tony Buzan 所發明的心智圖法原則,由密蘇里州聖路易市的南西‧瑪格莉思(Nancy Margulies)所繪製的「My First Map」作為說明:

　　1. 主題放在正中央。

　　2. 每一個副主題都有一個主要分枝。

　　3. 每一個概念都是用一個字表達。

　　4. 每一個概念都儘可能的附上一張圖片。

　　南西‧瑪格莉思隨圖附上解說,建議不被干擾且不中斷的練習繪製心智圖,彩色筆則是運用於每個概念的繪圖,每個分支線也要用不同的顏色繪製,此說明圖就是針對以上建議作的總結,如圖一:[6]

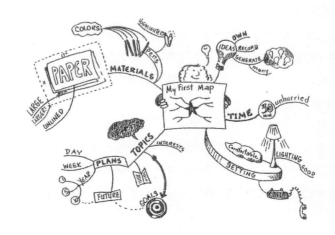

[5] 孫易新:《心智圖聖經—心智圖法理論與實務篇》,頁 72。

[6] 佛斯吉妮特、戴頓高頓原著,林麗寬譯:《學習革命》(臺北:1997),頁 148。

圖一　My First Map

心智圖法是一種運用左右腦的特性，例如：顏色、關鍵字、符號、圖像、線條等，以全腦思考的方式，加上擴散式的思考方法，把思想、知識及所學的一切將它概念式的呈現出來，是一種視覺化加上圖像化的筆記技巧，將其運用在思想整合、腦力激盪、自由聯想、創意激發、有效記憶等方面也是一個創造思考的策略方法，是一個有效的學習工具。

（二）心智圖法的特色

1. 結合文字與圖像的全腦運作

心智圖法是藉由顏色、圖案、代碼將放射性思考具體化，不僅具個人特色，還能增進創造力與記憶，並幫助回想。就好比是頭腦裡的一幅地圖，繪製著詳細的道路，提供使用者對於某項主題的整體概觀，協助蒐集、整理大量資料，以新思維解決問題，並提升工作效率，使思慮更加周詳，所以無論是觀察、閱讀、靜思或記憶都會成為非常愉快的事。[7]大腦的結構分為左右腦，各有其不同的功能。左半球是處理語言，執行抽象邏輯思考、集中思考、分析思考的中樞；它主管著人們的說話、閱讀、書寫、計算、排列、分類、言語回憶和時間感覺，具有連續性、有序性、分析性等機能。而右半球則處理表象，執行具體形象思考、發散思考、直覺思考的中樞；它主管著人們的視知覺、複雜知覺模式再認、形象記憶、認識空間關係、識別幾何圖形、想像、作夢、理解隱喻、發現隱蔽關係、模仿、音樂、節奏、舞蹈以及態度、情感等，具有非連續性、瀰漫性、整體性等功能，透過左右腦的協同作用的相互關係才是創造力真正的基礎。[8]心智圖法運用圖像與關鍵字的連結，結合了左右腦的運思，將訊息圖像化、記憶聯想化，以產生全腦運作的統整效能，進而達成解決問題的能力。

2. 放射性思考

心智圖是把放射式思考具體化的方法，Buzan提出心智圖思想整合技巧，以放射性思考模式取代傳統條列式的書寫筆記及聚斂式的思考模式，符合以樹枝狀連結的神經元運作方式進行資訊儲存，同時兼具水平思考與垂直思考的特性，用最接近大腦記憶的模式來運作，才能更容易、更有效的學習，讓大腦思緒自由綻

---

[7] 孫易新：《心智圖聖經—心智圖法理論與實務篇》，頁 72-73。
[8] 董奇：《兒童創造力發展心理》（臺北：五南，1995 年），頁 161。

放，產生無限潛能與創意。[9]要使閱讀更有效率，選用繪製心智圖，應該會具有相當的成效。放射式思考是聯想激發的過程，可分為Brain Bloom（思緒的綻放）與Brain Flow（思緒的飛揚）兩種模式。Brain Bloom 像是並聯式的思考，也可稱之為聯想的光芒；而Brain Flow就是串連式的思考模式，也可稱之為聯想接龍。在聯想激發的過程中會發現Brain Bloom的共通性較高，Brain Flow 的差異性較大，此兩種思考模式無所謂好壞，端賴適用的時機與場合，若需要「創意」，就採用Flow 的模式；若針對某一事項欲了解相關看法，就適合用Bloom 的模式。聯想力的練習—Brain Bloom 和Brain Flow，能幫助學生走出自我設限，使其感受思緒順暢與創意無限的喜悅，以發揮大腦的潛能。

3. **分層、分類的組織概念**

　　心智圖法是利用分層、分類[10]的方法組織你的思考，所謂的分層、分類，首先必須建立基本的層次概念，以可以向下細分不同類的概念為中心，然後將其他相關的層次和類別組織起來，並且運用最簡單的關鍵字或是顯而易懂的圖像來表達。分層、分類的概念將放射性思考有系統的組織與成形，關鍵字的表達不僅節省時間，更有助於記憶和重點的凝聚。

（三）心智圖法繪製準備階段與技巧

　　湯尼‧布桑對於心智圖的繪製方法，有詳盡的說明，茲分析如下：

1.繪製心智圖的準備階段：

　　關於心智圖繪製的過程如下：[11]

　　（1）**心理準備**：正面積極的態度；準備一些圖檔範本；對自我承諾；允許　　　　　　　　　　荒謬與蠢的行為；讓心智圖儘量具有美感。

　　（2）**文具的準備**：

　　　　甲、筆：使用8色以上的粗、細彩色筆；使用24色以上的色鉛筆；使用　　　　　　　　4色以上的原子筆或是螢光筆。

　　　　乙、紙張：通常使用紙質較好的空白A4紙，如果資訊太多的話，也可　　　　　　　　以使用A3；不使用回收紙、橫條紙或是上面有小圖案的，　　　　　　　　因為任何的一個小圖案都會造成大腦思緒的阻礙。

---

[9] 孫易新：《心智圖聖經—心智圖法理論與實務篇》，頁 43-44。
[10] 同前註，頁 107-113。
[11] 同前註，頁 136-137。

（3）環境的準備：溫度要適宜；以自然的光線或接近陽光的燈泡；清新的空氣；桌椅合乎人體工學；創造愉悅的氣氛；播放輕鬆的音樂或保持安靜。

2. 使用心智圖的重要技巧：

湯尼・布桑將心智圖法的繪製法則以技術與編排兩方面來說明：[12]

（1）技術層面

甲、強化印象的部分

題目或主題以圖像方式畫在紙的中央；儘量使用圖畫來表達重點；使用三種以上的顏色；使用立體圖案或是將文字圖像化；運用各種感官能感受到的美感；使用不同大小的字體、線條與圖像；要有組織、結構化；恰當的留白。

乙、強化聯想部分

使用連結線條指出在不同支幹之間資訊的關聯性；使用顏色來觸發聯想；使用符號來強化聯想。

丙、簡潔清晰

每一根枝幹只用一個關鍵字，將所有關鍵字寫在主幹、支幹線條上，讓線條與搭配的文字等長；主幹要與中心主題圖像連接在一起；主幹與支、支幹與支幹之間要連接在一起；主幹從中心向外由粗而細；心智圖內容完成後，可以在某一主幹與其所有之後的支幹沿著周圍畫上外框；讓圖像儘量清楚明確；紙張要水平方式橫放；字體儘可能端正。

丁、發展個人風格

每個人都是與眾不同的，心智圖法能反映出每個人獨特的思考規則與組織方法。

（2）編排層面

甲、使用組織圖

利用分類法、分層法有組織的繪製心智圖，資料的處理將可大量的增加。

---

[12] 同前註，頁124-125。

乙、使用數字標明順序

　　若有需要，可以根據想法、目標、重要性，標明數字排列順序，也可以標上適當的時間或強調的記號。當然，除了數字外，字母的順序也可以派上用場。無論是哪一種方法，「標明順序」的方法會讓你的思考更合邏輯。

　　依據湯尼•布桑詳盡的說明，教學者與學習者都能很迅速地掌握心智繪圖的技巧，展現創意思考的成果。

（四）心智圖法教學之相關研究

　　心智圖可以大量的運用在日常生活中，例如：幫助記憶、寫筆記、做報告、準備考試、創作、寫企劃案、寫論文等，皆有很大的助益。Tony Buzan & Barry Buzan 將心智圖運用在教學上的優點分敘如下：[13] 1.引發學生學習興趣；2.師生互動更自在、更有創意，營造歡樂教學氣氛；3.教師授課筆記更具彈性；4.增進學生考試成績；5.增加資訊間的關聯性，並針對議題深入探討；6.減少筆記的使用量；7.對於學習障礙的學生特別有幫助。

　　目前已有許多文獻顯示，心智圖法對學習具有相當好的成效，許多研究者實際運用於提升閱讀理解的教學，例如：林慧姿[14]於 2004 年應用繪本結合心智圖法於國小資源班閱讀教學之質性研究；林燕琪[15]於 2005 年對國中學習障礙學生閱讀理解教學成效的研究；魏靜雯[16]於 2004 年運用心智圖在國小五年級學生閱讀理解與摘要能力影響的研究；程于玲[17]於 2008 年運用心智圖法對國小二年級學童閱讀理解及記憶力之影響。

　　一般的閱讀學習，師生常陷於一成不變、僵化反覆的教學與學習情境當中，如果教師將教學的方法做一些改變，學習成效就會不一樣，由上述研究中可知，心智圖法確實可以加強學生的閱讀理解能力，將心智圖法運用於教學實務上，確

---

[13] 同前註，頁 322-323。

[14] 林慧姿：《新手教師應用繪本結合心智圖法於國小資源班閱讀教學之質性研究》，國立臺北師範學院特 殊教育學系碩士論文，2004 年。

[15] 林燕琪：《心智圖法對國中學習障礙學生閱讀理解教學成效之研究》，國立彰化師範大學特殊教育學系碩士論文，2005 年。

[16] 魏靜雯：《心智繪圖與摘要教學對國小五年級學生閱讀理解與摘要能力之影響》，國立臺灣師範大學教育心理與輔導研究所碩士論文，2004 年。

[17] 程于玲：《心智圖法對國小二年級學童閱讀理解及記憶力之影響--以進步國小為例》，國立花蓮教育大學幼兒教育學系碩士論文，2008 年。

實有其成效。

（五）摘要結合心智圖教學

摘要(Abstract)又稱文摘或提要。它是以簡明扼要的文句，將某種文獻的主要內容，正確無誤地摘錄出來，使讀者於最短的時間內，得知原著的大意。摘要的主要功用，是要節省讀者的時間，能於短時間內，得知多種資料的大要，並據以決定是否要閱讀原文，為參考工具書的一種。摘要是濃縮訊息，用以呈現文章的要點，涉及理解、評估、轉化與監控的能力，而有助於對文章的組織、理解與記憶。[18]

本文摘要教學內容根據 Brown & Day 提出六項摘要教學策略、Hare & Borchardt 的潤飾策略及 Cook & Mayer 的文章結構策略，包括以下的教學內容：[19]

　　1.判斷重要訊息策略：刪掉不相關、瑣碎、重覆的訊息以及畫重點。

　　2.詞語歸納策略：綜合一連串性質相似的名詞或動作。

　　3.選擇與創造主題句策略。

　　4.潤飾策略：建構一個順暢的摘要。

　　5.文章結構策略：包含概括式、分類列舉式、因果式、問題解決式、序列式、比較對照式。

透過上述的教學內容與前述之心智圖法繪製準備階段與技巧，並利用故事體為文本實作教學時，訓練學生以下列步驟建立摘要能力：

　　1.預測：猜測故事內容情節。

　　2.概覽：生難字詞作記號與說明。

　　3.提問：針對故事「人物、起、承、轉、合、中心思想」等情境脈絡提出問題。

　　4.精讀。

　　5.提要記憶：繪製心智圖。

　　6.複習。

（六）心智圖法的教學步驟

心智圖法目前已被廣泛的使用於教學中，在初步進行教學時，可以如何進行

---

[18] 林慧姿：《新手教師應用繪本結合心智圖法於國小資源班閱讀教學之質性研究》，頁 27。
[19] 同前註，頁 6。

呢？許素甘提出了三個階段的教學：[20]1.第一階段：示範引導； 2.第二階段：個
別習作；3.第三階段：小組集體創作。本研究團隊在教學實務上，為使國小學生
能清楚理解南西‧瑪格莉思的心智圖，特將此圖翻譯成中文版，進行第一階段的
「示範引導」如圖二：

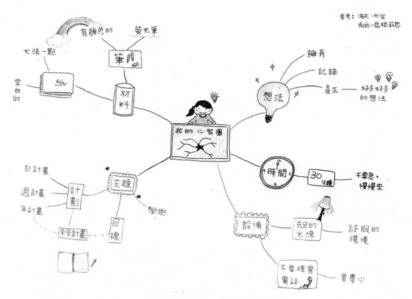

圖二　My First Map 自製中文版

接著，讓學生從討論故事中發現重點，再由教師示範繪製心智圖，如圖三：

---

[20] 許素甘：《展出你的創意: 曼陀羅與心智繪圖的運用與教學》（臺北：心理，2004 年），頁 116-126。

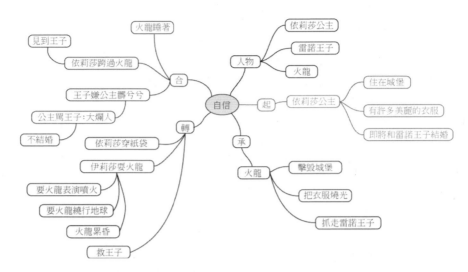

圖三：教師示範繪製心智圖，以《紙袋公主》圖畫書為例

第二階段的「個別習作」，讓學生熟悉心智圖法的技巧，使心智圖充分傳達個人的思考歷程，並發展出屬於自己的圖像資料庫和特殊風格。見圖四：

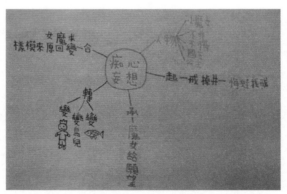

圖四：學生習作繪製心智圖，以《青蛙變變變》圖畫書為例

第三階段的「小組集體創作」中，請學生以全開紙創作，藉由多人共作，豐富、深化心智圖的內容。

心智圖法提升了學生學習的興趣，在創作方式上，有些人喜歡個別繪製，有些則較喜歡團體創作，可多方的嘗試找出最適合自己的方法。此外，錢秀梅於研

究中提出：學生能力差距過大、過度緊湊的課程、未能循序漸進的教導心智圖法、教學者本身不常使用心智圖法……等，皆可能影響教學成效。[21]所以，教師於課程安排時，應盡可能避免以上因素，使心智圖法教學達到應有的成效。

三、心智圖法教學實作舉隅

　　基於小四的學童正是由繪本閱讀跨越到文字量逐漸增加並且難度加深的閱讀，選擇以文字較多較深的「故事體」作為閱讀素材，仍可以藉故事引發學童閱讀的興趣，而不會感覺到閱讀挫折。為了考驗學生對文字的直接閱讀理解能力，確定不會受到繪圖輔助理解，本研究舉例之教學實作將圖畫書重新排版，抽離圖畫，以剔除閱讀理解受到繪圖影響的因素。由於小四學生正處於具體運思期的前期，喜歡以具象的圖畫幫助思考，所以本研究以 SQ3R 的流程為基礎，融入閱讀前的預測((Predict)，以及讀者自行繪製重點圖幫助回憶閱讀內容、加強摘要能力的心智圖法（Mind Mapping），期望能強化學童的閱讀理解能力。

（一）實施流程簡介

　　本團隊帶領學生運用「預測、概覽、提問、精讀、摘要及複習」六階段PSQ3R的閱讀策略，再輔以心智圖做摘要大意。先做預測閱讀，接著速讀內容，歸納大意之後，為加強學生閱讀後的歸納統整能力，選用心智圖法，使學生於閱讀之後，能快速而便捷地回憶文章的重點，歸納全文中心思想，並找出主要脈絡，製作一張全篇文章重點的架構圖，以加強摘要的能力。PSQ3R六階段，實施流程如下：

　　1.預測((Predict)：預測閱讀法—教師板書故事題目，學生能看到題目，預測故事內容的情節，並口頭回答。本策略的效果，是為了加強學生獨立思考與想像的能力。

　　2.概覽(Survey)：概覽全文時，遇生難詞要做記號，教師將生難字詞做簡單說明。

　　3.提問(Question)：以故事體作為選擇重點，教師針對故事內容之「人物、起、承、轉、合、中心思想」等情境脈絡提出問題，引導學生思考，並手繪出自己的心智圖。由於心智圖的製作需要花

---

[21] 錢秀梅：《心智圖法教學方案對身心障礙資源班學生創造力影響之研究》，國立臺北師範學院特殊教育學系碩士論文，2001 年，頁 82。

一些心思，所以，教師先以 Freemind 或 Illustrator 軟體製作各篇文本的心智圖。剛開始試教做引導時，教師自製心智圖教學簡報，老師可以藉下列提問，與學生共同繪出心智圖，多試幾次之後，可由學生自行繪製，學生繪製完，請一至二位學生分享自己的心智圖，老師協助校正，最後，再出示老師的心智圖。提問內容如下：

（1）故事中有哪些主要的角色？(人物)

（2）故事一開始在說些什麼？(起)

（3）接下來發生了什麼事？(承)

（4）故事轉折的地方，有哪些？(轉)

（5）故事的結果是什麼？(合)

（6）本故事的中心主旨為何？（主旨）

（7）師生討論時，請學生在文本上圈選關鍵字。

4.精讀(Read)：深入精讀，尋找教師提問的答案。

5.提要記憶(Recite)：閱讀後，用心智圖作摘要，找出中心思想，分列大綱，延伸旁枝。

6.複習(Review)：最後教師寫出關鍵字，請學生回憶內容，口頭回答。

（二）教學活動設計舉例

繪本名稱	爺爺一定有辦法	作者/繪者	菲比·吉爾曼
教學年級	四年級	譯者	宋珮
教學節數	一大節（第二節作閱讀理解測驗）	出版社/出版日期	上誼/2007.4
教學目標	1.能看到題目，預測內容。 2.能速讀、默讀、略讀概覽全文。 3.教師提出問題引導學生思考。 4.深入精讀，尋找教師提問的答案。 5.能用心智圖作摘要。 6.回憶內容，口頭回答。		
九年一貫 能力指標	5-2-13 能讀懂課文內容，瞭解文章的大意。 5-2-14-2 能理解在閱讀過程中所觀察到的訊息。 3-2-4-1 能抓住重點說話。		

配合能力指標	教學活動	教師引導策略	時間
	2-2-2-2 能思考說話者所表達的旨意。 5-2-3-2 能瞭解文章的主旨、取材及結構。 5-2-8-1 能討論閱讀的內容，分享閱讀的心得。		
準備教材	1.教師：自製 ppt、故事體純文字本、自製心智圖範例、不同顏色粉筆 2.學生：每生一盒細字彩色筆、空白 A4 筆記本		
5-2-13	步驟一：預測 一、教師在黑板上書寫繪本名稱～「爺爺一定有辦法」。 二、讓學生猜猜看這是什麼樣的故事？ 三、你覺得「爺爺一定有辦法」可能在說什麼？ 四、說說看，「爺爺一定有辦法」可能在寫什麼樣的故事？ 五、「爺爺一定有辦法」可能會有哪些角色？ 六、「爺爺一定有辦法」故事會怎麼發展？ 七、猜猜看，「爺爺一定有辦法」故事結局會是怎麼樣？	1.採用默讀的方式，以保證速度。	2
5-2-14-2	步驟二：概覽 一、發下每個學生故事體純文字本，請學生概覽全文。 二、遇生難字詞要做記號，並圈出關鍵字詞。 三、概覽時即要求學生找出故事情境脈絡（起、承、轉、合）在哪裡？圈出來或在空白處寫出來（教學進度愈到後面的繪本故事時，部分學生會在概覽時即在空白處做出心智圖）。	2.指導和訓練學生掌握閱讀的基本技術：圈點、批注、摘要。	2

	四、概覽結束,教師將生難字詞做簡單說明。		
3-2-4-1 2-2-2-2	步驟三:提問 (部分學生在概覽時,能自我提問,並做出心智圖。) 一、故事中有哪些主要的主角?(人物) 二、故事一開始在說些什麼?(起) 三、接下來發生了什麼事?(承) 四、故事轉折的地方,有哪些?(轉) 五、故事的結局是什麼?(合) 六、本故事的中心主旨是什麼? 七、師生討論時,請學生在文本上圈選關鍵字,以幫助心智圖製作。		15
5-2-3-2	合 人物 主旨 轉 起 承	3.刪掉不相關、瑣碎、重複的訊息。 4.指導心智圖繪製時注意事項: (1)主旨放在中間 (2)副概念依順時針均衡的放置 (3)副概念要用不同顏色呈現 (4)文字敘述愈少愈好 (5)用圖畫來代替文字	
	步驟四:精讀 深入精讀,尋找教師提問的答案。 步驟五:提要記憶 學生依據步驟三的問題,用心智圖作摘要。		20

一、在紙張中間寫出故事的中心主旨。（學
　　生找出的中心主旨趨近於故事，便可以
　　接受）

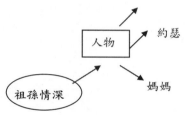

二、用不同顏色的支線依序寫（畫）出人物、
　　起、承、轉、合。

　　1.先寫（畫）出副概念人物。

二、依序寫（畫）出副概念起、承、轉、
　　合。

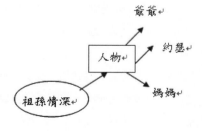

　　2.依序寫（畫）出副概念起、承、轉、
　　合。

爺爺縫了一條毯子

	3.教師示範		
5-2-8-1	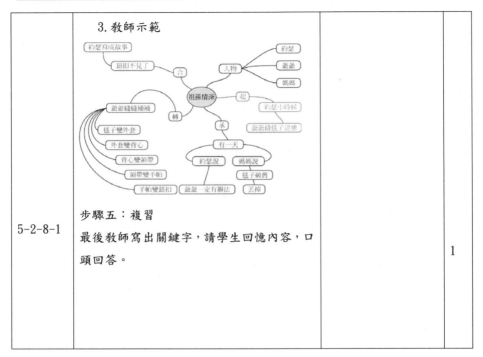 步驟五：複習 最後教師寫出關鍵字，請學生回憶內容，口頭回答。		1

四、結　語

　　將心智圖法理念與運用帶入教學現場，透過多元的教材教法呈現，協助學生加強摘要能力並開發創意，幫助學生閱讀理解能力的提升。以下分述實施心智圖教學加強學生摘要能力時的心得感想，供教育先輩們參酌：

（一）教師應扮演引導者的角色

　　建議老師調整自己的角色，教師提供「鷹架」協助孩子學習，幫助孩子成為學習的主導者，讓孩子建構屬於自己的閱讀理解歷程。孩子必須主動建構自己腦海中的心智圖，主動去搜尋和連結各概念間的關係及其意義，如此才能獲得持續而有意義學習成果。在這個過程中，教師只是扮演引導、輔導及啟發的角色而已，教學應該是幫助學生以心智圖來表達自己的理解歷程，而不是灌輸學生一些閱讀技巧與原則。

（二）增加與同儕或教師互動的機會

　　當學生完成心智圖時，除了可與老師討論之外，建議也可將自己的心智圖與同儕分享，藉著與別人分享互動討論的機會，可以接受讀者的反應與回饋，經由

這樣的過程，學生可以再一次檢視自己的心智圖內容。

（三）閱讀材料應該具有趣味性

　　好的故事除了應該符合故事體裁「起、承、轉、合」的情境脈絡之外，還得內容精彩有趣，孩子才不會覺得閱讀是一件枯燥乏味的事情，正面的情緒就會伴隨而生，達到「悅讀」的境界，進而大量閱讀，語文能力大幅提升。

　　本研究團隊衷心期盼：透過有效率的閱讀策略，讓我們的國民都能夠提升閱讀理解的能力，並達到「悅讀」的境界，進而大家一起大量閱讀，語文能力都能大幅提升。語文能力的提升，正意味著國家競爭力的提升，我們在國際舞臺上的地位，才會提高。大家共勉之！

參考資料

一、引用專書

許素甘：《展出你的創意: 曼陀羅與心智繪圖的運用與教學》（臺北：心理，2004年）。

佛斯吉妮特、戴頓高頓原著，林麗寬譯：《學習革命》(臺北：1997)。

董奇：《兒童創造力發展心理》（臺北：五南，1995年）。

Tony Buzan & Barry Buzan著，孫易新譯：《心智圖聖經─心智圖法理論與實務篇》（臺北：耶魯，2007年）。

二、引用論文

林慧姿：《新手教師應用繪本結合心智圖法於國小資源班閱讀教學之質性研究》，國立臺北師範學院特 殊教育學系碩士論文，2004年。

林燕琪：《心智圖法對國中學習障礙學生閱讀理解教學成效之研究》，國立彰化師範大學特殊教育學系碩士論文，2005年。

陳盈達：《心智繪圖法課程之學習成效研究--以南投縣政府社區大學為例》，朝陽科技大學企業管理系碩士論文，2003年。

程于玲：《心智圖法對國小二年級學童閱讀理解及記憶力之影響--以進步國小為例》，國立花蓮教育大學幼兒教育學系碩士論文，2008年。

董宜俐：《國小六年級學童中文閱讀理解測驗編製研究》，臺中師範學院教育測驗

統計研究所論文，2002 年。

錢秀梅：《心智圖法教學方案對身心障礙資源班學生創造力影響之研究》，國立臺北師範學院特殊教育學系碩士論文，2001 年。

魏靜雯：《心智繪圖與摘要教學對國小五年級學生閱讀理解與摘要能力之影響》，國立臺灣師範大學教育心理與輔導研究所碩士論文，2004 年。

提昇國中生閱讀認知能力的教學設計

鄭圓鈴[*]

前　言

　　閱讀是一項既屬個人認知也涉及認識社會成規的活動。閱讀者被要求能夠流暢、有效率的把以語言符號為載體的篇章，轉化成其他讀者也會獲得相似結果的意義，並在其中享受個人獨特的閱讀樂趣。[1] 根據 Carver 的研究，閱讀可區分三個大類，分別為一秒鐘閱讀，一分鐘閱讀，一年閱讀。一秒鐘閱讀指眼睛注視著字詞一瞬間的認知過程。一分鐘閱讀比喻讀者閱讀短篇篇章時理解和記憶文章內容的認知過程，由於閱讀短篇章與長篇章在認知過程上沒有本質的差異，所以一分鐘閱讀也可以理解成一小時的閱讀。一年閱讀指學生經過一年的閱讀訓練後，獲得的學習效果[2]。據此可推知一秒鐘及一分鐘閱讀包括兩個部分，一為詞語認讀，一為擷取篇章重要訊息的理解。一年閱讀則要求閱讀者在詞語認讀與擷取篇章重要訊息的基礎上，進一步學習各種閱讀技巧，利用這些技巧，形成各種閱讀策略，幫助自己有效統整閱讀材料，提昇理解層次，並利用這種能力，達成享受個人閱讀樂趣與成長，參與社會活動的目標。

　　有關閱讀能力培養的階段劃分，根據美國教育部閱讀文件的說法，學生在小學三年級結束時要完成「學會閱讀」之能力的培養，四年級開始要利用過去閱讀所累積的經驗及技巧，逐漸培養「從閱讀中學習」之能力的培養[3]。據此可推知，小學三年級前重視的是培養學生一秒鐘及一分鐘的閱讀，四年級開始宜注重培養學生一年閱讀。因此，國中生培養的閱讀能力也應該以一年閱讀為目標。為有效達成一年閱讀的學習目標，學生必須在老師課堂所進行的範本教學中，學習各種閱讀技巧，讓自己在進行其他文本閱讀時，能善用熟悉的閱讀技巧，形成有效的閱讀策略，　有效統整閱讀材料，提昇理解層次，並利用這種閱讀能力，達成享

---

*國立臺灣師範大學國文系教授
[1]　《兒童閱讀能力推展》頁 11
[2]　同註 1 頁 10
[3]　同註 1 頁 12

受個人閱讀樂趣與成長，參與社會活動的目標。學生為達成有效理解文本，藉之參與社會活動的目的，必須提昇閱讀的理解能力與閱讀的應用能力，而提昇閱讀理解、應用能力，必須學會相關的閱讀技巧。閱讀技巧的項目及對應的課堂學習活動究竟有哪些，本文將針對此問題，詳細說明。

壹、閱讀理解能力

有關國中生閱讀理解能力的具體內容，國內較重要的文獻是「九年一貫 97 課綱」中有關國中生國語文閱讀能力指標的內涵說明。根據其說明，國中國語文閱讀能力指標的部分共有八項，分別為：

5-4-1 能熟習並靈活應用語體文及文言文作品中詞語的意義。

5-4-2 能靈活運用不同的閱讀理解策略，發展自己的讀書方法。

5-4-3 能欣賞作品的寫作風格、特色及修辭技巧。

5-4-4 能廣泛的閱讀各類讀物，並養成比較閱讀的能力。

5-4-5 能主動閱讀國內外具代表性的文學名著，擴充閱讀視野。

 5-4-6 能靈活應用各類工具書及電腦網路，蒐集資訊、組織材料，廣泛閱讀。

5-4-7 能主動思考與探索，統整閱讀的內容，並轉化為日常生活解決問題的能力。

5-4-8 能配合語言情境，理解字詞和文意間的轉化。

其中 5-4-5、5-4-6 著重閱讀多元題材的說明，屬於閱讀橫軸，與我們要討論的閱讀縱軸--閱讀能力較無關連，可先排除。再歸納其他六項，其重點為：

1.熟悉詞語涵義。

2.連接詞語，形成文意了解。

3.統整閱讀內容。

4.比較閱讀內容。

5.欣賞寫作特色、風格、修辭。

6.運用閱讀策略。

上述六項重點，前五項為學生進行閱讀，建構理解能力所需學得的技巧，而第六項則為學生欲順利進行有效閱讀，自己能利用前述技巧，形成閱讀策略的能力。再根據 Oakhill 及 Garnham 的研究，具備高度閱讀技巧的讀者在閱讀過程至少需完成：眼動與注視、字詞辨識、句子處理、句義和文意處理、推論、連貫

篇章、建立文章結構、賞析文章整體目的等多項認知活動[4]。因此可將上述二種閱讀理解能力所需的閱讀技巧整合為：

1.能熟悉詞語、文句的涵義。

2.能了解篇章文意。

3.能了解篇章句法、結構。

4.能對篇章內容進行推論、統整、比較。

5.能賞析篇章的修辭、寫作風格、寫作特色。

　　為進一步將上述閱讀理解能力所需具備的閱讀技巧，在課堂教學中落實，筆者分析國中國語文教材的內容及基測的評量重點，將閱讀詞、句、段落、篇章所應理解的重點　，分為十一類。其中基測評量重點是根據筆者「基測國文科試題品質分析與改善建議」所編制的「基測試題結構分析表」[5]為參考依據，教材部分根據筆者對各版本國中國文教材之範文的閱讀重點歸納，閱讀技巧則參考Bloom2001年版認知能力分類中，各項認知能力的動詞描述。茲將如何利用課堂的範文教學，有效教導學生學習閱讀技巧，進而提昇閱讀理解能力的教學重點，根據課堂教學由詞、句而段落而篇章的實施步驟，以教材範文為例，分述詞、句、段落、篇章各個閱讀範圍的理解重點與應使用的閱讀技巧。

表 1　　提昇國中國語文閱讀理解能力教學重點歸納表

理解範圍	理　解　重　點	閱讀技巧
1. 詞、句理解	1-1 能說出詞、句的涵義、重點 A.〈五柳先生傳〉「不戚戚貧賤，不汲汲富貴」這句話的涵義是什麼？ B.〈西北雨〉「下午大雨滂沱，霹靂環起，若非蕃薯田在家屋邊，近在咫尺，真是要走避不及」這句話強調的重點是什麼？	1-1 詮釋

---

4 同註 1 頁 20

5 詳見《基測國文科試題品質分析與改善建議》頁 20-23

	1-2 能說出句子所使用的修辭、語法 A.〈西北雨〉烏雲一段,哪些句子使用譬喻法? B.〈西北雨〉烏雲一段,哪些句子是判斷句?	1-2 舉例
	1-3 能針對段落的特定概念,舉出描述該特定概念的句子 A.〈酣孫好去睏〉天一黑一段,哪些句子用來描寫北風凌虐的樣子?	1-3 舉例
2. 段落 理解	**2-1 能將段落內容依不同的概念加以分類** A.〈我所知道的康橋〉中,有關炊煙一段,將炊煙依顏色、形狀、速度加以分類。	2-1 分類
	2-2 能摘要段落的要旨、人事物的特質 A.〈西北雨〉第二段的重點是什麼? B.〈王冕的少年時代〉中,秦老具有何種特質?	2-2 摘要
	2-3 能推論段落事件或敘述,所涉及的觀點、情意、事實 A.〈雅量〉第一段,舉三個人說法的例子,要說明什麼觀點? B.〈西北雨〉最後一段,要表達作者何種情意? C.〈西北雨〉描寫大雨滂沱一段,作者在什麼地方進行觀察?	2-3 推論
	2-4 能比較段落間,相同主題之內容的異同 A.〈王冕的少年時代〉有一段雨過天青的描寫,〈西北雨〉也有二段雨過天青的描寫,比較它們描寫內容及手法的異同。	2-4 比較
	2-5 能解釋段落某事件形成的原因或結果 A.〈西北雨〉大雨滂沱一段,作者說明他喜愛旱地的原因是什麼?	2-5 解釋

3. 段落、篇章理解	3-1 能分析意義段或篇章，構成重要事件或主題的各種要素或細節 A.統整〈竹扇子與竹藍子〉有關李遠哲先生修音響的三個自然段的重要內容或區辨相關內容的說明是否正確（如統整事件發生的場合、經過、結果、李遠哲的態度等）。	3-1 區辨
	3-2 能分析意義段或篇章，重要事件的排例順序或篇章的結構 A.分析〈竹扇子與竹藍子〉一文論述的順序。 B.分析〈西北雨〉一文，當人在荒野碰到西北雨時，情緒變化的順序。 C.畫出〈西北雨〉一文的段落結構圖。	3-2 組織
	3-3 能分析意義段或篇章的寫作特色、寫作手法或隱藏的寓意 A.〈西北雨〉烏雲一段，描寫烏雲使用哪三種寫作手法，它們集中的描寫出烏雲的哪些特色？ B.〈西北雨〉末段，利用音樂抒發作者何種感情？	3-3 歸因

　　其次將上述歸納表，根據 Bloom2001 年版認知能力分類架構，將閱讀理解認知能力的層次與內容，利用能力指標說明表，加以說明。其中閱讀理解的認知能力，取 Bloom2001 年版的理解、分析二種。認知範圍，以詞、句、段落、篇章為範圍，並說明理解各項範圍所需具備的認知能力，其中詞、句、段（自然段）的理解屬 Bloom2001 年版認知能力中的理解，段落（意義段）、篇章的理解則為 Bloom2001 年版認知能力中的分析。 閱讀理解認知能力指標，則將上表的閱讀理解重點，轉譯成具體的能力指標。閱讀技巧亦直接沿用上表的技巧內容。

表 2　　國中國語文閱讀理解認知能力指標說明表

認知能力	認知範圍	閱讀理解認知能力指標	閱讀技巧

1.能理解範文	1-1 理解詞、句	1-1-1 能詮釋詞、句涵義或重點	詮釋
		1-1-2 能例舉文句，說明文法、修辭或特定概念	舉例
	1-2 理解段落	1-2-1 能分類段落內容	分類
		1-2-2 能摘要段落要旨或人事物的特質	摘要
		1-2-3 能推論段落的觀點、情意、事實	推論
		1-2-4 能比較段落的異同	比較
		1-2-5 能解釋段落的因果	解釋
2.能分析範文	2-1 分析段落、篇章	2-1-1 能區辨段落、篇章核心概念的組成要素	區辨
		2-1-2 能組織段落、織篇章的順序與結構	組織
		2-1-3 能歸納段落、篇章的寫作手法、風格、目的、寓意	歸因

貳、閱讀應用能力

　　國中生的閱讀應用能力是指學生在閱讀認知過程，除了學會理解、分析教材範文之外，尚需學習範文中呈現的溝通表達技巧，做為參與社會活動的依據。目前國內能具體說明國中生閱讀應用能力的重要文獻是九年一貫 97 課綱中有關國中生國語文閱讀能力指標的內涵說明。其中與閱讀應用能力有關的能力指標是：

5-4-7 能主動思考與探索，統整閱讀的內容，並轉化為日常生活解決問題的能力。

5-4-8 能配合語言情境，理解字詞和文意間的轉化。

5-4-8 從能力指標上，看不出此指標與閱讀應用能力的關聯性，但它的細項

5-4-8-1 能依不同的語言情境，把閱讀獲得的資訊，轉化為溝通分享的材料，正確的表情達意。

則與閱讀應用有關。

　　然而這兩項能力指標並未對閱讀應用能力的內容作具體的說明，因此本文乃依九年一貫 97 課綱中有關國中生國語文寫作能力指標的內涵說明，選擇與閱讀應用相關的能力指標，做為參考依據。其內容為：

6-4-2 能精確的遣詞用字，並靈活運用各種句型寫作。

6-4-3 練習應用各種表述方式寫作。

6-4-6 能靈活應用修辭技巧，讓作品更加精緻感人。

歸納其重點，則閱讀應用重點應為---在各種表述方式中（敘述、描寫、抒情、說明、議論）[6]：

1.精確的遣詞用字。

2.靈活應用各種句型。

3.靈活應用修辭技巧。

　　根據前節所言，學生在閱讀理解中已習得的分析能力，尚包含寫作手法、文章結構等內容，而參與社會活動對閱讀理解與閱讀應用言，是指當學生理解文本，建構意義時，他必須不斷與自己的生活環境對照與結合，進而欣賞文章，或對文章表示質疑[7]。因此閱讀應用能力參照 Bloom2001 年版有關應用與評鑑能力的說明，將其應學習的技巧訂為：

1.能精確的遣詞用字。

2.能靈活應用各種句型。

3.能靈活應用修辭技巧。

4.能靈活應用寫作手法。

5.能靈活應用文章結構。

6.能靈活統整文章結構與寫作技巧。

7.能檢查文本的形式。

8.能評論文本的內容與形式。

　　為進一步將上述閱讀應用能力所需具備的閱讀技巧，筆者分析國中國語文教材的內容及基測、pisa 的評量重點，將閱讀應用能力的重點　，分為十項。其

---

6 根據 6-4-3-7 指標定義

7 同註 1 頁 20

中基測評量重點是根據筆者「基測國文科試題品質分析與改善建議」所編制的「基測試題結構分析表」[8]為參考依據，但基測試題可供參考者僅為遣詞用字句的應用。Pisa 可供參考者為評論文本的內容與形式，其餘則為筆者根據教材範文學習重點的歸納。閱讀技巧則參考 Bloom2001 年版認知能力分類中，各項認知能力的動詞描述。茲將如何利用課堂的範文教學，有效教導學生學習閱讀技巧，進而提昇閱讀應用能力的教學重點，根據課堂教學由詞、句而段落而篇章的實施步驟，以教材範文為例，分述詞、句、段、篇章各個閱讀範圍的應用學習重點與應學習使用的閱讀技巧。

表 3　提昇國中國語文閱讀應用能力教學重點歸納表

應用範圍	應　用　重　點	閱讀技巧
1.應用段落、篇章	**1-1 能模仿段落動詞，表情達意** A. 〈西北雨〉分辨「吃驚、震驚、震懾」的涵義，並設計一個適合的語境來造句。 B. 〈西北雨〉分辨「膽破魂奪、氣脫委頓，匍匐不起」的涵義，並設計一個適合的語境來造句。	1-1 執行
	1-2 能模仿段落修辭法，表情達意 A.〈西北雨〉描述閃電霹靂一段，使用三個排比句描寫牛、羊、樹對閃電霹靂的恐懼。請模仿相同的修辭法，利用三個具體事物的排比句法，描寫他們對某一種感受的表情或行為。	1-2 執行
	1-3 能模仿段落的句型，表情達意 A.〈西北雨〉說明大自然像戲劇一段，利用「正當……接著……再接著……轉眼」四個語詞，表現西北雨變化迅速的特質。請利用這四個語詞並仿照它們的排列順序，敘述一段事件，並藉之凸顯事件變化迅速的特質。	1-3 執行

---

8 詳見《基測國文科試題品質分析與改善建議》頁 20-23

	1-4 能模仿段落的寫作手法，表情達意 A.〈西北雨〉說明烏雲密布一段，利用「一看……只覺……不由」，說明烏雲的描寫，先寫客觀景象，其次寫景象的想像，最後寫心中的感受。請利用這個三個語詞所表達的寫作手法，描寫一個具體的事物，讓這個事物因為有先客觀，次想像，後感受的層次性描寫，顯得更加生動。	1-4 執行
	1-5 能模仿篇章的布局、結構，表情達意 A.〈西北雨〉一文，將西北雨分成烏雲、閃電霹靂、大雨、天青四個要素，再根據它們發生的順序，組織成文。請仿照它的文章組織法，先將敘述主題分成幾個重點，再將這幾個重點依照時間的順序，分成幾個段落，依序說明與描寫。	1-5 執行
	1-6 能綜合運用各種寫作技巧與篇章結構，表情達意 A. 閱讀〈西北雨〉後，請綜合利用學習到的寫作技巧如修辭法、句型、寫作手法、布局結構，寫一篇<颱風天 >的短文。	1-5 實行
2.檢查段落、篇章	2-1 能檢查段落的語詞 A.〈雅量〉第一段的「一件衣料」量詞使用是否恰當？應如何修改？ B.〈雅量〉第一段的「人人的欣賞觀點不同」，其中的「欣賞觀點」使用是否恰當？可以用哪個語詞來替換？	2-1 檢查
	2-2 能檢查段落的句子 A.〈雅量〉第二段的「無論怎樣難看的樣子，還是有人喜歡，所以不怕賣不出去」，其中「無論怎樣難看的樣子」這樣的說法，是否恰當？要如何修改較合適？	2-2 檢查
	2-3 能檢查段落 A.〈雅量〉末二段的論述是否能說明例子的重點，你能不能修改論述的部分，使論述與例子的關聯更緊密，以增加文章的說服力。	2-3 檢查

| 3.評論段落篇章 | 3-1 能評論段落、篇章的形式
A.〈西北雨〉大自然像戲劇一段，安排在烏雲描寫之後，是否恰當？請具體引用文中的內容，說明你的看法。 | 3-1 評論 |
| | 3-2 能評論段落、篇章的內容
A.〈西北雨〉一文，用哪些段落表達作者對家園的喜愛，你能否從其中感受到作者濃厚的感情？ 請具體引用文中的內容，說明你的看法。 | 3-2 評論 |

    其次將上述歸納表，根據 Bloom2001 年版認知能力分類架構， 將閱讀應用認知能力的層次與內容，利用能力指標說明表，加以說明。其中閱讀應用的認知能力，取 Bloom2001 年版的應用、評鑑二種。認知範圍，以段落、篇章為範圍，並說明理解各項範圍所需具備的認知能力 。 閱讀應用認知能力指標，則將上表的閱讀應用重點，轉譯成具體的能力指標。閱讀技巧亦直接沿用上表的內容。

表 4　　國中國語文閱讀應用認知能力指標說明表

認知能力	認知範圍	閱讀應用認知能力指標	閱讀技巧
1.能應用範文	1-1 應用段落、篇章	1-1-1 能模仿段落動詞，表情達意	執行
		1-1-2 能模仿段落修辭法，表情達意	執行
		1-1-3 能模仿段落的句型，表情達意	執行
		1-1-4 能模仿段落的寫作手法，表情達意	執行
		1-1-5 能模仿篇章的布局結構，表情達意	執行
		1-1-6 能綜合運用各種寫作技巧與篇章結構，表情達意	實行
2.能評鑑範文	2-1 檢查段落、篇章	2-1-1 檢查段落的語詞	檢查
		2-1-2 檢查段落的句子	
		2-1-3 檢查段落	
	2-2 評論段落、篇	2-2-1 能評論段落、篇章的形式	評論

	章		
		2-2-2 能評論段落、篇章的內容	評論

參、閱讀技巧

　　根據上文所述，閱讀的認知能力包括理解與應用兩類，提昇理解能力所需要的閱讀技巧為詮釋、舉例、分類、摘要、推論、比較、解釋、區辨、組織、歸因，提昇應用能力所需具備的技巧則為執行、實行、檢查、評論。這些提昇閱讀理解與應用能力所需具備的技巧，需要教師在課堂的範文教學中藉由反覆的練習，讓學生逐漸內化為閱讀學習的習慣性反應，這樣學生才能在閱讀新範文或表情達意時，能逐漸將內化的閱讀技巧，轉化為自發性的閱讀策略，讓閱讀能進行的更有效率。

肆、教學策略

　　為有效提昇學生閱讀理解與應用的能力，教師必須在課堂的範文教學中，藉由反覆的練習，讓學生將閱讀技巧，內化為閱讀學習的習慣性反應。那麼，在課堂教學中教師可以使用何種教學策略來幫助學生學習這些技巧。一般言，提昇學生閱讀理解與應用能力之教學策略，最簡便有效的教學方法是提問法。而為幫助學生問題回答時，更清楚具體，則可使用分類表、比較表做為提問法的輔助工具[9]。提問法最重要的實施技巧，是教師能針對範文的特質，設計有效能的問題，讓學生學習如何運用思考來解決問題，在思考的過程中，他們將逐漸學習思考此類型問題所需使用的閱讀技巧。而透過同類型問題不斷的提問與回答，學生將逐漸熟悉這些技巧。學生一旦熟悉這些技巧，自然能在新的閱讀經驗中運用出來。當學生在閱讀新情境中能自然的應用各種閱讀技巧，這種靈活運用各種閱讀技巧來解決閱讀困難的能力，就是學生能形成閱讀策略的具體表徵，這將是學生學習閱讀之自我監控能力的起點，也是學習能舉一反三的關鍵。

---

9 分類表、比較表可以有好幾種形式，主要是包含了對想法、事件、特徵等的分類或相同點及相異點的比較，比較表讓學生有機會獨自在內容中運作，然後與同儕分享他們閱讀的細節，也讓老師能針對重要概念或重要特徵，讓學生有專注的焦點。　詳見《 統整式語文教學的理論與實務》頁 402

伍、教學範例

　　本文為幫助教師了解在課堂的範文教學中，如何有效運用提問法的教學策略，設計富啟發性的問題，讓學生從問題的回答中，學習閱讀技巧，將根據陳冠學的〈西北雨〉，提供教學範例。這個範例以學校課堂教學的流程為基礎，將教學流程分為教學目標、教學活動、教學評量三個部分。教學活動則包含教師引起動機，學生預覽範文，教師分段說解，教師跨課統整，學生練習畫組織結構圖、學生練習應用範文的寫作技巧、學生練習評論範文的優劣七個重點。教學目標部分，說明本單元在閱讀理解及應用的教學重點。教學活動部分，每個重點會以提問法為中心，提供問題設計的範例，並註明該問題預期培養學生的何種閱讀技巧，方便教師按圖索驥。問題設計在引導階段，宜先由教師設計，等學生熟習提問法所強調的閱讀技巧後，可讓學生練習設計問題，學生如能自行設計富思考性的問題，則可顯示學生已經具有靈活使用閱讀技巧，形成閱讀策略，提昇閱讀理解或應用的能力。教學評量部分，則是單元結束後，根據範文內容，針對學生學習的各種閱讀技巧，進行學習成果檢測的小測驗。

一、教學目標

1.能理解課文的生難詞句。

2.能理解、分析西北雨的文本結構及描寫重點。

3.能應用作者描寫西北雨所使用的句式或寫作技巧。

4.能統整、比較有關「雨過天青」之描寫的學習經驗。

5.能檢查、評論「大自然有時像戲劇」一段的必要性。

二、教學活動

(一)引起動機

　　引起動機重在讓學生思考：對範文主題西北雨，你知道了什麼？[10]這樣的教學活動設計能引發學生對即將進行的教學範文進行先備經驗的反思，也能幫助教師了解學生對範文主題的興趣與問題。

10　你知道了什麼？參考 Ogle 所發展的 K-W-L，他主張閱讀某特定主題前將只或黑板分成三欄，分別寫下 1.我們知道什麼？2.我們想找出什麼？3.我們學到什麼？還需要學些什麼。這個方法可幫助老師專注於學生閱讀文本的經驗，讓學生主動參與閱讀文本。當學生腦力激盪他們對主題已

甲、問題設計

1.你是否曾遇見西北雨？

2.你會如何形容西北雨？

3.你會選擇什麼重點描述西北雨？

乙、說明

　　本節重在了解學生對西北雨的先備知識，幫助教師擬定下一個課程設計的教學重點。而教師可根據學生對上述問題的討論與說明，了解學生對西北雨經驗豐富，因此本文的教學活動將以理解及應用西北雨的寫作手法為教學重點。

（二）預覽範文

　　預覽範文重在讓學生利用速讀及劃線的閱讀技巧，對新範文產生概括性的理解，並偵測自己的學習困難。

甲、學生發問

1.請學生利用速讀的閱讀技巧，快速瀏覽；其次使用劃線技巧，圈出閱讀困難的詞、句。

參考答案：

蕃薯蒂、滂沱、咫尺、攫、震懾、氣脫委頓、匍匐、行潦川流。

2.學生再次閱讀範文，並在閱讀過程中對下列三個問題進行反思。

乙、問題設計

1.這篇文章主要是想與讀者分享什麼？「摘要」

參考答案：

下午摘蕃薯蒂時碰上大西北雨的過程及感受。

2.作者用哪四個情景，描寫西北雨？它們的順序是什麼？作者觀察這些情景的地點在哪裡？「摘要」

參考答案：

項目／順序	一	二	三	四
情景	烏雲盤旋	閃電霹靂	大雨滂沱	雨過天晴

了解的部份，老師可以問：「你在哪裡學到的？」「你如何能證明？」我們知道什麼？能引發豐富的討論及爭辯因此學生對此一主題感興趣的問題可能會出現。詳見註9頁400

| 觀察地點 | 蕃薯田 | 屋中 | 屋中 | 庭面路上 |

3.作者認為西北雨的過程像戲劇，主要的理由是什麼？他用哪句話來說明這個理由？「解釋」

參考答案：

理由是：西北雨來的快去的快，他用「一場西北雨就這樣過去了，你說戲劇不戲劇？」來說明。

丙、說明

　　本節重在了解學生速讀技巧是否純熟，能否掌握文章重點。因此問題設計最好是範文核心重點，而且能在篇章中直接找到明確的答題線索。

（三）分段說解

　　分段說解是範文教學的核心，教師應利用區塊教學法，將範文根據文義脈絡劃分幾個大的段落，並針對這些段落的重點，設計問題，訓練學生閱讀技巧[11]。

甲、造句練習

1.針對同學第一次閱讀所提問的生難詞句，請同學再次確認仍有疑義的詞句。

2.教師針對同學有疑義的詞句，進行說解，並請學生設計情境，利用疑難詞語造句。

乙、問題設計

●烏雲一段

1.作者用什麼寫作手法描寫烏雲密布的情景，請寫出描寫的句子，並將暗示描寫法的語詞劃線。其次分析烏雲的描寫，主要在凸顯哪兩個特色？「摘要」「歸因」

參考答案：

（1）

寫作手法/內容	內　　容
客觀描寫	抬頭一看，黑壓壓的，滿天烏雲，盤旋著，自上而下，直要捲到地上

---

11 教師進行文本教學，要先預設停頓的地方，提出問題，鼓勵學生注意觀察閱讀的細節，協助解釋一個概念或過程，並讓學生提出自己的看法。詳見《教學生做摘要》頁20

主觀想像	只覺滿天無數黑怪，張牙舞爪，盡向地面攫來
抒發感受	不由膽破魂奪

（2）

特色/內容	內　　容
氣勢	滿天烏雲，盤旋著，自上而下，直要捲到地上　只覺滿天無數黑怪，張牙舞爪，盡向地面攫來
效果	使人膽破魂奪

2.作者這種膽破魂奪的感受，是指當時還是過去？你為什麼這樣認為？「解釋」

參考答案：

過去，

因為作者說這種情況在荒野中遇到幾回，可見是過去的經驗。現在是在住家附近，作者直等到閃電霹靂才逃進屋裡，可見他現在對烏雲密布並不害怕。

3.作者加入「大自然很像戲劇」一段的寫作目的是什麼？「歸因」

參考答案：

作者寫這一段主要目的有二個：1.是告訴我們他過去觀察大西北雨的經驗。2.是根據這個經驗，解釋他現在不害怕烏雲黑怪，不急於逃進屋子的原因。

4.作者有關大西北雨的經驗是什麼？他獲得的體悟是什麼？「摘要」「推論」

參考答案：

（1）作者經驗是：大西北雨之前的烏雲及閃電霹靂，雖然可怕，但接著就是大雨滂沱，大雨會　使雷電逐漸遠離，天空也會因此逐漸放晴，等大雨過後，天空又會恢復原來的晴朗。

（2）作者體悟是：大自然是依照固定的情節上演，過程雖然富戲劇性，卻不必害怕，所以作者

等閃電霹靂時，才躲入屋中，並且可以安心的欣賞這一齣由大自然所表演的戲劇。

●閃電霹靂一段

5. 為什麼作者在閃電霹靂左右夾擊，前後合攻時要逃進屋裡？「解釋」

參考答案：

因為閃電霹靂是當時天地的英雄，任何人都必須懾服，哪個敢留在戶外，把手舉高，把頭伸長，一定立時被劈殺。

6.作者利用哪三個排比句，強化閃電霹靂的氣勢？「舉例」

參考答案：

項目/內容	一	二	三
排比句	牛群在原野狂奔	羊群在哀哀慘叫	樹木在盡力縮矮

●大雨及天青一段

7.作者用哪三個特色，凸顯大西北雨的特色？「分類」

參考答案：

項目/內容	內　容
氣勢	好像天上的水壩在洩洪似的，是整個倒下來的
形狀	每一雨粒最小還有拇指大
效果	像這樣大的雨粒竹葉笠是要被打穿的，沒有蓑衣遮蔽一定被打的遍體發紅

8.作者如何描寫他對居住地的喜愛？「舉例」

參考答案：

（1）雨一停，登時又見灰白色的石灰地質，乾淨清爽，出得門來，走在堅硬的庭面路上，一點 也不沾泥帶水 。

（2）雷聲漸遠，電光只在天邊橫掃，太陽又出來了，一片清新的空氣，鮮潔的色彩，彷彿聽見了貝多芬田園交響曲第四樂章牧羊人之歌。

9.作者最後以「貝多芬田園交響曲第四樂章牧羊人之歌」，做為文章的結尾，你認為這樣寫有什麼特色？「評論」

參考答案：

利用牧羊人之歌的旋律與讀者溝通，能讓讀者更具體感受他對居住環境及大自然歡欣喜悅的心情。

●總結

10. 作者認為大自然有時很像一齣戲劇的表演，請就戲劇的主要內容如幕次、演員 、情節 、觀眾情緒，比較大西北雨的戲劇成分？「比較」

參考答案：

項目/內容	內　容	內　容	內　容	內　容
幕次	第一幕	第二幕	第三幕	第四幕
演員	烏雲	閃電霹靂	大西北雨	太陽
情節	烏雲盤旋而來	閃電纏身 霹靂壓頂	大雨滂沱	雨過天青
觀眾情緒	膽破魂奪	氣脫委頓	蘇醒	歡樂

11.請根據情節及景象的特色，分析西北雨像戲劇的原因？「歸因」

（1）情節高潮迭起---景象由烏雲密布、閃電霹靂而滂沱大雨、雨過天晴 ，景象依序上場，變化迅 速，過程緊張刺激，高潮迭起 ，其情節富戲劇性。

（2）景象對比強烈---景象由昏天暗地轉為雨過天青，情緒由緊張變為喜悅，其對比富戲劇性。

丙、說明

　　本節的問題設計，以培養學生的閱讀技巧為重點，教師可根據學生的程度，靈活調配問題使用的比例。參考答案僅提供教師做為備課參考，學生的回答只要能掌握重點即可。問題如涉及分析能力的技巧，學生可能較難回答，教師可提供答題暗示或線索，逐步引導學生從思考中獲得答案。

（四）跨課統整

　　跨課統整著重於跨課重點的比較、分析，幫助學生喚起過去的舊經驗，並能與新的學習經驗連結，用以加強學生的學習興趣及效果。

甲、問題設計

1.閱讀甲、乙兩段文字，比較它們的異同，並說明你對它們優劣的看法。「比較」「評論」

A、「 須臾，濃雲密布，一陣大雨過了，那黑雲邊上鑲著白雲，漸漸散去，透出一派日光來，照耀得滿湖通紅。湖邊山上，青一塊，紫一塊，綠一塊；樹 枝上都像水洗過一番的，尤其綠得可愛。湖裡有十來枝荷花，苞子上清水滴滴，荷葉上水珠滾來滾去。」（翰林一下）

B、「 而閃光與雷聲也愈來愈遠，轉眼雨過天青，太陽又探出了雲端，樹葉上、草上閃爍著無邊亮晶晶的水珠。」（翰林二上）

參考答案：

項目/內容	內　　容
相同	雨過天青的景色
相異	甲文描寫的空間由天而山而樹而荷，由遠及近，層次分明，且描寫較詳細具體，富有動態感 　　乙文描寫的空間感較為寬闊，層次較少只有天空及樹、草三個層次，且敘述較精簡
評論	甲文描寫較細膩生動

乙、說明

　　跨課比較可進行的主題極為多元，論說文可針對論述結構如論點、論證、結論的安排，進行比較，也可針對相同主題的論點如對勤的看法，進行比較。記敘文可針對相同主題如親情的描寫手法，進行比較，也可以就情節重點如大鼠與賣油翁有關衝突、高潮之情節，進行比較。

（五）組織結構圖

　　組織結構圖著重於讓學生熟悉利用各種組織圖[12]，統整文意脈絡或段落、篇章之要素與概念間的組織結構。使學生對文章的理解從平面的語詞、文句涵義，提昇為立體的段落、篇章結構。

甲、問題設計

1.以組織圖分析西北雨的過程。「組織」

---

12 常見的組織結構圖有網絡圖、流程圖、魚骨圖、組織圖、心智圖，主要目的是分析主題與要素之間的關聯性，也可以進行想法、事件、特徵等相同點及相異點的檢視，圖像組織能讓學生根據教師的提問引導，有機會獨自在內容中運作，然後與同儕分享他們閱讀的細節，也讓老師能針對主題及形成主題的重要概念或重要特徵，提醒學生注意。詳見註 9 頁 395-405 。

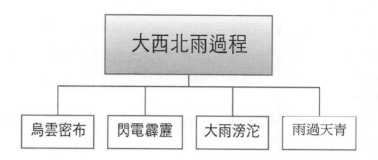

2. 以魚骨圖分析烏雲密布的描寫重點。「組織」

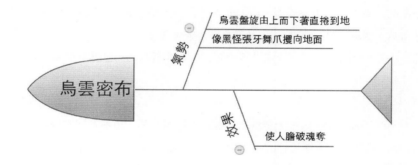

3. 以網絡圖分析「西北雨」一文的結構圖。「組織」

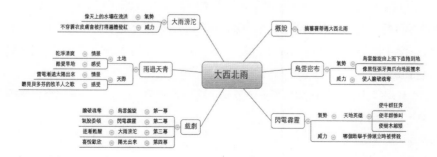

乙、說明

　　學生繪製組織結構圖可自由選擇合適或喜歡的圖像組織圖進行，也可以由教師指定，也可以讓學生用筆在紙上任意畫出可顯示核心與分支概念的圖像。組織結構圖處理的段落範圍可大可小，教師可根據需要自由運用。

（六）　段落寫作

　　段落寫作著重於分析段落的寫作手法，先讓學生模仿試作，熟悉後希望他們能靈活運用於不同題材或題目的寫作。

甲、問題設計

1.下文利用客觀描寫、主觀想像及心中感受等三種寫作手法，豐富描寫的內容，請模仿它的寫作手 法，描寫一件事情或一個物品。「應用」

範例：

黑壓壓的，滿天烏雲，盤旋著，自上而下，直要捲到地面，只覺滿天無數黑怪，張牙舞爪，盡向　地面攫來，令人不由得膽破魂奪。

2.閱讀下文，尋找文中劃分敘述段落的語詞，並練習利用這些語詞組織一小段敘述。「應用」

範例：

大自然有時很像戲劇，像今天這種大西北雨的序幕前奏，可名為惡魔與妖巫之出世。正當人們籠罩在這樣恐怖的景象中，膽已破魂已奪之際，接著便是閃電纏身，霹靂壓頂，在荒野中的人，此時沒有一個不是被震懾得氣脫委頓，匍匐不能起的。好在再接著便是大雨滂沱，再看不見滿天張牙舞爪的黑怪，而閃電與霹靂雖仍肆虐不已，卻多少為雨勢所遮掩，於是匍匐在地的失魂者，便在雨水的不斷澆淋下，漸漸地蘇醒，而閃光與雷聲也愈來愈遠，轉眼雨過天青，太陽又探出了雲端，樹葉上、草上閃爍著無邊亮晶晶的水珠，一場大西北雨便這樣過去了。你說這是戲劇不是戲劇？

3.下文利用排比法，烘托閃電霹靂的氣勢，請練習使用排比法，加強描寫對象的氣勢。「應用」

範例：

　牛群在原野上狂奔，羊群在哀哀慘叫，樹木在盡力縮矮，那個敢把手舉得最高，頭伸得最長　，定立時被劈殺。

4.閱讀下文，想像作者聆聽牧羊人之歌的想像及感受，接著自己也聽一段音樂，寫下聆聽時的想像及聽完後的感受。

範例：

（1）牧羊人之歌的想像： 終於雷聲愈來愈遠，電光只在遙遙的天邊橫掃。太陽又出來了， 一片清新的空氣、鮮潔的色彩 。

　　（2）感受：內心充滿祥和寧靜歡愉喜悅。

乙、說明

　　　　段落寫作教師可蒐集學生的作品，分甲、乙、丙、丁四級，甲級同學宜表揚讚美，讓同學獲得肯定，願意再繼續努力。其他同學也因為難度不高，願意更加努力。

（七）評鑑範文

　　評鑑範文著重於對範文的內容或形式，說明自己的看法，應該注意的是宜提醒學生說明看法時要跟據文中所呈現的事實做為證據，不宜只是發表自己主觀的看法。

甲、問題設計

 1.文中「大自然有時很像戲劇……你說這是戲劇不是戲劇」一段，與全文的內容多所重複，你認為這段可不可以刪除？請嘗試說明你的理由。「評論」

參考答案：

不可以刪除

因為

（1）戲劇性的第一個特質是來的快去的快，為了凸顯西北雨這種來的快去的快的戲劇性特質，必須將過程集中、迅速描寫才能顯現，所以它的內容雖然與其他段落重複，但節奏又快又急，與其他各段節奏紓緩的深入描寫，性質不同 。也因為西北雨具有來的快去的快的特質，後面幾段作者能以欣賞的眼光，從容不迫的敘述西北雨驚心動魄的過程，卻在敘述旋律上完全沒有驚恐的慌亂。因此這段必須保留，而且必須安排在這裡不能移前也不能挪後，文章的文義與節奏才流暢和諧。

（2）戲劇性的第二個特質是情節固定，完全按照幕次順序依序上演，因此作者能猜測西北雨情節展開的順序，並了解閃電霹靂的殺傷力， 所以當烏雲盤旋時

景象駭人,作者並不害怕(膽破魂奪是過去的經驗)仍繼續摘蕃薯蒂,直到閃電霹靂夾擊才逃進屋裡。所以此段正可用來解釋作者不怕烏雲盤旋,至閃電霹靂夾擊才逃進屋裡的原因,可見此段不能刪除。

乙、說明

　　　　以上參考答案僅供教師備課之用,學生的回答只要能根據文中事實說明看法,都應該得到鼓勵。

三、教學評量

　　　　教學評量僅提供範例,供教師參考。「」的內容,說明此題評量的認知能力及使用的閱讀技巧。題幹的劃線處,提供教師掌握評量各類能力的試題設計用語。

1.下列語詞的涵義,何者兩兩相近?「理解字詞涵義─詮釋」

(A) 近在咫尺/走避不及 (B) 膽破魂奪/氣脫委頓※

(C) 大雨滂沱/行潦川流 (D) 閃電纏身/霹靂壓頂

2.閃電纏身,霹靂壓頂時,作者人在哪裡?「理解段落事實─推論」

(A) 蕃薯田 (B) 荒野中 (C) 自己家裡※ (D) 庭面路上

3.作者認為西北雨像戲劇的主要原因是什麼?「理解段落因果─解釋」

(A) 西北雨來的快去的快※ 　　　 (B) 西北雨讓失魂者逐漸甦醒

(C) 西北雨有很多張牙舞爪的妖怪 (D) 西北雨的序曲是惡魔與妖巫出世

4.作者用哪句話抒發他喜愛家鄉的豐富感情?「理解文句特定概念─舉例」

(A) 終於雷聲愈來愈遠,電光只在遙遙的天邊橫掃

(B) 彷彿聽見貝多芬田園交響曲第四樂章牧羊人之歌※

(C) 這是我酷愛這一帶旱地,而不喜歡外面水田田莊的原因

(D) 石灰地質乾淨清爽,走在堅硬的庭面路上,一點兒也不沾泥帶水

5.作者對上文畫線處的滿天烏雲,應用了哪種描寫手法?「分析段落寫作手法─歸因」

(A) 先寫烏雲的景象,再寫心中的想像※(B) 先寫心中的感受,再寫心中的想像

(C) 先寫心中的感受,再寫烏雲的景象 　　 (D) 先寫心中的想像,再寫烏雲的景象

6.作者利用牛群在原野上狂奔……三個排比句，主要的目的是什麼？「分析段落寫作目的一歸因」

（A） 強調閃電霹靂的威力＊　　（B） 說明西北雨的破壞力

（C） 凸顯牛羊樹木的悲慘遭遇（D） 介紹英雄宰殺萬物的情景

7.有關「西北雨」的說明，何者正確？「分析段落核心概念組成要素一區辨」

（A） 庭面路上堅硬清爽是因爲泥地容易沾泥帶水

（B） 西北雨瞬間落下來的驚人雨勢就像大壩洩洪※

（C） 地面行潦川流是因爲土地由石灰地質所構成

（D） 遇見拇指大的雨粒，戴上竹葉笠才能避免皮膚遍體發紅

8.在荒野中遇見西北雨，情緒變化的順序是什麼？「分析段落事件順序一組織」

（A） 膽破魂奪→匍匐不起→漸次甦醒→恢復生機※

（B） 膽破魂奪→漸次甦醒→恢復生機→匍匐不起

（C） 烏雲密布→閃電霹靂→大雨滂沱→雨過天青

（D） 雨過天青→烏雲密布→大雨滂沱→閃電霹靂

9. 閱讀甲、乙兩段文字，先列表比較他們的異同，再說明你對它們優劣的評論。「理解段落異同一比較」

甲、「 須臾，濃雲密布，一陣大雨過了，那黑雲邊上鑲著白雲，漸漸散去，透出一派日光來， 照耀得滿湖通紅。湖邊山上，青一塊，紫一塊，綠一塊；樹枝上都像水洗過一番的，尤其綠得可愛。湖裡有十來枝荷花，苞子上清水滴滴，荷葉上水珠滾來滾去。 」（翰林一下）

乙、「 而閃光與雷聲也愈來愈遠，轉眼雨過天青，太陽又探出了雲端，樹葉上、草上閃爍著無邊亮晶晶的水珠。 」（翰林二上）

參考答案：同前

10.上文劃線處斜體字「大自然有時很像戲劇」這段短文，與全文內容多數重複，你認爲這段可不可以刪除？請嘗試說明你的理由。「評論段落形式一評論」

參考答案：同前

結　論

　　如何利用課堂的範文教學有效提昇學生的閱讀認知能力，是目前國中國語文教師最大的挑戰，爲有效解決此問題，本文嘗試利用 Bloom2001 年版的認知能力分類，結合國中九年一貫課綱國語文閱讀能力指標，基測試題結構分析，現行國中國語文教材，建立一套閱讀理解與應用的認知能力指標系統；再利用此套指標系統，結合國中教材，規劃單元課程的教學範例設計。在教學範例中，利用清晰的問題設計，讓教師了解如何藉由富技巧性的問題設計，提昇學生理解、分析、應用、評鑑等認知能力，及其中必須具備的閱讀技巧。教師如能因此熟練段落教學的重點，及問題設計的技巧，必能使課堂的範文教學發揮提昇閱讀理解與應用能力的教學效果。

參考書目

1. Anderson,W.,& Krathwohl,D.R.（Eds.）（2001）《A taxonomy for learning teaching，and assessing ：A revision of Blooms'educational objectives》，（New York,NY：Longman，2001 年)。

2. 林佩蓉、蔡慧姿譯，C.C.Pappas,B.Z.Kiefer,L.S.Levstik 著，《統整式語文教學的理論與實務》，（臺北：心理出版社，2003 年）。

3. 謝錫金等著，《兒童閱讀能力推展---香港與國際比較》，（香港：香港大學出版社，2005 年）。

4. 賴麗珍譯，Rick Wormeli 著，《教學生做摘要》，（臺北：心理出版社，2006年）。

5. 鄭圓鈴著，《基測國文科試題品質分析與改善建議》，（臺北：心理出版社，2007 年）。

6. Grant Wiggins，Jay Mc Tighe 著，賴麗珍譯，《重理解的課程設計》，（臺北：心理出版社，2008 年）。

從國小六年級學生自行閱讀的歷程探討閱讀科學文本產生理解錯誤之可能原因

賴如足[*]、洪月女[*]、楊曉強[*]

摘　要

　　本研究是針對國小六年級學生自行閱讀標的文本時,所產生理解錯誤的語詞及可能造成的原因進行分析。62 位參與研究的六年級學生,科學成就屬於自然分佈,研究結果發現,學生自行解讀科學術語的策略可以分為:直接聯想法、名詞動詞化、擬人法等,而造成學生閱讀科學術語理解錯誤的原因則為:科學術語陌生、語文能力不足、斷句錯誤等。研究者針對研究結果提出四點建議:文本編排的重視、增強學生的語文閱讀能力、科學文本作者的寫作用語,應儘量避免與學生的生活經驗間產生干擾,以及增強學生科學先備知識。本研究除提供教師在篩選科學文本的參考外,亦建議可以針對學生在超文本的使用深入研究。

關鍵字:科學閱讀、閱讀理解、科學文本

壹、前　言

　　閱讀在學習歷程中,總是扮演著關鍵性的角色。從九年一貫課程的語文能力指標內涵(教育部,2001)即明確指出,閱讀不僅要引導學生掌握不同的文體,擴充閱讀的範圍,學生還必須能對閱讀內容進行統整,以培養主動思考、主動探究,進而轉化為解決問題的能力。而施能宏(1999)亦指出在小學階段,閱讀是學童必須完成的課題,同時也是學習其他學科知識必備的工具和媒介。因此推動閱讀在國小教育中就相形的重要,從教育部的各項政策(焦點閱讀、閱讀磐石計畫等)以及各學校的本位課程(營造閱讀桃花源、推動行動閱讀等),都可以看見閱讀的蹤跡。

　　隨著,資訊的發達及各項訊息流通快速的影響,學生取得各項科學讀物的機

[*]臺中市南區樹義國小教師
[*]臺中教育大學英語教育學系助理教授
[*]屏東縣枋寮鄉僑德國小教師

會大增,根據方麗芬(2000)的研究發現61.1%的學生及58.6%家長表示兒童會主動閱讀科學讀物。由此可知,科普讀物對於學生而言,不再是一個陌生的文本,且能夠主動閱讀這些讀物。但是,科學類文本與文學類文本具有許多不同的特質(Osborne, 2002)。這些特質在學童主動閱讀的過程中,可能會造成學童閱讀科學文本的困難。

　　楊文金、陳世文、李哲迪、任宗浩、古智雄(2008)曾針對高中學生從閱讀困難的觀點來探討物理文本中英語和漢語的語意差異。其研究主要是針對科學術語在漢字與英語使用對高中學生的字詞語意理解進行研究分析,對於文本及其他可能影響理解的原因,並未深入去探討。因此,本研究即是透過國小六年級學生自行閱讀一篇說明文式的科學文本的歷程,以問卷及訪談的方式收集學生閱讀科學文本產生理解錯誤的相關資料,來分析造成的原因與類型。

貳、科學文本與閱讀理解的相關理論基礎

　　本章節將針對科學文本的特質與國內外閱讀理解的相關研究,進行簡單的探討。

一、科學文本的特性

　　根據 Osborne(2002)的整理,認為科學是一個綜合現象、數據、理論、信念、價值、動機和社會情境的組成和它的論述的相互影響的結果。而文本則是來自語言,因此必須先了解科學語言的特殊性,才能更進一步釐清科學文本相對於其他文本的特點。Lemke(1998)認為科學語言的本質是一個協同字、圖表、照片、地圖、表格及數學上其他的視覺符號的表達。Osborne(2002)也認為科學語言還具有多義性、邏輯連貫性、且它是一個多重符號的語言。劉宏文(2002)則認為科學語言除了由特定的詞彙、語意網絡、話語風格與話語結構所組成的文字語言外,還泛指科學文化系統內常用的符號資源:視覺表徵語言、數學符號語言、以及實驗操作語言等。學生透過這些詞彙所隱含的豐富意義,達成彼此相互溝通的基礎。

　　另外,根據楊文金等人(2008)針對西方文獻對於科學語言研究的整理歸納為:科學文本的體裁與人文學科不同、科學文本除了使用主動與被動語氣外,還

使用大量的中動語氣（middle voice）、會使用多種文法隱喻來建構概念及描述彼此的關係、科學論述的方式是三明治結構等多種特性。代表在文本的呈現方式上，科學文本即具有自我學科的特殊性。而根據 Ciechanowski（2009）對於科學文本與一般文本的特殊性的說明中，也提出了科學文本作家大都屬於某一個科學社群，他們會使用精準的文字、具有目的性的文本描述方式，並運用抽象及明確的數學單位量詞，來表達所要傳達的科學概念；其科學概念間的文本結構具有：因果關係、分類關係、和目的及術語名詞化等的特質。從以上的分析可以了解科學文本與文學類文本在寫作的體裁上、描述的語氣上、用詞的選擇上以及寫作目的上都有明顯的不同。

科學文本使用的大量術語又可以區分為專門性詞彙、特殊性詞彙、不熟悉詞彙、替代性詞彙等四種（Jacobson，1997）。楊文金、陳世文（2008）的研究則發現使用漢語來書寫的科學論述，常蘊含較多事件的描述，呈現較多的科學訊息。對於閱讀漢語科學文本的學生亦造成閱讀困難。且這些特殊的術語，在科學社群之中可以彼此獲得理解，但是，對於非科學社群的學生而言，這些術語就可能成為一個理解的門檻，況且，科學文本並非只有語言文字的存在，還有許多的表徵形式，包含圖表、照片、符號等的個別理解，到這些多元表徵彼此間互相交錯後的理解，無形中可能增加學生理解上的困難。

Yore & Treagust（2006）便提出因為科學文本具有多元表徵的特性，教師應該運用多元的教學模式進行教學。Barone & Wright （2008）在進行資訊網路融入讀寫研究中也提到，學生閱讀的資訊將不再只是紙本的文章，更多網路數位的訊息進入到學生的生活中。因此，多元表徵形式的科學文本也將使學生在學習的過程中，可能增加學生在閱讀科學文本的過程中，理解科學文本困難的因素。

基本上，科學文本又可以分為敘述性及說明性科學文本兩種（洪文東，1995）。本研究所選擇的文本，是以說明式的文本為主，而非以故事方式呈現的敘述性科學文本，期目的在於呈現科學文本與文學類文本的差異，以充分了解學生在閱讀這類文本時所產生的理解錯誤為何；另外，為避免多元表徵文本干擾本研究所要探究的目的，選擇以紙本文本形式呈現，內容除文字外尚有真實照片及電腦繪圖圖片等。

二、閱讀理解的相關研究

從 Champagne & Lovitts 根據 1989 年「美國科學促進協會」〈American Association for the Advancement of Science，簡稱 AAAS〉所收集的科學家、教育學者、教師等人意見，歸納出「能閱讀和理解報紙中的科學文章」是美國高中生畢業時所應具備的科學素養〈引自許良榮，1994〉。可見，閱讀是一項重要的基本能力，同時也是各學科領域學習的基礎〈蘇宜芬，2004〉。而從教育部 98 年所進行的「閱讀教學策略開發與推廣計畫」的結案報告，11 份的計畫中共有 8 份計畫是以「閱讀理解」為標題，由此可知，閱讀理解的重要性，已逐漸獲得國內學者及教師的重視。

　　Gagn`e（1985）將閱讀的整個歷程分為四個階段：解碼、文字上的理解、推理上的理解及理解監控等四項。而閱讀理解則屬於後面三個階段，文字的解碼僅是閱讀時的基本技巧，卻也是最重要的關鍵點。隨著閱讀的逐步受到重視，閱讀理解的理論也從連續階段模式(serial-model)、缺口填補模式(slot-filling model)、訊息處理模式（information processing model）、到現在最為大家所接受的基模理論(schema theory)（賴明貞，2003）。基模理論認為閱讀應該是讀者與文本脈絡互動下的產物，因此，讀者在閱讀的過程中，會以心中的假設來解釋文本內容，並持續不斷的考驗這些假設。

　　從 Yore & Denning 在 1989 年所發表的文獻資料中，更將科學理解分為三個面向：知識面向，包含名詞、事實、規則、原理等與文本直接相關內容的記憶；字義推論面向，是指對於文本內容相關概念之間關係的理解；應用面向，則是只能將所理解的規則、概念等文本相關內容應用到新的問題情境中（引自楊文金等，2008）。這三個面向大都集中在語詞、語句間的個別或是彼此的相互影響，可能會造成學生科學理解上的不同。但是，學科領域的內容閱讀除了文本本身的詞彙會對學生的閱讀理解產生影響外，盧秀琴（2005a）針對國中生對於教科書的另有概念研究則發現，教科書的編排或圖文說明也可能影響學生的學習。他在探討國中學生的閱讀理解能力的研究上也發現，學生閱讀文章時習慣囫圇吞棗，並沒有真正的理解，只是尋找相關的語詞來回答，且習慣將科學術語與該字的字面進行聯想，或是以日常生活的經驗來解釋（盧秀琴，2005b）。Armbruster 在 1988 年的研究指出學生無法有效理解教科書內容的可能原因有：缺乏先備知識、教科

書撰寫不良、負面的課堂閱讀經驗等（引自賴明貞，2003）。從以上的研究發現，造成閱讀理解除了讀者本身的先備知識外，還有文本本身的相關條件，這些作用投射到學生的內在基模上，相互印證、假設、協調，在讀者的內在形成了想像、認同、批判最後達成理解內化的歷程。

　　大部分的研究都以教科書作為文本的對象，卻忽略的生活中其他訊息來源的科學文本，對於這些文本的閱讀過程，是否也和教科書文本一樣產生相同的閱讀困難，則較少人去關注。Osborne（2002）認為科學的核心特點是接受語言媒體挑戰的文化活動。若我們想要學生獲得深刻的理解、理解的方法、科學推理的本質，就必須提供他們去閱讀科學、討論文本的意義、去對他人清楚提出證據說明自己所持的想法、以科學的語言去書寫和傳達。由此可知，鼓勵學生去閱讀文本、討論文本的意義是學科閱讀的第一步，這些文本不應該單純的僅停留在教科書中，而應該涵括到日常生活可能接觸到的文本裡。但是，學生在自行閱讀這些科學文本的過程中，有哪些是會影響學生的閱讀呢？進而阻礙他們的推理與判斷呢？則是本研究所要探討的目標。

參、研究方法

　　本小節將說明本研究所選的科學文本以及研究設計，並於研究設計中說明研究對象與資料分析的方法。

一、科學文本

　　本研究所選用的科學文本是說明文式的文本，而非描述性文本，主要之目的在於了解學生閱讀說明文式文本時，所產生的困難。而科學文本中所呈現概念研究團隊希望是單一概念的文章，以避免多個概念造成學生的閱讀混亂。另外，此單一概念的選擇則希望是學生科學學習的延伸，且是陌生的科學知識。在這三個面向的交叉篩選下，文本的核心概念決定為「植物嫁接」概念。

　　植物的生長是國小學生非常熟悉的生物主題，從它的分類、型態到生長、繁殖等，在自然科教材中都有一個完整的教學，而植物嫁接則與植物生長的無性繁殖有關，是一個看似熟悉時則陌生的概念。

　　因此，經過研究團隊的多方篩選之下，最後以國小自然通訊期刊第 23 期楊嘉慧(2009)執筆---*移花接木的「稼接」栽培—開創臺灣的農業奇蹟*一文雀屏中選。

本文寫作方式屬說明文、具有單一核心概念「嫁接」，是符合本研究團隊文本篩選面向的文本。

　　國小自然通訊期刊由康軒文教基金會發行，每期會轉送給自然科教學教師，教師通常會將期刊擺放在教室內的圖書櫃，因此，平時學生即可自行接觸到這本期刊。而選擇的文章是康軒文教出版社轉載自科學人雜誌，由楊嘉慧執筆，臺大園藝系林宗賢教授審稿，符合 Ciechanowski（2009）所稱科學作家使用科學社群語言的寫作方式。

　　全文三頁共分為九段，包含一組照片（3 張）、兩組電腦繪圖（如附件一所示）。由第一段的生活經驗開始（輔以生活中常見的嫁接仙人掌照片）、接續第二段討論「嫁接」的科學概念（輔以各種嫁接方式的電腦繪圖）、第三、四、五段則說明嫁接的方法、植物內部產生的生長變化（輔以電腦繪圖的植物生長細部圖說）、親緣性及嫁接時間的選擇等、第六、七、八段說明嫁接的好處，舉出了各種植物嫁接後在產量、抗病蟲害以及採收方便的優點，最後一段則說明嫁接創造了臺灣農業的奇蹟。

　　全文共有 18 個科學術語。本研究不預做術語的標定，而是透過學生的自行閱讀科學文本去理解語詞與文句，以了解學生對於科學術語的閱讀情況。

二、研究設計

　　本文主要以學生自覺理解科學文本的困難，來探討文本對學生產生的原因，因此，本研究針對國小六年級 2 班共 62 位學生進行文字理解的研究，這些學生的自然成就屬常態分布，成就高低對於閱讀科學文本困難的可能性，在本研究中將略過不論。

　　閱讀的文本即為標的文本，合計 3 頁（含所有附圖，但不含章尾的「臺灣也能種出好吃的高接梨」）。閱讀者有充分的時間閱讀所有文本內容（時間大約為 30-40 分鐘），他們在閱讀文本時，請學生將不懂的詞彙或是語句寫於附件二的表格中，之後，再請學生於閱讀完畢後，續寫剛剛於附件二所寫下的語詞或段落的自我臆測的觀點。將所有造成學生自覺困難理解的資料收集之後，分析學生所圈選的詞彙或段落，以及學生自我理解的內涵，做成分析統計，並歸納出造成學生理解錯誤的原因及自我理解的模式為何。

肆、研究發現

本節將針對學生的問卷、訪談等資料進行整理。

一、文本中有關語詞的自我理解分析

從 62 位學生自行閱讀的過程中，圈填出來 409 句不理解詞句或是文句，每人約有 6.5 個語詞不能理解。經整理統計歸納合併分析後，共 72 句語詞或句子是學生自認為不理解的。其中以「蔓割病」佔 42/62 為最多，其次是「接穗」、「砧木」佔 36/62，根瘤蚜 28/62、稼接 27/62、線蟲 26/62、韌皮部（21/62）、扁蒲（19/62）、母體樹（14/62）、無性繁殖（13/62）、木質部（12/62）、形成層（11/62）、莖蔓基部（10/62），其它語詞都在個位數以下。這些學生自認為不理解的語詞，在第二階段學生的臆測過程中（自行使用閱讀理解策略），可以發現並非學生真的不理解，此份數據統計僅是學生自覺不理解的統計。

從以上的統計，可以發現學生自覺不能理解的詞彙幾乎以科學專業術語為主。這些術語在學生的日常生活中，並不常出現，因此學生在自行閱讀科學文本的過程中，遇到無法理解的術語時，常會運用既有經驗去解讀（自行使用閱讀理解策略），便出現以下幾種策略。

（一）直接聯想

根據盧秀琴（2003）針對國中學生的研究發現，中學生對於細胞相關概念常會以個人的直覺來回答、甚至會望文生義。而本研究亦發現國小高年級學生具有同樣的現象。以「蔓割病」為例：有 33 位學生針對蔓割病進行解讀，其中有 7 位學生便直接說明是一種病（7/33）；亦有的學生直接依據字面上的意思，直譯為

蔓割病一種植物的病，會莖蔓割開（60705-1）。

一種會使植物的莖蔓斷掉的病（60716-4）。

會把植物的蔓割掉的一種病（60706-5）

另外，也有認為「蔓割病」是「被藤蔓割到的病（60721-3）」；更有從蔓割病的引發原因來解釋的會傷害植物根的病毒（60702-5）、病菌（60703-3）。

蔓割病在標的文本中（第二頁倒數第 4 行）有提及「連年在同一塊地種植西

瓜,很容易感染蔓割病,使得莖蔓基部裂開,而全株凋萎」。因此,亦有學生能自行從文本的內容推論理解為西瓜的根裂開讓西瓜死掉的病(60331-2)。

基本上,「蔓割病」這個科學術語對於國小學童而言,他僅需了解是一種植物的病,即可幫助他繼續閱讀文本,如果學生對這個術語想要深入了解這個病的成因及防治,才需要再深入閱讀。因此,從 33 位學生的自我理解中,有 25 位學生能夠以一種植物的病來幫助他對於本篇標的文本的閱讀。

直接聯想法有兩種 1.科學的術語透過直譯可以理解的(例如:蔓割病—直接聯想成一種病、線蟲—直接聯想成一種蟲等,佔全部學生自行臆測的 70/279);2.科學術語透過直譯後產生的迷思(例如:6032705 癒傷組織--把傷口縫合、6032103 根瘤奶---在樹的根部長出像瘤一樣的東西、6032002 根瘤--長在根上的腫瘤、6031701 接穗---兩種植物連接在一起等,站全部學生自行臆測的 22/279)。

分析後發現學生使用直接聯想能夠理解的科學術語,以本標的文本為例主要以病、或蟲來進行直接聯想即可協助學生理解。雖然也有部份學生在使用直接聯想方式時,出現了錯誤迷思,但是,若能經由老師的協助指導,或是引導學生自行透過網路資料尋找解答,應可釐清此一迷思概念。

(二)名詞動詞化

另外,從學生的自行閱讀的臆測中也發現,他們會出現名詞動詞化的現象,並以此方式來理解科學文本。

以「接穗」為例,在標的文本的第一頁倒數第 8 行有提及「母體樹的枝或芽通常稱為『接穗』」,指的是嫁接過程中所剪下來植物的枝或芽。但是,有 36 位學生認為他們無法理解這個術語,而有 20 位學生針對這個術語提出自我的解釋,其中有 6 位學生認為「接穗」是:

接起來(60704-4)、移接(60708-1)、把植物接起來(60718-1)、兩種植物連接在一起(60317-1)、把樹的傷口接在另一個樹的傷口(60321-5)、接種(60303-4)

而同樣有 36 位學生提出不理解的「砧木」一詞,在標的文本的第一頁倒數

第7行有提及「被接的植物體稱為『砧木』」，而從21位學生提出自我的解讀中，發現僅一位學生有名詞動詞化的現象，認為是一個嫁接的方法（60718-2）。其他的學生大都能以一種木頭（60725-3、60304-5、60328-3）、一種植物（60730-3、60303-1、60316-1）、樹的一種（60309-2）、某種植物（60324-2）等來說明砧木，有些理解的方式會偏向直接聯想，但是名詞動詞化的現象卻降低很多。

研究者認為「接穗」在中文的語法中，「接」具有動詞的意義，包含：續合、連起來、繼續、承續、收到、靠近、迎等意思（教育部國語小字典）。而此「接穗」這一科學術語，便是使用漢語動詞的「接」來作為科學術語的名詞，與Ciechanoeski(2009)認為科學文本有術語名詞化的現象。因此，學生在理解這個科學術語時，便會透過之前學習過的語文概念來直接拆解術語，認為它是一個動詞。

使得語文閱讀在科學文本的閱讀上，成為一個學生一混淆的障礙。或許這也是科學文本使用漢語書寫時，科學文本作家應該要更謹慎使用科學術語的地方。

（三）擬人化

學生在自行閱讀科學術語的過程中，除了直接聯想、名詞動詞化的現象外，國小學生以擬人化的方式進行科學術語的理解。

以嫁接為例。根據教育部重編國語辭典修訂本（電子辭典）針對「嫁接」的解釋「一種植物無性繁殖和改良品種的方法。以人為方式，將一植物的枝或芽接到另一植物體上，使其癒合來營共生的操作，而結成為一個獨立生長的新植株。此法能保持植物原有的某些特性，常用來改良品種。」因此，嫁接在科學術語中是指一種方法。但是，有學生自我解讀時，便認為所謂的嫁接是指二種型態的統稱—『嫁』過去，--接收（60705-3）、就像女生嫁給男生一樣，樹和樹接在一起（60321-1）、嫁給別人的樹木（60327-2）。

「嫁」這個字在中文的解釋中包含兩種意義，分別是女子結婚，如：「出嫁」、及將災禍與怨恨推給別人，如：「嫁禍」（教育部國語小字典）。而學生透過文本的閱讀過程，便以擬人化的方式來理解兩種植物透過癒合來產生新植株的方式。

在母體樹的自我解讀中，亦發現擬人化的現象，有學生會以「有女性組織的樹」（60706-3）及長的像女性的樹（60728-2）來理解母體樹，與此術語的意思相去甚遠。在無性繁殖一詞中，學生亦出現擬人化的現象：不是男也不是女的植物，所繁殖的名稱（60701-4）、沒有性別（60317-3）。

陳世文、楊文金（2008）的研究指出學生會從生活世界的知識經驗來解讀科學詞彙的關係。盧秀琴(2005)則發現中學生會以字面聯想來解釋科學術語，以上三個術語的擬人化現象，可以發現術語中的詞性若包含有性別字義的，例如：嫁、母體、無性等，會讓學生直接以字面意思來解釋，並自動轉換為擬人化的科學理解。

　　從以上的研究分析，可以發現科學文本的語詞使用，會影響學生的自行閱讀科學文本的理解以及錯誤，根據楊文金等人（2008）的研究指出近五成閱讀困難來自於詞、名詞組及詞組。這一個科學社群（植物相關社群）所習慣的術語，對於學生而言，卻可能因為文字語言組合所產生的論述方式，而讓學生產生錯誤的判斷。

二、學生理解錯誤的可能原因分析

　　研究者分析有關學生自行閱讀科學文本的過程中，所提出的不懂語詞發現，造成理解科學文本困難的可能原因，共可歸納為三類。

（一）科學術語的陌生

　　科學文章中常常會使用大量的科學術語，這些術語大都出現在特定的科學社群中（Ciechanowski，2009）。因此，本研究的學生自認無法理解的語詞大多為專業的科學術語，例如：蔓割病（42/62）、根瘤蚜（28/62）等。這些術語，對於學生在閱讀文本時，可以直接解釋為一種植物的病、或是造成植物生病的病蟲即可。但是，標的文本的部分科學術語，例如：母體樹、接穗、砧木等，並無法運用直接聯想的方式來協助學生理解，如果學生無法了解正確的意義，對於理解標的文本即會產生困難或錯誤。

（二）學生語文能力不足

　　科學文本與一般文本具有差異性，但是仍會使用大量的語文詞彙，學生若是本身的語文能力不足，對於部分的語文詞彙便會發生理解上的錯誤，從學生所挑選不懂的語詞中，發現有非科學術語的語詞出現，例如換言之（3/62）、黃道吉日（4/62）、逆境（2/62）等。

（三）斷句錯誤

　　斷句出現錯誤，在楊文金、陳世文（2008）的研究中即指出某些詞彙在科學

上具有特殊意義，但是因為日常用語與科學用法尚有不同的斷法，而產生意義上的差異。本研究則發現國小高年級學生因為斷句錯誤，產生的理解錯誤的原因又可以分為二：

> 1.文本的文句編排的錯覺。例如：芽通（5/62）（此句在標的文本的第一頁倒數第8行，為母體樹的枝或芽通＿常…）或瘤蚜（此句在標的文本的第三頁第4行，應為野生刺葡萄等不怕根＿瘤蚜），因其出現在標的文章剛好換行的狀況，且學生對此語詞又不熟悉，故會有斷句出錯。Armbruster1988年的研究也提到學生無法理解教科書的語言，其部份原因來自教科書的撰寫不良（引自賴明貞，2003）。而標的文本受限於排版的精美要求，便可能出現術語斷句的現象。

> 2.學生對於科學術語的不熟悉。因為學生不了解此一科學術語是一組文句，因此會以自己的生活經驗去斷句語詞，例如：層細胞（3/62）（此句為癒合後的組織細胞會分化出新的<u>形成層細胞</u>）、韌皮（3/62）（學生誤認韌皮為名詞而不知韌皮部為科學術語）或癒傷（1/62）（而不知癒傷組織為一科學術語）或莖蔓基（2/62）（此句應為莖蔓基部，但學生卻自動斷句為莖蔓基）。

從造成學生理解錯誤的可能原因分析，可以發現除了學生在科學術語上的陌生外，文本編排的方式可能造成斷句上的失誤，而這個失誤又與學生日常經驗可以呼應，造成學生理解科學文本上的困難。

伍、結論與建議

本研究發現學生理解科學文本的方式，是透過直接聯想、名詞動詞化、擬人化等方式來進行自我科學文本的理解，而分析其造成理解錯誤的原因則可以歸納為三種，分別是科學術語的陌生、學生語文能力的不足、斷句錯誤等。這些發現顯示學生在語文能力不足的情況下，無法產生正確的判斷，因此對於閱讀科學文本，就產生了專業能力上的不足。另外，學生也常會透過生活世界的知識經驗來理解科學術語，且其理解的並不夠精確，與陳世文、楊文金（2008）的研究發現一致。

因此，本研究依據研究發現提出以下幾點建議：

一、科學文本的編排，應該留意斷句問題，避免因為文本編排的疏失，造成學生的理解錯誤，且須留意學生的學習特性。

二、科學文本的閱讀受學生語文能力的影響，因此，學生閱讀的語文能力應該予以提升，閱讀的推動對於學科閱讀具有重要的影響。

三、科學術語與生活經驗間的干擾，例如：「嫁接」的意義對學生而言就會以生活經驗去擬人理解，科學文本作者在撰寫文章時，應做好完整的說明，才能使學生學習到正確的科學概念。

四、增強學生的科學先備知識。學生自行閱讀科學文本的機會大增，面對科學先備知識不足的機會也大增。但，若他未能具有相關的先備知識，在閱讀時便會產生囫圇吞棗的現象，甚至迷思概念。因此，教師應運用各種不同的機會或是工具提昇學生的科學先備知識。

透過印刷及資訊網路流通的迅速，學生取得各項學科文本的機會大增，如何在學生自行閱讀的過程中，透過資訊科技的超文本的使用，做為補充學生先備知識的一個工具。如此，即使教師無法一一在側為學生解釋每一個科學術語，或許，也可以讓學生理解到正確的科學術語。

除了針對科學文本理解的研究外，也建議未來能針對電腦超文本對學生科學理解的現象及相關議題做更深入的探討，以提升學生科學概念理解的成效。

參考文獻

方麗芬（2000）。國小學童與家長對科學類兒童讀物觀點之調查研究。*國立臺北師範學院數理教育研究所碩士論文*，未出版，臺北市。

施能宏（1999）。淺談學童的閱讀理解。*國教輔導*，38（5）,19-23。

洪文東（1995）。典範式思考與敘述式思考在科學文章閱讀中之關聯性。*國立臺灣師範大學博士論文*，未出版，臺北市。

教育部（2001）。九年一貫課程綱要。

教育部重編國語辭典修訂本（電子辭典）。

http://dict.concised.moe.edu.tw/main/cover/main.htm

教育部國語小字典。http://dict.mini.moe.edu.tw/cgi-bin/gdic/gsweb.cgi?o=ddictionary

許良榮（1994）。科學課文的特性與學習。*科學教育月刊*，170，23-36。

陳世文、楊文金（2008）。學生對科學教科書詞彙關係理解之分析。*教科書研究*，1（2），PP.101-127。

黃書敏（2008）。不同類型之科學閱讀文本融入教學對國小六年級學童迷思概念的影響---以水資源概念為例。*臺北市立教育大學自然科學系研究所碩士論文*，未出版，臺北市。

楊文金、陳世文（2008）。科學漢語與科學英語論述特質的比較 ---以「觀念物理」文本為例。*師大學報*，53（1），p113-137。

楊文金、陳世文、李哲迪、任宗浩、古智雄（2008）。以閱讀困難觀點探討漢、英語科學論述之語意差異---以觀念物理文本為例。*科學教育學刊*，16(2)，PP.193-214。

楊嘉慧（2009）。移花接木的「嫁接」栽培—開創臺灣的農業奇蹟。*國小自然通訊*，康軒文教出版社，23，pp.12-14。

劉宏文（2002）。化學教學中的語言問題。*中華民國第三屆化學教育學術研討會論文彙編*。

盧秀琴（2005a）。探討教科書與中小學學生學習細胞相關概念的研究。*科學教育學刊*，13(4)，pp.367-386。

盧秀琴（2005b）。探討閱讀理解能力與國中學生學習細胞相關概念的關係。*國立臺北教育大學學報*，18(2)，pp.93-122。

賴明貞（2003）。國小社會科教科書可閱讀性分析與高年級學童閱讀理解情形之研究。*嘉義大學國民教育研究所碩士論文*，未出版，嘉義市。

蘇宜芬（2004）。後設認知訓練課程對國小低閱讀能力學生的閱讀理解能力與後設認知能力之影響。*國立臺灣師範大學教育心理與輔導研究所碩士論文*，未出版，臺北市。

Barone, D., and Wright, T. E.,(2008). Literacy Instruction With Digital and Media Technologies. *The Reading Teacher*, 62(4),P.292-302.

Ciechanowski. K. M.(2009). "A Squirrel Came and Pushed Earth": Popular Cultural and Scientific Ways of Thinking for ELLs. *The Reading Teacher*, 62(7), pp. 558-568.

Lemke, J. (1998) Teaching All the Languages of Science: words, symbols, images and actions. Available at: http: // academic.brooklyn.cuny.edu /education /jlemke/papers/barcelon.htm.

Jacobson, J.M.(1997). Content area reading integration with the language arts.　Dlman Publishers.

Osborne, J. (2002). Science without literacy: a ship without a sail? *Cambridge Journal of Education*, 32(2), 203-218.

Yore, L. D., and Treagust , D.F.,(2006). Current Realities and Future Possibilities: Language and science literacy—empowering research and informing instruction. *International Journal of Science Education* V.28,N.2-3,P291-314

國語文測驗選擇題型命題計分方式改良之研究

梁惠玲[*]、孫劍秋[*]、吳偉賢[*]、楊志強[*]

梁惠玲[*]、孫劍秋[*]、吳偉賢[*]、楊志強[*]

摘 要

本研究提出一個改良式選擇題題型測驗及其計分方式,每一題之不同選項配予不同分數,期能測出學童對語文運用能力之差異。為能驗證本研究之命題計分方式與學童語文運用能力之相關性,測驗成績分別與學童國語文學期成績以及作文成績作分析比較。研究結果顯示本研究發展之測驗成績與國語成績之相關性較低,但與作文成績、立意取材、結構組織及遣詞造句各方面,相較於國語成績與作文成績的相關係數為高,可以顯現以本研究改良式選擇題題型測驗能更真確表現學童的修辭、遣詞造句、立意取材及結構組織等與作文能力相關之語文運用能力。

關鍵詞: 改良式選擇題題型、選擇題測驗、語文能力、寫作能力

一、研究動機

語文是所有學科的基礎,從古至今重視教育的為政者或是父母、師長,莫不看重語文教育。國家選才取士,或是教學評量,語文能力總是重要的一環。

為改善傳統人力批改方式之耗費人力、不夠客觀、不盡公平的缺點,選擇題題型一直被嘗試用來改進人工閱卷的缺失,尤其是大規模的檢測,選擇題題型可利用電腦進行判讀,節省人力、物力並可降低人為疏失的機率。唯現行的語文測驗的選擇題,雖可檢測學生的語文能力,但每一個題目,不論是單選題或複選題,都有正確的答案。單選題的記分方式,不是全得此題的分數,就是全失此題的分數;複選題的記分方式,雖可依其答題的不同選項而得到不同的分數,然兩者皆無法更精準的利用一個題目來測出學生語文程度的差異。例如,春風又「綠」江南岸與春風又「到」江南岸,這兩個字的用法,並無絕對的對與錯,但有文字情境運用的差別。

---

[*]臺北市立教育大學大附屬實驗國民小學老師
[*]國立臺北教育大學語文與創作學系教授兼教育部國語文課程與教學輔導諮詢團隊召集人
[*]國立臺北教育大學資訊科學系教授
[*]國立臺北教育大學教育學系教授兼總務長

在現行的選擇題測驗中，即使獲得同樣的分數，仍無法測出學生在特定情境下，真實的語文運用能力之差異。因此，本研究試著發展一種不同於以往改良的測驗命題配分方式，選擇題中的四個答案選項，各依其與題幹的適切度而得不等的分數，而能更真切反映學生之語文能力。

　　而作文能力可視為語文運用能力的一個重要指標，因此本研究除嘗試運用改良式選擇題題型測驗學童之語文運用能力，並探究學童測驗表現與其實際作文能力之關連性，期能利用本研究之結果，運用於大區域語文能力檢測，瞭解區域中學童作文能力之概況。

二、文獻探討

　　彭森明（1995）於國立臺東師範學院主辦的第一屆語文課程教材教法國際學術研討會的「語文教學成果評量之策略與方針」中提到寫作能力的評量重點應包括：（1）語文基礎知識，如字、詞之正確性（是否有錯別字）以及文法之正確性（如標點符號之使用）；（2）表達能力，如字詞取釋，字句長短簡易，寫作速度，文章結構，內容思想程序，分析深度，以及文詞之流暢等；（3）文章適題與否，是否言之有物，有創作性；以及（4）各種文章之寫作知識與技巧。

　　朱作人於 1991 年主編，上海教育出版社出版的「語文測驗原理與實施法」一書中，內容共有七章，分別探討語文測驗概述、語言測驗的一般方法、聽說測驗、識字寫字測驗、閱讀測驗、作文測評、語文測驗科學化的趨勢。以作文測評來說，是為作文評定分數或等級。

三、作文評量現況

　　（一）評量的項目（教育部，上冊，頁 156，2000）：能確立中心思想、寫作內容能切題、段落要分明、文法要正確、遣詞造句要恰當、不寫錯字、能正確使用標點符號。

　　（二）在臺灣國中基測評量標準係依據教育部「95 年國民中學學生寫作測驗試辦實施方案」，以六級分距，分別從立意取材、結構組織、遣詞造句及錯別字、格式與標點符號等四大面向評定作文成績。

　　（三）臺北縣國語文寫作能力檢測評分規準由臺北縣二位國語文領域深耕教師，及七位國語文領域輔導員，根據陳鳳如（1993）修訂的「作文評量表」、連淑玲（2003）修訂的「寫作分析評分表」及陳文琪（2001）自編的「作文評定量表」，整合建立而成。並請臺北教育大學孫劍秋教授、林于弘教授、江惜美教授，臺中教育大學楊裕貿教授指導修訂後定稿。此

作文評量表,應用於臺北縣大規模語文檢測之作文評分。分數評定以立意取材、結構組織與修辭以及標點符號、錯別字與書寫等三大面向評定作文成績。

四、評量工具編製

(一)評量工具架構

由文獻探討得知作文能力的評量發展至今,多以立意取材、結構組織、遣詞造句、文法修辭、錯別字和標點作為命題所需。因此,本研究取立意取材、結構組織與遣詞造句為三個面向,作為評量的架構。由這三個面向來觀照學童的作文能力。故本研究擬以立意取材、結構組織、遣詞造句作為發展評量工具之三向度,並對於三個向度分述如下。

1、立意取材:能依據題目及主旨選取適當的材料,並能進一步闡述說明,以凸顯文章的主旨。

2、結構組織:文章結構完整,段落分明,內容前後連貫,並能運用適當的連接詞聯貫全文。

3、遣詞造句:能精確使用語詞,並有效運用各種句型,使文句流暢。

(二)編製依據

本研究新式選擇題題型評量工具主要是以立意取材、結構組織與遣詞造句三個向度結構並參照國語文作文第二階段分段能力指標,來編製初步評量工具。經過學有專長之測驗專家教授一名、教學經驗豐富之學科專家教授二名及資深教師同儕九名審查、修改和給予意見後,建立專家效度。評量工具初步確定後,進行預試,使試題具有專家效度及內容效度。

對應分段能力指標編製測驗,檢核試題內容與分段能力指標之關聯,確認試題內容包括作文能力指標。

(三)計分方式與解釋

本測驗共計 30 題選擇題,其中的答案選項與題幹設計相互配合,每個選項呈現與題幹不同的適切程度,依據學生選答項目,判斷學生對於題幹描述的情境其理解程度,期能具有鑑別學生的修辭、句型、語彙、推論、文意理解、掌握大意主旨、辨別文字正確形音義的功能。

此改良式選擇題題型非傳統的單選題,也非複選題,每題題目各設計出四個答案選項,每一個答案選項依適切程度而獲得 4~1 不等的分數,依所得分數,判別學生不同的語文程度。總分為 120 分,最低分是 30 分;如果是空白題(或是兩個以上的答案),則該題得零分。

例如以下的試題題目

1.下列詞語,是讚美一個人很會說話,請問何者最為理想?(1)滔滔不絕(2)巧言令色(3)口沫橫飛(4)口若懸河

以本題為例，如果學童選擇(4)口若懸河得四分，如果選擇(1)滔滔不絕得三分，如果選擇(3)口沫橫飛得兩分，如果選擇(2)巧言令色則得一分。以此題來評量學童褒義詞、貶義詞的語詞運用能力。

五、測驗實施

（一）施測樣本

本研究以臺北市國小五年級學童為研究對象，預試時選取四位國語成就表現分屬高成就、中成就及低成就的同學進行測驗、測驗時由研究者先解釋作答方式、記分方式，並要受測者選擇認為最佳的答案。每作答一題研究者立即詢問受測者對每一選項之看法，從而得知受測者對每一選項的配分情形，同時作為修正題目的依據。

正式施測時受測者包括臺北市中正區兩所國小五年級學生，其中第一所共四個班學生 109 人，另一所國小三個班學生 72 人，班級採隨機取樣方式，並無特別限制。其中男生 80 人佔總樣本人數的 44.2%，女生 101 人佔總樣本人數的 55.8%。一般而言，依比例班級內男女比例男生約略多於女生，但樣本裡有一個班是舞蹈班，班級內男生僅有一位，餘 29 人皆為女生，因此樣本總數造成女生比例較高的情況。

（二）預試方式

從臺北市中正區某校五年級某班找出資優生 1 名，國語學業成就高、中、低各 1 名，共 4 名學童進行研究者自編的「改良式選擇題題型」語文測驗試卷的預試。這四位學生，在徵得家長的同意後，安排星期假日不同的時段，一對一逐題讀題目，詢問學童對題目是否理解，並詢問每一選答的原因何在？每一題 4 個選項，選或不選的考量為何？藉以瞭解學生對文義、語詞、句子的理解程度。在預試過程中，修改具有爭議性、題意不明確的題目，並探討評量工具試題的特性，以作為正式施測評量工具之依據。

（三）施測實施

施測前向提供協助的施測老師說明施測注意事項，並提醒小朋友細心作答，勿留空白題。同時向施測學童說明答題方式、測驗的目的、方式，施測所得資料僅供研究使用不會公開，以減輕學童因不瞭解本研究之改良式測驗方式或緊張而影響施測信效度。

（四）作文實測

對第一所學校之同樣本實施，惟實施當時因校內活動，僅 72 人參與作文實測。聘請一位受過訓練且評鑑優良具有高效度的國民小學語文科教師批改，據以了解此作文成績與選擇題測驗成績之相關性。該批閱教師為臺北縣作文批閱種子教師，經過臺北縣輔導團承辦 42 小時

研習且認證之教師，是臺北縣國民教育輔導團國語文領域專任輔導員，也是教育部中央課程與教學語文科輔導咨詢老師，批閱此 72 份作文，評分標準極為一致。

在編製作文題目時，命題儘量選擇與選擇題有相關性之題目，作文評分標準參考「臺北縣國語文基本能力檢測寫作能力檢測評分規準表」，並依照國中基測之標準，為配合新式選擇題的三個面向。作文實測之標點、書法與錯別字不列入評分。

六、資料分析與結果

本研究採取量化研究的分析方式，來探究「改良式選擇題題型測驗學童作文能力」是否為一份良好的評量工具，但本研究之配分方式有別於傳統單選題型，因此尚無可直接套用之檢測分析工具。雖然如此，本研究仍試圖以現有檢測方式來檢驗，試題測驗資料處理敘述如下：

（一）鑑別度指數

傳統做法係將總分分成高分組 PH（全體受試者當中分數最高的 33% ）及低分組 PL（全體受試者當中分數最低的 33% ）。並依照高、低兩組通過測驗試題的百分比相加減所得的差，即為測驗的鑑別度。其公式為 D＝PH－PL。

但因本研究之配分方式並不適用於「通過測驗試題」之檢驗準則，所以僅依據試題特徵曲線圖，以觀察、分類的方式，檢視各題鑑別度之概況。

在 181 個樣本中，高分群 62 人平均成績為 96.98（總分 120 分），標準差 3.097；中等得分群 57 人平均成績為 89.25 分，標準差 2.047；低分群 62 人平均成績為 80.69，標準差為 4.810。從總成績分佈可以看出本研究測驗題具有鑑別度。

再從題目之鑑別度分析，依據各試題特徵曲線圖(楊志強，2004；楊志強、楊志堅，2003)，本研究將之分成 5 大類，分類之原則係以得 4 分之曲線為準，如表 1 所示。

（二）信度考驗

1、以統計軟體 SPSS 12.0 FOR WINDOWS，對評量工具的試題進行內部一致性考驗。

2、TestGraf 98 軟體的整體信度曲線（楊志強，2004）。Ramsay(2000)發展一應用軟體－TestGraf，用以估計選項特徵曲線，其特性為利用圖形化的方式來記錄或比較資料及數據，將比繁冗的文字敘述或單純的數字表現來得詳盡且清楚。它以受試者的能力為橫軸，而以受試者在某一試題之選答率為縱軸，事先並無假設其服從某一特定之試題反應模式，完全根據受試者之作答資料，再配合平滑化法之使用，得一平滑之曲線圖。

3、由於本研究之測驗記分方式有別於傳統選擇題,因此信度曲線分析採取每一作答得分分佈分別檢測其信度,其結果分列於圖1(圖中「score」代表「得分題數」)。其中答題得四分代表受測者選擇最為正確的答案,因此相當於傳統單選題之分布曲線。

由圖中可知,除了全樣本答題得二分者約 5%未超過 0.7 的基準點外,其餘皆超過 0.7 的基準點,顯示本評量工具具有良好之信度。

(三)效度考驗

1、內容效度

本研究國小學童改良式選擇題題型測驗主要是以作文評量中之立意取材、結構組織及遣詞造句三個向度結構並參照國語文作文第二階段分段能力指標,來編製初步評量工具。

2、專家與表面效度

「改良式選擇題題型測驗」的試題內容依據歐滄和(2002)、陳英豪與吳裕益(1998)所建議的評量工具編製原則進行編製,並徵詢過測驗、語文教育領域的學者專家教授及國小語文資深優良專長教師九人的意見,以及參酌現況來修訂量表試題。

3、效標關聯效度

國語學期總成績是由整學期平時和段考多種成績平均所得到的結果,具有極高的效度,因此本研究以國語總成績為效標,和改良式選擇題題型測驗總得分算出其相關係數,以考驗本評量工具的效度,其結果顯示改良式選擇題題型測驗與國語成績、作文成績、立意取材、結構組織、遣詞造句皆有顯著正相關,也就是說,本評量工具的設計具有良好效標關聯效度。研究結果同時顯示改良式選擇題題型測驗與學童國語學期成績關聯性較低。又與作文實測成績相較,本研究與之有顯著正相關(如表 2 所示)。本研究測驗總分與學生在校國語成績相較,在立意取材(0.477 比 0.308)、組織結構(0.491 比 0.267)、遣詞造句(0.483 比 0.253)及作文成績(0.533 比 0.327)各方面均有更高的關聯性。

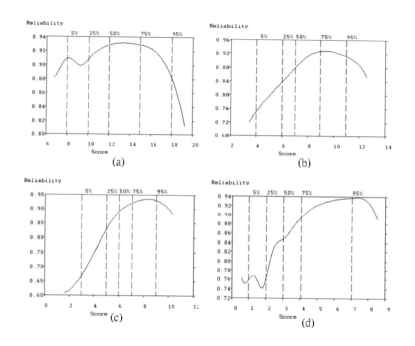

圖 1 全樣本答題得(a)4 分(b) 3 分(c) 2 分(d) 1 分之信度曲線

七、結論與建議

　　研究結果顯示本研究測驗結果與學童國語學期成績關聯性較低，這可能是因為國語學期成績包括許多綜合能力，與本研究強調語文運用能力不同。又改良式選擇題題型測驗與作文成績的相關係數為 0.533，相較於國語成績與作文成績的相關係數為高，可以顯現以本研究改良式選擇題題型測驗能更真確表現學童的作文能力與程度。另由本研究之作文評量的三個向度：立意取材、結構組織、遣詞造句與改良式選擇題題型測驗的相關係數均較國語成績與立意取材、結構組織、遣詞造句之相關係數為高。因此本研究改良式選擇題題型測驗，比一般的國語科成績與立意取材、結構組織、遣詞造句這三個向度的作文能力更具相關性。

　　試題之良窳關乎本改良式選擇題題型測驗成效之優劣，而本研究之改良性選擇題題型，語詞的認知具爭議性，因此，影響配分的認定與解釋，在本研究中，同儕專家教師對語詞的解釋與認知，各有堅持，礙於人力與時間的限制，本研究之改良性選擇題給分，並非沒有再討論的空間。

將本研究之改良式選擇題題型，普遍應用於測驗上，勢必引領教師在教學或學生在學習上，更注意明辨語詞的意義與運用。不但能增進學生語文程度、精準語詞運用能力，而且也能帶動教師精進教學，提升語文教學內涵。且本研究之改良式選擇題題型測驗，較傳統測驗方式能避免只有唯一答案之思考模式，期待這樣的影響具有正向的影響。

　　本研究之改良式選擇題型因配分方式有別於傳統單選題，因此使用現有的信度、鑑別度評鑑方式並不能充分反映本測驗，本研究雖以其他之數據、圖表作為依據，利用現有之方式探討其信度及鑑別度，惟並非經過嚴謹之學術研究驗證，此為發展推廣本研究成果之重要課題。

參考文獻

陳英豪、吳裕益、王萬清（1989）。兒童寫作能力測驗編製報告。《省立臺南師院初等教育學系初等教育學報》，第二期，1-48。

朱作人主編（1991）。《語文測驗原理與實施法》。上海：上海教育出版社。

彭森明（1995）。國小語文教學成果評量之策略與方針。《第一屆小學語文課程教材教法國際學術研討會論文集》，1-13。國立臺東師範學院。

陳鳳如（1993）。活動式寫作教學法對國小兒童寫作表現與寫作歷程之實驗效果研究。《國立臺灣師範大學教育心理與輔導研究所》。

陳英豪、吳裕益（1998）。《測驗與評量》。高雄市：復文圖書出版社。

教育部（2000）。《我國中小學國語文基本學力指標系統規劃研究—完整版上中下冊》。臺北市：教育部。

陳文琪（2001）。全語言教學對國小五年級學童批判思考、寫作表現和學習內發動機的影響。《國立屏東師範學院國民教育研究所》。

歐滄和（2002）。《教育測驗與評量》。臺北市：心理出版社股份有限公司。

連淑玲（2003）。電腦看圖故事寫作對國小二年級學童寫作成效及寫作態度影響之研究。《臺北市立師範學院國民教育研究所》。

楊志強、楊志堅（2003）。選項特徵曲線在科學教育評量之應用。《應用教學科技於科學教育學術研討會》，國立嘉義大學。

楊志強（2004）。測驗品質考驗與 TestGraf 98 的應用。《教師專業成長與實踐智慧》，頁 93-104。

Ramsay,J.O.（2000）. TestGraf: A program for the graphical analysis of multiple choice test and questionnaire data. Quebec, Canada:McGill University.

表 1 試題鑑別度分類

類別	題號	題數	說明
1	1,5,14	3	不具鑑別度。
2	4,7,23	3	鑑別度略差,且得次高分者居多。
3	3,9,12,22,25	5	具鑑別度,但曲線較不規則。
4	6,8,10,15,16,17,20,26,27,28	10	具鑑別度,低分區(<50%)受測者得分較不理想,在高分區(>50%)則呈現較陡的上升趨勢。
5	2,5,13,18,19,21,24,29,30	9	具鑑別度。

註:1.因本研究每個選項均有配分,不適用傳統鑑別度分析。

2.分類之原則係以得 4 分之曲線為準。

表 2 總分與作文成績之相關性

		total	國語成績	立意取材	結構組織	遣詞造句	作文成績
Total	Pearso 相關 顯著性(雙尾) 個數	1 181	.352(**) .000 181	.477(**) .000 72	.491(**) .000 72	.483(**) .000 72	.533(**) .000 72
國語成績	Pearso 相關 顯著性(雙尾) 個數	.352(**) .000 181	1 181	.308(**) .008 72	.267(*) .023 72	.253(*) .032 72	.327(**) .005 72
立意取材	Pearso 相關 顯著性(雙尾) 個數	.477(**) .000 72	.308(**) .008 72	1 72	.814(**) .000 72	.766(**) .000 72	.896(**) .000 72
結構組織	Pearso 相關 顯著性(雙尾) 個數	.491(**) .000 72	.267(*) .023 72	.814(**) .000 72	1 72	.803(**) .000 72	.922(**) .000 72
遣詞造句	Pearso 相關 顯著性(雙尾) 個數	.483(**) .000 72	.253(*) .032 72	.766(**) .000 72	.803 .000 72	1 72	.902(**) .000 72

作文成績	Pearso 相關	.533(**)	.327(**)	.896(**)	.922(**)	.902(**)	1
	顯著性(雙尾)	.000	.005	.000	.000	.000	
	個數	72	72	72	72	72	72

**在顯著水準 0.01 時（雙尾），相關顯著。　　*在顯著水準 0.05 時（雙尾），相關顯著。

附錄　試題分析

題號/題目	1	為了要到日本賞櫻，<u>小柚柚利用新年假期特地去□□有關櫻花的資料</u>。請填入你覺得最適當的詞語？①收集②蒐集③搜尋④尋訪。
配　　分		①3 分②4 分③2 分④1 分
說　　明		收集：聚集物品；檢收集中同類的東西。蒐集：搜尋集中，（尋求、聚集物品，）同蒐羅之意：搜集網羅。（連橫《臺灣通史》序：斷簡殘篇，蒐羅匪易。）搜尋：搜求。本題在翰林版五年級國語課本曾討論過，因此學生普遍選擇「蒐集」為最佳選項。蒐集的詞意範圍涵括收集，故選「蒐集」比選「收集」要好。而「搜尋」比較適用於網路上的資料搜尋，詞意未若「蒐集」好。「尋訪」多用於對人物、地方的訪談、拜訪、踏查。（註：另「搜集」：將尚未發現的東西先找出來，再加以集中。）「蒐集」比「收集」的意思更廣闊，除了聚集之外還有尋求的意思，因此本題宜使用「蒐集」這個詞語，才能表現出作者四處尋找資料的情景。

題號/題目	2	從臺南的新營、柳營、下營等地名中，我們可以發現祖先□□耕耘的痕跡。在□□中你覺得最適合哪個詞語？①辛苦②辛勞③辛勤④辛酸。
配　　分		①2 分②3 分③4 分④1 分
說　　明		辛勤：辛苦勤勞，本詞在此題中優於「辛苦」這個選項。辛勞：辛苦勞累。辛酸（看不到光明的未來）不若前三個詞好。「辛勞」和「辛勤」的詞意相近，但「辛勤」更符合先民開發土地的精神，所以最為理想。

題號/題目	3	<u>小彣在參加演講比賽時，除了要注意聲調的抑揚頓挫，也要有□□的儀態</u>。你覺得□□中最適合哪個詞語？①優雅②優美③雅緻④高雅。
配　　分		①4 分②2 分③1 分④3 分
說　　明		優雅：優美高雅。高雅：高尚雅致。高雅儀態優於優美儀態。本題尚有討論的空間。

題號/題目	4	中秋節社區聯歡晚會中，大家有說有笑，現場□□著一片歡樂的氣氛。你覺得□□中最適合哪個詞語？①瀰漫②充斥③洋溢④籠罩。

配　　分	①3分②1分③4分④2分
說　　明	瀰漫：一望無際的樣子。充斥：比較適用在負面的，例如：市面上充斥著許多大陸的黑心產品；電視媒體充斥著大量的不當言論。籠罩：籠罩著低氣壓；籠罩著哀傷的氣氛，此詞的用法較不出現在歡樂的氣氛。

題號/題目	5	下列哪一詞語何者最適合讚美一個人很會說話？①滔滔不絕②巧言令色③口沫橫飛④口若懸河。
配　　分		①3分②1分③2分④4分
說　　明		「滔滔不絕」用來形容話說個不停時，意思和「口若懸河」相近，但「口若懸河」本身已是完整的比喻語，唯「滔滔不絕」則經常和比喻語配合運用，如「話匣子一開就會滔滔不絕的說個不停（周何 邱德修主編 國語活用辭典）。巧言令色為貶義詞，最為不妥。

題號/題目	6	「知識領域是如此的□□，我們所懂的真是微不足道啊！」句中的□□最適合填入？①浩瀚②博大③遼闊④廣大。
配　　分		①4分②3分③2分④1分
說　　明		廣闊無邊用浩瀚最為理想，博大取博大精深之意，因此在配分上「浩瀚」優於「博大」優於「遼闊」優於「廣大」。

題號/題目	7	宋代清明上河圖中，街道上□□□□的人車，顯示當時社會的繁榮。句中的□□□□最適合填入？①擁擠不堪②摩肩擦踵③絡繹不絕④川流不息。
配　　分		①2分②1分③4分④3分
說　　明		絡繹不絕：前後相接，繼續不斷的樣子。 川流不息：往來頻繁，有如流水般的不間斷。 摩肩擦踵：肩碰肩、腳碰腳，形容人很多，很擁擠。「摩肩擦踵」顧名思義用於人而不用於車。 「絡繹不絕」與「川流不息」都有連續不斷的意思，但有別：前者專指人、馬、車、船的來來往往；後者所指比較廣泛，可以指人、馬、車、船的往來，也可以指別的事物；例如電報、資料、河水等。又前者含有繁盛之意，所指的對象不能是單一的；後者不含繁盛之意，所指的對象可以是單一的（周何 邱德修主編 國語活用辭典）。

題號/題目	8	考上好學校是大家夢寐以求的願望，但如果不努力就想成功，無異是□□□□，以下哪一個選項最適合填入空格中？①緣木求魚②異想天開③夢幻泡影④痴人說夢。

配　　　分	①4 分②2 分③1 分④3 分
說　　　明	緣木求魚：爬到樹上去捉魚。喻方向或方法不對頭，勞而無功，絕對達不到目的。 異想天開：喻想法離奇而不切實際。天開，指憑空、沒有根據之事。 夢幻泡影：喻空虛而不切實際。（金剛經：一切有為法，如夢幻泡影） 痴人說夢：本指不能對癡人說夢，恐其信以為真。後因以癡人說夢指妄談荒誕不實之事。（周何 邱德修主編 國語活用辭典） 本題以緣木求魚最佳，痴人說夢次之，異想天開再其次，夢幻泡影得 1 分。

題號/題目	9	這首雄壯的軍歌不僅鼓舞了士氣，也□□了人心。以下哪一個選項最適合填入空格中？①震撼②打動③感動④撼動
配　　　分		①3 分②2 分③1 分④4 分
說　　　明		震撼：震動搖撼。撼：大力搖動為撼。 撼動：震撼打動。 感動：受外界刺激而內心引起波動。常表示同情、感激、欽佩等感情。 例：他捨己為人的事蹟，真太令人感動了。

題號/題目	10	洪軒熱愛寫作，勤於筆耕，經常旁徵博引、□□□□，下筆如有神。句中的□□□□最適合填入？ ①左右逢源②信手拈來③觸類旁通④舉一反三。
配　　　分		①2 分②3 分③4 分④1 分
說　　　明		左右逢源：為學有得，功夫到家，自然能夠取之不盡、用之不竭。後喻做事順利，無障無礙。 信手拈來：隨手拈來，便成佳句；喻寫文章時取材、運筆，非常熟練、自然而從容。拈，用兩個手指頭取物。例：這封信是信手拈來之作。 觸類旁通：掌握了某一事務的知識或規律，而對同類的問題也可以類推了解。 舉一反三：提出一事而能聯想或領悟其他相關的事。 在本題中配合上、下文，以觸類旁通最通順，其次為信手拈來，再次為左右逢源，1 分者為舉一反三。

題號/題目	11	由於大象體積□□，不適合當寵物。句中的□□最適合填入？①巨大②過大③碩大④龐大。
配　　　分		①2 分②1 分③3 分④4 分

說　　明	本題使用「龐大」優於「碩大」優於「巨大」優於「過大」，「龐大」與「巨大」意思相近，但使用「龐大」更能展現大象「龐然大物」的體積。「碩大」比較是形容壯、健、大的意思。在文學的使用上較常使用「龐然大物」、「碩大便是美」，用詞上「龐大」、「碩大」優美於「巨大」。「過大」有相對比較性，題目中並無明顯相對意涵，讀來也並不優美，故本詞語最不適當。

題號/題目	12	「一下課，大家都□□□□的衝到操場打球。」缺空處宜填入下列哪一個詞語？①急急忙忙②不約而同③連滾帶爬④迫不及待。
配　　分		①2分②3分③1分④4分
說　　明		「迫不及待」比「不約而同」更能表現下課衝到操場的急切情境。因此本題配分「迫不及待」高於「不約而同」高於一樣是急切的「急急忙忙」。

題號/題目	13	「她穿了□□大紅衣服，顯得喜氣洋洋。」缺空處宜填入下列哪一個詞語？①全身②一套③一件④一身。
配　　分		①3分②2分③1分④4分
說　　明		『穿了「一身」大紅衣服』與『穿了「全身」大紅衣服』，雖然兩者意思相同，但文字的使用上「一身」大紅衣服優美於「全身」大紅衣服。一套及一件不如全身大紅衣服的喜氣洋洋。全身紅衣服給人的感覺，其喜氣程度，多於一套紅衣服更多於一件紅衣服。

題號/題目	14	「說話太□□□□，很容易得罪人。」缺空處宜填入下列哪一個詞語？①拐彎抹角②直截了當③單刀直入④咄咄逼人。
配　　分		①1分②2分④4分④3分
說　　明		單刀直入：喻不作緩衝言語，直截了當論及問題核心。 （預測時，有學生表示「咄咄逼人」只是態度令人討厭，而「單刀直入」才是比較容易得罪人的。善哉！此五年級學生！） 咄咄逼人：形容逼人太甚或驚嘆逼真之極。此與「盛氣凌人」有別，「盛氣凌人」指驕矜之氣，對象為人；「咄咄逼人」可用於人、事物和行勢等方面，指氣勢逼人。 本題仍有討論的空間，大部分教師選擇「單刀直入」為最佳選項，其次才是「咄咄逼人」，但兩者各有所堅持。在討論本題時發現，人對於語言文字的理解與運用，除了字典的解釋外，有時不免會攙入一絲絲個人的偏好或認定，大概也因此人與人的溝通未必能達百分百精確，而語言文字也才能豐富多采、變化萬千。

題號/題目	15	「廣闊的夜空，（　　　　　）。」以下哪一個句子最適合填入

國語文測驗選擇題型命題計分方式改良之研究

		空格中？①像一片布幔灑滿無數的亮片。②像一匹黑錦緞鑲上閃亮的水晶。③像萬丈絲綢綴著耀眼的鑽石。④像漁火點點散佈在茫茫大海中。
配　　分		①2分②3分③4分④1分
說　　明		用「耀眼的鑽石」來形容夜空的璀璨配分高於「閃亮的水晶」，更高於「無數的亮片」用俗世的價值來凸顯美麗的夜空。

題號/題目	16	「哈利波特這本書情節高潮迭起，令讀者□□□□。」缺空處宜填入下列哪一個詞語？①嘆為觀止②拍案叫絕③廢寢忘食④回味無窮。
配　　分		①3分②4分③1分④2分
說　　明		用「拍案叫絕」來表現「情節高潮迭起」形容讀者澎湃的心情，比使用其他選項來得好。「嘆為觀止」次之，「回味無窮」更次之。「讀武俠小說總令人廢寢忘食」，比較偏於靜態的描述，不若「拍案叫絕」、「嘆為觀止」、「回味無窮」較有動態的感覺。

題號/題目	17	「鑽石的光芒□□□□，令人愛不釋手。」缺空處宜填下列哪一個詞語？①五顏六色②五彩繽紛③燦爛奪目④璀璨耀眼。
配　　分		①1分②2分③3分④4分
說　　明		形容鑽石的光芒，使用「璀璨耀眼」得分高於「燦爛奪目」又高於「五彩繽紛」更高於「五顏六色」。

題號/題目	18	黃昏時，清風拂來，□□走在小河邊，回味著她甜美的笑容，真是愜意愉快啊！」缺空處宜填入下列哪一個詞語？①信步②漫步③閒逛④散步。
配　　分		①4分②3分③1分④2分
說　　明		「信步」形容無目的、隨意的閒步，用來描繪「回味」甜美的笑容，是最佳選項。

題號/題目	19	下列哪一種道歉的說法最能讓對方接受？（①昨天雖然是你先罵我，我才大聲的罵回去，我要向你說一聲對不起。②昨天雖然是你先罵我，我也大聲罵回去，我向你說一聲對不起。③昨天我們大聲的互相叫罵，我向你說一聲對不起。④昨天我大聲的罵你，我向你說一聲對不起。）
配　　分		①1分②2分③3分④4分
說　　明		第一個選項有責怪對方的意思，最不具「歉意」，所以得分最低。第二個選項也有一些「對方有錯」的意思，因此得分次低。第三個選項具有道歉的意思，但不若第四個選項溫婉和顏表現出內省致歉的精神。

題號/題目	20	劉備三顧茅廬，請得諸葛亮當軍師，協助處理國事，與曹操、孫權三分天下這樣的歷史故事，與下列哪一個主題較為相關？①識人之明②忠心耿耿③鍥而不捨④精誠所至。
配　　分		①3分②1分③2分④4分
說　　明		劉備三顧茅廬，雖具有「識人之明」並秉持「鍥而不捨」的精神，但最重要的是劉備的「精誠所至」。因此「精誠所至」配分最高。而「識人之明」得分高於「鍥而不捨」乃因劉備認定孔明具有輔佐的長才，其關鍵在於識人之明。「忠心耿耿」與本主題亦有相關，唯主客易位，孔明「忠心耿耿」於劉備，非以劉備為主角了。

題號/題目	21	「雪白的花瓣鋪滿一地，看起來（　　）。」以下哪一個句子最適合填入空格中？①很像新娘子的白紗禮服，拖得又蓬又長。②很像白色卵石的清幽小徑，迤邐綿長。③很像白色浪花，層層疊疊，直到天際。④很像大雪初降，披覆了滿山的道路。
配　　分		①1分②2分③3分④4分
說　　明		本題是利用譬喻修辭來考孩子對文字、意象的感受。 「新娘子的白紗禮服，拖得又蓬又長」，較適合低年級孩子的用語，高年級孩子可以有更美更複雜的心靈活動。這一整句出自國小高年級國語教科書，似乎可以有多一點的選擇。 「白色卵石的清幽小徑，迤邐綿長」卵石感覺堅硬，比較沒那麼美。唯「清幽小徑，迤邐綿長」意象優美，故配分得2分。 「白色浪花，層層疊疊，直到天際」的意象不如「大雪初降，披覆了滿山的道路。」「雪白的花瓣」用大雪來形容是頗為貼切的。故有3分4分的差別，唯文字用語有個人習慣或好惡的不同，所以選項3和4還有討論的空間。

題號/題目	22	「白紗可以用來□□清白純潔」缺空處宜填入哪個詞語？①代表②象徵③表現④比喻。
配　　分		①3分②4分③1分④2分
說　　明		象徵：藉具體的事物，表現出某種特殊的意義（周何 邱德修主編 國語活用辭典）。 代表：表示或象徵（周何 邱德修主編 國語活用辭典）。「代表」雖然意思與「象徵」同，但懂得選用「象徵」的學童，在語文程度是有別於選用「代表」的學童。

題號/題目	23	「他們生活鋪張浪費，非常□□。」空格中請填入合宜的詞語。①

國語文測驗選擇題型命題計分方式改良之研究

		糜爛②奢靡③奢侈④奢闊。
配　　　分		①1 分②4 分③3 分④2 分
說　　　明		「奢靡」：豪華浪費。「奢侈」：用錢無度，過分的享受。詞語上的使用「奢靡」優於「奢侈」的運用。

題號/題目	24	「璞玉要經過□□才能呈現它的光彩。」缺空處宜填入下列哪一項詞語？①洗淨②琢磨③篩選④雕飾。
配　　　分		①2 分②4 分③1 分④3 分
說　　　明		璞玉要呈現光采必須經過加工的程序，是以「琢磨」優於「雕飾」優於「洗淨」，「篩選」得分最低。

題號/題目	25	以下的活動公告，請問你認為哪一個最為理想？（①美術社訂於6月 22 日上午九點於校門口集合參觀米勒畫展，想參加的同學，請找五年五班張三同學登記。②美術社訂於6月 22 日參觀米勒畫展，想參加的同學，請找五年五班班長登記。③美術社將於6月 22 日參觀米勒畫展，想參加的同學請在當天九點在校門口集合。④美術社將參觀米勒畫展，想參加的同學，請在6月 22 日前向五年五班張三同學報名。）
配　　　分		①4 分②2 分③3 分④1 分
說　　　明		本題檢測學童讀、寫或判斷公告內容優劣的能力。並測驗學童是否掌握「人、事、時、地、物」要件的能力。 第四選項不知活動日期，想參加的同學無法馬上決定是否能前去，不便安排，故得分最低。 第二選項無法確知集合時間，得分為 2 分。 選項一最為完備，故得分最高。

題號/題目	26	「看她平時表現普通,想不到她在這次比賽中□□□□,勇奪第一。」缺空處宜填入下列哪一項詞語？ ①扭轉乾坤②脫穎而出③勢如破竹④打敗對手。
配　　　分		①4 分②2 分③3 分④1 分
說　　　明		扭轉乾坤：喻將現有的或不利的局勢作非常大的轉變。 脫穎而出：喻有才能的人終能自顯。 勢如破竹：有過關斬將的意涵，故優於「脫穎而出」。

題號/題目	27	「這樣的家庭教育,□□了蓮娜積極樂觀的個性。」缺空處宜填入下列哪一項詞語？①孕育②造就③培養④激發。
配　　　分		①4 分②3 分③2 分④1 分

說　　明	「孕育」、「造就」蘊含逐步養成的因果關係，配分為孕育 4 分、造就 3 分、培養 2 分、激發 1 分。

題號/題目	28	形容寧靜安詳的夜晚，你認為下列哪一句描寫得最好？（①整片農作物宛若披著輕紗，沐浴在銀色的月光下。②山靜靜的橫臥在朦朧的夜色中③星星眨著眼彷彿在看護著沉睡的大地④星空下不想睡的木屋還有一扇小窗，頑皮的透出鵝黃的燈光。）
能力指標		F-2-6-7-1、F-2-8-2-1
說　　明		選項四「不想睡」「頑皮的透出」用來形容「寧靜安詳的夜晚」是此四選項中最差的，故得 1 分。選項一對於「寧靜安詳」的描述不如選項二、三。另一方面選項一中的「農作物」若改為麥田或其他，也許會更優美。選項三用「星星眨著眼」映襯「沉睡的大地」更能表現更深沉的寧靜安詳（另本句用「看護著」更是神來之筆，也凸顯本句的優美）。

題號/題目	29	以下的句子，請問哪一個敘述最理想？（①爸媽有事出去了，哥哥也到學校去上輔導課。今天是星期天，我一個人在家覺得好無聊。②今天是星期天，我一個人在家覺得好無聊。爸媽有事出去了，哥哥也到學校去上輔導課。③今天是星期天，哥哥也到學校去上輔導課，爸媽有事出去了，我一個人在家覺得好無聊。④今天是星期天，爸媽有事出去了，哥哥也到學校去上輔導課，我一個人在家覺得好無聊。）
配　　分		①2 分②3 分③1 分④4 分
說　　明		本題檢測學童句子重組、安排的能力。

題號/題目	30	以下是小丸子寫作文「時間的重要」的開頭，請問你認為下列哪一個開頭最為理想？（①俗話說得好：一寸光陰一寸金，寸金難買寸光陰。時間就像黃金一般的可貴，流逝的時間，是用再多的金錢也買不回來的。②光陰似箭，日月如梭，我已經從青春女少，變成白髮皤皤的老婦人了，這一轉眼，四十年過去了，真是歲月不饒人阿！③時間，是個無情的朋友，他總是在我不注意的時候，就悄悄溜走了。④朱自清在匆匆一文中寫下：「燕子去了，有再來的時候；楊柳枯了，有再青的時候；桃花謝了，有再開的時候。」四季總是不停的流轉。）
配　　分		①4 分②2 分③3 分④1 分
說　　明		本題檢測學童論說文開頭的寫法。選項一最理想，得分最高。選項三次之，選項二更次之，選項一得分最低。

筆記欄

2009 年
臺北縣國小五年級國語文能力檢測結果分析

劉振中[*]

摘　要

　　本研究針對 2009 年臺北縣國小五年級國語文能力檢測進行結果分析，獲得結果如下：

　　一、檢測國語文領域中的四項能力表現，其中注音符號應用能力通過率為 87.12%，識字與寫字能力通過率為 81.17%，閱讀能力通過率為 76.95%，寫作能力通過率為 86.93%。閱讀能力通過率相對而言較不理想。

　　二、閱讀理解題目，仿照 PIRLS2006 閱讀理解層次分類，直接歷程通過率為 77.14%，解釋歷程通過率為 72.09%。其中高、低分組學生的表現落差明顯，值得教師特別重視。

　　三、在 Bloom 認知歷程向度方面，學生在記憶向度的表現最佳，在應用、分析、理解的向度表現相形之下較差，尤其在應用向度的題目，表現更值得關注。

　　根據研究結論，本研究分別針對教育局、學校及檢測工作提出建議，作為全縣檢測政策與教師教學的參考。

關鍵詞：檢測、試題分析

壹、前言

　　「帶好每一位學生」是九年一貫課程的中心理念，臺北縣政府重視學生的語文教育，自 93 學年度（2004 年）開始規畫「國語文基本能力檢測」。2004 年進

---

[*] 國立東華大學美崙校區國民教育研究所博士候選人、臺北縣教育研究發展中心組員、臺北縣秀朗國小教師

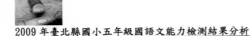

行小學一年級注音符號檢測，逐年增加第一階段小學三年級及第二階段小學六年級的國語文能力檢測。97 學年度（2008 年）起因應學生補救教學之需求，將第二階段的國語文能力檢測提早到小學五年級進行。

　　臺北縣實施國語文檢測的目的，在於瞭解縣內第一、二學習階段學生的國語文學習狀況，期以研究分析與教學建議，提供教師教學回饋，改善教學現場的問題與困難，裨益學生在國語文領域的學習，提升學生國語文基本能力。

貳、國語文檢測內容架構

　　2009 年 10 月進行的五年級國語文能力檢測，內容分為兩部分，封閉式題目採測驗題形式，共有 36 題；開放式題目為一篇作文，採引導式寫作方式。本文擬就封閉式測驗題部分進行試題與結果分析。

　　本次國語文檢測內容架構，測驗題部分包括國語文六大能力中的注音符號應用能力、識字與寫字能力、閱讀能力、寫作能力，受限於測驗形式，暫時沒有進行聆聽能力及說話能力的檢測；語文內容向度包括字音、字形、字詞義、閱讀理解、句型、文法修辭六項，其中又再細分為正確字音、一字多音、辨認字形、部首筆畫、詞語應用、直接提取訊息、歸納推論要點、詮釋意義、掌握主旨、組織句子、修改病句、修辭技巧、標點符號等 13 項；在 Bloom 的六個認知向度方面，受限於測驗形式，以記憶、理解、應用、分析四項為主，沒有針對評鑑與創造兩項進行測驗。

　　臺北縣國民小學五年級國語文檢測評量向度，參考修改自歷年檢測分析報告（林冬菊，2009；孫劍秋、蔡婉君，2008；孫劍秋 2006），說明如下：

表 1　臺北縣國民小學五年級國語文檢測評量向度雙向細目表

國語文能力	語文內容向度	語文評量內涵	認知向度	能力指標
1.注音符號	1.字音	1.正確字音 （音近字、聲韻調）	記憶	A2-1 能利用注音符號，理解字詞音義，提昇閱讀效能。

應用能力		2.一字多音	理解	
2.識字與寫字能力	2.字形	3.辨認字形（形近字、同音字）	記憶	D 2-1 能認識常用中國文字2200--2700 字。
		4.部首筆畫	理解	D-2-3 能概略了解筆畫、偏旁變化及結構原理。
3.閱讀能力	3.字詞義	5.詞語應用（詞義、量詞）	理解	E 2-1 能掌握文章要點，並熟習字詞句型。
	4.閱讀理解	直接歷程	6.直接提取訊息	理解	E 2-5 能利用不同的閱讀策略，增進閱讀的能力。
			7.歸納推論要點	分析	
		解釋歷程	8.詮釋意義	分析	E 2-3-2-1 能了解文章的主旨及取材結構。
			9.掌握主旨	分析	
4.寫作能力	5.句型	10.組織句子（重組、關連詞）	分析	F2-2 能掌握詞語的相關知識，寫出語意完整的句子。
		11.修改病句	分析	F2-5-1-1 能從內容、詞句、標點方面，修改自己的作品。
	6.文法修辭	12.修辭技巧	應用	F2-8-2-1 能理解簡單的修辭技巧，並練習應用在實際寫作。
		13.標點符號	應用	F 2-7-1-1 能了解標點符號的功能，並能恰當的使用。

參、試題表現分析

　　本次五年級國語文能力檢測，測驗題部分共有 36 題，本文擬針對測驗題部分進行探討。

測驗題目所得結果之一致性或穩定性，以信度來衡量，為檢測本試卷選擇題內容是否達到內部一致性要求，以統計方法 Cronbach's Alpha 係數[1]衡量其信度，係數值愈高，表示內部一致性愈高。本檢測之 Cronbach's Alpha 係數值為 0.919，顯示測驗結果信度高，測驗題目內部一致性高。

　　許多專家建議以鑑別度指數高於 0.25 以上，難度指數介於 0.40 至 0.80 之間做為選題標準，考量測驗目的不同，也認為應以內容效度為主，未必要過於受制於鑑別度指數（余民寧，2002；郭生玉，2004）。因此，在組成試卷時，即以雙向細目表各種向度為參考，一方面希望能評量學生的國語文能力，一方面希望學生在作答過程中有適當數量的題目能輕鬆應答，建立自信。因此，在三份預試卷中挑選難度指數 0.80 以上的題目 14 題，介於 0.40 至 0.80 之間的題目 22 題，組成共 36 題的正式卷。

　　本縣檢測目的在於檢視學生學習與鼓勵教師教學，並不同於基測重在篩選學生，同時考量到學生做答信心與教師教學士氣，題目屬於中間偏易，並未刻意追求試題的高鑑別度。事後分析發現，部分題目因屬基本題，通過率高達九成，鑑別度雖不理想，然而這樣的結果，表示北縣學生在這些基本題目上的表現，不論城鄉、班級規模，均是相當優異的。

　　這次檢測在正式實施前，曾以正式卷到鄰近縣市實施 5 個班級的預試，獲得的平均難度指數為 0.771，鑑別度指數低於 0.2 的題目有 17 題，佔整份試卷的 47％；而本縣正式施測的平均難度指數為 0.823，鑑別度指數低於 0.2 的題目有 18 題，佔整份試卷的 50％。

　　以下分別就國語文能力指標、認知歷程向度及試題逐題分析等三個部分進行探討。

一、國語文能力分類與能力指標分析

　　本次檢測依評量目的、方式，從能力指標中選出 10 個指標進行命題，全縣五年級學生通過情形如表 3、表 4。

---

[1] Cronbach's Alpha 係數值 0.7 為接受邊界值，界於 0.7 至 0.8 表示相當好，而界於 0.8 至 0.9 表示非常好。

表 3　臺北縣國民小學五年級國語文檢測各能力分類的表現情形

國語文能力	題　號	全縣平均答對率%
注音符號應用能力	1.2.3.4.5	87.12
識字與寫字能力	6.7.8.9.10	81.17
閱讀能力	18.19.25.26.27.28.29.30.31.32.33.34.35.36	76.95
寫作能力	11.12.13.14.15.16.17.20.21.22.23.24	86.93

　　由表 3 可知，學生在本次檢測試題中的表現，整體而言，閱讀能力最弱，注音符號應用能力及寫作能力表現較佳。

表 4　臺北縣國民小學五年級國語文檢測各能力指標的表現情形

國語文能力分類	能力指標	題　號	全縣平均通過率%
注音符號應用能力	A2-1 能利用注音符號，理解字詞音義，提昇閱讀效能。	1.2.3.4.5	87.12
識字與寫字能力	D2-1 能認識常用中國文字 2200--2700 字。	6.7.8	86.90
	D-2-3 能概略了解筆畫、偏旁變化及結構原理。	9.10	72.59
閱讀能力	E2-1 能掌握文章要點，並熟習字詞句型。	18.19	82.40
	E2-5 能利用不同的閱讀策略，增進閱讀的能力。	26.27.28 29.30.32 34.35.36	77.15
	E2-3-2-1 能了解文章的主旨及取材結構。	25.31.33	69.07
寫作能力	F2-2 能掌握詞語的相關知識，寫出語意完整的句子。	15.16.17 20.21	93.15

F2-5-1-1 能從內容、詞句、標點方面，修改自己的作品。	22.23.24	83.37
F2-8-2-1 能理解簡單的修辭技巧，並練習應用在實際寫作。	13.14	81.56
F2-7-1-1 能了解標點符號的功能，並能恰當的使用。	11.12	79.40

　　進一步檢視表 4 結果進行探討，可知能力指標 E2-3-2-1 表現最差，學生在了解文章的主旨及取材結構方面的表現，教師有必要多做關心。至於能力指標 D-2-3 學生表現欠佳，對照教師平日教學中多已花費相當多的時間進行筆畫、偏旁變化及結構的相關教學，此現象值得進一步探討。

二、Bloom 認知歷程向度分析

　　本次檢測根據2001年Anderson & Krathwohl 修訂Bloom之認知目標，受限於測驗形式，以記憶、理解、應用、分析四項為主，沒有針對評鑑與創造向度命題。記憶是從長期記憶中提取相關知識，包括：再認與回憶兩種歷程；了解指從訊息中建構意義，建立所學新知識與舊經驗的連結。包括：詮釋、舉例、分類、摘要、推論、比較、解釋；應用指善用程序（步驟）來執行作業或解決問題。包括執行、實行；分析是將材料分解成局部，指出局部之間與對整體結構或目的的關聯，包括區辨、組織、歸因。

表 5　臺北縣國民小學五年級國語文檢測 Bloom 認知歷程向度的表現情形

認知歷程向度	題　　號	全縣平均答對率%
記憶	1.2.6	94.85
理解	3.4.5.7.8.9.19.20.21.28.30.32.34.35	83.78
應用	10.11.12.13.14.16.18	79.92
分析	15.17.22.23.24.25.26.27.29.31.33.36	81.56

　　由表 5 可知，學生在記憶向度的表現最佳，在應用、分析、理解的向度表現相形之下較差，尤其在應用向度的題目，表現更值得關注。

三、試題逐題分析

　　以下就本次試題進行逐題分析：

1.（②）「模仿」的「仿」與下面哪一個字的讀音相同？

　　　　①「防」備　　　②「訪」問　　　③「房」子　　　④「煩」惱

答對率%	鑑別度	答① %	答② %	答③ %	答④ %
94.95	0.07	2.69	94.95	1.47	0.44

【注音符號應用能力】、【字音】、【正確字音—同音字辨識】、【A2-1-1-1】、【記憶】

說明：（1）本題通過率高達 94%，鑑別度偏低，但是因屬同音字辨識的基本題目，可以讓所有學生在作答時由易而難，產生作答信心。

　　　　（2）本題主要評量學生同音字辨識的能力。第 4 個選項若是改為「放」、「芳」、「坊」、「妨」等字，可能更具有誘答力。

2.（②）玩讀音相同的語詞接龍時，「工商社會」的「會」要接下面哪一個選項？

　　　　①「費」盡心血　　　　②「慧」眼獨具

　　　　③「廢」物利用　　　　④「恢」復健康

答對率%	鑑別度	答① %	答② %	答③ %	答④ %
94.38	0.08	1.87	94.38	1.83	1.37

【注音符號應用能力】、【字音】、【正確字音—聲符辨識】、【A2-1-1-1】、【記憶】

說明：（1）本題通過率高達 94%，鑑別度偏低，因屬聲符辨識的基本題目，所以學生表現優異。

　　　　（2）本題主要評量學生聲符辨識的能力。命題時刻意以學生熟悉的語文遊戲為題幹，吸引學生作答，在輕鬆愉快的情境下繼續作答。其中第 4 個選項若是改為同樣第 4 聲的「肺」、「沸」等字，可能更具有誘答力。

3.（③）「 」中的字，讀音相同才算過關，請問哪一個人過關了？

①小宇：「經」過 /「今」天　　②小芬：「單」面 /「當」面

③小玲：「正」式/「證」明　　④小安：「江」山 /「堅」強

答對率%	鑑別度	答① %	答② %	答③ %	答④ %
80.31	0.20	16.56	1.52	80.31	0.91

【注音符號應用能力】、【字音】、【正確字音—韻符辨識】、【A2-1-1-1】、【理解】

說明：（1）本題通過率 80%，鑑別度 0.2 還算不錯，同樣以語文遊戲的方式作為

題幹，增加學生作答動機。

（2）本題主要學生評量韻符辨識的能力。第 1 個選項頗具誘答力，可見分

辨不清「ㄣ」與「ㄥ」的學生相當多，遠多於第 2、第 4 選項的「ㄢ」、

「ㄤ」。雖然正答的學生很多，但是並無法判斷學生是否都知道「正」、

「證」韻符同為「ㄥ」。此為命題時可以再加思考之處。

4.（②）下列選項中「處」的讀音，哪一個與其他不同？

①老師教我們知識，也教我們待人「處」世。

②只要我們用心體會，美是無「處」不在的。

③你如果再不聽話，媽媽就要「處」罰你了。

④這件事如果不好好「處」理，後果不堪設想。

答對率%	鑑別度	答① %	答② %	答③ %	答④ %
72.05	0.23	9.1	72.05	8.39	9.77

【注音符號應用能力】、【字音】、【一字多音】、【A2-1-1-1】、【理解】

說明：（1）本題通過率、鑑別度都算不錯。

（2）本題主要評量學生一字多音的能力。一字多音常會困擾學生，尤其一

般口語中常混用的字。正答之外的三個選項都具有誘答力。第 2、第

3 個選項應該是較為明確的，選第 3 的學生很可能讀對了「處」罰，

而把其他都讀成第 4 聲；選第 1 和第 4 的學生頗值得進一步探討。

5.（③）下列選項「 」中的字，哪一組讀音完全相同？

　　　　①邊聽音「樂」邊看書，真是一大「樂」事。

　　　　②我「覺」得能睡個好「覺」，是最幸福的事。

　　　　③你可以用各種方「法」，但不能違反「法」律。

　　　　④附近有個市場，買東西既方「便」又「便」宜。

答對率%	鑑別度	答① %	答② %	答③ %	答④ %
93.92	0.09	1.74	1.79	93.92	1.88

　　　　【注音符號應用能力】、【字音】、【一字多音】、【A2-1-1-1】、【理解】

說明：（1）本題通過率高達 93%，鑑別度偏低，為基本題目。

　　　（2）同樣為一字多音的題目，第4、第5兩題的通過率卻差異明顯。可以理解為第5題因為是4組的一字多音，提供的線索較多，所以學生只要有確定的1、2組答案，很容易運用刪去法即可答對正確答案。教師命題時可以第4、第5題兩類題目並列，檢驗學生的學習狀況。

6.（②）這次的聽障奧運，中華代表隊獲得很好的成「ㄐㄧ」。

　　　　上面句子中，「 」應該填入哪一個字才正確？

　　　　①積　　　②績　　　③蹟　　　④債

答對率%	鑑別度	答① %	答② %	答③ %	答④ %
95.22	0.06	2.94	95.22	1.13	0.22

　　【識字與寫字能力】、【字形】、【辨認字形--形近字辨識】、【D 2-1-1-1】、【記憶】

說明：（1）本題通過率高達 95%，鑑別度偏低，為基本題目。

　　　（2）本題主要評量形近字辨識的能力。學生在一般認為易犯錯的「積」、「績」形近字上表現優異，通過率相當高，這可說明教師的教學有一定的成果。然而對照一般教師的教學經驗，學生在作文或是其他作業中，「成績」、「面積」常常混淆、錯誤的情況，或許是學生的認字能力優於寫字能力的關係，值得進一步探討。

7.（①）能忙裡「ㄊㄡ」閒聽聽音樂，真是一件「ㄩˊ」快的事。

上面這句話中，「」依序應該填入哪兩個字？

①偷愉　　②偷偷　　③愉愉　　④愉偷

答對率%	鑑別度	答① %	答② %	答③ %	答④ %
93.32	0.09	93.32	2.48	1.95	1.67

【識字與寫字能力】、【字形】、【辨認字形--形近字辨識】、【D 2-1-1-1】、【理解】

說明：（1）本題通過率高達 93%，鑑別度偏低，為基本題目。

（2）本題主要評量形近字辨識的能力。與第 6 題相似的情況，學生在一般認為易犯錯的「偷」、「愉」形近字上表現優異，通過率相當高，這可說明教師的教學有一定的成果。是否因為學生的認字能力優於寫字能力，值得進一步探討。

8.（③）下列哪一個「　」中的字音寫成國字後，與其他三個<u>不同</u>？

①住家附「ㄐㄧㄣˋ」　　　②靠「ㄐㄧㄣˋ」學校

③「ㄐㄧㄣˋ」入教室　　　④「ㄐㄧㄣˋ」視眼鏡

答對率%	鑑別度	答① %	答② %	答③ %	答④ %
72.15	0.25	4.37	2.59	72.15	20.2

【識字與寫字能力】、【字形】、【辨認字形--同音字辨識】、【D 2-1-1-1】、【理解】

說明：（1）本題通過率 72%，鑑別度 0.25。預試時的通過率 57%，鑑別度 0.38，鑑別度相當高，北縣學生表現明顯優於預試對象。

（2）本題主要評量同音字辨識。「進」與「近」是學生易犯的錯誤，學生學習過程中有許多情境可以辨識，但是仍常出現錯誤。其中選答第 4 選項的學生高達 20%，不論學生將「ㄐㄧㄣˋ」視眼鏡視為「進」或「近」，均顯示學生對這兩個字混淆不清。

9.（④）下面哪一個字的部首，和其他字的部首<u>不同</u>？

①李　　②梨　　③樹　　④封

答對率%	鑑別度	答① %	答② %	答③ %	答④ %
94	0.08	2.43	1.55	1.31	94

【識字與寫字能力】、【字形】、【分辨部首】、【D-2-3】、【理解】

說明：（1）本題通過率94%，鑑別度偏低，為基本題目。

（2）本題主要評量分辨部首的能力。部首是將漢字裡共通可見的相同偏旁，作為分類漢字的基準。國小學生在識字查字典的同時，就必須對部首有一定程度的瞭解。從本題結果可知，學生對於「木」這個部首的概念多數是清楚的。

10（①）小華查字典，「勉」這個字可以在「力部」幾畫的地方查到？

①7畫　　②8畫　　③9畫　　④10畫

答對率%	鑑別度	答① %	答② %	答③ %	答④ %
51.17	0.27	51.17	16.48	22.38	9.15

【識字與寫字能力】、【字形】、【分辨部首－筆畫】、【D-2-3】、【應用】

說明：（1）本題通過率51%，鑑別度0.27，是本份試題中通過率最低的題目。

（2）本題主要評量學生筆畫的能力。學生在查字典時，除了對部首要有瞭解，對於筆畫也應該要清楚，這樣查字典的效率才會高，速度才會快。相對於教學現場多數老師都會帶領學生進行生字的書空練習，本題的結果值得進一步探討。

（3）以學生答題分佈情形而言，可以嘗試理解學生的思路。選答第2選項的16%學生，對於第5筆畫的一撇是同一筆畫明顯不清楚，所以誤答；選答第3選項的22%學生，對於第5筆畫的一撇是同一筆畫，是了解的，但是照平常書空時算字的總筆畫，而不是查字典時算扣除部首之外的筆畫數；選答第4選項的9%學生，則同時犯了兩個錯誤。

（4）本題通過率雖然偏低，只是提醒教師平日教學中對於查字典的方式可以適時指導學生，實在不必因此增加生字教學的時間。

11. （①）「學校成立了合唱□排球□扯鈴□共十個社團。」□裡的標點符號，依
照順序填入哪一個最適當？

①、、……　　②、、、　　③，，，　　④，，……

答對率%	鑑別度	答① %	答② %	答③ %	答④ %
69.71	0.27	69.71	26.14	1.57	1.99

【寫作能力】、【文法修辭】、【標點符號】、【F 2-7-1-1】、【應用】

說明：（1）本題通過率 69%，鑑別度 0.27，是不錯的題目。

（2）本題主要評量學生運用標點符號的能力。值得探討的是有高達 26%
的學生選答第 2 選項，一方面可能因為學生沒有完整理解文意，注意
到學校共十個社團，另一方面可以判斷，學生對於頓號的使用能力不
錯，但是對於刪節號的使用是不熟悉的。

12. （④）要表達「哥哥告訴弟弟，媽媽出去買菜了」這個意思，下面哪一個寫
法是正確的？

①哥哥、弟弟、媽媽出去買菜了。

②哥哥，弟弟，媽媽出去買菜了。

③哥哥：「弟弟、媽媽，出去買菜了。」

④哥哥：「弟弟，媽媽出去買菜了。」

答對率%	鑑別度	答① %	答② %	答③ %	答④ %
89.08	0.15	3.41	2.35	4.54	89.08

【寫作能力】、【文法修辭】、【標點符號】、【F 2-7-1-1】、【應用】

說明：（1）本題通過率 89%，鑑別度 0.15，預試時的通過率 69%，鑑別度 0.32，
鑑別度相當高，北縣的學生表現明顯優於預試對象。

（2）本題主要評量學生運用標點符號的能力。口語表達時可以透過聲音的
停頓與重音區分意義，文字表達時，標點符號的正確使用，對於意義
的傳達就顯得非常重要。從本題可以判斷，學生對於文意的理解正確

率很高，對於冒號、引號、逗號的使用正確率高，對於頓號的判斷，也有不錯的表現。

13.（①）「妹妹太瘦了，一陣風就能把她吹到天上去。」這句話用誇張的方法，把妹妹的外型描寫得很生動。下面哪一個句子，也用了同樣的寫作技巧？

①他打呼的聲音很大，連一百公里以外的人都聽得見。

②歡樂的時光過得特別快，三天的旅行就這樣結束了。

③什麼是合作？就是大家共同努力，把一件事情做好。

④春天到了，花園裡蜜蜂飛來飛去，忙著到處採花蜜。

答對率%	鑑別度	答① %	答② %	答③ %	答④ %
93.45	0.11	93.45	2.08	1.48	2.38

【寫作能力】、【文法修辭】、【修辭技巧】、【F2-8-2-1】、【應用】

說明：（1）本題通過率93%，鑑別度0.11。

（2）本題主要評量學生對於修辭技巧的理解。修辭技巧能提高文章的美感與表達內容的生動，但對於修辭技巧，學生只要懂得運用與欣賞即可，並不強調記憶修辭格的理論。本題試著用舉例的方式讓學生學會欣賞與應用，是不錯的命題方式，學生也有不錯的表現。

14.（③）胖虎笑小夫說：「你瘦得像竹竿一樣。」胖虎把小夫的身材比喻成竹竿，請問下面哪一句話，也用了同樣的寫作技巧？

①一陣強風吹過來，吹彎了小草兒的身子。

②我羨慕他！我羨慕他！羨慕他考第一名。

③兇惡的盜匪如魔鬼一般，令人心驚膽跳。

④竹葉在風中，發出「伊伊呀呀」的聲音。

答對率%	鑑別度	答① %	答② %	答③ %	答④ %
69.67	0.31	22.5	1.95	69.67	5.13

【寫作能力】、【文法修辭】、【修辭技巧】、【F2-8-2-1】、【應用】

說明：（1）本題通過率 69%，鑑別度 0.31。

（2）與 13 題相同，本題主要評量學生對於修辭技巧的理解。值得探討的是，同類型的題目，學生表現卻有相當大的差異。22%的學生選擇第 1 個選項，應該跟學生對題幹中的例句不太理解有關。例句中運用了譬喻和誇飾，但是第 1 個選項運用的是轉化。從這個角度來看，命題時或許可以將題幹中的「比喻」劃上底線，以作為提醒。

15.（②）甲：「愛唱歌的鳥兒」

乙：「藍色的小河裡」

丙：「住著游來游去的魚蝦」

丁：「在樹上有個舒服的家」

依照順序重組句子，下列哪一個選項最適當？

①丙甲乙丁　　②甲丁乙丙　　③乙丁丙甲　　④丙甲丁乙

答對率%	鑑別度	答① %	答② %	答③ %	答④ %
93.06	0.09	1.41	93.06	3.61	1.12

【寫作能力】、【詞義句型】、【組織句子】、【F2-2-1-1】、【分析】

說明：（1）本題通過率 93%，鑑別度 0.09。

（2）本題主要評量學生組織句子的能力。從結果可以判斷，對於組織句子，學生表現不錯。

16.（①）「哥哥□□常常運動，□□變得很強壯。」句子中□□應該填入哪一組詞，才能使句子既通順又合理？

①因為……所以……　　②雖然……可是……

③為了……就要……　　④即使……也要……

答對率%	鑑別度	答① %	答② %	答③ %	答④ %
94.71	0.08	94.71	1.3	1.26	2.15

　　　【寫作能力】、【詞義句型】、【組織句子─關連詞】、【F2-2-1-1】、【應用】

說明：（1）本題通過率94%，鑑別度0.08。

　　　　（2）本題主要評量學生關連詞的能力。從結果可以判斷，對於文意理解與
　　　　　　　關連詞的運用，學生表現不錯。

17.（②）要表示「小明是數學高手」及「小明是游泳健將」，下面哪一個選項的
　　　　意思最接近？

　　　　①小明雖然是數學高手，但是個游泳健將。

　　　　②小明不但是數學高手，而且是游泳健將。

　　　　③因為小明是數學高手，所以是游泳健將。

　　　　④如果小明是數學高手，就會是游泳健將。

答對率%	鑑別度	答① %	答② %	答③ %	答④ %
92.56	0.10	3.94	92.56	1.49	1.41

　　　【寫作能力】、【詞義句型】、【組織句子─關連詞】、【F2-2-1-1】、【分析】

說明：（1）本題通過率92%，鑑別度0.10。

　　　　（2）與16題相同，本題主要評量學生關連詞的能力。從結果可以判斷，
　　　　　　　對於文意理解與關連詞的運用，學生表現不錯。

18.（③）全班同學都期待校外教學，小英寫下她的心情：「聽到老師宣布下週要
　　　　校外教學，全班同學都□□□□！」這個句子中的□□□□內，選用
　　　　下面哪一個語詞最適當？

　　　　①樂此不疲　②眉來眼去　③眉開眼笑　④面無表情

答對率%	鑑別度	答① %	答② %	答③ %	答④ %
72.84	0.1	23.38	1.97	72.84	1.03

　　　【閱讀能力】、【字詞義】、【詞語應用】、【F2-2-1-1】、【應用】

說明：（1）本題通過率72%，鑑別度0.10。

　　　　（2）本題主要評量學生詞語應用的能力。選擇第1選項的學生高達23%，

可以判斷，學生對於「樂此不疲」的意義及使用，並不是非常恰當。

19.（②）「這裡的景色優美，彷彿置身在一□圖畫中。」□填入哪一個選項最適
　　　當？

　　　①件　　　　②幅　　　　③副　　　　④個。

答對率%	鑑別度	答① %	答② %	答③ %	答④ %
93.87	0.08	0.59	93.87	4.37	0.49

【閱讀能力】、【字詞義】、【量詞】、【F2-2-1-1】、【理解】

說明：（1）本題通過率 93%，鑑別度 0.08，預試時的通過率 73%，鑑別度 0.36，
　　　　鑑別度相當高，北縣的學生表現明顯優於預試對象。

　　（2）本題主要評量學生使用量詞的能力。預試對象有高達 23% 的學生選
　　　　擇第 3 選項，北縣學生對於「幅」用於圖畫的量詞表現不錯，而且沒
　　　　有預試對象將「幅」與「副」混淆的情形。

20.（①）「火車馬上□□開了，怎麼還沒看到他的人影？」這句話中的□□應填
　　　入下列哪一個選項？

　　　①就要　　　②已經　　　③正要　　　④正在

答對率%	鑑別度	答① %	答② %	答③ %	答④ %
95.78	0.06	95.78	1.6	1.43	0.48

【寫作能力】、【句型】、【組織句子—關連詞】、【F2-2-1-1】、【理解】

說明：（1）本題通過率 95%，鑑別度 0.06。

　　（2）本題主要評量學生關連詞的能力，同時可以判斷，學生對於「就要」、
　　　　「已經」、「正要」、「正在」等在時間上的細微差別，有相當的了解，
　　　　不會因此寫成病句。

21.（①）「□□時間不夠，我們只去了花蓮，沒有去臺東。」□□中應填入哪一
　　　個選項？

　　　①由於　　　②所以　　　③因此　　　④於是

答對率%	鑑別度	答① %	答② %	答③ %	答④ %
95.12	0.08	95.12	1.38	1.63	1.37

【寫作能力】、【句型】、【組織句子―關連詞】、【F2-2-1-1】、【理解】

說明：（1）本題通過率 95%，鑑別度 0.08，預試時的通過率 79%，鑑別度 0.37，
鑑別度相當高，北縣的學生表現明顯優於預試對象。

（2）本題主要評量學生關連詞的能力。從結果可以判斷，對於文意理解與
關連詞的運用，學生表現不錯。

22.（④）「書桌上放著紅色、黃色、藍色、方形等各種顏色的色紙。」應刪除哪
一個語詞，這個句子才會更通順合理？

①紅色　　②黃色　　③藍色　　④方形

答對率%	鑑別度	答① %	答② %	答③ %	答④ %
95.15	0.08	1.06	1.81	1.33	95.15

【寫作能力】、【句型】、【修改病句】、【F2-5-1-1】、【分析】

說明：（1）本題通過率 95%，鑑別度 0.08。

（2）本題主要評量學生修改病句的能力。從結果可以判斷，學生對於文意
理解與顏色和形狀混淆的病句修改，表現不錯。

23.（②）「我用了整整兩個小時左右，才寫完今天的功課。」應刪除哪一個語詞，
這個句子才會更通順合理？

①用了　　②左右　　③今天　　④兩個

答對率%	鑑別度	答① %	答② %	答③ %	答④ %
83.15	0.20	11.37	83.15	3.93	0.99

【寫作能力】、【句型】、【修改病句】、【F2-5-1-1】、【分析】

說明：（1）本題通過率 83%，鑑別度 0.20。

（2）本題主要評量學生修改病句的能力。從結果可以判斷，選答第 1 選項

的 11%學生，對於「整整」、「左右」兩個形容時間的副詞既重複又衝突，並不清楚。

24.（④）下列哪一個句子最通順合理？

　　　　①家裡很安靜，沒有任何人在家，只有哥哥在睡覺。

　　　　②家裡很安靜，所有人都出去了，只有哥哥在睡覺。

　　　　③家裡很安靜，所有人都出去了，除了哥哥在睡覺。

　　　　④家裡很安靜，除了哥哥在睡覺，沒有其他人在家。

答對率%	鑑別度	答① %	答② %	答③ %	答④ %
71.82	0.17	7.51	11.33	8.66	71.82

【寫作能力】、【句型】、【修改病句】、【F2-5-1-1】、【分析】

說明：（1）本題通過率 71%，鑑別度 0.17。

　　　（2）本題主要評量學生修改病句的能力。從結果可以判斷，選答第 1、第 2、第 3 選項的學生，對於句子前後矛盾的地方，並不清楚。

※ 閱讀短文後，請回答第 25、26、27 題

　　李阿德小學五年級那年，有一回在家裡偷偷做實驗，不小心弄壞了父親心愛的器材。父親一氣之下，打了他一個耳光，從此他就失聰了。

　　李阿德不但沒有因為失聰而灰心喪志，反而不斷勉勵自己：「我不會再因為聽到閒話而生氣，也不會因為聽到讚美而驕傲。」

　　多年後有一天，李阿德的實驗室失火，幾乎毀掉了他長期辛苦的研究成果。然而，卻沒有人看到他呼天搶地，捶胸頓足，他反而更堅定的說：「大火燒掉了我過去的錯誤，我將重新出發，走上正確之路。」

25.（②）看完這篇短文，如果要定一個題目為：「□□□□的李阿德」，其中最適合的是哪一個語詞？

　　　①粗心大意　　②樂觀進取　　③禍不單行　　④灰心喪志

答對率%	鑑別度	答① %	答② %	答③ %	答④ %
73.39	0.32	6.93	73.39	6.96	12.01

【閱讀能力】、【閱讀理解解釋歷程】、【掌握主旨】、【E2-3-2-1】、【分析】

說明：（1）本題通過率 73%，鑑別度 0.32，高低分組的學生有明顯差異。

　　　（2）本題主要評量學生閱讀理解中掌握主旨的能力。從結果可以判斷，選答第 1、第 3、第 4 選項的學生，對於文意的理解、主旨的掌握表現欠佳。

26.（①）故事裡的「失聰」是什麼意思？

　　　①聽不清楚　　②不夠聰明　　③說不明白　　④看不清楚

答對率%	鑑別度	答① ％	答② ％	答③ ％	答④ ％
69.88	0.24	69.88	20.22	4.36	4.7

【閱讀能力】、【閱讀理解直接歷程】、【歸納推論要點】、【E 2-5-3-1】、【分析】

說明：（1）本題通過率 69%，鑑別度 0.24，高低分組的學生有明顯差異。

　　　（2）本題主要評量學生閱讀理解中歸納推論要點的能力。從結果可以判斷，選答第 2 選項的 20% 學生，對於從前後文中理解「失聰」這個詞的意義，缺乏歸納推論的能力。

27.（④）根據文章中的敘述，可以推論李阿德最有可能從事什麼工作？

　　　①音樂家　　②消防員　　③演說家　　④科學家

答對率%	鑑別度	答① ％	答② ％	答③ ％	答④ ％
93.84	0.10	1.08	2.82	1.54	93.84

【閱讀能力】、【閱讀理解直接歷程】、【歸納推論要點】、【E 2-5-3-1】、【分析】

說明：（1）本題通過率 93%，鑑別度 0.10。

　　　（2）本題主要評量學生閱讀理解中歸納推論要點的能力。從結果可以判斷，多數學生可以從文章中的線索，歸納推論出主角最有可能是科學家。

※ 閱讀短文後，請回答第 28、29、30 題

　　H1N1 新型流感傳染途徑，主要是透過飛沫傳染與接觸傳染，一般成人在症

狀出現前一天到發病後七天，均有傳染性，但對於生病較久之病患，也不能排除在發病期間，繼續散播病毒。另外，兒童病例的可傳染期通常較成人病例長。

人類感染 H1N1 新型流感的症狀和季節性流感類似，包括：發燒、咳嗽、喉嚨痛、全身酸痛、頭痛、寒顫與疲勞，有些病例還會出現腹瀉、嘔吐症狀。不管是哪一型流感，身體健康的人得了流感，最重要的就是留在家裡休息，多喝水。假使出現呼吸困難、胸痛、胸悶、持續性嘔吐、腹瀉以及嘴唇發青，就應該趕快就醫。

個人平時的預防措施，首先要遠離感染來源，避免前往 H1N1 新型流感發生地區；其次是注意個人衛生，勤洗手，養成良好衛生習慣；第三是注意個人保健，有規律的運動和均衡的飲食。

（節錄改寫自教育部 H1N1 新型流感防疫專區）

28.（④）這篇文章中，<u>沒有</u>提到哪一項有關 H1N1 新型流感的重點？

　　①傳染途徑　　②發病症狀　　③預防措施　　④治療方式

答對率%	鑑別度	答① %	答② %	答③ %	答④ %
78.89	0.24	8.84	4.15	7.29	78.89

【閱讀能力】、【閱讀理解直接歷程】、【直接提取訊息】、【E 2-5-3-1】、【理解】

說明：（1）本題通過率 78%，鑑別度 0.24，高低分組的學生有明顯差異。

　　　（2）本題主要評量學生閱讀理解中直接提取訊息的能力。從結果可以判斷，學生閱讀文本時，掌握文章細節的能力，高低分組學生是有差異的。

29.（③）張叔叔經醫師證明感染了新型流感，下面哪一個<u>最不可能</u>是他感染的途徑？

　　　①和新型流感病人握手　　②摸到新型流感病人的口鼻分泌物
　　　③吃到已經過期的食品　　④到過 H1N1 新型流感發生的地區

答對率%	鑑別度	答① %	答② %	答③ %	答④ %
84.13	0.20	4.82	5.11	84.13	5.32

【閱讀能力】、【閱讀理解直接歷程】、【歸納推論要點】、【E 2-5-3-1】、【分析】
說明：（1）本題通過率 84%，鑑別度 0.20，高低分組的學生有明顯差異。

　　　（2）本題主要評量學生閱讀理解中歸納推論要點的能力。從結果可以判斷，多數學生可以從文章中的線索，歸納推論出主角最不可能的感染途徑。

30.（③）這篇文章中，有關 H1N1 新型流感的敘述，哪一項是正確的？

　　　　①H1N1 症狀發病七天，就不再具有傳染性

　　　　②成人病例通常比兒童病例的傳染期還長

　　　　③遠離感染來源、注意個人衛生保健就可以預防 H1N1

　　　　④出現發燒、咳嗽、全身酸痛等症狀就是感染了 H1N1

答對率%	鑑別度	答① %	答② %	答③ %	答④ %
69.36	0.21	6.46	7.06	69.36	16.36

【閱讀能力】、【閱讀理解直接歷程】、【直接提取訊息】、【E 2-5-3-1】、【理解】
說明：（1）本題通過率 69%，鑑別度 0.21，高低分組的學生有明顯差異。

　　　（2）本題主要評量學生閱讀理解中直接提取訊息的能力。從結果可以判斷，學生閱讀文本時，掌握文章細節的能力，高低分組學生是有差異的。

※閱讀短文後，請回答第 31、32、33 題

　　蘇東坡才華洋溢，是宋代知名的文學家。佛印禪師是他的好朋友，平日二人在佛學、文學上經常相互切磋，交換心得，但每次總是佛印禪師略佔上風。

　　有一次，兩人正在打坐，蘇東坡一時心血來潮，說：「佛印，佛印，你看我現在的姿勢像什麼？」佛印禪師說：「像一尊佛。」蘇東坡聽完志得意滿。此時，佛印禪師反問蘇東坡：「那你看我的坐姿像什麼？」蘇東坡平時總是占不到便宜，好不容易逮到這個機會，立刻得意的回答：「你看起來像一堆牛糞！」佛印禪師微微一笑，雙手合十，只說聲：「阿彌陀佛！」

　　蘇東坡回家後，洋洋自得的向妹妹炫耀。蘇小妹聽完，很不以為然的說：「哥

哥，其實你才是真正的輸家！佛印禪師心中有佛，所以看你就像是一尊佛；而你心中只有牛糞，才會看佛印禪師像一堆牛糞啊！」

蘇東坡這才明白：修行不應逞口舌之快，更不是在語言上針鋒相對。

31.（④）蘇東坡對於佛印禪師平時總是略佔上風，他有什樣的表現？

　　①不再往來　　②佩服萬分　　③虛心接受　　④不太服氣

答對率%	鑑別度	答① %	答② %	答③ %	答④ %
65.26	0.33	2.35	17.85	12.8	65.26

【閱讀能力】、【閱讀理解解釋歷程】、【詮釋句義段義】、【E2-7-4-2】、【分析】

說明：（1）本題通過率 65%，鑑別度 0.33，預試時的通過率 50%，鑑別度 0.35，鑑別度均相當高，但北縣的學生表現明顯優於預試對象。

　　　（2）本題主要評量學生閱讀理解中詮釋句義段義的能力。從結果可以判斷，學生閱讀文本時，對於句義段義的詮釋，高低分組的學生有明顯差異。

32.（③）佛印禪師對於蘇東坡的嘲笑，為什麼只是微笑的說聲「阿彌陀佛」？

　　①根本沒聽清楚　　　　　②承認他像牛糞

　　③因為心中有佛　　　　　④勉強接受批評

答對率%	鑑別度	答① %	答② %	答③ %	答④ %
82.97	0.23	1.92	8.92	82.97	4.59

【閱讀能力】、【閱讀理解直接歷程】、【直接提取訊息】、【E 2-5-3-1】、【理解】

說明：（1）本題通過率 82%，鑑別度 0.23，高低分組的學生有明顯差異。

　　　（2）本題主要評量學生閱讀理解中直接提取訊息的能力。從結果可以判斷，學生閱讀文本時，直接提取訊息的能力不錯。

33.（④）根據文章的敘述，蘇東坡聽完蘇小妹的說法後，他的表現如何？

　　　①不以為然　　②滿懷得意　　③堅持己見　　④恍然大悟

答對率%	鑑別度	答① %	答② %	答③ %	答④ %
77.62	0.28	10.98	4.3	5.18	77.62

【閱讀能力】、【閱讀理解解釋歷程】、【詮釋句義段義】、【E2-7-4-2】、【分析】

說明：（1）本題通過率 77%，鑑別度 0.28，高低分組的學生有明顯差異。

　　　（2）本題主要評量學生閱讀理解中詮釋句義段義的能力。從結果可以判
　　　　　斷，選答第 1、第 2、第 3 選項的 22% 學生詮釋句義段義有誤。

※閱讀短文後，請回答第 34、35、36 題

　　自然界中，動物為了各種不同的目的，往往發揮模仿的能力，成了變身高手。牠們身體的外形、斑紋幾乎跟其他動物或周圍的環境一樣，這種變身術就稱為「擬態」。

　　擬態的目的分為三種：

　　第一種擬態，是為了藏身。弱小動物做出擬態，隱藏在四週的環境中，降低被天敵發現的機會。例如：尺蠖靜止不動時，樣子像樹枝；枯葉蝶模擬枯葉混雜在葉片中，簡直惟妙惟肖。

　　第二種擬態，是為了嚇走對方。有些昆蟲有毒或味道不好，牠們的體色比較鮮豔，獵食者容易記住。其他種類就模仿牠的形態和色彩，讓天敵誤認而不去捕殺牠們。

　　第三種擬態，是為了捕食。這些獵食者模仿其他生物，讓獵物失去警覺性，更容易捕捉。例如：花螳螂模仿花以及葉片，引誘食蜜或食葉昆蟲誤認而靠近。

34.（③）動物變身是指他們的什麼和其他動物或周圍的環境一樣？

　　　　　①狩獵的技巧　　②築巢的方式　　③外形和斑紋　　④藏身的地點

答對率%	鑑別度	答① %	答② %	答③ %	答④ %
68.69	0.27	7.09	2.68	68.69	19.38

【閱讀能力】、【閱讀理解直接歷程】、【直接提取訊息】、【E 2-5-3-1】、【理解】

說明：（1）本題通過率 68%，鑑別度 0.27，高低分組的學生有明顯差異。

　　　（2）本題主要評量學生閱讀理解中直接提取訊息的能力。從結果可以判

斷，超過 30%的學生，在本題中直接提取訊息的能力欠佳。

35.（①）下列哪一種變身方式，目的是為了「捕食」？

①花螳螂模仿花朵以及葉片　　②尺蠖靜止不動時，裝作樹枝

③綠色蚱蜢在綠色的草地上　　④枯葉蝶像枯葉混雜在葉片中

答對率%	鑑別度	答① %	答② %	答③ %	答④ %
81.53	0.24	81.53	6.35	5.36	4.27

【閱讀能力】、【閱讀理解直接歷程】、【直接提取訊息】、【E 2-5-3-1】、【理解】

說明：（1）本題通過率 81%，鑑別度 0.24，高低分組的學生有明顯差異。

　　　（2）本題主要評量學生閱讀理解中直接提取訊息的能力。從結果可以判
　　　　　斷，將近 20%的學生，在本題中直接提取訊息的能力欠佳。

36.（④）根據文章的內容，請問「本身沒有防衛能力的食蚜蠅，模仿具有螫針
　　　　　的蜂類」，這種變身的目的是什麼？

①為了藏身　　　②為了求偶　　　③為了捕食　　　④嚇走對方

答對率%	鑑別度	答① %	答② %	答③ %	答④ %
65.04	0.30	15.69	3.7	12.67	65.04

【閱讀能力】、【閱讀理解直接歷程】、【歸納推論要點】、【E 2-5-3-1】、【分析】

說明：（1）本題通過率 65%，鑑別度 0.30，高低分組的學生有明顯差異。

　　　（2）本題主要評量學生閱讀理解中歸納推論要點的能力。除了理解文本之
　　　　　外，本題尚需從題幹中所舉的例子推論出是文本中三種變身方式的哪
　　　　　一種，難度是較高的。從結果可以判斷， 35%左右的學生，在本題
　　　　　中的表現欠佳。

肆、研究結果與討論

　　綜合以上分析，可以獲致以下結果：

一、本檢測之 Cronbach' s Alpha 係數值為 0.919，顯示測驗結果信度高，測驗題目內部一致性高。

二、本縣檢測目的在於瞭解學生學習與引導教師教學，並不同於基測重在篩選學生，同時考量到學生做答信心與教師教學士氣，題目屬於中間偏易，也不刻意追求試題的高鑑別度。事後分析時，部分題目因屬基本題，通過率較高，鑑別度的確並不理想。綜觀整份試卷，36 題中平均通過題數為 29.65 題，平均通過率為 82.35%。以檢測內容所包括國語文領域中的四項能力表現，其中注音符號應用能力通過率為 87.12%，識字與寫字能力通過率為 81.17%，閱讀能力通過率為 76.95%，寫作能力通過率為 86.93%。閱讀能力通過率相對而言較不理想，這個結果似乎可以呼應 PIRLS2006 的結果，值得教學上多做探討。

三、閱讀能力中分為字詞義及閱讀理解兩部分。其中字詞義 2 題的平均通過率為 83.35%，閱讀理解 12 題的平均通過率為 75.88%。而閱讀理解 12 題中仿照 PIRLS2006 閱讀理解層次分類，直接歷程 9 題平均通過率為 77.14%，解釋歷程 3 題平均通過率為 72.09%。由此可知，閱讀教學中運用策略進行內容深究，是整體語文教學中需要特別重視的部分，值得教師教學時的參考。

四、一般而言，生字語詞的教學時間佔了整體國語文教學中相當大的比重，相較於學生表現，也得到進一步驗證。然而，檢測注音符號應用能力的第 4 題、識字與寫字能力的第 8、10 題，學生通過率雖不高，但是鑑別度都達到良好的水準，尤其第 10 題關於筆畫的題目，可以判斷是因為學生對於查字典的方式不清楚所致。寫作能力方面，學生有三分之二的題目通過率超過九成，表示在文法、修辭等作文能力的認知部分，學生表現優良。至於閱讀能力的表現，則是檢測的四大能力中最弱的，除了第 27 題 93% 的通過率，鑑別度 0.1 之外，其餘題目鑑別度均在 0.2 以上，顯示閱讀能力的差異確實存在，高、低分組學生的表現落差值得重視。

五、在 Bloom 認知歷程向度方面，學生在記憶向度的表現最佳，在應用、分析、理解的向度表現相形之下較差，尤其在應用向度的題目，表現更值得關注。

伍、建　議

一、教育局方面方面

（一）持續加強題庫建置，提供穩定有效的優良試題。

基於瞭解學生國語文學習情形與鼓勵教師教學的目的，檢測題目難度普遍為中間偏易，而穩定有效的優良試題有助於達成檢測的目的。

（二）提供檢測回饋機制，提供教師完整的檢測結果。

評量的目的在改善教學，唯有教師充分理解檢測結果，針對試題內容與學生表現作檢討，才能真正有益於教學。

（三）辦理相關教師研習，提升教師提問與命題知能。

北縣已訂定「提升學生國語文能力中程計畫」，持續辦理研習，提升教師提問技巧與命題知能，將有助於提升學生整體的語文素養。

（四）建立長期資料庫，掌握學生國語文學習表現。

定期且長期的追蹤，可以掌握全縣學生的國語文能力學習表現；長期性的研究分析，也可較清楚掌握表現落後地區的學生，給予必要的關注。

二、學校教學方面

（一）採取有效策略，營造優質環境，提升教學效能。

改變傳統的教學方法，教學時要兼顧字詞解碼與篇章理解，重視培養學生運用策略的技能。

（二）鼓勵學生閱讀，重視閱讀理解，引導學生討論。

引導教師建立閱讀教學以培養學生閱讀興趣、理解能力為首的共識，引導學生多做討論，深入探討。

（三）落實語文教學，重視提問技巧，引發學生思考。

加強「綜合解釋篇章、評價內容及形式」等解釋歷程的教學，善用提問技巧，引導學生進行較高層次的思考。

（四）調整評量方式，融入多元類型，深化學習內涵。

避免過於偏重生字語詞及過於偏重字面明顯意義的評量，透過多元的命題

　　方式與有深度的題目，深化學生語文學習的內涵。

三、本次檢測方面

（一）增加檢測題目的題型類別

　　受限於紙筆測驗，本次檢測為包含口語表達能力的「聆聽」與「說話」能力，可以克服技術困難，嘗試增加聽力理解的題目。

（二）調整難易題目的題數分配

　　因應不同檢測目的，試題難度屬於中間偏易，然而，難易題目的題數分配，可以略做調整，以發揮檢測發現學生學習困難的功能。

（三）優化檢測題目的內容編製

　　優良試題的選項具有誘答力，能提高題目的鑑別度，發現學生的學習困難，優化題目的內容，可以提升檢測品質，供教師教學及命題時參考。

參考文獻

余民寧（2002）。教育測驗與評量：成就測驗與教學評量。臺北市：心理。

李坤崇（2004）。修訂 Bloom 認知分類及命題實例。教育研究月刊，122，99-127。

林冬菊（2009）。臺北縣 97 學年度國小學生本國語文第二階段能力檢測結果分析報告。臺北縣：未出版。

孫劍秋、蔡婉君（2008）。臺北縣 96 年度國小學生本國語文第二階段能力檢測結果分析報告。臺北縣：未出版。

孫劍秋（2006）。臺北縣 95 學年度國小學生本國語文第二階段能力檢測結果分析報告。臺北縣：未出版。

郭生玉（2004）。教育測驗與評量。臺北縣：精華。

葉連祺、林淑萍（2003）。布魯姆認知領域教育目標分類修訂版之探討。教育研究月刊，105，94-106。

教育部（2003）。國民中小學九年一貫課程綱要語文學習領域。臺北市：教育部。

197

教育部（2005）。九十五年國民中學學生寫作測驗試辦實施方案。

一個關於評量的夢
——發展以學生學習為本位的國語文評量系統

蔡藍儐*、高介仁*

摘　要

　　本文旨在說明「縣/市」與「學校」層級的國語文評量系統的規劃實踐的歷程與成果。

　　首先從確認教育評量的特殊性與內容、課綱層次論述與利害關係人的權利與義務確認評量實施的合理性，

　　接著透過教學評量的理論與參照架構的相關理論與國內外教育評量發展趨勢說明宜蘭縣級評量如何從促進評量利害關係人學生的學習權益出發，發展出支援教學的評量系統。

　　最後則以學校月考考卷為例，具體說明縣級評量對學校層級評量的影響。

關鍵字：國語文、國語文評量、學生學習本位

壹、前　言

　　宜蘭縣教育處/局於民國 91 年起迄今辦理縣市層級能力檢測，並於民國 95 年起迄今辦理段考優良試卷評選活動，企圖結合縣市與學校層級評量更具體呈現教學與課程的部分問題，並進而展開「考試領導教學」~發展以學生學習為本位的國語文評量系統的另一種思維（蔡藍儐，2005）。

　　無可諱言，評量除了為學生目前的成就狀態與進展，以及教育品質提供重要的相關訊息外，更期待能藉由這些訊息釐清教育舉措的優先順序，以作為教育改

---

*宜蘭縣國教輔導團、國立東華大學國民教育研究所、宜蘭縣公正國小老師
*宜蘭縣成功國小主任

革的一種機制（鄒慧英譯，2004）。另外透過評量目的描述，也在說明該評量機制獨特的教育哲學、對社區及學校價值觀的了解，以及如何看待認知科學對學習的觀點（王前龍等人譯，2006）。

　　承上，本文將說明宜蘭縣級評量，如何從促進評量利害關係人學生的學習權益出發，發展出支援教學的評量系統。

貳、建構學生學習成就與教學評量的關係

一、教育評量的特殊性與內容

　　若要釐清教育評量與其它領域評量的差異，那麼首先就必須對教育評量的本質有基本的認識，首先教育最主要的目的在於人的成長，不能夠在評量後像企業界一樣為了市場擇優汰劣甚至選擇成員，換句話說也就是：「教育的終極目的是人」，因此必須秉持著有教無類因材施教的原則，不放棄任何的受教對象，以保障學生的權益。

　　其次正如 Burner 所提到的關於教育的功能到底是在啟發個體的潛能還是進一步身化文化複製呢？過度的注重個體潛能的開發和自由，則社會將無所謂的規範，會有瓦解的危機。但是規格化的教育，則無疑在進行文化複製，而導致社會進步的停滯（宋文里，2001）。因此複雜的教育的目，是難以建立標準化和規格化的。

　　另外影響教育的因素複雜，一致性的目標罔顧個別發展與需求，畢竟教育的場域面對的是活生生有個別差異的個體，包括學生個體的先天潛能和後天育成環境，因此任何單一的變因是無法說明、預測和解釋教育的事件。而教育是百年樹人的工作，所謂的立竿見影是不可能的，因此，「教育」符合國際品質系統標準中對「特殊製程」的定義，也因此信、效度備受爭議。

　　最後身為被評量客體之一的教師，習慣評量學生，卻不習慣被看、被評量，也就是說「教育專業」的說詞成為教師的保護色。

　　教育評量的對象可能是人，也可能是事和物，正如 Dorr-Bremme（1985）所

下的結論：教育評量的客體包括方案、課程、計畫、班級、教職員或學校整體等（引自郭昭佑，2007）。

但是考慮到教育評量的複雜性時，可發現目前試辦教師專業發展評量實施計畫在試行中如履薄冰，謹慎以對，因此教育評量內容目前包括：課程設計與教學、班級經營與輔導、研究發展與進修、敬業精神及態度（教育部，2008c）四個向度，排除績效責任——強調績效表現，隱含責任承負的敘述與規定。

但是就評量內容發展的整全性而言，學生學習成就正是教育評量中，無可迴避的客體，而評量客體的釐清是任何評量設計與發展的重要部分，因此評量內容向度應該基於真實教育脈絡而納入考量。

二、從課綱層次論述合理性

教育評量是有系統、有步驟的從數量上測量，或從性質上描述兒童的學習過程與結果，據此判斷教育是否達到所期望教育目標的一種手段（霍力岩，2000引自郭昭佑 2007）。

教育評量的對象與內容，主要是以教育方案或活動為對象，而領域/學科學生的學習成就無疑就是國家教育目標下的具體表徵呈現之一（如圖一）。如果學生學習表現是教育的目標之一、那麼在教師評量中考慮使用學生學習表現作為像度之一，只是合理的作法而已，評量是取得在教學具體目標上的成就證據。（Bloom, 1970 引用自賴麗珍 2006）。

圖 1 國家教育目標與學生學習成就的關係

課程綱要以各學科領域作為教學具體目標的實踐場域，而學生學習成就即為具體教學目標的表徵之一，排除在外即忽略了教育活動內容極重要的成分。

三、利害關係人的權利與義務（人權法案）

學生學習成就表現，為評量學生的主要內容，也是學校層級評量中最常發生的，若以學生學習成就表現為評量教師教學與學校辦學機校的指標之一，則利害關係人，則為教育行政主管機關（縣/市教育局/處）擔任決策者，評量者為縣/市教育局/處所聘任之學者專家擔任、受益者則可能為學生。而學校層級之行政人員與教師可能同時是受益者也是受害者，因此相關人員應該透過參與評量表達意見反映自身利益。但是若從利害關係人的權利和義務關係看來，緊張和對峙的局面是很難避免的（郭昭佑，2007）。

Millman & Darling-Hammond（1989）教師評量的人權法案中，提到家長和社會大眾都有權期望他們的孩子被教育成有能力的人。即使教師評量應符合功利主義「以最多數人的幸福來作決定並採取行動」的主張，但是應該建立在以「人」目的而非手段，所有的人是能夠進行理性的選擇的，人具有同等的價值和權利下進行。

因此就學生學習成就作為教育評量的向度之一來討論時，相關利害關係人，如學校層級的行政人員和教師們應該在結合學生學習成就的評量方法上，解讀與詮釋課程綱要在各領域學科內的具體作為與成果，並在對話論述歷程中，告訴別人我理解到的，我作了什麼以及產生了什麼樣的後果，激發彼此間自我反思的機制，在有限的彈性中，爭取有所作為的空間，突破現有的限制。

參、教學評量的理論與參照架構

施行任何層級評量（國家/縣市/學校/班級），執行者都必須先確認評量的目的，並透過目的的定錨，再對評量的方法/手段，進行進一步的抉擇。以下將簡要介紹影響教學評量的兩大理論與兩個主要的評量參照架構（王前龍等，2006）

一、教學評量的理論

鑑別課堂教學成果的分類方式一直受到兩個系統的影響：Bloom 認知、情意、技能教育目標分類法及 Gagne 學習階層。這兩個系統對學習者評量一直有相當大的影響（王前龍等，2006；葉連祺、林淑萍，2003；鄭圓鈴，2004）。但是

這樣的理論無可避免的受到現場實踐經驗的挑戰：

　　首先，認知領域六個層次並非序階分明，以國語文能力而言，評價一部寫作作品未必比創作分析一部作品，心智嚴密高階，因此在教學上不應因為其序階高低獲得過度的重視或忽視。

　　其次，低層次的熟練才能達到高層次學習的假定未必存在，如，閱讀理解的能力階層應高於識字能力，但實際上的評量結果顯示學生識字能力表現，未必優於閱讀能力表現（宜蘭，2005；宜蘭，2006a；宜蘭，2007）。

　　最後，將行為分成認知、技能、情意，並不代表一個領域的行為和其他領域的行為是互斥的。如，有意識的閱讀策略運用，往往是建立在認知知識基礎之下的技能，因此若將學習成果分成各自獨立的領域，可能無法同時表達多元成果和學習歷程的重要性。

　　而 Gagne 提出學習階層之觀念，為教學設計提供了一由簡單至複雜的機轉；提出累進學習的觀念，其教學為一組經過設計以支持內在的學習歷程的外在事件（盧雪梅編譯，1991）。

　　固然，Bloom 和 Gagne 兩系統建立在教育上的意義在於：澄清學習的意義（透過心智運作的差異，將學習此一抽象的詞彙，化為能夠被掌握的記憶、理解……，等具體心智運作歷程），並且協助我們建立有效的學習者成就的指標，並透過記憶、理解……，等具體心智運作歷程，建立起跨學科領域的學習者成就指標參照架構，以協助我們以能力的觀點，而非學科的知識面去衡量學生的學習，所以這個部分與教改以帶的走的能力為核心，是不謀而合的，也說明國語文評量的雙向細目，為何涵括了國語文內容分析與認知歷程分析兩個部分，因為透過這樣的機制，強調了教學與評量之間連結的重要性（鄭圓鈴，2004）

　　但，無可諱言，如刀之雙刃，Bloom、Gagne 理論主要源自於行為科學傳統的學習理論。而其基本假設在於將人類行為化作操作制約模式，往往不一定可以有效地解釋人類複雜的學習。因此在使用 Bloom、Gagne 理論中，對於其將學習視為連續性、階層化、不在學習者的控制之下的假設，就有斟酌的空間。

　　認知科學的研究則指出，學習者不斷試著要讓他們所學到的訊息有意義，以

及試著發展新的學習及理解,而這並不可能適切的描繪成嚴格的順序和階層。(相同的訊息和經驗,會產生或建構不同的意義),因此在教學現場的實踐經驗,告訴我們學習者的主動性,和背景因素並非可以化成線性的階層順序。

二、教學評量的參照架構

教學評量的兩種參照架構:常模參照(NRT)主要在於說明受測者的相對位置、標準化測驗;而效標參照(CRT)、達到設定標準的程度而非距離平均分數的上下有多遠,在學生學習成就定義部分,以上模式多都採用標準參照測驗,而標準測驗不管是常模參照還是標準參照,無可迴避的就是面對目標的設定的問題,諸如:「這是誰的目標?有沒有倫理上和政治上的考量?誰是既得利益者?……」的問題。

因此就評鑑的目的和工具來說和,可以窺見各模式均企圖在複雜的評鑑目的中,找到彈性空間。

肆、借鑑英、美教育評量發展趨勢

從學生學習成就與教學評鑑關係的發展的歷史淵源作探討時,可發現以英、美為代表的西方國家與我國有著不同的發展趨勢。以下,將先簡述 10 幾年來的英、美與我國的發展趨勢:

一、英、美教育評量發展趨勢

若以教育評量推行有年的英、美兩國,近 10 幾年來的趨勢看來,英國在 1998年,教育改革法案將課程的主導權回歸中央後,其具體作為包括:工黨政府要求實施「績效與薪金掛鉤制度」(Performance Rated Pay〔PRP〕)。依學生考試和測驗的結果,考察教師的教學效度,並獎勵表現優秀的老師,此舉凸顯了績效責任的工具理性取向。(王斌華,2005 引用自張德銳,2006;溫明麗,2004 引自郭昭佑 2007)。

美國部分,布希 2001 年簽署的《有教無類法》(No child left behind act),延續了 1994 年中小學法最後修正案,所揭示的:「體認所有的孩子均有學習能

力,因此各州應為孩子們制訂高的學習標準,據此,中小學教育法案乃從原先對基本學習的重視轉向於督促各州制訂高標準,並要求教育人員需對學生學習進步負起績效之責任」的精神,進而限時要求各州縮短教育績效的差距,對成效不佳的學校提供實質協助,並挹注更多的資源,然而各州對於標準、評量與績效責任未能切實建立,部分原因是聯邦政府始終未對不遵守法規的各州採取行動。(載於 Millman, 1989,p337-351)。

二、國內的教學評量發展現況

國內自 95-97 學年度推動「補助試辦教師專業發展評量實施計畫」,希冀教師專業發展評量成為促進教師專業的重要途徑,藉以協助教師專業成長,增進教師專業素養,提升教學品質,並增進學生學習成果(教育部,2008c)。但鑑衡其評量內容包括:課程設計與教學、班級經營與輔導、研究發展與進修、敬業精神及態度四個層面,卻發現並無學生的學習表現和成效能的面向,張德銳(2006)引用 Danielson 和 McGreal(2000)的研究,指出教師評量規準除了教師表現的過程(inputs)外,宜加入教師表現的結果(outputs),對也就是學生學習表現,但國內的教學評量規準對此不是存而不論,就是簡略帶過(教育部,2008a;張德銳 2006)。

不僅如此,根據教育部(2008b)研商縣市政府辦理學生學習檢測相關事宜第 3 次會議議程決議第六項關於檢測結果之應用指出:「能力檢測所得資料,不作為個別學生補救教學之主要依據,亦不做任何形式之公告,不提供作為評估中小學個別學生學習成果之獎懲及其就讀班級或學校,其個別或團體辦學績效之依據。」,並要求縣市政府不得普測(但 2008 前並無相關規範),直至 2009 因應各縣市現況,才修訂成施測時得採普測或抽測方式辦理。若採普測,每學年每年級檢測科目不得超過三個科目(教育部,2009)。

伍、宜蘭縣縣/市級評量發展

根據國語文領域課程綱要(教育部,2003)國語文學習評量原則中規定「教育部、縣市教育局或學校宜配合評鑑,發展語文基此學力量表,作為自評或辦理

評鑑的依據」，據上所述，綱要之規劃將依評量單位（教育部、縣市教育局或學校）分為三個層級。那三個層級各自評量的目的如何區分，勢必成為三個層級間負責單位的首要工作，茲將宜蘭縣能力檢測發展期程臚列於下：

表 1 宜蘭縣能力檢測發展期程

年度	年級	科目
2003	小二（抽測）	國、數
2006	小一	注音
	小六	國、英、數
2007	小一	注音
	小三	國
	小四	數
	小六	國、英、數
2008	小三	國
	小四	英、數
	小六	國、英、數
2009	小六	國、英、數
2010	小六	國、英、數
2011	中年級	評估中

	小六	國、英、數

　　九年一貫精神是希望培養學生具備十大基此能力，因此如何落實能力此位教學是九年一貫課程綱要實施成敗的關鍵，因此宜蘭縣學生能力檢測在自我定位部分，就以「能力本位的教學」作為評量規劃的核心，資料分析之目的在協助教師進行補救教學，因此報告書中主要呈現的內容是該班學生在國語文領域第一、二階段中屬於認知與技能層面表現情形，主要成果如下：

一、提供補救教學的建議

　　根據施測結果提供相關的具體補救教學建議，提供給現場任教教師教學參考使用（參見：http://140.111.130.130/exam/matn/與附錄一）。

二、致力分項能力題型的開發

　　國語文領域包含六大分項能力，以紙筆測驗實施的現況看來，注音符號應用、識字、閱讀、寫作四項分項能力佔了絕大部分，聆聽和說話兩個分項能力則長期在國語文總結性評量中缺席，然而語文能力發展英兼顧聽、說、讀、寫，因此在歷次學測的命題中，命題團隊結合專家學者的指導下對分項能力進行的命題。

三、評量向度規準建立

　　評量向度的建立，有助於教師實施相關教學與評量活動時，聚焦於重要教學行為。舉例來說，國小各年級階段常見於習作練習、月考評量的造句練習，經常分別造成老師教學和學生學習的困擾。因此開放性試題的批閱向度與標準的發展也是重要的目的（宜蘭縣，2003；宜蘭縣，2007）。

　　測驗的結果，於該年度九月，陸續提出相關的分析報告與補救教學活動建議，資料分析結果，為避免校際間的排名所產生的不良效應，分為整體報

告書與各校報告書兩部分，全縣的整體報告書部份，針對縣與鄉（鎮、市）
的表現做說明。而各校報告書部份，僅提供給該校，該報告書呈現該校所有
受測學生的平均分數與全縣及鄉（鎮、市）級比較，主要重點如下（宜蘭縣，
2005b），並於 2005 年，將所有資料透過網站架設，網頁呈現（附錄一），表
2 簡要說明，因應利害關係人的角色任務和需求，所設定的閱讀權限：

表 2 學力檢測網閱讀對象之權限與內容（詳細界面內容請參照附錄）

分類	權限大小比較	權限下的閱讀內容
系統分類	管理員＞學校系統＞公眾系統	管理員：教育處行政長官（處長、副處長、科長、執行秘書）＝領域管理員＝程式設計師 學校系統：該校、該校班級、該校學生 公眾：全縣、個別學生（需鍵入學生基本資料才能檢索）
公眾系統	學生家長＞一般民眾	一般民眾：無須鍵入任何資料，即可瀏覽全縣學生在小三國語的聆聽、識字、閱讀、寫作的整體表現情況。 學生家長：除上述資料外，若鍵入學生基本資料則能檢索個別學生聆聽、識字、閱讀、寫作的個別表現。
學校系統	校長＝教務/導主任＞班級導師	校長＝教務/導主任：鍵入 eip 帳號密碼即可檢索該校整體與該校各班的表現狀況 班級導師：鍵入 eip 帳號密碼即可檢索該班與班級學生的整體與分項表現狀況
管理系統	教育處行政長官（處長、副處長、科長、執行秘書）＝領域管理員＝程式設計師	管理員：全縣、各校（74 校）、各班（658 班）、個別學生（17495 生） （以上統計數字來源：宜蘭縣教育處國教科 95 學年度之學校基本資料統計表）

透過利害關係人的角色任務和需求，所設定的閱讀權限，評量系統企圖
達成促進學生學業健康、支援教師教學、促進行政評估的目的。

陸、宜蘭學校層級評量發展

學校層級評量的主要目的多用於平常教學活動中隨機檢覈,以發現和診斷學生學習以及教師教學問題,以便隨時調整課程與教學。因此在性質上:學校層級之評量間含總結性以及形成性評量。且因與學生進行最近距離的教學接觸,而可處理教育部層級以及縣市政府層級因為施測時間、評量方式(多元)而難以觸及的部分。

宜蘭縣為進一步結合縣市評量及學校層級評量機制,自民國 95 年起起,迄今在各年度皆辦理國、英、數、自、社領域優良試題甄選活動,具體成果詳參附錄二。

柒、小　結

Madaus(1985)在其「測驗分數及教育政策的管理工具」一文中,肯定了外部評鑑能影響學校生態,並指出透過對測驗分數的酬賞及處罰,測驗轉化為影響課程及教學的強制策略,成為隱含威脅而成功的典型範例(郭昭佑,2007)。

但是,無可諱言,當評量結果變成績效責任的標的時,教學過程的真正目的極可能失焦,因為當教育的權責被一清二楚的截然切分時,許多幽微但重要的訊息就容易被視而不見,進而影響了評量本身的信、效度。

如果可以的話,我們的評量系統是從可行性的角度關係來思考:「從績效責任引導發展改進,從發展改進主動延伸到績效責任」(郭昭佑,2007)。也就是說我們永遠在「績效責任」與「引導發展改進」的兩端之間叩尋、思考、對話,希冀能另闢國語文評量的另一個視角。

參考文獻

王前龍等譯、單文經總校閱,G. D. Borich & M. K. Tombari 原著(2006)。中小學課堂的教學評量(Educational assessment for the elementary and middle school lassroom,2nd ED.)臺北:心理。

余民寧（1998）。教育測驗與評量——成就測驗與教學評量。臺北：心理。

宋文里（2001）。教育的文化。臺北：遠流。

宜蘭縣（2003）。宜蘭縣九十一學年度小二基本學力測驗分析結果報告。

宜蘭縣（2005）。宜蘭縣九十三學年度小六升國一基本學力測驗分析結果報告。

宜蘭縣（2006a）。宜蘭縣九十三學年度小六升國一基本學力測驗分析結果報告。

宜蘭縣（2006b）。宜蘭縣九十五年度國民中小學九年一貫優良試卷評選計畫。

宜蘭縣（2007）。九十六學年度注音檢測報告書。

宜蘭縣（2007）。宜蘭縣九十三學年度小六升國一基本學力測驗分析結果報告。

宜蘭縣（2010）。99年度國民中小學精進教學深化學習評量實施計畫

張德銳（2006）。結合學生學習成果的中小學教師評鑑模式。教育行政與評鑑學
    刊，第二期，59-82。

教育部 (2003)。國民中小學九年一貫課程綱要。臺北：教育部。

教育部（2003）。國民中小學九年一貫課程綱要語文學習領域。臺北：教育部。

教育部（2008a）。教師專業發展評鑑參考規準/指標—現有各版本彙整表。2008
    年1月10日，取自http://tpde.nhcue.edu.tw/showupload.jsp?id=12

教育部（2008b）。研商縣市政府辦理學生學習檢測相關事宜第 3 次會議決議。

教育部（2008c）。教師專業發展評鑑工作參考手冊。臺北：教育部。

教育部（2009）。直轄市縣(市)政府辦理國民中小學學生能力評量檢測注意事項。

郭昭佑（2007）。教育評鑑研究——原罪與解放。臺北：五南。

葉連祺、林淑萍（2003）。布魯姆認知領域教育目標分類修訂版之探討。教育研
    究月刊，105，94-106。

鄒慧英（譯）（2004）。Robert L. Linn, Norman E. Gronlund 著。測驗與評量：在教
    學上的應用（Measurement and Assessment in Teaching）。臺北：洪葉。

蔡藍儐（2005）。宜蘭縣國語文領域學習評量經驗分享及省思，2005 現代教育論壇國語文評量理論與實務的對話 941116，p43-50。

鄭圓鈴（2004）。Bloom 認知領域教育目標在國語文教學與評量的應用。臺北：心理。

盧雪梅編譯（1991）。教學理論—學習心理學取向。臺北：心理。

賴麗珍（譯）（2006）。Pamela D. Tucker & James H. Stronge 著。教師評鑑方法：結合學生學習模式（Linking Teacher Evaluation And Student Learning）。臺北：心理。

Millman & Darling-Hammond（1989）。The New Handbook of Teacher Evaluation: Assessing Elementary and Secondary School Teachers。

附錄一：宜蘭縣學力檢測網內容介紹

一、管理員版網頁內容說明

對象：

行政：教育處處長、副處長、科長執行秘書

技術：領域輔導員、程式設計師

宜蘭縣基本學力檢測網 管理員登入 帳號： 密碼： 登入系統	**宜蘭縣基本學力檢測網** HOT [95登入紀錄查詢] HOT [注音檢測登入查詢] HOT [教師名單維護] 三星鄉 三星國小 大洲國小 大隱國小 萬富國小 憲明國小 大同鄉 大同國小 四季國小 南山國小 寒溪國小 五結鄉 中興國小 五結國小 利澤國小 孝威國小 學進國小 冬山鄉 大進國小 冬山國小 東興國小 武淵國小 柯林國小 順安國小 慈心國小 廣興國小 壯圍鄉 大福國小 中道小學 公館國小 古亭國小 壯圍國小 新南國小 過嶺國小 宜蘭市 力行國小 中山國小 光復國小 育才國小 宜蘭國小 南屏國小 凱旋國小 新生國小 黎明國小
登入頁面鍵入該員之 eip 帳號、密碼	瀏覽權限包含：使用者登錄記錄查詢、開放使用者的閱讀權限、全縣、各校、各班、各生的單項或整體表現

二、學校版網頁內容說明（一）

對象：校長、教務/導主任

左邊圖示為公眾版登入頁面，右邊圖示為學校人員登入頁面（需鍵入 eip 帳號、密碼）。	僅校長、主任可以閱讀全校整體表現及各年段班級之表現。

僅校長、主任可藉圖示中之上表，瞭解該年級特定科目之學校、該鄉鎮、全縣整體學生的平均值差異。 而圖示中之下表瞭解該年級特定科目之學校、該鄉鎮、全縣之表現優良、已達標準、有待加強三類學生所佔的比例分佈。	僅校長、主任可藉圖表對照瞭解學校在聆聽、識字、閱讀、寫作能力與該鄉鎮及全縣的表現比較。

二、學校版網頁內容說明（二）

對象：校長、教務/導主任、班級導師

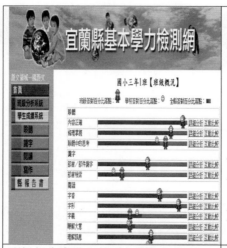

班級報告書登入首頁左欄為架構項目，右欄為分項子能力（第一欄）之班級與學校、全縣表現對照圖（第二欄）。第三欄為詳細分析（說明如右欄第一格）與互動比較（下列兩格）	該子能力之詳細分析包括能力指標、評量要點、題目、全班答對比例、全校答對比例、答對與答錯的學生座號。
可藉鄉鎮（共 12 鄉鎮）、班級規模（6 班含 6 班以下、7-12 班、12 班以上）之互動式選項選取瞭解欲比較之標的物與該班在分項子能力表現的情況詳如：右表、圖	可藉表、圖對照，瞭解該班在該能力在各選項的表現與標的物的比較情況。

二、學校版網頁內容說明（三）

對象：校長、教務/導主任、班級導師

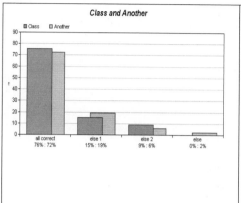

為上頁互動式選項可藉表、圖對照，瞭解該班在該能力在各選項的表現與標的物的比較情況。	該子能力之詳細分析包括能力指標、評量要點、題目、全班答對比例、全校答對比例、答對與答錯的學生座號。
透過矩陣圖，橫列可瞭解個別學生各子分項能力的表現（紅、黃、綠點）與整體表現（星級），直欄可瞭解全班在單一子能力的整體表現情況。	從學生個別成績卡可得知分項能力在試卷結構的配置、分項能力表現級數與對分項能力的文字描述。

三、公眾版（一般民眾、學生家長）網頁內容說明

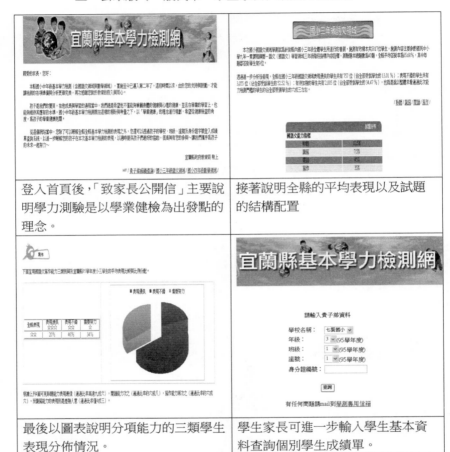

登入首頁後，「致家長公開信」主要說明學力測驗是以學業健檢為出發點的理念。	接著說明全縣的平均表現以及試題的結構配置
最後以圖表說明分項能力的三類學生表現分佈情況。	學生家長可進一步輸入學生基本資料查詢個別學生成績單。

附錄二：宜蘭縣98年度優良試題競賽優選作品分享

　　設計本試卷時，特別著重閱讀理解的部分，原因在於前兩年臺灣學生參加國際閱讀評比 Pirls 成績表現不盡人意，我們即在思考教學與評量是否能融入閱讀理解的精神，於是朝此方向設計試卷，期待以整篇的文章敘述融合國語科應該測驗的題型，其中或許有些牽強的部分，但我們的目的是希望教師與學生能真正重視閱讀理解的重要，也能藉著這一份試卷，真正測驗出學生的能力。

　　　　宜蘭縣九十七學年度第二學期期末評量五年級語文領域試卷

班級：五年　班　座號：　號　姓名：　　　　家長簽名：　　分數：

故事提要：

　　南區警局為訓練員警的辦案能力，特地準備了五個任務，讓員警挑戰自我。請你協助目前破案率最高的英雄突破一道道的難關，成為一名優秀的警員。

【任務一】信件分析

一、改錯：（十二分，找對一個字得一分）

　　在英雄的電子信箱中出現一封恐嚇信件，但錯字連篇，請試著將錯字圈出，並寫出正確的字於下列框框中。

敬愛的警官：

　　月底在南區珠寶展示中心，將有一場勝況空前的發表會，到時現場應該是座無虛習。有一則晴天霹靂的消息要先告知你，發表會當天價值最高的鑽石項鍊【海洋之心】已經在我手中，若不想在場人員遍體鱗傷，請停止收集相關證據。現在你一定相當恐劇，並破不及待要找出我的「潔作」！勸你不要抗下這個重責大任，必竟，像我這樣勵害的人物實在很難對付；你是警界的凍梁，保護好自己的警微，不要丟了工作，我想你的長官會體續你的。

將文中錯字圈起，並寫出正確的字於下面框框中：

二、根據上文協助英雄分析：（十分，每題兩分）

（　）1. 下列哪種情況可以用「晴天霹靂」來形容：
　　　　①意外獲得獎學金　　②穩定的天氣狀況
　　　　③得到眾人的祝福　　④飛機空難事件

（　）2.「遍體鱗傷」的「遍」，與下列詞語中哪個「遍」的字義不相同?
　　　　①滿山「遍」谷　　②閱讀三「遍」

③「遍」地開花　　④哀鴻「遍」野

（　）3. 英雄和搭檔<u>仔仔</u>「不約而同」推敲事件的主謀，應該是鑽石大盜<u>羅蘋</u>。

「不約而同」可用下列哪個詞語來代替？

①不相上下　　②不謀而合

③不期而遇　　④不置可否

（　）4.「分局長下令，開始徹查珠寶展示中心附近徘徊可疑人物。」

「徘徊」可用下列哪個詞語代替？

①逗留　　②經過

③前進　　④離開

（　）5. 雙眼皆<u>炯</u>炯有神的<u>英雄</u>和<u>仔仔</u>，雖然兩人個性<u>迥</u>異，但<u>回</u>想起每次精

彩的辦案過程，總是獲得民眾廣大的<u>迴</u>響。□中的字共有幾種讀音？

①一種　　②兩種　　③三種　　④四種

【任務二】情報解讀

三、填寫國字注音：（十一分，一字一分）

鑽石項鍊【海洋之心】真的消失了!<u>英雄</u>拿到一份可靠的線民口供，但裡面出現許多空格，請你替他填上正確的國字和注音。

首先要向各位刑警大人賠不是，上一次偽鈔案，因為我的疏失，讓警方無法順利破案；這一次我有十足的把握讓整個計畫無懈可擊，絕非歪打正著。

鑽石大盜<u>羅蘋</u>喜歡農耕生活，因此現在隱身在一荒穢之處。【海洋之心】鎖在保險箱中，保險箱的鑰匙藏在一個你我都想不到的地方。目前，不止警方在尋找【海洋之心】，許多歹徒都荷槍實彈，準備爭奪。看在彼此多年的情誼上，我祝福各位能夠完成任務，一切否極泰來。

四、根據上文回答問題：（十二分，每題兩分）

（　）1.「他單刀直入說出嫌疑犯的藏匿位置」，「單刀直入」可用下列哪一詞

語來代替？

①直截了當　　②拐彎抹角　　③閃爍其詞　　④旁敲側擊

（　）2.「為心中的光明奮鬥，為社會正義□□盡瘁，是身為警界一份子的使命。」

句中□□應填入：

①親自　　②希望　　③恭敬　　④鞠躬

（　）3. 下列哪一句詩詞，可以看出農耕生活是辛苦的?

①種豆南山下，草盛豆苗稀　　②晨興理荒穢，帶月荷鋤歸

③道狹草木長，夕露沾我衣　　④衣沾不足惜，但使願無違

（　）4. 上題詩句的作者是?

①<u>杜甫</u>　　②<u>李白</u>　　③<u>陶淵明</u>　　④<u>白居易</u>

（　　）5.文中「荷槍實彈」的「荷」，與下列詞語中的哪個「荷」，字義讀音都
　　　　相同：
　　　　　　　　①「荷」花　　　②薄「荷」
　　　　　　　　③負「荷」　　　④「荷」包蛋
（　　）6.文中「否極泰來」的「否」，字的讀音及意義應該是：
　　　　　　①否，不同意　　　②否，壞、惡
　　　　　　③痞，不同意　　　④痞，壞、惡

【任務三】察言觀色

五、看完下文回答第六頁問題：（六分，每題兩分）

　　鑽石大盜羅蘋行徑一向十分神祕，甚至沒有人清楚他的長相。經過警方連
日在珠寶展示中心的搜查，並沒有發現任何羅蘋所留下的蛛絲馬跡；不過，居住
在附近的居民，卻有人曾多次目擊一位神祕男子出沒於展示中心，英雄認為這位
男子應該就是怪盜羅蘋。以下是三位目擊者的說法：

目擊者甲 x：

　　那位男子身穿黑衣，每次出現都鬼鬼祟祟的，所以我才會特別注意他。年紀
大約四十歲上下，體型適中有些駝背，嘴角旁有顆很明顯的黑痣。

目擊者乙 n：

　　我…我不記得啦!那個人的頭髮…有點白又…不會太白，體型有點胖…又不
會太胖。我…我好像在哪裡見過他幾次。

目擊者丙 e：

　　穿黑衣服的那個陌生男子，我看過好幾次啦!我跟你保證他有點年紀了，雖
然我不認識他，但鐵定是個狠角色，我認為他是在展場的工作人員。對了!警官
你會請我吃東西嗎?
（　　）1.根據第五頁內容，目擊者丙說話給人的感覺，用下列哪一個詞語形容最
　　　　為恰當：
　　　　　　①信口開河　　　②言必有據
　　　　　　③三緘其口　　　④一諾千金
（　　）2.「目擊者乙因為緊張的關係，說話結結巴巴」。這裡的「結」與下列哪
　　　　個「結」讀音相同：
　　　　　　①「結」婚　　　②「結」實
　　　　　　③「結」束　　　④團「結」
3.如果你是英雄，你會較採信哪位目擊者的說詞，為什麼?
六、短語練習：（十二分，每格兩分）

一、得到目擊證人明確的指點，<u>吳英雄</u>果然很快就抓到了嫌疑犯。

  得到（　　　　　　　　　　），（　　　　　　　　）果然

  （　　　　　　　　　　　　　　　　　　　　）。

二、黑衣男子落網之後，淚水就像打開的水龍頭。

  （　　　　　　　　　　　　）之後，（　　　　　　　）就像

  （　　　　　　　　　　　　　　　　　　　　）。

【任務四】找出關鍵

七、依據判斷填入適當的答案：（四分，一格一分）

　　神祕黑衣男子被警方逮捕到案之後，不願透露任何相關訊息，警方也無法判斷他是否就是怪盜<u>羅蘋</u>本人，更無從得知【海洋之心】的下落，特勤小組奉令搜索他家，發現一件可疑T恤，上面有著「葉拓」痕跡。

關於葉拓步驟，請按操作先後順序，在下列選項括弧內填入數字①~④：

（　　）將著色的葉片放在T恤上，輕輕拍打葉片。

（　　）挑選葉脈清晰，外型美觀落葉，洗淨、擦乾。

（　　）在葉背上著色，留意顏料的分量。

（　　）將使用過的葉片洗淨，放回草叢裡。

八、填入適當的字，使成為連貫的詞語：（六分，一格一分）

這件 T 恤被帶回分局，資訊工程師浩克利用電腦圖像分析，發現了如下的線索，請你按直、橫語意順序，推測代號 A~F 的字應該是什麼。

	馬				以			
	到		不	A	思	索		
功	B	身	退		亂			
	C				真			
	國			比		豆		
	D	心	翼	E		F	朽	
			鳥					

A—（　　）B—（　　）C—（　　）D—（　　）E—（　　）F—（　　）

九、寫出謎底（兩分）

根據前頁填字分析，發現灰色框框的詞句似乎就是在告訴我們【海洋之心】的藏匿位置，請問【海洋之心】應該是藏在哪裡？

答：（　　　　　　　　　　　）。

十、造句（九分，一題三分）

請利用下列句型，來形容英雄他們挑戰上述各項任務的情形。

一、每當……從不……

二、假使……不但……而且……

三、……揭開……

終於尋找到【海洋之心】了，英雄將它帶回警局，分局長讚嘆英雄的智慧，目前只剩下最後一個任務，就能成為一名完美的警探，請小朋友繼續協助他完成挑戰！

【任務五】啟示與反思

十一、閱讀測驗（一）：（六分，每題兩分）

請看下列這則成語故事，協助英雄分析相關問題。

曾參殺人

曾參是孔子的學生，向來以孝道著名。有一次，鄉裡有個同姓同名的人殺了人。當時，曾參的母親正在織布，有人跑來告訴她說：「曾參殺了人！」曾母根

本不相信，繼續埋頭織布，並且肯定的回答：「我兒子絕對不可能殺人。」過了一會兒，又有人來告訴<u>曾參</u>的母親說：「你們家<u>曾參</u>殺了人！」曾母依舊不相信，繼續埋頭織布。再過一會兒，又有人來告訴<u>曾母</u>：「<u>曾參</u>殺了人！」曾母聽了之後臉色發白，馬上丟下手邊的工作，驚嚇得跑出去一探究竟。

(　　)1. <u>曾參</u>的母親最後為什麼丟掉手邊的工作，跑了出去？
　　　　　①因為她兒子殺人了　　②相信鄰居所說的話
　　　　　③不想再與人交談　　　④工作太多做不完

(　　)2. 這則故事主要是告訴我們：
　　　　　①流言的可怕　　②要當個孝順的人
　　　　　③別做犯法的事　④遠親不如近鄰

(　　)3. 下列哪一個詞語與「曾參殺人」的意思相同？
　　　　　①言之鑿鑿　　②說長道短
　　　　　③拾人牙慧　　④三人成虎

十二、閱讀測驗（二）：（十分，每題兩分）

　　英雄尋獲【海洋之心】的故事，得到各地民眾熱烈的迴響，特別是○○國小的小朋友們。許多小朋友紛紛寫信給英雄，想要了解各種辦案的技巧，甚至是解決自己的困難。其中英雄針對某位小朋友給了一封回信，請你閱讀完這封信之後，回答下頁的五個問題。希望你也能成為一名優秀的警探喔！

親愛的李小弟弟：你好！

　　首先謝謝你的來信，我並沒有像你說的那麼棒，我只是做好我的工作而已。這次之所以能夠順利破案，都是全體同仁不眠不休的辛勞，再加上像你這樣充滿正義感的市民提供線索，才能把壞人繩之以法關進大牢，進而保護全體市民的安全，所以應該謝謝所有曾經付出與努力的人！

　　信中提到你就讀的學校「○○國小」所發生的竊案，照你所描述事情發生的經過，確實有很多可疑的地方，小偷在上課時竟然能從老師和同學的面前做出這種事，真是不可思議！照我的判斷，這個犯罪者可能是非常熟悉班級的生活作息，才能這樣神不知鬼不覺。雖然沒法如你所願去學校幫你，但是你也可以自己分析所有的狀況，例如有沒有同學知道你帶來學校玩？平常在班上的交友狀況？也許可以問問有沒有目擊者？當然，我覺得你還是直接請老師幫忙，即使帶這樣的東西來班級教室是不可以的！

　　最後，還是要謝謝你的來信，同時祝福你能盡快找回失去的東西，別忘了，老師才是你最佳的神探！

祝

身體健康、學業進步

你親愛的吳英雄敬上

中華民國 98 年 6 月 23 日

（　　）1、下列哪一個選項應該是李小弟弟對英雄的讚美？
　　　　①精闢的演說　　②人民的偶像
　　　　③顧家的爸爸　　④浪漫的詩人

（　　）2、從第一段可以判斷，英雄是個什麼樣的人？
　　　　①自信　　②節儉　　③謙虛　　④溫柔

（　　）3、下列哪一項物品，應該是李小弟弟遺失的東西？
　　　　①寫著祕密的日記本　　②校外教學的零食
　　　　③美勞課的畫圖用具　　④手掌式電子遊樂器

（　　）4、英雄提醒李小弟弟，誰才可以真正幫助他？
　　　　①老師　　②主任　　③校長　　④同學

（　　）5、下列哪一個選項是李小弟弟向英雄求助的原因？
　　　　①老師的強力推薦

②相信他的破案能力
③他們兩人是好朋友
④同學們討論的結果

恭喜各位小朋友完成這份試卷，陪英雄通過種種的考驗，成為一名優秀的警探。
寫完之後，別忘了再檢查一次喔!希望仔細的你能夠得到高分!

圖像組織策略在教學上的運用
——以〈王冕的少年時代〉為例

王秀梗*、吳蓓欣*

摘　要

　　圖像組織是心智思考歷程的呈現，結合了文意脈絡、結構組織與邏輯概念的運用，讓訊息變得更明確、更條理化。教學上若善用圖像組織策略，不僅能幫助理解閱讀，更能延展創意。面對多元、創新的現代化社會，提供了閱讀教學的另一種可能性，也為學習打開了另一扇窗。

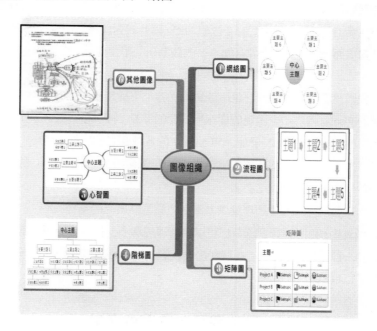

關鍵詞：閱讀、策略、圖像組織

一、前　言

*台南市復興國中教師
*台南市復興國中教師

　　將知識以視覺化圖像呈現的一種方式，便是本文所謂的圖像組織策略。

　　閱讀中，文字與圖表的轉譯[1]能力是傳統語文教學中常被忽略的部分。生活中舉目所見，除了文字，更充滿大量的視覺性圖像，善用圖像組織策略，將是現代教育中讓孩子藉由閱讀便利生活、藉由生活學會閱讀的一大利器。

　　台南市國中國文輔導團於九十八年度的重點活動是閱讀策略的推廣計畫。舉凡閱讀教學各種策略的研究、教材設計、乃至實驗教學，都按照既定時程進行。最後，我們針對閱讀教學策略中國中階段比較實用的五種策略訂定推廣計畫；這五種策略包含：摘要策略、圖像組織策略、結構策略、比較分析策略與推論策略。當進行研發、產出工作坊推廣與各校種子教師發表時，我們發現教師們對於圖像組織策略是比較陌生的。然而在實際接觸後，老師們又覺得它不但有趣、可吸引上課注意力，而且又可達到許多教學功能，因此而對此策略由原來的觀念排斥----就是畫畫而已、會浪費上課時間……改觀為研究學生作品，進而關注學生學習成就了。

　　我們再看看國際閱讀評量所評量的內容，不論是小四生的 Pirls 或者十五歲學童的 Pisa[2]，內容不乏出現圖像組織觀念的評量；特別是十五歲學童的 Pisa，由於重點偏向生活化閱讀，因此圖像組織中的各種圖表、廣告海報也都成為評量的工具。九十八年國中基測國文試題[3]也都出現圖像組織的試題，可見圖像組織策略的教學實有研究推廣之必要。

　　本文並無高深的學術理論做為圖像組織策略研究的基礎，純粹只是教學現場的心得分享。只因為我們認為它可以讓閱讀理解多一種教學的可能性，讓閱讀學習者多一種學習的鷹架，因此冒昧提出我們的拙見，就教於大家，若有錯誤之處，更盼予以指點。

二、圖像組織策略介紹

　　圖像組織把訊息結構化了。而每個人的思維方式、表達的主題不同，因此呈現出的圖型是多樣化、有創意的。但對於初學者而言，不妨只針對幾個常用、好用的圖像組織　，依不同的主題、概念，選擇最適合的圖像組織來幫助自己理解

---

[1] 根據台師大鄭圓鈴教授說法，此屬 Bloom2001 年版認知歷程中理解一能詮釋的能力
[2] PISA 詳細資料參考網站 http://pisa.nutn.edu.tw/　國家研究中心
[3] 98 第一次基測第 7 題與 98 第二次基測第 40 題

閱讀內容。在此我們以教學現場的經驗，選擇了較常使用的網絡圖、流程圖、矩陣圖、階梯圖和心智圖等五種圖形的應用作分享。以下簡介這五種圖像的特色。

（一）定義：所謂的圖像組織策略就是在進行教學時，利用網絡圖、流程圖、矩陣圖、階梯圖、心智圖……等各種圖像整理篇章重點或探討的主題。

（二）功用：能分析文意脈絡、結構組織、段落文句關係、邏輯概念，了解彼此脈絡的關聯性，因此它提供了教學的另一種可能性。

（三）原則：圖像組織策略的實施，有其適當性與適量化之原則。所謂的適當性，意指不同的教學重點或者不同屬性的文章，所使用的圖像應當力求適當，因為各種圖像都有各自不同的功能；所謂的適量化，意指在最恰當的時機下使用，而非每一堂課頻繁的使用，以免壞了思考的胃口。[4]

（四）步驟：閱讀進行時，先瀏覽、理解文本內容。由於教學圖像組織策略前，學生已經習慣於使用畫線策略找出文句的重點，學會提煉內容要素，或擬訂段落文章的核心概念、分析可加以分類、比較、說明的標題[5]。藉由教師介紹各種圖像組織的特色後，便可選定一種圖表呈現我個人對這篇文章理解的思維，以明確表達出文本重點、段落核心概念或提煉的要素、欲探討的主題。

（五）、示例

1.網絡圖

使用原則：標題（或內容要素）的名稱應彈性調整。中心可置篇名、主題或核心內容。

例：聞官軍收河南河北→中心置詩文的題目。

---

[4] 參考學者 Egan(1999)在一篇名為 Reflections on Effective Use of Graphic Organizer 文章中的說法
[5] 不同表述方式（記敘、說明、議論、抒情），有不同的內容要素。如：記敘-6w（人、事、物、時、地、為何、結果如何）。說明：對象（具體或抽象）、特徵、方法、結構、目的。議論：論點、論據（證）、結論。抒情：主題、方法（觸景生情、詠物言志或寓情、借事入情、議論抒情）

題：聞官軍收河南河北（收兩河）	
人物：杜甫	
背景(時)：安史之亂	
地：劍門以南	
事：傳聞捷報－政府軍隊收復薊州以北	
結果：計畫收拾行囊結伴還鄉	
情：驚喜－放歌縱酒	

(吳垣仙老師製作)

2.流程圖

　　使用原則：(1)核心概念有其條理、層次

　　　　　　　(2)情節(內容)有先後次序

　　　　例：張岱〈湖心亭看雪〉：寫景次序

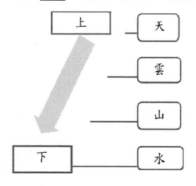

原文：霧淞沆碭，天與雲、與山、與水，上下一白。湖上影子，為長堤一痕、湖心亭一點，與余舟一芥、舟中人兩三粒而已。

3.矩陣表格

　　使用原則：分析內容重點統整為幾項標題，填入表格，空格再填入細節

　　　　例：蘇軾〈記承天寺夜遊〉

人	蘇軾、張懷民
事	夜遊

時	元豐六年十月十二日
地	承天寺庭中
為何	月色入戶，欣然起行
如何	庭下如積水空明，水中藻荇交橫，蓋竹柏影也
感悟	何夜無月？何處無竹柏？但少閑人如吾兩人耳

4.階梯圖

使用原則：(1)標題可下拉出兩項以上的細節，可說明特徵、分類、比較。

(2)具象的階梯圖形，幾個細項間有「低—高」的關係。

例：98 第一次基測

5.心智圖

使用原則：先設定一個主題，順著思緒發展標題和細節，以支線漸次發展細節，最後再加以歸類整理。

例：王冕的少年時代

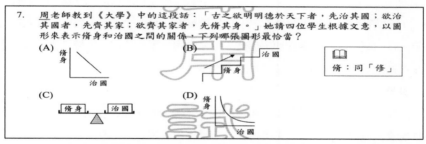

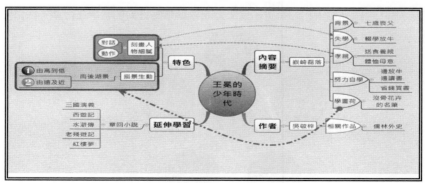

根據上述，可得知圖像組織有共通特色也有不同性質；尤其在掌握文章結構

與主要概念的特質,與語文教學的「形式深究」與「內容深究」有其共通之處[6]。當學生熟悉基本的圖像組織應用後,便可發展出屬於自己的閱讀圖像,既能清楚表達自己的思維架構歷程,提高學習效果,更能激發出更多的創造力。

三、圖像組織策略在教學上的運用——以〈王冕的少年時代〉為例

本章節嘗試以〈王冕的少年時代〉為例,設計這五種圖像的教學,藉由設計理念的說明、教學重點的提醒、教學評量到延伸學習的設計來詮釋不同的教學目標可以運用的圖像策略,尤其最後學生的回饋與教學後省思更是支持筆者繼續研發圖像組織策略的動力。

(一)網絡圖

1、設計理念:

網絡圖的圖形是以放射狀(內容要素)來顯現與中心(主題)的關連,強調分類的能力。它能清楚的呈現主題與各要素間的相互關係。以〈王冕的少年時代〉為例,它是屬章回小說,而小說中人物是重要的元素,如何自小說中了解人物的特質,是閱讀小說的重要課題。因此,可藉由網絡圖的使用,指導學生分類、進而掌握核心概念,歸納出小說中的人物特質。

2、 教學重點:

小說經常運用事件的描述,來凸顯出人物的個性,因此在講解完課文之後,可採師生共同討論的方式,思考各事件所透露出的訊息,引導學生依文意將文章內容分類,再歸納出人物的特質。這部分的教學重點在於培養學生分類、歸納的能力。

---

[6] 參考蔡雅泰:〈概念構圖在國語教學的應用〉。階層圖適合分析文章結構,蛛網圖可進行概念的分類,等等

3、教學評量：

評量的重點在於是否能將得到的訊息分類，然後歸納出重要概念。對學生而言，分類、歸納、演繹是閱讀必須熟悉的步驟，因此評量部分就由學生就歸納後的重要概念，提出可以支持這些概念的事實，作細節的說明。

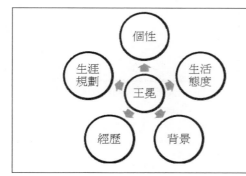

背景：家貧、父親早逝
經歷：輟學放牛
個性：獨立自主、不畏艱難
生活態度：淡泊自得
生涯規劃：一技之長、生涯規劃

4、延伸學習：

提供不同類型的文章，分別以網絡圖歸納文章重點，藉以區分不同文體的內容要素。

西元前兩百年前，當時秦朝已亡，天下混亂，最後只剩漢王劉邦和楚霸王項羽兩股強大的勢力互相對峙，搶奪一統天下的美名。楚霸王平日驕縱成性，不把劉邦放在眼裡，劉邦卻知人善任，小心謹慎，所以到後來，項羽的勢力逐漸被劉邦取代了。最後一場重要的戰役，劉邦結合許多兵力，把項羽的軍隊包圍在垓下，而且還擅用心理戰術，瓦解了項羽軍隊的心防。當時劉邦在軍中選出一些會唱歌的士兵，要他們在三天內讓全軍隊的人學會唱楚國歌謠，然後在黑夜中營火熄滅之後，一起大聲唱著楚國的歌謠，楚國的士兵聽了不禁淚漣漣，不但想起家中的妻兒，也懷疑著劉邦可能已攻下了楚地，否則怎會有這麼多楚人在唱楚歌呢？這時楚軍已失去戰鬥的意願了。項羽因而大敗，自刎於烏江河畔。

《中國傳奇事典·四面楚歌》

　　　學生作品（一）孟儒　　　　　　　　學生作品（二）開屏

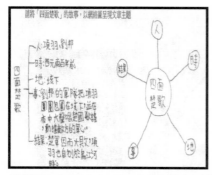 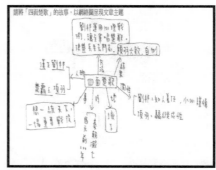

【說明】由作品（一）可看出學生已能抓取文章大要，簡易地說明事件經過。但是作品（二）所提煉出的內容要素更清楚（將左圖的「事」，又區分出「方法」與「人物個性」），可以看出事件的前因後果，也代表學生對文本的理解程度更佳。

臺灣狐蝠又名飛蝠，是臺灣最大型的塢蝙蝠。牠的身長約二十公分，前臂長約十三公分；頭大、眼大、嘴巴突、耳殼呈橢圓形，沒有耳垂；身體呈黑褐色或紫褐色，頸部與肩側有一圈乳白或金黃色毛；前肢與掌骨、指骨之間的皮膚有飛膜，展開時可達一公尺；沒有尾巴，雙腿間的股間膜不發達。

臺灣狐蝠多半在冬末春初之際繁殖，每次產子數為一至二隻。白天倒掛在樹枝上休息，傍晚才開始活動，尋找植物的果實作為食物。臺灣狐蝠與小蝙蝠類不同，飛行時主要靠視覺與嗅覺探查周遭環境，並不具備發射超音波回聲定位的能力。

臺灣狐蝠分布以綠島為主，棲息於原始闊葉林。據研究顯示，臺灣狐蝠於綠島上的族群應為臺灣唯一固有族群，而在花蓮、宜蘭、臺東、蘭嶼、高雄等地也曾有零星個體的發現紀錄。可能是過去受到獵人使用大面積鳥網大肆捕捉販售的影響，加上棲息地被破壞造成狐蝠的食物來源減少，導致綠島上的臺灣狐蝠數量銳減。雖然目前人為濫捕、破壞棲息地的情況並未持續，但島上的狐蝠族群可能已經消失，僅剩極少的個體。

——改寫自行政院農委會等網站資料

98 年第一次基測國文

學生作品（蘇萡）

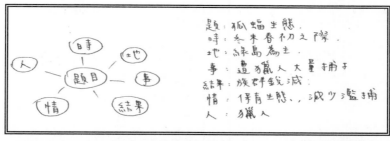

題：狐蝠生態.
時：冬末春初之際.
地：綠島為主.
事：遭獵人大量捕捉
結果：族群銳減.
情：保育生態，減少濫捕
人：獵人

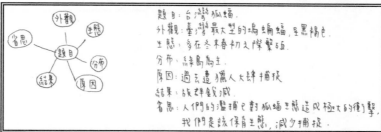

題目：台灣狐蝠.
外觀：臺灣最大型的翼蝙蝠,呈黑褐色.
生態：多在冬末春初之際繁殖.
分布：綠島為主.
原因：過去遭獵人大肆捕捉
結果：族群銳減
省思：人們的濫捕已對狐蝠生態造成極大的衝擊.
　　　我們是該保育生態，減少捕捉.

【說明】：上面兩幅網絡圖是同一位學生的作品。第一幅作品，學生用記敘文
的內容要素來抓取重點，她自己發現有誤，因為無法從網絡圖中理出文意脈
絡，重點十分雜亂。經過討論，她重新做修正，第二幅網絡圖便能自說明文
的角度，歸納出內容要素，來摘取重點，也因而了解記敘文與說明文不同之
處。

5、回饋省思：

　　網絡圖可以藉由抓取內容要素，輕易掌握文章重點。使用網絡圖時，學生一
方面擴展他們理解的概念，一方面也重新組織他們的知識。但文體不同，文章的
表述方式便不同，因此提煉出的內容要素也不一樣。所以提供不同文體、不同類
型的文章，讓學生提煉內容要素，在分類、歸納中，便能釐清各種文體間的差異，
不論是對閱讀重點的掌握，或是寫作方法的指導，都有很大的助益。

（二）流程圖

1、設計理念：

　　流程圖的目的是將情節（內容）發生的次序以圖表呈現出來，方便人們瞭解
事件演變的過程。〈王冕的少年時代〉這篇文章中以順序的方式描述王冕的少年
時代，因此可採用流程圖，灌輸學生敘述事件該「有順序、有步驟」的觀念。

2、教學重點：

　　事件的流程除了時間的發展順序外還包括空間的描述層次，因此教學重點可
擺放在少年王冕經歷的陳述，及文中雨後湖景的描述，藉由流程圖的概念，注意

時間的推移與空間的轉換，瞭解事情的前因後果，學會有順序的陳述事件、或有層次的寫景

例一：空間流程圖

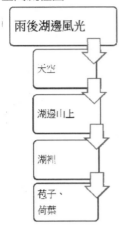

※主題-雨後湖邊風光的空間描寫：
　黑雲邊上鑲著白雲
→湖邊山上青一塊、 紫一塊、綠一塊
→湖裡十來枝荷花
→苞子上清水滴滴、
　荷葉上水珠滾來滾去

※描寫的層次：
　由上而下、由遠而近

例二：時間流程圖

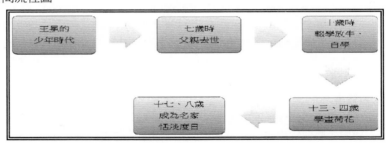

3、教學評量：此處評量的重點在於是否能掌握文章內容先後次序的排列

> 　　筱文閱讀武俠小說時，讀到以下文字：「以翻雲手張嵐為代表的無影劍派，在張嵐死後，由柳青接續掌門，他們的劍法，基本上並未超出旋風劍派的範圍。因為張嵐習武的寂空門，本是捲雨僧嚴峻所創立，而嚴峻為追魂客蕭玉的門徒，正是旋風劍派的正宗嫡傳。」文中所提及的人物，彼此間傳承的先後關係最可能是下列何者？
> （A）張嵐 →柳青 → 蕭玉 →嚴峻（B）張嵐 →柳青 →嚴峻 →蕭玉
> （C）蕭玉 →嚴峻 → 張嵐 →柳青（D）蕭玉 →張嵐 →嚴峻 →柳青
> 　　　　　　　　　　　　　　　　　　　　　　（94 年第一次基測國文）

依文意畫出人物傳承流程表：

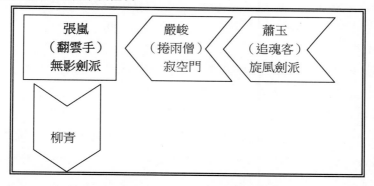

【說明】：以張嵐為時間點的中心，往下推是柳青繼任掌門，往上推張嵐又師承嚴峻，而嚴峻又是蕭玉的門徒，因此可得知傳承的先後關係為：蕭玉 → 嚴峻 → 張嵐 → 柳青

4、延伸學習：

〈王冕的少年時代〉這篇文章中「雨後湖景」是教導寫景的極佳典範。可藉學習單的設計，引導學生有次序、有層次的描景。將閱讀視角延伸至寫作步驟。

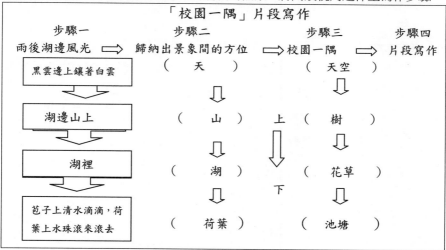

學生作品　　「校園一隅」描景層次：由上到下

　　在校園中最能令人放鬆的地方，非仁愛園莫屬了。那和煦的朝陽，彷彿在湛藍的天空中微笑，水藍藍的空中，飄著幾朵白雲，恣意遨翔。柔柔的風帶著白雲來到高高的樹梢。樹枝上，那嫩綠的新芽，是春的精靈。園中高矮不一的樹，圍成了一個大圓圈，底下還有沾滿露珠的小草和溫柔的花兒。群樹環抱的是一個鮮綠的小池塘，有悠游的魚兒。還有那可愛的小雕像立在其中，怎能不

令人驚豔於這如畫般的美好？在仁愛園，這校園的優美角落，是最令我傾心，也最使人陶然的所在。　　　　（柔均）

5、回饋省思：

利用流程圖畫出情節發展的先後次序、或空間轉移的方位排序，對學生而言並不難，因此如何將此閱讀技巧運用於寫作上，讓學生學會有條理的敘事，或有次序的寫景，反而是流程圖的另一重要功用。經過學習單的設計，學生在進行寫景描述時，比較能掌握住描述的重點，而不至於天馬行空的亂寫。此外，閱讀時，文意的推展、內容情節發展也可藉由流程圖清楚呈現文意脈絡，更有助於閱讀理解。

（三）矩陣圖

1、設計理念：

矩陣圖主要是將資料重整，歸納出主要概念。〈王冕的少年時代〉這篇文章以小說的形式呈現，介紹少年的王冕，文中以不同事件及人物對話凸顯王冕許多特質，矩陣圖可以幫助學生重新組織資料，藉由歸納，更加認識書中人物。

2、教學重點：

由分析故事內容情節進而歸納文章重點。對於主題的擬定、內容的摘取，需要老師引導或師生共同討論，才能讓學生熟悉分類、歸納的技巧。

人　　物	王冕
背　　景	家貧、父親早逝
經　　歷	輟學放牛
生活內容	讀書、作畫
生涯規劃	一技之長、奉養母親
生活態度	淡泊自得
個　　性	獨立自信、不畏艱難

3、教學評量：評量的重點在於能分析文章要素，統整出主要概念。

例一：透過下文，你知道了文旦的哪些訊息？請以矩陣圖呈現

臺灣果子之美者，有西螺之柑、員林之蕉、鳳山之鳳梨、麻豆之文旦。文旦，柚名也。皮薄肉厚，甘如冰糖。麻豆在曾文溪北，莊人多植柚。唯郭氏特好，其樹已近百年，蓋樹愈老則實愈小而味愈甘。　　　　《台灣通史・農業志》

文旦：

名稱	柚名
外型	皮薄肉厚
味道	甘如冰糖
產地	曾文溪北之麻豆
特色	樹愈老則實愈小而味愈甘

例二：請將下文資料整理後，以矩陣圖呈現「生」、「旦」角色的說明

> 京劇又稱平劇或國劇，戲劇中的角色有生、旦、淨、末、丑等，其中男、女角又有不同。
>
> 男角有「生」，分為鬚生、小生、和武生等。鬚生扮演的是中年以上的男子，要戴髯口（假鬍鬚）重在唱功；小生是青年男子，唱腔以小嗓（假聲）為主；武生則以表演武打為主，不重唱功。
>
> 女角為「旦」，主要有老旦、正旦、花旦和刀馬旦等。老旦扮演的是年老的婦女；正旦年輕端莊，戲服多為青或黑色，所以又稱「青衣」，花旦是身份地位比較低下的年輕女性；刀馬旦則是武功高強的女性，又稱「武旦」。京劇的旦角常由男生來扮演，那是清代禁止女性從事歌舞演藝的緣故。例如京劇名旦梅蘭芳先生，就因身段細膩、唱腔優美，比女人更像女人，令許多戲迷為之瘋狂傾倒。

生、旦說明比較表

	分類	角色扮演	扮　　相	唱　　功
生	鬚生	中年以上的男子	要戴髯口（假鬍鬚）	注重唱功
	小生	青年男子		以小嗓為主
	武生	以表演武打為主		不重唱功

	分類	角色扮演	別　　稱	註
旦	老旦	年老的婦女		京劇的旦角常由男生來扮演，梅蘭芳就是箇中翹楚。
	正旦	年輕端莊的女性	青衣（戲服多為青色或黑色）	
	花旦	身份地位較低下的年輕女性		
	刀馬旦	武功高強的女性	武旦	

4、延伸學習：

矩陣圖可讓文章重點綱舉目張，因此可指導學生利用統整後的概念，作文章的簡易摘要。

> 　　愛玉子，產於<u>嘉義</u>山中。舊志未記載其名，<u>道光初</u>，有<u>同安人某</u>居於郡治之媽祖樓街，每往來<u>嘉義</u>，採辦土宜。一日，過<u>後大埔</u>，天熱渴甚，溪飲，見水面成凍，掬而飲之，涼沁心脾，自念此間暑，何得有冰？細視水上，樹子錯落，揉之有漿，以為此物化也。拾而歸家，以水洗之，頃刻成凍，和以糖，風味殊佳，或和以<u>兒茶</u>少許，則色如瑪瑙。某有女曰<u>愛玉</u>，年十五，楚楚可人，長日無事，出凍以賣，飲者甘之，遂呼為愛玉凍。
>
> 《台灣通史・農業志》

步驟一：以矩陣圖統整文章重點

	代表句
人（who）	同安人某
時間（when）	道光初
地點（where）	後大埔
為何（why）	天熱渴甚，溪飲
如何（how）	以水洗之，頃刻成凍
結果（what）	某有女曰愛玉，出凍以賣

步驟二：由矩陣圖延伸大意改寫

　　（甲）　文言文版

> 　　<u>道光初</u>夏，<u>同安人某</u>，過<u>嘉義</u>，渴甚赴溪，視水面有子，拾而歸家，以水洗之，頃刻成凍，某有女曰<u>愛玉</u>，出凍以賣，遂呼為愛玉凍。

　　（乙）　白話文版

> 　　在<u>道光初</u>的夏天，<u>同安人某</u>在經過<u>後大埔</u>的時候，覺得很熱，見水面成凍，所以赴溪飲，覺得冷沁心脾，因此將樹子撿回家，以水洗之，因某女名曰<u>愛玉</u>，就因此發明了愛玉。

5、回饋省思：

　　矩陣圖與網絡圖十分類似，都需運用到分類與歸納能力。但矩陣圖比網絡圖更注重細節部分的呈現，尤其是在做「比較閱讀」時，矩陣圖的圖表，更能讓資料一目了然。而運用矩陣圖較難的部分在於主要概念的歸類。在文章中，可重組哪些資訊？該如何決定概念中的標題？對初學者而言這都是難題。根據 Vygotsky 社會建構觀教學取向的說法，學習早期給予「搭鷹架」，接著鷹架支援逐次減少，

最終適時的「拆除鷹架」[7]。因此剛開始使用矩陣圖時,宜採用共同討論的方式,比較容易得出結論。當學生熟悉思維方式後,便可放手讓學生自行分類資訊、歸納主題,這是訓練思維能力的好方式。

(四)階梯圖

1、設計理念:

這種圖像組織是以一個主題或概念開始,然後在主題或概念下有一些次概念或次主題,所以圖的特點就是有很明顯的主從關係,這是階梯圖與上述三種概念圖不太相同的地方。〈王冕的少年時代〉這篇文章中可以教導主從關係的概念可以採用敘述事件的陳述要素:包括「開頭→經過→結果」來設計階梯圖。

2、教學重點:

記敘文中的記事看來簡單,但是如果學生無法有條有理的先說開始、再來發展經過、最後結局如何,或者在說明經過時枝節叢生、無法精簡扼要,那也成敗筆之作。所以藉由階梯圖主從概念與流程順序的萃取,可以強化先、後、主、次的記事重點。

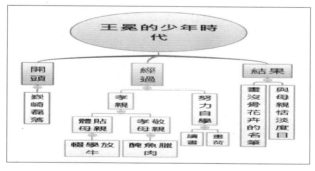

3、教學評量:此處評量的重點在於是否能掌握文章段落中的主從順序。

人人都想拯救世界,但沒有人幫媽媽洗碗

「人人都想拯救世界,但沒有人幫媽媽洗碗!」台大校長李嗣涔於九十八學年度開學典禮中引用雜誌中的一句話,提醒台大新鮮人:別好高騖遠,從根本做起;建立人我關係的起點應從關懷家人做起,進而關懷他人、社會、環境與生態。

李校長兩年前向台大新鮮人提出「四不」:考試不作弊、作業不抄襲、上

---

[7] 鷹架式概念構圖教學可參閱吳裕聖:《鷹架概念構圖教學模式的建立與實施成效研究》博士論文,頁64-65

課不隨意蹺課、腳踏車不亂停。日前他感嘆：近來所有老師都注意到大學校園內一種不良風氣，同學晚上熬夜上網，早上起不來，所謂：「一日之計在於晨。」所以他說：「開學了，同學們要早睡早起，每天以清明的身心汲取知識。」

身處知識爆炸的時代，許多人都有「我要往何處去？」，「我要什麼？」的焦慮，他認為這種焦慮是來自過度的「自我中心」，過度強調自我，結果常常不知不覺與他人比較，甚至陷入誇大的競爭關係。他勉勵學生，要破除這種焦慮與盲點的關鍵，是建立適當的「人我關係」。他強調，人我關係的起點不在學校而在家庭，從關懷家庭出發，進而延伸到關懷他人、社會與環境。可惜現實生活中，「人人都想拯救世界，但沒有人幫媽媽洗碗」。

大學生要找到自己的節奏，不要好高騖遠、自怨自艾；要謙虛的反省自己的不足，學習他人的長處。　　　　　　　　　改寫自 98.9.14〈中國時報〉

在第一段中，作者提到建立人我關係的次序，若以圖形來表示，下列哪張圖最不恰當？

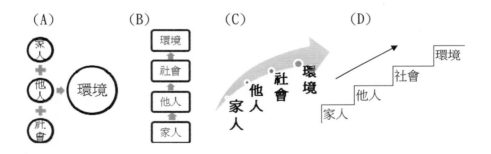

【說明】(B)(C)(D)三張圖皆說明建立人我關係，是由關懷家人做起，進而關懷他人、社會、環境與生態。(A)則是說明要同時關懷家人、朋友、社會再進而關懷環境，無法正確說明主從順序，故選(A)。

4、延伸學習：

看完記錄台灣氣候變遷的紀錄片《±2℃》後，請將下列文字的重點畫（寫）成圖表。

研究氣候變遷學者警告，隨著全球暖化問題日益嚴重，二〇二〇年到二〇三七年，北極浮冰恐消失，海平面會上升六公尺。在此情況下，台灣和越南、孟加拉、南太平洋、加勒比海一樣，都將成為全球第一批氣候難民，台灣一百公

尺以下平原將無法居住。首當其衝的是嘉義東石、屏東林邊、東港及雲林麥寮；接著淪陷的，可能是台北盆地、高雄市及蘭陽平原。海平面如果再上升，第二批衝擊的是聯合國二○○九年列入最危險區的各國家三角洲，台灣同步的危險區域名稱依序則是蘭陽平原、台北盆地（台北縣市）與高雄市。

（資料來源：中國時報論壇 2010-02-25 ）

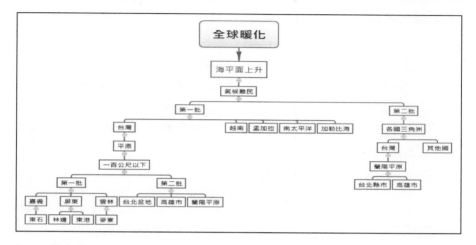

5、回饋省思：

　　階梯圖的概念是與上述幾種圖像組織有些部分類似卻也有所不同的，例如其中必須提煉內容要素，那就類似網絡圖；又如其中有些需要著重順序，那就與流程圖的條理層次類似；階梯圖當然也需要分類、歸納，所以與矩陣圖概念類似。除此類似的圖像組織概念，階梯圖更強調主從關係的呈現，這又與其他圖像不同。綜觀〈王冕的少年時代〉一課，似乎能呈現階梯概念的主題並不多，所以只好選擇本篇的章法安排；其實階梯概念常常出現在偏重說明或者議論的文章中，因為既要說明，就需有條理、有主從、有先後，所以可採階梯圖將流程順序加以呈現。

（五）心智圖

1、設計理念：

　　當上完一節課之後，可採用心智圖的概念，讓學生自行整理全課的重點。

2、教學重點：

　　由於心智圖的特色在於呈現個人的心智，因此本教學重點便著重於鼓勵學生將自己看到的課文重點加以分類。由於每次上課，教師都會採用先瀏覽再畫線的

閱讀教學步驟，所以學生的課本上都留存著原有畫線的重點，方便記憶。而今只要將所有畫線、筆記的重點加以分類整理即可。

3、教學評量：

此處評量的重點在於是否能掌握全文的核心概念與枝微細節。評量的文章採用 96 年國中國文基測的閱讀題組文章。設計如下：

閱讀下列文章後，請判斷選項中對於舟的閱讀理解分析，何者<u>錯誤</u>？

> 凡舟古名百千，今名亦百千。或以形名，或以量名，或以質名，不可殫述。遊海濱者得見洋船，居江湄者得見漕舫。若侷促山國之中，老死平原之地，所見者一葉扁舟、截流亂筏而已。——宋應星《天工開物·舟》 （96 年第一次基測國文）

註：①殫：音ㄉㄢ，盡。 ②漕舫：運載米糧的船隻。

(A)

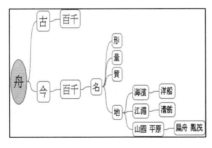

(B)

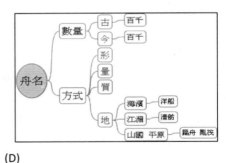

(C)

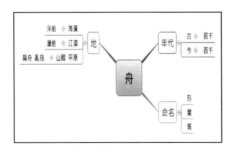

(D)

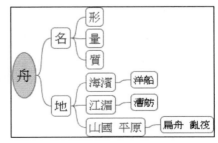

【說明】本評量的正確答案是（A），因為此選項的心智圖上對於文章首二句的「古名百千，今名亦百千。」的文意判讀上有所誤解。

4、延伸學習：

關於白話文的教學，部分老師不知道該上些什麼，因為學生都看得懂文章，因此只好把重點放在文章結構分析、修辭法辨析、句型判斷甚或形音義補充上；其實，白話文是教導孩子閱讀策略的基本工具，尤其針對難以理解的段落使用不同的閱讀策略效果更佳；針對長文或者難以理解的段落，更是白話文閱讀教學的重點。藉由心智圖結合結構策略，可以讓長文閱讀更快速；藉由心智圖結合分析策略，可以讓段落閱讀脈絡更清晰。心智圖雖非萬能，但若能善用，便是教學一大利器。因此以下就針對＜我所知道的康橋＞進行段落閱讀教學心智圖應用設計：

> 朝陽是難得見的，這初春的天氣；但它來時是起早人莫大的愉快。頃刻間這田野添深了顏色，一層輕紗似的金粉糁上了這草、這樹、這通道、這莊舍。頃刻間這周遭瀰漫了清晨富麗的溫柔，頃刻間你的心懷也分潤了白天誕生的光榮。

學生作品一（怡瑄）

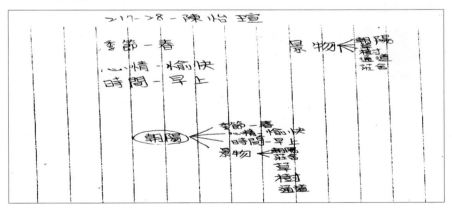

【說明】上圖可以看出這位學生對於這段文字認知的心智歷程：上半圖左邊是她先透過畫線策略找到每一句的重點，右邊是畫線後發現重點中的重點，而下半圖就是將上半圖的這些重點結合，以圖像組織的概念呈現。當學生以心智圖完成後，再提醒她檢視圖像，這位學生終於發現她繪製的圖表中重複了 2 個「朝陽」的概念在不同的階層中。

學生作品二（怡瑄）

【說明】當學生檢視上圖發現發現她繪製的圖表中重複了 2 個「朝陽」的概念在不同的階層中時，便進行修改。修改後如下圖。下圖三可以發現，她不但修正了主角是「朝陽」的概念，而且還由再次思辨中，領悟到「朝陽照在這草→這樹→這通道→這莊舍」原來是這段文字書寫的重點，所以改放置心智圖的右邊；更藉由這頃刻間移動的曙光之動態美，充分表達主旨「莫大愉快」的雀躍心情，所以改放置心智圖的左邊。

學生作品三（怡瑄）

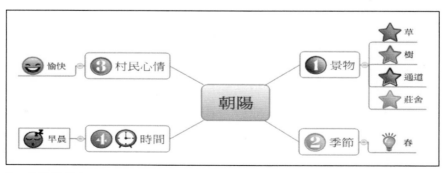

5、回饋省思：

閱讀評量與寫字教學

　　心智圖是各類圖像組織中用途最廣泛的，它具有提煉核心概念、掌握內容要素、可分類、可歸納、區分層次順序、明辨主從關係的功用，而且從學生繪製的心智圖中，我們也能瞭解學生的思路脈絡[8]，更進而修正其中錯誤之處，因此可以多加利用心智圖進行閱讀理解的教學。其次，心智圖開展得越多層，細節描述更多，一些原本不注意的小細節，更要自問「作者為什麼要寫這個細節」，這將有助於觀察力與推理能力。例如〈王冕的少年時代〉中，母親離開秦老家時，當然少不了再三叮嚀王冕的話語與最後「含著兩眼眼淚去了」的描寫，然而吳敬梓更高明的加入「母親替他理理衣服」這個細節，更能凸顯母親捨不得孩子的天性。這樣的細節開展，是進行圖像組織策略進階教學時應多鼓勵的。

（六）其他

1、設計理念：

　　希望學生藉由各種圖像的認識與練習後，瞭解為何要學習圖像組織策略的精神，最終目的即在於運用自己習慣用的圖像組織來組織文章重點，完成學習目的。

2、教學重點： 看完本文後，以圖（表）做重點整理，進而寫成一段通順的摘要大意。此時應多鼓勵孩子運用巧思讓自己的表達更成功，甚至鼓勵孩子自創圖像。

3、教學評量：

> 許多花卉適合獨賞，如蘭花，因為每一株都有它的特色。一盆名貴的蘭花價值連城，一葉一瓣都需要耐心細賞。也有的花卉適合群觀，如鬱金香，看起來一大片紅一大片黃才過癮，獨賞反不足觀。蒲公英則兩者兼備。每一株蒲公英都有它獨立的品格，造型質樸卻非常耐看；沒有絲毫矯揉造作的姿態，並不輸任何國色天香，泰然的生存於天地之間。它不怕摧折，不畏橫逆，如不死的老兵，具有不懈的戰鬥力。它不需要灌溉，也不用特別照顧；它生長不撿地方，窮鄉僻壤，山涯海角，陋巷敗籬，都能怡然自得地展開它的笑靨。它沒有濃郁的芬芳，卻散發出微微的草香，味淡而永。蒲公英更適合於群體觀賞，在早春三月，它首先將一大片金黃毫不吝惜地擲給你，成為新春開卷的第一筆顏色。
>
> 殷穎〈蒲公英頌〉

【作業】看完本文後，以圖（表）做重點整理，進而寫成一段通順的摘要大意。

學生作品一（芝萱）

---

[8]同註 4，第 641。「圖像組織可說是一種心智思考歷程的表現」

245

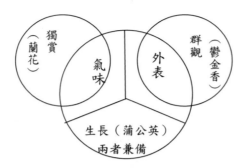

學生作品二（勁勛）

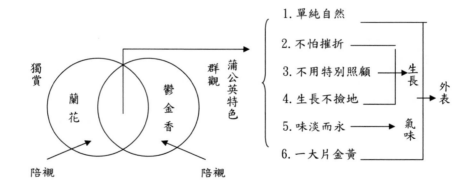

學生作品三（博裕）

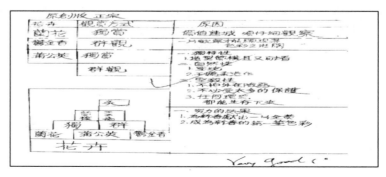

學生作品：【摘要練習】

> 許多花卉適合獨賞，如蘭花，每一株都有自己的特色；也有的花適合群觀，如鬱金香，而蒲公英則兩者皆具。造型質樸耐看，不怕摧折，橫逆不用特別照顧，生長不撿地方且味淡而永。至於群觀部分，在早春三月，它的一大片金黃將成為新春開卷的第一筆顏色。

4、延伸學習：

此處也是針對＜我所知道的康橋＞進行段落閱讀教學心智圖應用設計：

> 伺候著河上的風光，這春來一天有一天的消息：關心石上的苔痕，關心敗草裡的鮮花，關心這水流的緩急，關心水草的滋長，關心天上的雲霞，關心新來的鳥語。

學生作品一

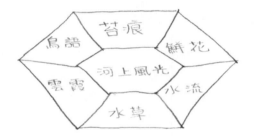

學生作品二

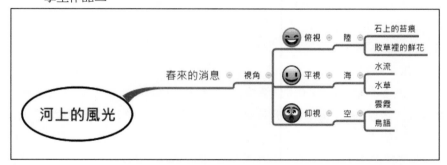

學生作品三

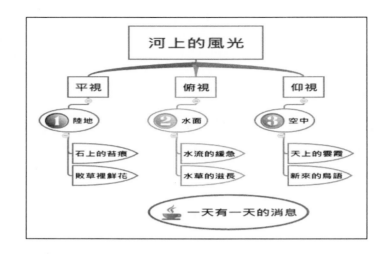

【說明】作品一是採用網絡圖呈現，作品二、三皆採心智圖，但呈現心智有所不同。教學時將這三張圖像請全班思考：哪一張圖詮釋得最好？當全班都不選作品一時，表示大家對於網絡圖的概念是清楚的；因為網絡圖雖然能抓取文字的核心概念「康河之春」，但是卻無法呈現「探問消息」的動態感。 其次，到底是作品二還是作品三比較貼切呢？二者皆能體會出「探問消息」時「伺候著河上風光」左看又盼的視野角度，然而再仔細觀察作品三，可以發現其與作品二的差別在於他更能掌握住這段文字的主旨是春來「一天有一天的消息」。

5、回饋省思：

不論是〈蒲公英頌〉或是〈康橋〉，不難發現孩子的創意無窮、心思細膩與脈絡梳理得宜之處。例如〈蒲公英頌〉的每個圖像所呈現的心智都有相同重點，卻也有些微差異，如果再耐心聆聽孩子對自己圖像的解說，更會為他們豎起大拇指；尤其是作品三採用三個圓來表現文章中的三種花，當我在課堂巡視時適時褒獎她的創意時，沒想到另一同學馬上舉手說：「老師，她畫錯了！」等到他上台畫了兩個相交圓時，所有的人才恍然大悟「蒲公英兩者兼具」的涵義。又如〈康橋〉作品三、二不也是如此！可見得使用圖像策略時，如果在關注教學結果的同時，也能兼重教學過程中的互動，必能增進孩子的批判思考能力。

本文試著以〈王冕的少年時代〉設計五種圖像組織策略的教學重點，不論是段落文意理解或是全文結構分析、抑或延伸寫作……，都可善用不同圖像的特色

設計達到教學效果。網絡圖可訓練分類歸納能力，更能延伸到不同文類提煉要素的區別[9]；矩陣圖雖然與網絡圖類似，但更著重比較分析能力；流程圖的次序特色若能運用在敘述文類的時空順序寫作訓練上，就能將學生較難寫好的記敘文梳理思路；而注重先後主次的階梯圖便可訓練說明、議論的文體寫作；等到開始進行心智圖教學設計時，不論是同學之間討論或者師生互動火花，更讓彼此心智思辨強化，無怪乎最後學生自由創作的圖像能展現創意。

四、結　語

綜觀上述，不難發現使用圖像組織策略具有眾多功用。以學習者而言，例如：處於資訊發達的時代，若要消化大量資訊，它不但快速又能切中重點；又因為它只提煉重要概念的圖像，比起長篇大論更易記憶[10]；再加上它也能簡化學習歷程，強化歸納、分類的邏輯概念，對於學習又提供了另一種別於傳統模式的選擇，更有助於文字障礙學習者。另外，針對教學者而言，能由圖像組織中診斷出學生的學習錯誤，追溯其學習的鷹架脈絡，瞭解並進而修正其心智思考歷程，不但增強批判思考力的訓練，甚至可針對常犯的、一般性錯誤設計補救教學或者評量測驗。

不難否認，圖像組織策略也有其弱點，例如：太注意重點的提煉，對於小細節的觀察與掌握度就相對忽略了；因此應注重使用時機以達成教學目標，建議可以搭配其他的閱讀策略，例如推論策略[11]等等。

圖像組織策略雖非萬能，但卻提供了別於傳統語文教學的另一種可能性。只要瞭解各種圖像的差異性，將有助於選擇切入運用的適當時機；只要熟稔各種圖像的共通精神，更可為教學效果加分；只要實作各種圖像組織，待鷹架漸拆，學生創意的展現更令教學產生更多激盪。在注重多元創新的現代化社會，為我們打開教與學的另一扇窗，希望藉由這扇窗，讓語文教育更多姿多彩。

參考書目

1.Karen Bromley 等著，李欣蓉譯：《圖像化學習》（遠流出版社，2005 年）
2.Laura Robb 著，趙永芬譯：《中學生閱讀策略》（天衛文化圖書有限公司）

---

[9]本文介紹敘述與論說文類，他如小說要素可參考〈中學生閱讀策略〉，頁 285-288。
[10]好的閱讀者指標六是運用圖表幫助瞭解意義，指標七是心中產生視覺圖像幫助記憶，詳見〈飛向閱讀的王國〉，頁 165-167。
[11]善用推論，可過濾文章的資訊、掌控脈絡發展，根據線索補填被省略的、遺漏的與意在言外的涵義。推論策略可參考《閱讀教學理論與實務》（教育部中央團 98 年出版），頁 326-337。

圖像組織策略在教學上的運用——以〈王冕的少年時代〉為例

3.Tony Buzan＆Barry Buzan 著，孫易新譯：《心智圖聖經》（台北耶魯國際文化事業）

4.王開府等：《國語文心智圖教學指引》教育部輔導群主編

5.Ken Goodman 著，洪月女譯：《談閱讀》（心理出版社）

6.吳裕聖：《鷹架概念構圖教學模式的建立與實施成效研究》博士論文（2009 年）

7.黃永和：〈圖形組織作為教學工具的探討與實踐：一個教學實務社群的發展經驗〉發表於「教育專業發展：教育研究理論與實務之整合學術研討會」（2006 年）

提問式啟發教學法在國文教學上的應用
——以〈定伯賣鬼〉一文為例

林雯淑[*]

摘　要

　　提問式啟發教學法是一種能引發學生去思考、增加學生思考力的最佳方法。藉由課堂上老師帶領的提問，一步步將學生的閱讀經驗引發、建立出來，不僅使讀一篇文章變得更為有趣，也讓教師、文本、讀者(學生)進行多向的文本溝通。在課室中教師透過提問問題促進學生、文本(包含教材、生活背景、社會環境等)與教師三者之間互動。

　　教師在進行文本教學時，藉由閱讀評量的指標，擬定一系列問題進行教學，以啟發教學法進行讓學生深入文本，掌握學生認知的程度與層次。以〈定伯賣鬼〉一文為例，課堂上進行教學時，先掌握學生對特定訊息的了解，進一步推論文章內容。文本閱讀完之後，再進行故事的順序及文章要旨的釐清，進而比較不同文本的呈現。以此進行文本探討，學生更能掌握文章大要。並藉由十三項閱讀評量指標(能詮釋、能舉例、能分類、能比較、能摘要、能推論、能解釋、能區辨、能組織、能歸因、能評論、能應用、能記憶)進行提問的問題擬定，再以概覽文本、分析文本、統整文本提出提問式啟發教學法的流程，以提供第一線上教師詮釋文本的新方向。

　　九年一貫課程進行的課程改革，改變了教材，卻未改變教師的教法。利用提問式啟發教學法讓語文課回歸閱讀，讓閱讀重回孩子生活吧!

關鍵詞：提問法　啟發教學法　定伯賣鬼

一、前　言

──────────────

[*]臺北縣立福和國民中學老師

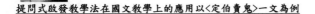

進入北縣國教輔導團三年,有幸受教於臺師大鄭圓鈴教授,聆聽課程一年多下來,最常聽到教授提醒我們看一篇文章要找出文章的亮點。常常折服於教授觀看一篇文章角度的深入透徹,這些亮點就是文章最好的問題點,是能引發讀者思考,分析探討文章最好的角度。禮記學記中對這種問答教學法,早有啟示:

> 善問者如攻堅木,先其易者,後其節目,及其久也,相說以解。不善問者反此。善待問者如撞鐘,叩之以小者則小鳴,叩之以大者則大鳴,待其從容,然後盡其聲。不善答問者反此。此皆進學之道也。

這種問答教學法,就是孔子的啟發式教學法。這是一種能引發學生去思考、增加學生思考力的最佳方法。藉由課堂上老師帶領的提問,一步步將學生的閱讀經驗引發、建立出來,不僅使讀一篇文章變得更為有趣,也讓教師、文本、讀者(學生)進行多向的文本溝通。(圖一)在課室中教師透過提問問題促進學生、文本(包含教材、生活背景、社會環境等)與教師三者之間互動。[1]

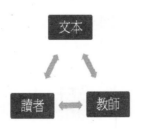

圖一　　　文本的多向溝通

課堂提問是一種教學手段,更是一種教學藝術,它是實施啟發式教育的重要途徑。宋代教育家朱熹說過:「讀書無疑須有有疑,有疑者都要無疑,到這裡方是長進。」就是運用一定的教學手段,激發學生的疑問,激起學生求知動力,從而讓學生積極學習。本文擬以提問式啟發教學法進行文本教學,並佐以課堂問答進行情形,省思提問啟發教學法在課堂進行的可能。

二、提問式啟發教學法理論基礎

[1] 林俊賢:<華語文教學之師生提問策略研究---以故事體提問為例>,《教育資料與研究雙月刊》第 90 期(2009 年 10 月),頁 27。

(一)問題哪裡來?—教師提問的層次

　　國文教學的基礎是文本,探討文本中的內容是閱讀教學的根本。一般國文教學偏向於講授式,課堂上成了教師的一言堂,缺乏與學生,也就是真正的讀者進行互動教學。在閱讀教學中,最注重的就是不斷的預測、修正、再假設、再預測、再修正。課堂上的教學也可以利用這種模式進行文本的探討,藉由不斷的提出問題,產生質疑,再形成自己的想法,而提問法最適合運用在其中。

　　提問法,又稱問答法或談話法。它是以師生對話的形式進行教學的一種方法。教師的優秀提問技巧是有效教學所必須的,並且是影響學生學習成效良窳的因素。[2]教師具備提問的概念,可以幫助學生對文本的深入探討。

　　教師教學的提問可分為內容與形式提問兩種。內容提問是根據文章的內容事實、要點所進行的提問;形式提問則根據文章結構、格式所提的問題。林俊賢整理各家學者觀點(如表一),歸納出教師提問問題層次可分記憶性的理解、推論性的理解、批判性的理解、創造性的理解四個類型。[3]

表一　教師提問的層次

提問的層次	英國國家讀寫能力策略中心	蓋轟(1985)	張玉成(2005)	湯吉&尼茲(1992)
記憶性的理解		ˇ(解碼、字義理解)	ˇ	ˇ
推論性的理解	ˇ		ˇ	ˇ
批判性的理解	ˇ(評價)		ˇ	ˇ
創造性的理解	ˇ(評價)			

　　記憶性的理解是根據文章中可見的事實性資料的理解; 推論性的理解則是根據文章事實進行邏輯思考,進而做出推論;批判性的理解是具有自主性自律的思考者,根據文中事實與某些理論,從事質疑反省的活動;創造性的理解是超越事實、重組概念或發揮個人經驗,而有預測、新奇、獨特觀點的理解。

---

[2] 同註一,頁 30。
[3] 同註二,頁 30。

　　若放到語文情境中，則可以回歸閱讀評量的本質，藉由閱讀評量的指標，將教師的提問層次加以概括。PIRLS 2006 在檢測閱讀理解問題中包括了「直接理解」和「解釋理解」兩個部分。直接理解是指文章表面的理解，可以在文本上直接找到答案的；解釋理解則需要讀者提取自身既有的背景知識，建構自己對文章較深層的理解。[4]

　　鄭圓鈴教授根據 Bloom 的認知領域教育目標進一步擬訂閱讀評量的指標，如下:[5]

表二　閱讀評量指標

閱讀評量目標	向度	評量指標
1.特定訊息(提取與解釋)	記憶了解	1.1 指出<u>人事時地物</u> 1.2 指出段落中<u>重點句</u> 1.3 指出全文<u>主題詞句</u> 1.4 <u>解釋</u>字詞 1.5 比較字詞<u>異同</u> 1.6 <u>替代</u>字詞
2.推論(詮釋)	了解分析	2.1 推斷<u>原因</u> (或<u>結果</u>) 2.2 推斷<u>論點</u> 2.3 推斷<u>關係</u> 2.4 推斷<u>對象</u> 2.5 推斷<u>態度</u> 2.6 推斷<u>感受</u> 2.7 推斷<u>動機</u> 2.8 推斷<u>影響</u> 2.9 推斷<u>寓意</u> 2.10 推斷寫作<u>目的</u> 2.11 推斷寫作<u>技巧</u> 2.12 推斷寫作<u>修辭</u> 2.13 推斷寫作<u>風格</u>
3.組織結構	綜合	3.1 排出事件系列<u>順序</u> 3.2 統整文本組織<u>結構</u> 3.3 統整文本<u>核心</u>概念

---

[4] 柯華葳：《培養 Super 小讀者》(臺北:天下雜誌出版社，2009 年)，頁 32─33。
[5] 鄭圓鈴：《Bloom 認知領域教育目標在國語文教學與評量的應用》，(臺北:心理出版社，2004 年)，頁 426。

		3.4 統整文本要旨
4.評論	評鑑綜合應用	4.1 比較異同
		4.2 評內容
		4.3 評形式
		4.4 指出實際應用
		4.5 提出心得
		4.6 提出感想
5.創造	創造綜合應用	5.1 對文本的創意理解
		5.2 創新的認知、情意或表達技巧
		5.3 應用文本類似材料創作
		5.4 應用文本類似概念創作
		5.5 應用文本類似情意創作
		5.6 應用文本類似技巧創作

　　根據這樣的理論，教師在進行文本教學時，藉由閱讀評量的指標，擬定一系列問題進行教學，以啟發教學法進行讓學生深入文本，掌握學生認知的程度與層次。以<定伯賣鬼>一文為例，課堂上筆者進行教學時，先掌握學生對特定訊息的了解，進一步推論文章內容。文本閱讀完之後，再進行故事的順序及文章要旨的釐清，進而比較不同文本的呈現。以此進行文本探討，學生更能掌握文章大要。

　　鄭圓鈴教授更進一步針對 Bloom 認知歷程向度進行閱讀教學歷程的分析，歸納出以下表格：

表三　修訂閱讀評量指標

評量指標	評量細則	定伯賣鬼課文實例
1.能詮釋(用另一種方式呈現資料的涵意)	1-1 詞義	例：「了」無聲的「了」是什麼意思？
	1-2 句子翻譯	例：「步行太極，可共迭相擔也。」如何翻譯？
	1-3 圖表	例：將文中提及的鬼的形象畫出來
2.能舉例(找出相關例證來說明概念)	2-1 術語	例： 文中所描述的鬼具有什麼特質？
	2-2 要素	
3.能分類 (將訊息歸納類別)	3-1 術語	例：寫出小說的基本要素(開始、經過、衝突、結果)
	3-2 要素	
4.能摘要	4-1 要點	例：寫出定伯賣鬼的人事時地物
	4-2 主旨	例：定伯是個怎麼樣的人？

	4-3 標題	例：為故事情節擬定副標題
	4-4 關鍵句	例：哪一句是本文的關鍵轉折句？
5.能推論 (根據訊息提出邏輯性的推論，或從例證的內在關係，找出適當的模式，如因果類比等關係)	5-1 訊息	例：定伯遇鬼了，他怎麼化解危機的？
	5-2 句子重點	
	5-3 文體	
	5-4 預測 結論 論點	
	5-5 關係	
6.能比較	6-1 關聯	例：寫出故事中兩個主要人物個性
	6-2 差異	
7.能解釋	7-1 因果模式(說明變因和結果如何影響)	例：為什麼定伯要欺騙鬼？
8.能區辨 (指出訊息中最重要最有關連的部分)	8-1 核心概念	例：鬼和人有什麼不一樣？
9.能組織 (將材料組織成一個結構)	9-1 文章結構	例：依序寫出故事的情節
	9-2 內容順序	
10.能歸因 (分辨資訊隱含的觀點、偏見、價值、意圖)	10-1 寫作效果	例：為什麼作者還要寫第七段：當時有言：「宗定伯賣鬼，得錢千五百。」？
	10-2 寫作目的	
	10-3 寫作風格 特色 技巧	
	10-4 觀點寓意	
11.能評論(根據規準做評斷)	11-1 內容	例：找出定伯賣鬼一文不合理之處
	11-2 形式(根據訊息優劣特性做出評價)	
12.應用	12-1 詞語	例：找出定伯賣鬼一文省略的主詞
	12-2 句子	
	12-3 標點	
	12-4 應用文格式	
13.記憶	13-1 字形	例：「漕漼」的讀音為何？
	13-2 讀音	

　　教師進行教學時能掌握閱讀評量的內涵，從閱讀評量的內涵再循著作者的思

考脈絡，探討作者的寫作本意，加上讀者的思考習慣與背景知識，不只可以閱讀出文章的滋味，還讓語文課多采多姿了。教書不止於填鴨式地傳授專業知識，溝通的熱情往往才是學生深度學習的驅動力。[6]

再者，教師對於文章結構的熟悉度，是分析理解語文教材的重要因素。文章結構的分析提供教師理解教材的「鷹架」，進而產生材料「文體基模」，這樣的文體基模對教師的閱讀理解具有鉅觀作用。[7]教師可根據文本的性質不同，採用不同的要素分析。小說性質的可依故事、人物、敘事觀點、場景、主題、結構、細節、象徵、寫作技巧、詞句寓意進行分析。[8]也可以史塔和葛蘭的故事結構分析法進行探究。

故事結構分析法的內容有六個基本故事要素:包括「故事背景」－介紹人物特性和時空背景、「起因」－促使故事人物形成主要目標或採取行動的事件、「問題」－故事人物所遭遇的問題或目標、「嘗試解決」－故事人物針對問題或目標表現在外的行為、「結果」－目標導向的行為結果、「迴響」－故事人物對行為結果的感受或影響。[9]以故事結構法分析綱舉目張，讓學生了解文本的來龍去脈，但不免仍有些粗糙。

王開府教授曾以心智圖表示故事結構模組與小說結構模組，10(如圖二、圖三)讓學生有這些規矩之後，對於故事情節的文章就能掌握梗概了。

短篇小說故事較簡單，結構較直接，故適合使用故事結構模組進行分析；長篇小說有豐富的情節及場景、人物精細的安排，架構出生動的故事，適合以小說結構模組進行分析。藉由對故事結構分析法的掌握與閱讀評量指標的層次，教師在進行提問時就不會為問題而問，而有不知從何問起的茫然了。

圖二　故事結構模組

---

[6]廖玉蕙:《文學盛筵》(臺北:天下雜誌出版社，2010 年)，頁 72。
[7]同註二，頁 28。
[8]鄭圓鈴:《基測陷阱的思考與對策》(臺北:螢火蟲出版社，2006 年)，頁 199。
[9]同註二，頁 29。
[10]王開府:<心智圖與國語文教學>，《國語文心智圖導引》(教育部:中央國教輔導團 2008 年)，頁 8。

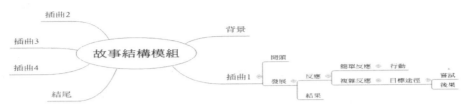

圖三　小說結構模組

（二）應該如何教?--提問式啟發教學法的流程

　　一般講授式教學法是由教師主導課程知識，進行課程知識的傳授，較偏向單向的傳輸，缺少雙向的互動。講授式教學法流程進行方式如下(圖四):

圖四　講授式教學法流程

　　提問式啟發教學法強調以學生為主體，教師以一連串問題進行教學活動，增加教學雙向互動，並形塑學生對文本的了解。筆者試以三個層次教學法流程為概念進行，啟發式教學法流程如下(表三)

圖五　　提問式啟發教學法流程

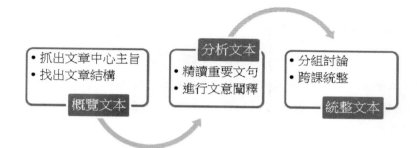

學生是學習的主體，藉由提問式啟發教學法不僅提高學生學習興趣，也讓國文課更緊密與閱讀策略學習配合，讓學習國文也變得很有趣。

三、提問式啟發教學法教學實例

(一)教學構想

「定伯賣鬼」一文如附錄一所示，是一篇小說體裁的文章，以順敘法串連情節。本文以閱讀評量指標進行提問擬訂，一步步帶領學生進入文本內容，進而掌握整篇故事。這篇文章以兩堂課探討完文本內容，第一堂課進行文章探究，以提問法進行討論；第二堂課進行文章比較分析，以分組活動進行討論。

(二)教材分析

試以心智圖分析本文結構如圖六：

圖六　定伯賣鬼心智圖

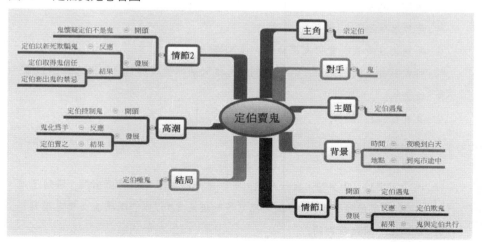

(三)提問流程與教學實例

第一堂課

師：今天帶大家一起看一篇鬼故事，發下文章之前，先問問同學，你看過的鬼故事結局通常是怎樣的?【推論】【能舉例】

生：悲慘的。

生：（人的）頭和身體分開

生：鬼害死人

師：所以大家一般看過的鬼故事都是被鬼害死的悲慘故事喔!

師：那現在我們來看這一篇定伯賣鬼，是一篇怎樣的鬼故事呢?先請同學自己默讀一遍。

師：大家都讀完了，對這故事應該有一點認識。我們先把故事的基本結構找出來。

　　這個故事的人物是定伯，時間是年少時的夜晚，地點在宛市，（學生念成ㄨㄢˇ）念成ㄩㄢˇ喔!發生的事件是定伯遇到鬼，出現的物有鬼、羊（生回答鬼變成羊）。【特定訊息】【能摘要】

師：接下來一段一段來看。南陽宗定伯，年少時，夜行逢鬼。第一句說了定伯遇到鬼，同學相信有鬼嗎?

生：不相信，沒遇過

生：相信，我感應過

師：是什麼感應?

生：感覺他在看我，覺得有壓迫感，很恐怖

師：所以對於鬼我們是未知的，我們仍有很大的問號。那什麼時候容易遇到鬼?

生：晚上。

生：身體虛（弱）時。

生：中元節。

生：鬼門開時。

師：南陽宗定伯，年少時，夜行逢鬼。所以第一段說了定伯晚上出門，遇到了鬼。也可以看出定伯膽子很大呢!但是他怎麼知道是鬼啊?我們繼續看文章怎麼寫!

師：第二段一開始誰再問?

生：定伯。【特定訊息】

師：定伯問鬼誰啊？鬼回答鬼也。我們一般反應都是趕快跑啊！定伯還回答鬼啊！

鬼又繼續問說：你是誰啊？如果你是定伯，怎麼辦啊？【推論】

生：搞不好是詐騙集團，隨便騙他好了！

師：一般人都趕快溜之大吉，定伯還回答他，定伯欺之。為什麼定伯要欺騙他？【推論】

生：他怕被鬼吃掉。

生：他做了虧心事。

生：他想讓鬼現形。

生：他被另一隻鬼附身。

生：他覺得他跑不掉了。

師：你們的答案都有可能，文章省略了很多細節，定伯直接就回答、不假思索就直接回答我也是鬼。定伯的心情應該是怎樣？【推論】

生：沉重、害怕。

師：接著就問要去哪裡，要到宛市，他們就一起同行了。

師：第二段出現了第一次危機，故事通常都會有危機，定伯遇鬼了，他怎麼化解危機的？【推論】

生：欺騙鬼說他也是鬼。

師：所以第一個危機以欺騙鬼也是鬼，勉強暫時 safe 過關了！再來，看第三段。

師：第三段出現了什麼危機？【推論】

生：鬼懷疑他不是鬼。

師：那問問同學，鬼和人有什麼不一樣？【推論】【能舉例】

生：鬼比較輕，人比較重

生：鬼看不見，人看的見

生：一個用飄的，一個用走的

生：鬼可以穿透過去

生：鬼披頭散髮、臉色發白、大舌頭

師：第三段出現危機，鬼懷疑定伯不是鬼。步行太極，可共迭相擔也。怎麼翻譯啊？【特定訊息】【能詮釋】

生:走路太累,可以一起互相背。

師:那迭怎麼解釋?【特定訊息】【能詮釋】

生:輪流。

師:所以整句話怎麼翻?【特定訊息】【能舉例】

生:走路太累,可以互相輪流背對方。

師:同學想想鬼提出這個要求顯示這個鬼?

生:可能不是鬼

生:鬼用飄的怎麼會累

師:鬼提出這個建議、要求,定伯怎麼回答,太好了。

生:因為定伯想看看他是不是鬼

師:那我們繼續看鬼就背定伯,發現定伯你怎麼這麼重啊?將非鬼也?將怎麼解是啊?【特定訊息】【能詮釋】

生:可能

師:是什麼語氣啊?【推論】【能舉例】

生:懷疑

師:你有可能不是鬼啦?如果你是定伯怎麼辦?【推論】

生:你產生幻覺啦!

生:我就不是鬼啦!

師:定伯怎麼回答,我新死也。新鬼跟老鬼有什麼不同啊?【推論】

生:新鬼就是菜鳥,什麼都不懂;老鬼會一些技法

師:那鬼有相信嗎?

生:那隻鬼太笨了,相信定伯

師:這裡作者沒寫出鬼的表情,你覺得呢?【推論】

生:半信半疑

師:第三段發現她不是鬼的特質,定伯以心死還很重過關。接下來第四段。

師:第四段發生什麼事?【特定訊息】【能摘要】

生:換定伯背鬼,定伯問鬼怕什麼?

師:怕什麼?

生:怕口水。

師：那同學認為鬼怕什麼？

生：照妖鏡

生：鹽

生：陽光

生：十字架

師：所以西洋鬼和中國鬼不太一樣，西洋鬼怕十字架、大蒜，東方鬼怕符咒、道士、灑鹽

師：接著來看，定伯背著鬼，如是再三，什麼意思？【特定訊息】【能詮釋】

生：這樣好幾次。

師：定伯問鬼悉何所畏忌？為什麼定伯要問鬼的禁忌啊？【推論】

生：想要對付這隻鬼

師：如果你是鬼，你會回答嗎？

生：他是菜鳥，會幫助他

師：因為對新手，人生地不熟，一般想法都會幫忙他

師：鬼就回答了，不喜歡人吐口水。這一段有寫到危機嗎？

生：沒有

師：那這一段在寫什麼？【推論】【能摘要】

生：鬼的危機

師：所以這一段從定伯的危機變成鬼的危機了，定伯把危機變成轉機了，故事留下伏筆

師：從第一段到第四段，定伯講的話有沒有改變？【推論】

生：語氣很和善

師：你有沒有發現定伯回答的句子越來越長，代表什麼？【推論】

生：不怕鬼了

生：知道這隻鬼很笨，好騙

生：這隻鬼不會害人

師：再來看第五段，他們就這樣反反覆覆互背，為什麼鬼一直要和定伯一起走啊？【推論】

生：他無聊

生：想要知道定伯有什麼打算

師：鬼太寂寞，想要找同伴

師：接著定伯先教鬼渡河，聽之了無聲，了要怎麼解釋？【特定訊息】【能詮釋】

生：過河

生：無義

師：這裡應該有加強的意思

生：完全

師：很好，再來漕漼作聲，定伯渡河是什麼聲音？【特定訊息】【能詮釋】

生：碰　　砰

師：你怎麼發出聲音？咦？你不是鬼嗎？這裡鬼的回答有什麼不同，語氣上有什麼不同？【推論】【能比較】

生：一開始是懷疑，後來是驚訝

師：所以一開始的你不是鬼，是強烈懷疑，這裡卻有關心對方的感覺

師：接下來又說我新死，勿怪，怪是什麼意思【能詮釋】

生：怪我

生：責怪我

師：這裡出現定伯第二次危機，定伯又以新死度過危機

師：下一段，快到宛市了，定伯變擔鬼至頭上，急持之，誰急持之【特定訊息】【能詮釋】

生：定伯

師：定伯抓住鬼

生：他怎麼抓得住鬼啊？

師：對啊！那接下來作者怎麼寫的？鬼大呼，聲咋咋，大喊救命，索下，誰索下【特定訊息】【能詮釋】

生：鬼

師：誰不復聽之【特定訊息】【能詮釋】

生：定伯

師：這時候定伯在想什麼？【推論】

生：把它賣掉

師：一直走到宛市，著地化為一羊，誰著地化為一羊【特定訊息】【能詮釋】

生：鬼

師：為什麼鬼到地上化為一隻羊【推論】

生：因為天快亮了，鬼會見光死

師：鬼怕光亮，故事雖然沒有寫出時間變化，但時間是有在改變的。鬼化為一羊，還有活命的可能

這時候，誰便賣之？【特定訊息】【能詮釋】

生：定伯

師：故事在這裡結束了，為什麼還要恐其變化【推論】

生：為什麼吐一口口水？【特定訊息】【能推論】

生：他怕鬼變回來

生：羊才能賣錢，鬼不能賣錢

師：看到這裡，定伯是個怎麼樣的人？【推論】

生：壞心

師：定伯的壞心是什麼時候出現的？【推論】

生：著地化為一羊，羊可以賣錢

師：這時候才興起壞念頭的

師：故事已經結束了，為什麼還要寫第七段？【推論】【能歸因】

生：說不定當時真的有這件事，所以把它寫下來

師：有可能喔！故事可能從真人實事改編。下一節課我們來進行內容深究

第二堂課

筆者於第二堂課時進行活動。

活動一：誰是主角？【特定訊息】【能應用】

請班上同學一人擔任旁白，有些同學擔任定伯，有些同學擔任鬼，進行課文朗讀活動。朗讀課文時，並將主詞省略地方表現出來。

南陽宗定伯，年少時，夜行逢鬼。

(定伯)問曰：「誰？」鬼曰：「鬼也。」鬼曰：「卿復誰 1？」定伯欺之，言：「我亦鬼也。」鬼問：「欲至何所？」(定伯)答曰：「欲至宛市。」鬼言：「我亦欲至宛市。」

(定伯與鬼)共行數里，鬼言：「步行太極 2，可共迭相擔 3 也。」定伯曰：「大善。」鬼便先擔定伯數里。鬼言：「卿太重，將 4 非鬼也？」定伯言：「我新死，故重耳。」

定伯因復擔鬼，鬼略無重。(定伯與鬼)如是再三。定伯復言：「我新死，不知鬼悉何所畏忌 5？」鬼答曰：「唯不喜人唾。」

(定伯與鬼)於是共行，道遇水，定伯命鬼先渡；(定伯)聽之，了無聲。定伯自渡，漕漼 6 作聲。鬼復言：「何以作聲？」定伯曰：「新死不習渡水耳，勿怪！」

(定伯與鬼)行欲至宛市，定伯便擔鬼至頭上，(定伯)急持之，鬼大呼，聲咋咋，(鬼)索下，(定伯)不復聽之。(定伯)徑 7 至宛市中，(鬼)著地化為一羊，(定伯)便賣之。(定伯)恐其變化，唾之，得錢千五百，乃去。

活動二：課文深究

將全班分為六組，進行課文深究討論。

第一題：寫出小說的基本要素【特定訊息】【能分類】

參考答案：

主角	宗定伯、鬼
時間	夜晚到白天
地點	至宛市途中到宛市
事件	定伯遇鬼
開始	定伯夜行遇鬼，欺騙鬼
衝突(高潮)	定伯急持鬼，鬼大呼，聲咋咋，索下，不復聽之
結局	鬼化為羊，定伯賣鬼

學生答案：

主角	定伯、鬼

時間	定伯年少時夜行
地點	至宛市路上和宛市
事件	定伯賣鬼
開始	定伯遇鬼後騙鬼
衝突	定伯抓住鬼腳，鬼大叫，欲逃之
結局	鬼變羊，定伯賣之，吐其口水，以預之

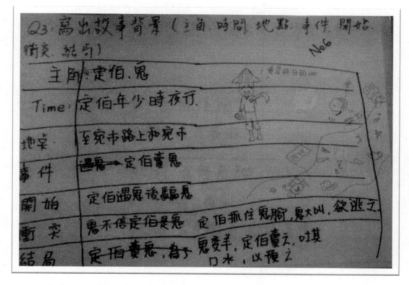

第二題：依序寫出故事的情節【組織結構】【能組織】

參考答案：

學生答案：

夜行遇鬼—一同前去宛市—要求互背—因定伯太重，疑非鬼—定伯答「我新死，故重耳」--定伯又問「鬼怕什麼」--鬼答人的口水—遇鬼鬼先渡無聲—定伯渡時

有聲—鬼又疑非鬼—定伯說「新死，不習慣渡水」--定伯擔鬼至頭上—至宛市，鬼變羊—定伯賣之得錢千五百

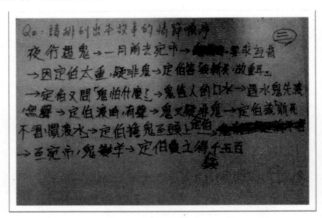

第三題：寫出故事中兩個主要人物個性【組織結構】【能比較】

參考答案：

人物	個性	支持證據
定伯	以智取勝	定伯言：「我亦鬼也。」
	居心叵測	定伯復言：「我新死，不知鬼悉何所畏忌？」
	反應敏捷	定伯言：「我新死，故重耳。」
	唯利是圖	恐其變化，唾之。
鬼	純真善良	鬼言：「步行太極，可共迭相擔也。」
	毫無心機	鬼答曰：「唯不喜人唾。」

學生答案：

人物	個性	支持證據
定伯	壞心眼	1.定伯欺之 2.恐其變化，唾之，得錢千五百，乃去
	機靈	鬼言：「卿太重，將非鬼也?」 定伯言：「我新死，故重耳。」
	猜忌多疑	1. 定伯因復擔鬼，鬼略無重。 2. 定伯命鬼先渡，聽之，了無聲。

鬼	天真單純	定伯復言：「我新死，不知鬼悉何所畏忌？」鬼答曰：「唯不喜人唾。」
	心生疑忌	1. 鬼言：「卿太重，將非鬼也?」 2. 定伯自渡，漕漼作聲，鬼復言：「何以作聲?」

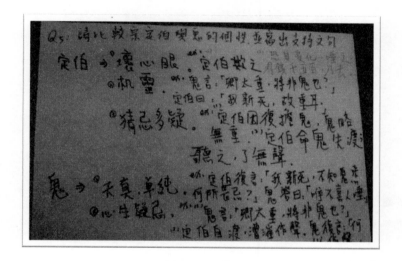

第四題：比較定伯的態度前後有何不同？【特定訊息】

參考答案：

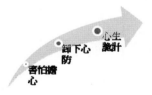

學生答案：

態度		
前	第二段：故作鎮定	
	第三段：還是害怕	
後	第四段：探查底細	
	第五段：有自信心	

	第六段:有企圖心, 計畫達成

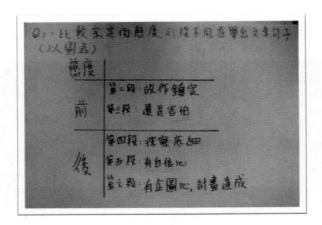

第五題:文中所描述的鬼具有什麼特質? 【組織結構】

參考答案:

夜晚出沒 ▶ 鬼輕 ▶ 鬼怕口水 ▶ 鬼渡水無聲 ▶ 鬼怕天亮 ▶ 鬼可化為物形

學生答案:

1. 沒有重量—鬼略無重
2. 過水時沒聲音—了無聲
3. 會變身—著地化為一羊
4. 會說話—鬼大呼
5. 怕口水—唯不喜人唾
6. 摸得到—急持之
7. 體力不好—共行數里,步行太極
8. 有禮貌--「卿」復誰
9. 沒有防備心—定伯便擔鬼至頭上
10. 太容易相信別人—定伯言:「我新死,故重耳。」

11. 思考能力不足，怕口水不怕水—唯不喜人唾，定伯鬼先渡	
12. 喜歡熱鬧—我亦欲至宛市（熱鬧）	
13. 會游泳、潛水--定伯命鬼先渡，聽之，了無聲	
14. 大驚小怪—急持之，鬼大呼	

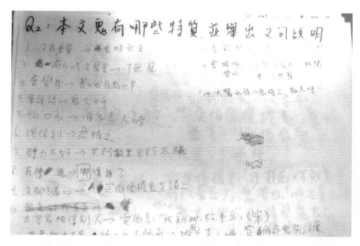

第六題：比較《聊齋誌異》〈大鼠〉與〈定伯賣鬼〉兩篇文章的相同點與相異點【評論】

參考答案：

	大鼠	定伯賣鬼
人物	大鼠、獅貓	定伯、鬼
時間	明萬曆	夜晚
地點	宮中	至宛市途中
情節安排	順敘法	順敘法
衝突點	獅貓的消極應對	鬼懷疑定伯不是鬼
如何化解衝突	獅貓以逸待勞	定伯使鬼化為羊，唾之，賣掉
如何刻畫人物(主角)	用動作刻畫大鼠及獅貓形象	用對話刻畫定伯及鬼特質
主旨呈現方式	文末以評論方式出現	未點出

學生答案:

相同處	
(令讀者)看法轉換	1.<大鼠>中一般人認為貓會抓老鼠,但文章內容卻是大鼠作亂 2.<定伯賣鬼>中一般認為鬼欺人較多,此篇文章相反
順敘法(寫作)	
旁觀者(立場)	
以智取勝	
相異處	
<大鼠>	<定伯賣鬼>
獅貓和大鼠無對話	鬼和定伯有對話
結局依常理結束:獅貓戰勝大鼠	結局非常理結束:人戰勝鬼

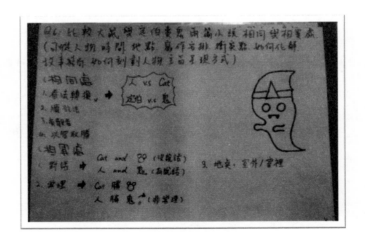

四、省思與檢討

　　在課堂上利用兩堂課進行完這篇文章的教授,在教授過程中感受到孩子回饋的熱情與發亮的眼神,感受的到孩子對文本的探究與好奇。第二堂課進行分組討論時,學生在內容呈現上仍有疏失,如:第一題定伯賣鬼應為結果,事件應是定

伯遇鬼；第二題本篇故事學生的敘述流程太過冗長；第三題事件舉例上不夠完整；倒是第五題鬼的特質歸納可看出學生的創思；第六題兩篇文章的比較學生從內容出發，補足筆者多從形式上出發的答案。上完課後，針對本篇文本進行的方式，筆者進行了問卷調查，發現學生對於提問式啟發教學法給予肯定，對於從整體到部分的教學方式，覺得更能掌握文本。學生給予的回饋如下：

- 很讚!至少不呆板、不無聊。
- 老師的教學方式很完整，因此可讓學生有效率的學習，而且教學方式生動，使得學生喜歡上國文課。
- 簡單易懂又明瞭。
- 很棒!我比較喜歡心智圖。
- 很活潑!讓學生想要繼續聽下去。

　　教學不就是要讓學生快樂學習，老師快樂教學嗎?啟發教學法啟發了新的教學之路。

五、結　論

　　2006 年，以小四學童為主的閱讀素養評比 PIRLS 和高一生的 PISA 閱讀評比，臺灣的表現都敬陪末座。我們的孩子對於知識能侃侃而談，卻缺乏歸納推論、詮釋整合、評估批判的能力。語文課最重要在教孩子閱讀，而閱讀就是要教孩子如何思考，[11]培養孩子的問題意識，就是藉由課堂上的提問觸發學生對問題的解決，並進而在閱讀時懂得質疑、懂得批判，能夠產生問題意識，進行自我監控的後設認知。

　　語文課如何藉由齊聚一堂的閱讀，尋找出作品最多層次的意義－－包括生命處境的共鳴、生活意義的豐富及情操的提升，進而培養海納海川的胸襟和容易看見美好的性情，是國文老師在課堂裡引領學生入門的終極使命。[12]九年一貫課程進行的課程改革，改變了教材，卻未改變教師的教法。讓語文課回歸閱讀，讓閱讀重回孩子生活吧!

---

[11] 柯華葳：《0~15 歲閱讀力實戰關鍵》(臺北:天下雜誌，2009 年)，頁 25
[12] 同註 6，頁 72。

參考文獻

林俊賢：〈華語文教學之師生提問策略研究---以故事體提問為例〉，《教育資料與研究雙月刊》第 90 期，2009 年 10 月。

柯華葳：《培養 Super 小讀者》，臺北：天下雜誌出版社，2009 年。

鄭圓鈴：《Bloom 認知領域教育目標在國語文教學與評量的應用》，臺北：心理出版社，2004 年。

廖玉蕙：《文學盛筵》，臺北：天下雜誌出版社，2010 年。

鄭圓鈴：《基測陷阱的思考與對策》，臺北：螢火蟲出版社，2006 年。

王開府：〈心智圖與國語文教學〉，《國語文心智圖導引》，教育部：中央國教輔導團，2008 年。

柯華葳：《0~15 歲閱讀力實戰關鍵》，臺北：天下雜誌，2009 年。

角色扮演融入閱讀活動的設計與應用
——以高師大附中國中部《三國演義》閱讀活動為例

連明朗[*]

摘　要

　　知識經濟時代學習的過程就是要把知識加值利用或有新的知識產出。閱讀活動在目前最需要突破的是對閱讀素養的忽略，因此指導閱讀的人需要具有明確的閱讀素養觀念，才能擬出有效的閱讀策略，最終能有效指導學生提升閱讀素養。本文目的在提供一個策略操作過程，並比對 PIRLS 對閱讀素養的五個層次定義，發現本文的操作過程是一種可以達成提升學生閱讀素養的模式，因此能為全國閱讀活動設計提供一種具體有效策略是本文拋磚引玉的期待。

關鍵字：閱讀、閱讀素養、創意閱讀、角色扮演。

壹、前言

　　當知識經濟時代來臨，以知識激發、擴散與應用為核心，超越傳統產業有限的產能與產值。但隨著知識的不斷創新、以及文化的積累，人類的經濟文明已從「知識經濟」（knowledge-based Economy）邁向「創意經濟」（Creative Economy）（楊朝祥、徐明珠，2006）[1]。**Bill Gates** 曾說：「我們無法改革教育系統，我們必須把它換掉(replace it)！」[2]。回歸閱讀推展的現場常發現學生 M 型化的閱讀能力分布使人擔憂。推展的人想讓強迫閱讀變成愉悅閱讀，就必須從養成主動閱讀習慣著手。

　　天下雜誌 2009 年 3 月柯華葳撰文〈閱讀素養的培養〉指出促進國際閱讀素養研究（PIRLS）實施國際閱讀評比過程中，便以「各式各樣」的文章檢測學童

---

[*]國立高雄師範大學附屬高級中學圖書館主任
[1] 楊朝祥、徐明珠（2006）。〈創意經濟與人才培育〉，《國政研究報告》。2008 年 2 月 4 日，取自 http://old.npf.org.tw/PUBLICATION/EC/095/EC-R-095-001.htm。
[2] 林宏達(2007)。〈新財富革命　50 兆美元財富待開發！〉，《商業周刊》，第 1001 期。2010 年 3 月 25 日，取自期， http://www.businessweekly.com.tw/webarticle.php?id=24204。

閱讀理解的情況[3]。其原因乃是基於閱讀就是讀書面語言意即印刷體上所呈現的各種符號。符號不僅會出現在教科書或是書本上，甚至在電視、網路、漫畫、部落格、地圖、表格或各種圖表等都有具有符號及其表徵。因此閱讀的對象就有更廣泛的定義，據此採取創意經營閱讀，過程中就可以將閱讀教材定義從書本放寬至其他紙本出版品、圖像與多媒體的閱讀。

高師大附中國中部實施《三國演義》閱讀活動單元，嘗試使用不同的閱讀心得感想呈現方式，將角色扮演應用在心得感想撰寫，這種打破制式思考改以第一人稱寫作方式是期待將心得表達變得多樣而有趣。在生活化情境引導下讓學生學習多樣化表達心得感想，甚至將閱讀成果呈現開放性的討論塑造快樂的閱讀氛圍，如此一來更能啟發自動閱讀的興趣，這樣才是務實行銷閱讀之道，也是推展閱讀的關鍵。

貳、角色扮演融入閱讀活動的意義

一、戲劇治療

在戲劇演出中所使用的工具與機率式自發性的演出，可提供扮演者瞭解人類存在的各種可能性，藉此使扮演者瞭解到「想像、虛構、主觀生活」與「日常、真實、客觀生活」之間的差異，進一步可能於其間體會出屬於自身的平衡狀態。

一般戲劇化投射指的是參與者將自我的不同層面及經驗投射在劇場中，由此可將內在的衝突轉變為外在可見的影像。藉由演出，在戲劇化表達的過程裡，扮演者的改變投射成為內容，創造出不同的可能性，在導引者的協助下，扮演者得以理解自我的衝突並開啟新的領悟。藉由以上歷程，戲劇化投射使個案得以再度統整自己的內在世界[4]。

戲劇治療的方法尤其適合於青少年階段。青少年階段發展的特色即在於過度理想化與自我中心。在戲劇治療中，一方面包含投入的同理過程，一方面又保持距離，以維持理性的思考角度。這種來回穿梭過程之學習，有效提供青少年協助自我覺察、面對自我進而調整自我。這種讓學生以戲劇方式釋放內部不當的能

[3]柯華葳(2009)。〈閱讀素養的培養〉，《天下雜誌》，第 3 期。2010 年 3 月 25 日，取自 http://www.cw.com.tw/article/index.jsp?id=37044。
[4]陳珠璋、吳就君等（1983）。由演劇到領悟。臺北：張老師。

量，對一般學生是可行的策略。

二、角色扮演

根據 Robert J Landy 在《Drama Therapy: concept ,theories and practices》中論述，人們在戲劇中同時扮演一種「我」（me）與「非我」（not me）兩種不同身分的角色（Robertp，1998）[5]。把這兩種角色發展的概念以下圖(圖一)來呈現，可看出年紀小的孩童在遊戲治療中較無法體會自我與角色的差異，對年紀大的人而言就可以區分差異而產出自我覺察。

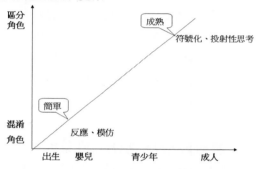

(圖一)角色扮演在各年齡層的使用效益

戲劇的扮演歷程本身，就能喚醒扮演者對於角色在情緒上的共鳴、認同及情感的投入。扮演者若對於一個角色、物品、情境可以發展出同理性的回應，其過程便極有療效。角色扮演源於角色理論，角色是我們對自我的一種評價及行動，它是情感和行動的系列組型，是一種獨特的及習慣性的待人態度 (廖鳳池，民88)[6]。「扮演」本身即具有療效，因此利用戲劇來做治療，一方面經由角色扮演讓演出者卸下日常面具，在不知不覺中坦然呈現過去經驗或行為反應，讓扮演者有空間想像自己的狀況，再透過解構後重新詮釋舊經驗，讓舊經驗呈現新意義。

三、團體輔導與角色扮演

角色扮演由於具有前述特微，也就成為團體輔導不可或缺的重要方法，尤其因為可適用不同年齡的學生，故一向廣為團體輔導課程所運用[7]。團體輔導並非

---

[5]李百麟、吳士宏等（譯）（1998）。Robert J Landy.著。 戲劇治療。臺北：心理。
[6]廖鳳池（1999）。〈班級輔導活動的教學模式〉。《學生輔導》。64，36-47。

[7]臺灣心理諮商資訊網（2004）。〈班級團體輔導活動方案設計的理論基礎〉。2010 年 3 月 25 日，取自 http://guidance.ncue.edu.tw/nmain-theory09.htm。

一般人想像的團體活動，其內容、教材、教法，主要以學生內在需要和發展課題為教材和內容，學習的歷程是以學生內心經歷為主導取向。因此，團體輔導的實施方法和技術通常具多樣性、創造性、自發性、經驗性和實驗性 (吳秀碧，民88)[8]。

團體輔導強調發展性及預防性的功能，學者陳均姝更認為團體輔導能協助學生心理與人格的成長，增進其內在認知、情感、行為三層面的了解與探索，以增強個人自我功能及處理問題之能力，而角色扮演即是認知、情感、行為三層面的整體行動學習法(陳均姝，民87)[9]。帶班的導師若能善加利用，一定可以更失深入了解學生，使班級經營更順手。因此使用第一人稱幫傳記小說人物撰寫日記的活動當做以角色扮演寫劇本階段來看待，學生對角色認知與投射的效果自然會在其日記中流露出心理的思考模式或價值觀。

參、閱讀經營環境分析與策略擬訂

隨著全球化經濟的風起雲湧，人類面臨的是一個結構崩解的新經濟體系，持續確保競爭的優勢在於「創意」和「創新」（楊朝祥、徐明珠，2006）。Osborne，Wittrock 指出大腦並不是被動的吸收資訊，反之，它積極地建構它自己的資訊解釋，且從中得到推論。柯華葳(2009)為文指出根據 2006 年的促進國際閱讀素養研究（Progress in International Reading Literacy Study，簡稱 PIRLS）的定義，讀者必須具備下列的閱讀素養（Reading Literacy）：

素養一：能夠理解並運用書寫語言的能力。

素養二：能夠從各式各樣的文章中建構出意義。

素養三：能從閱讀中學習。

素養四：參與學校及生活中閱讀社群的活動。

素養五：能夠由閱讀獲得樂趣。

因此推動閱讀工作的老師呈現的專業性就在瞭解學生的認知架構，具體而言就是要正視孩子不是不懂(Not Understanding)，而是懂得不一致(Understanding

---

[8]吳秀碧（1999）。〈角色扮演與團體輔導〉。《學生輔導》，64，26-35。
[9]陳均姝（2000）。〈角色扮演在輔導與諮商上的應用〉。《學生輔導》，67，18-35。

Differently)。所以老師的專業能力就是在閱讀推展過程中幫學生們透過多元探索檢視他們的認知,透過因勢利導協助學生架構智慧,最後學生能實現各自所能進而建立自信而更樂在閱讀。

反觀今日閱讀推展最為人詬病的是制式的心得寫作發表方式,如果不能用嶄新的思維在閱讀推展現場運作,其中的危機是將在不確定的年代中,養出一批只能人云亦云的下一代,因此下一代更要早日對創意經濟如何運作有實務經驗,就需要明白創意的轉化生成以及記錄其產生的經過。要突破這種困境只有在推行閱讀過程中以多樣化閱讀媒材激發其想像力,教導年輕學子養成創意習慣和技巧。今天高中以下各級學校花了這麼多人力與經費所推的閱讀工作如果不能緊扣上述策略,則閱讀成效將是令人質疑的。

筆者首先檢視本校面臨的閱讀推展挑戰因素,部分來自校園內部另一部分來自校外環境衝擊:

一、校園現況

(一)行政人員負擔業務沉重

本校高中是附屬在高雄師大之下,再由高中附設國中十二班,國中再附設國小六班。同一筆年度預算需三級年段共用,學務處與圖書館業務上除了國中與高中區分考量外,小學部還須依低年級、中年級與高年級分段辦理活動。當圖書館推展閱讀工作時就必須考量各階段學生心理成長與認知發展的差異來經營,因此推展閱讀工作得面臨重重負擔與執行成效挑戰。

(二)學生語文表達能力個別差異大

本校中小學部學生越區就讀率就像其他各地附中一樣高,因此造成家長社經地位懸殊很大,學生學習資源分配不均和學習基礎不平等造成閱讀推展的困難度。在開放民主的校園中一般閱讀的推行方式不適合本校生態運作,不但要讓學生願意拿起書本看一眼,就算要撰寫閱讀心得也需要在公平原則下另闢蹊徑來引起大部分學生的興趣與獲得家長認同。

二、外部挑戰

(一)閱讀習慣遭受網路的挑戰

根據天下雜誌的調查顯示公立圖書館家數自1999至2003年增加到506家（5年內增加了85家）,但圖書的借閱人次在這段時間內,卻從 1千5百多

角色扮演融入閱讀活動的設計與應用
——以高師大附中國中部《三國演義》閱讀活動為例

萬人次降到 1 千多萬人次，減少了 500 萬人次的借閱量。再依照行政院主計處社會指標統計結果顯示 2000-2002 年臺灣地區國立、院轄市立圖書館其圖書借閱人數和冊數，除了臺北市立圖書館外，都有逐年減少的趨勢。

由上述數據讓我們警覺到圖書館的閱讀人口正在在流失中，公立圖書館的營運危機是存再的。再從網路虛擬社會看，只要加入 My Space 建置自己的部落格就等同成為世界第五大國的國民，因為該網域的網民有五億人口使用，這種虛擬與實境的共存，其間隱藏的問題值得推行校園閱讀工作的人警惕。

(二)生活的閱讀需求挑戰

在後現代的思潮中，去中心化反應了當代社會改變的不同面向，如 Barthes 及 Fish 兩位學者則批評：「作品本身的意義並不在字句中，而是在讀者的閱讀經驗中，待讀者去發掘。」。Barthes 也曾說：「一部作品之不朽，並不是因為它把一種意義強加給不同的人，而是因為它向每一個人暗示了不同的意義。」[10]。因此經典作品的定義遭遇解構，甚至主流地位也不復存在。從國中生或高中生的借閱行為或獨立研究議題可以看出小眾市場活生生地存在校園內。

透過大環境的變遷，不但圖書館營運不應以現代的思維與價值存在後現代社會提供服務，也就是不能再以普遍性的眼光，冀望以一致性的作法來服務多樣化的讀者需求。這樣才能走出後現代圖書館服務的新方向（賴鼎銘，1997）[11]。相同地，圖書館或學校老師辦理的閱讀推廣活動的困境也一直繞在寫心得或小論文的迷宮裡。其實後現代這個概念在閱讀推展時應該被凸顯談論，目的是從結構性的根本問題看出我們僵化教育體制的盲點所在。

學生的家長社經地位高不代表必然認同閱讀推展，有時反而更重視升學；儘管九年一貫立意良好，但是升學主義盛行的情境內根本無法存在養成閱讀素養的時間與空間。加上城鄉物質生活差異，使許多獎勵閱讀措施在本校校園內根本無發發揮作用，往往都流於形式主義，因此提升閱讀素養活動建構本位閱讀課程就成為本校長期發展的目標。

---

[10]高雲換、黃怡茵、黃薇蓉(2003)。〈作者已死：巴特與後現代主義〉，《網路社會通訊期刊》，第 35 期。2010 年 3 月 25 日，取自 http://www.nhu.edu.tw/~society/e-j/35/35-32.htm。
[11]賴鼎銘（1997）。＜後現代狀況下的圖書資訊服務＞，《圖書館學與資訊科學》23（1），43-59。

肆、國中生幫三國人物寫日記

筆者在 90 年起擔任國一新生班導師，就開始對該班級全體學生以資優充實課程的精神實施班級本位課程，該課程以建構式的知識內容學習為前提；大量閱讀不同屬性媒材，透過後設認知展現多元表達的成果。

91 年起又兼任圖書館主任，這個改變提供制高點來思考創意閱讀如何在本校架構，於是「三國人物日記」是這種思維下產生的其中一個實驗單元。選用《三國演義》做媒材的理由是中國人自古有一套對「天、地、人」的生活邏輯，三國演義全文融入三十六計操作，忠實紀錄謀略實驗成效，恰好提供學生未來投入華人市場必備的為人處世素養。

一、單元設計的動機

本單元的實驗動機是透過遊學學生從美國帶回編製「1861 年南北戰爭期間報紙」作業的經歷，引動筆者這個單元的設計動機。這種還原時空的操作與戲劇表演如出一轍，因此啟動操作三國人物日記撰寫單元的雛型。

當時班上學生很風行電玩，逆向思考想到學生平時玩電動遊戲其實就是玩角色扮演。遊戲過程從期待自我實現、到達成成就自我，進而建立自信，這是電玩遊戲迷人之處。教學上取用這個精神，在無限制下讓學生寫出三國人物的心聲，這種有趣的方式應該比傳統閱讀心得寫作更吸引學生完成。

二、單元設計的立論背景

三國人物日記這個閱讀活動單元就是利用創意融入閱讀的策略性產品。當學生歷經小學階段學習，對一般文章的主題段落、本文內涵、延伸典故及結語都有基本認知。李振清(2007)指出當學生讀完整本文本後，直接汲取了文中的詞彙與句法更可以依樣畫葫蘆模仿文體，加入角色扮演的模擬更能引動產出性 (output) 的作品，而且是與個人獨特生活經驗重整的創新產出[12]。

該單元活動以角色扮演的立意融入閱讀活動設計與應用，這項單元本身模仿「戲劇治療」的一些方法，但不是像正式的戲劇治療操作那麼精細。此舉不但提供學生在閱讀過程中達成多元探索，還可以發揮創意達成提升『瞭解自我與發展潛能』、『欣賞、表現與創新』與『獨立思考和解決問題』能力的目的，這種成就

---

[12]李振清(2007)。〈提昇英文閱讀素養是人才培育的基礎〉，《英語充電站 93》，第 93 期。2010年 3 月 25 日，取自 http://cc.shu.edu.tw/~cte/gallery/ccli/abc/abc_093_20071212.htm。

各自所能對學生而言是有意義的閱讀學習活動。本單元操作過程中可分成下列幾個步驟從建構資料到產生智慧(圖二)：

(一)當學生被分配到角色以後開始從書中資料找出被指定角色資料形成資訊。

(二)從找出角色資訊到發展「角色的日記」，揣摩該角色人物在讀本以外的種種生活細節形成對該角色的知識。

(三)最後思考呈現這個角色以臺詞、動作、情節為骨架　再添上按照自己平日說話思維與行動方式去自創角色思維與身體語言鋪展血肉就形成個人的智慧。

認知 ⟶ 解構 ⟶ 再建構 ⟶ 產出知識 得到智慧

(圖二)後設認知在閱讀活動中的利用

三、單元設計的目的

本單元期待了解下列三個面向：

(一)融入角色扮演精神的閱讀心得感想撰寫方式能否讓學生閱讀素養有突破的呈現?

(二)融入創意的閱讀心得撰寫方式能否讓老師在班級經營時可更深入了解學生?

(三)融入創意的閱讀心得撰寫方式能否讓老師實施閱讀指導時能得到正向的回饋?

四、單元操作的過程

本單元執行過程：

(一)實施對象

以 91 年筆者擔任導師的國一義班學生 35 人為對象參與撰寫。

(二)預讀媒材

事先調查學生在小學時代擁有看過《三國演義》經驗的人約 95%，筆者提示不指定版本限二星期內看完或複習。

當初筆者指定全班要讀《三國演義》時，曾向學生說明操作本單元的理由是讓大家增加社會經驗與更了解人性。並針對人性了解與動機約略與同學討論和說

明，列舉諸葛亮寫《出師表》為例說明其人格結構的問題。這樣處理是要引動學生寫人物日記時使用第一人稱思考方式，將心比心也就沒有是非對錯，只能說人性就是如此。因為這個單元是一種另類的角色扮演，有遊戲治療的味道，因此事先不做太多干擾說明。

(三)選取角色與分配角色

本單元經挑選後的三國人物包含：曹操、劉備、孫權、關羽、張飛、趙雲、司馬懿、劉禪、華佗、蔣幹、周瑜、黃蓋、小喬、貂蟬，還有作者羅貫中。

1.角色選取

這些人物名單決定原則是由筆者擬訂個性鮮明的角色或有重要地位且較為生活中熟悉者，如此讓學生比較好切入與發揮。

2.角色分配

各個角色分配到的撰寫人數均控制為 2-3 人。寫曹操、劉備、趙雲、司馬懿、劉禪、華佗的各有三人，寫張飛、關羽、孫權、蔣幹、周瑜、小喬、貂蟬、黃蓋、羅貫中的各有二人（另外有一人因特殊原因沒撰寫）。為了不讓學生有對號入座的感覺，筆者故作神秘，請學生放學後上網去看自己被分配到哪個人物；並請學生在二週之內交出五篇該角色的日記。

(四)撰寫指導

基本上讓學生回到歷史情境內去設想歷史人物心情是要導引學生表達自己的心境。「三國人物日記」的教學流程在於透過讓學生先「解構」再「建構」。因此它不只是單純的角色分析，而是在分析之後，導引學生必須以「自己的語氣」來為分配到的角色發聲，而且使用的語氣越接近真實的自己越好；筆者為達成讓學生盡情揮灑還設定粗話、國罵皆可寫入。這樣的情境條件與進入網路遊戲設定角色相似，目的是以學生的後設認知，將角色重新建構。

學生第一次繳交作業時筆者一定審視其作品符不符合原來規定，凡是沒有使用第一人稱思考撰寫者，筆者會再給予個別指導與說明並請學生重寫。學生在寫作業時也只是當作角色分析的功課而已。有些人慢交但一定催繳，最後每人均繳交紙本原稿。對於完稿者老師只訂正個別的完稿內文錯字，若是被分配的角色在日記中未有心境描寫者提示增加描述而已，決不給予該角色個性批判以免造成暗示。

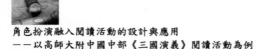

伍、成果分析與應用

　　學生作品評析時，筆者僅在個別日記中分析其呈現的人格與現實生活中的人格特質相同或導師未覺察部分，因此僅在文章上加線標示（不做文字註記），以便日後持續觀察與個別輔導時應用。以下為分析記錄範例：

【實例一】情竇初開的貂蟬 VS 沉著冷靜的貂蟬

學生	情竇初開的貂蟬
日記呈現	貂蟬手札（一）　西元 221 我這個從未見過世面的大閨女，早就想要一個男朋友，今天終於讓我遇見我的真命天子－呂布！這可要好好的感謝我親愛的爹爹囉，雖然看他一副老謀深算的樣子，壓根兒也猜不著他在打什麼主意，只約略知道….嗯…我會幫國家做一件大事，<u>活了幾十歲才知道原來我這麼的偉大呀！</u>呵呵呵！最高興的莫屬於<u>帥哥呂布約我遊洞庭湖了；波瀾碧綠的湖水，廣袤的田園，深遂幽暗的石窟，這些美景呀令人陶醉….但他的帥臉還有他那顆溫柔的心讓我更陶醉；喔！他的熱情把我融化了呀！沒想到我有一天會真正去體會愛情，原本想說那不是愛情小說裡面的情節嗎！它真的發生在我身上耶！…..我是在作夢嗎？</u> 美好的明天等著我的到來呀…..金黃的陽光代表我的希望…我的愛 嗯….題一句詩詞來祝賀我的美好未來吧！ 「<u>良辰吉日趕快到，祝我新人上花轎呀上花轎！</u>」 貂蟬手札　（二） 嗚嗚嗚…..我怎麼這麼苦命呀….原本以為光明的明天正等著我的到來，沒想到今天半路殺出了程咬金－一個又胖又蠢又醜又呆的太師董卓；雖然爹爹已經告訴我他的計畫，叫我釣董卓，而董卓他好像也很喜歡我，但是叫我跟一個豬頭豬腦的太師一起同住……實在是太太太…..一想到他我的眼淚都快掉出來了….好委屈喔…真希望呂布還在我身邊，聽我訴訴苦，倒在他的懷裡撒撒嬌，只可惜這些都已成泡影了，消逝的無影無蹤….現在我想我可以體會到：「人生如夢，夢

如煙，煙如屁。」那種悲觀失落的感覺....美好時光總是過的特別快呀......悲矣！
悲矣！悲矣！唉～～～～聽說你今天被太師阻擋在外，我的心好痛呀！
何時才能回到呂郎的懷抱呢？ 你知不知道小女子多想你呀！

貂蟬手札（三）
呿！這個老不死的董卓今天終於病了，可真是忙死我了耶！叫我餵他吃藥，又
要幫他擦擦那張豬臉、洗洗那雙香港腳，噁！髒死了，這根本是女僕在做的事
嘛，說什麼要跟我多親近才叫我這樣做的，還說叫我做這種事他可是萬分的不
捨，真是自相矛盾！
今天呂布來看他，順便看看我，沒想到董卓竟然說他偷看「我」的人，誰說我
是他的人的呀？真是莫名其妙，真想當場告訴他說，我才不是你的人，我可要
當呂夫人！然後呢，他又將呂布趕走了，相距才短短的幾分鐘而已，董卓就破
壞了美好的幽會，真是討厭又沒良心呀！誰會喜歡他這種貨色嘛，我永遠不會
喜歡他的，若不是爹爹對我有一份恩，我早就跟呂布私奔了，他才是我的白馬
王子呀！
寫一首悲傷的詩來表達我這個悲泣天使的心情吧！
淚的枷鎖 束縛
雪白翅膀 褥濕
斷線的珍珠 顆顆晶瑩
鋪成 銀色小路
澎湃狂瀾 從指縫狂洩
多少心酸 多少悲
早已比不過一夜秋風 一夜秋雨 我真的好難過.....真想逃離此煉獄

貂蟬手札 （四）
呂布他私下約我到董卓的後宮鳳儀園去，我跟他娓娓道來，跟他傾訴著多日來
的心酸與難過，心情頓時豁然開朗，多天的陰霾一掃而空；呂布他還是跟以前
一樣，靜靜的聽我說；說到悲處，他陪我掉淚，說到歡處，他跟我一起嬉笑，
我想這就是我愛他的原因之一吧！多少人能夠跟他一樣有耐心呢？至少，董卓

就沒辦法。

最令我感動的是，我告訴他說，我願死於他面前表明我的心意，他緊緊的抱住我，說他願意跟我共同生死，喔！這真是愛的山盟海誓呀！

我們真可說是一對苦命鴛鴦啊！可是正當我們在談情說愛時，董卓好歹不歹的又出現了，哼！他真是個討厭鬼，又再度破壞了這次難得的約會，還拿起呂布的戟向他一丟，差點就射個正著，害我為呂布捏了把冷汗！老天爺啊！我們這對小倆口，什麼時候才能湊成對呢？

貂蟬手札（五）

董卓今天跟我說：「把你賜給呂布好不好？」我差點就說：「好呀好呀，求之不得。」只是爹爹一再告訴我說，面對董卓、呂布一定要演戲，不可將真實的情感表現出來，所以我就回了一句違背良心的話，說實在我並不喜歡當雙面人，可是又有什麼辦法呢？對於呂布我更是情不自禁的將對他的感情完全流露出來，雖然爹爹並沒有這種意思。我到底什麼時候才能脫離這種兩難的局面呀？但爹爹派密告訴我說，連環計已到了最後一環，希望我能好好表現，他也說呂布已跟董卓反目成仇了，正在伺機報復，或許這對我來講是種好兆頭吧！我就快要變成正牌的呂夫人囉！好險命運之神沒有捨棄我，她終於讓我重拾幸福的滋味了！期待這天的到來！

實際性格	1.該生家教異常嚴謹，國中三年家裡連電視都沒有。 2.平時學習努力，生活刻板，性情壓抑。
落差發覺	1.該生怎會有如此放縱的心靈，教師繼續觀察其男女互動關係，但一直未出現困擾，功課一樣穩定，該生家教嚴格可見一般。
應用	2.勸其適度放鬆自己，多看報章社會新聞以增廣見聞，對男女互動處理能力，隨全班課程一起成長，不另做輔導。

學生	沉著冷靜的貂蟬
日記	貂蟬 日記（一） 東漢

| 呈現 | 最近，大家都說我是一個十分善解人意的女孩、外貌姣好，也擅長唱歌跳舞，是一位多才多藝的絕世美女，<u>雖然我都跟他們說我沒有這麼好，但是我的心裡實在是非常非常高興的！</u>這幾天，看到義父整天悶悶不樂，我很想為他分擔憂愁，但是總是都等不到機會，真是急死人了啦！

貂蟬　日記（二）　東漢
剛剛我自己一個在花園裡沉思，還真是巧的咧，就剛好遇到了義父囉，他說他是因為聽到我的歎息聲，所以才靠近看的，他問我說為什麼我會在這，我就回答他說，因為他的整天悶悶不樂我很擔心，所以才來這的，如果義父需要我的幫忙的話，就馬上跟我說吧！他聽了我的話之後，就低頭想了一下，不知道他在想什麼咧，過一陣子，他跟我說了他的計畫，原來他想要我去色誘董卓和呂布，哎～該怎麼辦呢，雖然想幫義父，可是我又不太想‧‧‧算了，明天再說吧！

貂蟬　日記（三）　東漢
今天我跟義父說我答應了，為了義父，我什麼都願意，今天義父把我許配給呂布，呂布馬上被我吸引住了，我心想：「嘻嘻，你這大笨蛋。」<u>原來呂布也沒什麼嘛</u>，害我為義父擔心那麼多，哼！到時候他就知道後果啦，<u>呼～今天好累喔，我還是早點睡覺好了，不然如果明天有事就糟囉。</u>

貂蟬　日記（四）　東漢
<u>嗯嗯，還好我昨天有早點睡覺</u>，不然今天一大早義父就把我挖起來，說接下來要換董卓囉，見到了董卓，他也跟呂布一樣，都被我吸引住了，原來他們義父子都是一個樣子嘛，都是討厭的臭色狼，難怪義父會想出這種計謀來害他們，我還多跟董卓說：「你義子好討厭喔，每次都用色瞇瞇的眼神看我。」他馬上就對我說：「改天我去教訓教訓他！你別怕喔。」我聽完馬上全身起雞皮疙瘩，好噁心喔！真是討厭。

貂蟬　日記（五）　東漢 |

	最近我又一直跟董卓和呂布說一些對方的壞話，所以他們越來越討厭對方，就企圖要殺了對方，呂布身體比較強壯，所以董卓就敗在他的手下，死掉了，而我也達到我的目的啦！幫了義父一個大忙，心裡實在是很舒服的呢！
實際性格	1.該生很率性，父母無法要求，頗有剛愎自用的個性，表面有自己一套很有原則的生存則學。2.愛打球的程度到了「極嚴重」沉溺。
落差發覺應用	1.在家讀書讀不久，嗜睡症程度嚴重。 2.儘管表面裝成堅強的樣子，實際很需要被肯定。 3.做事很會拖，「明日復明日」是其弱點。 4.國三下費一番功夫，協助複習該生不喜歡的社會科，。

【實例二】統整分析能力很強的羅貫中

學生	統整分析能力很強的羅貫中
日記性格	羅貫中日記〔一〕 今天偶然看到晉朝史學家陳壽寫的三國志，哼！只因為晉是從魏繼承過來的政權，就說曹操這個大奸臣是傑出的政治家？赤壁之戰明明就是孔明的功勞，為啥寫周瑜及黃蓋是主要的策劃、有極大的功勞？他們火攻策如果沒有東風行的通嗎？身為第三者，我有義務告訴世人事實的真相。好！我要改下列幾點： 1.劉備是一個憂國憂民的漢代後室，曹操是一大奸臣，應該說是一代梟雄。 2.赤壁之戰時的功勞都送給諸葛亮吧！雖然借東風只是唬爛，但是<u>周瑜的器量太小，不是一個好模範，功勞給他小一點吧。</u> 3.把全部寫在一起，這才較三國鼎立嘛！三國志太爛嚕，把魏蜀吳的歷史用國別來記載，那不叫三國鼎立，應該叫作三個國家！ 羅貫中日記〔二〕 今天寫到關羽溫酒斬華雄，這是一個難關，<u>我必須要突顯關羽的高強武藝及英雄氣概</u>，這裡我不想用關羽如何拍馬迎戰、刀劈華雄的威風；那太平常了。我突然想到要用「酒未涼而英雄歸」來描寫，那種殺敵的神速借一杯酒的溫度來<u>寫出</u>，嗯，一定震撼人心！另一點，三國的人、物常「換主人」，例如：赤兔馬，

牠先和董卓搭檔，接著和呂布搭檔，接著與曹操，最後是關羽。又例如呂布，他原隸屬於丁原，因董卓用重金及赤兔馬收買過來，又被王允使美人計，殺了董卓，後又投靠劉備，又自立為王，最後慘死刀下。雖然呂布薄情、無謀，但他的勇武是史上有名的，不然怎會有「三英戰呂布」呢？

羅貫中日記〔三〕

諸葛亮因三顧茅廬而出世，相對而言，我覺得曹操不是沒有謀士才失敗的，他麾下就有程昱、荀彧、賈充、郭嘉等不遜於孔明的人，與是他白痴到沒發覺，笨到不會用，自負到不肯用。無論如何，孔明鞠躬盡瘁，死而後已的精神是百姓該效法的，那我就把孔明的事蹟寫的顯著些吧。孔明在初期利用「借勢」，替劉備打下基礎，借是一種藝術，利用別人的力量〔敵方〕替自己做事，那才是真正的「借」。中期與鳳雛—龐統合作，一外一內的充實實力及擴展領土；後期，獨撐大局的守候蜀國致死，實在是一代忠臣的模範呀！

<u>其實自古以來能成大功的人都能借用「勢」，把不屬於自己的因素借為己「用」，使自己處於有利的位置而獲得勝利。後代的人應該從前人的軌跡中找到啟示吧。</u>

羅貫中日記〔四〕

喝酒，是張飛的一絕。他逢酒必飲，每飲必醉。他曾經喝酒喝丟了徐州，也曾經喝酒喝退了張部。最後，又是喝酒，糊里糊塗地被割掉了腦袋。<u>他的每次喝酒，都有著不同的內容—有高興、有輕敵、有智謀、有憂愁也有悲傷。喝酒喝出了張飛獨特的性格：他既是一位勇猛粗魯的莽漢，又是一位粗中有細的將領。</u>他既是叱？戰場的英雄，又是多愁善感的忠義之士。

他的成名戰應該是在長板橋上單騎退曹兵，他先叫部下把樹枝拴在馬尾上，在樹林裡來回奔跑，再隔著橋單獨面對曹操的大軍，吼了一聲，把夏侯傑下的摔下馬而死，不花一兵一卒退了曹兵，可見他的勇武實在是驚人！

羅貫中日記〔五〕

滾滾長江東逝水，浪花淘盡英雄。是非成敗轉頭空，青山依舊在，幾度夕陽紅。白髮漁樵江渚上，慣看秋月春風。一壺濁酒喜相逢，古今多少事，都付笑談中。

	唉～人的壽命是有限的，不論英雄、梟雄或者是小兵也都難逃一死；但天地的壽命是長久的。你或許去世了，但你的「精神」卻可以活在後世的心中；人實在是不能因為一場勝利就鬆了戒心，因為你不能保證敵方絕不可能不東山再起呀！ 不論做任何事，都要能不愧於天地，那才是能頂天立地的男子漢大丈夫啊！ 寫完了三國演義後，有如自己打了一場仗。三國時期的英雄所激起的浪花還震撼著我的心頭，閉上眼時，三國的情節一幕幕的呈現在我眼前，看來，這幾天睡覺時，有人要和我在隆中喝酒談天了！
實際 性格	1.該生是一隻標準書蟲－課外讀物、報章、雜誌來者不拒。 2.能主動回收資源。 3.思想獨特因此人際互動不佳，被視為「外星人」。
落差 發覺 應用	1.書看得多統整也很強，協助讀書習慣調整（一看到書甚麼都忘了）。 2.借勢使其了解人際互動重要性，並指導其應對進退以提升與人互動能力。

【實例三】從電玩和電視中誕生的曹操

學生	從電玩和電視中誕生的曹操
日記 性格	曹操戰記 一 (黃巾之亂) 唉......今天真是忙碌的一天哪！一早起來就要帶兵去和劉備、孫堅他們一起合力討伐張角～真他ㄇ匸死張角，該出現的時候不出現，不該出現的時候就這樣給我大搖大擺的走出來，看了就一肚子火，而且還帶著張寶跟張梁一起來～不知道為啥，現在一看到他們這一家姓張的就怒髮衝冠、火氣沖天，在打仗的時候一直亂跑，害我看起來跟個瘋子一樣在戰場上騎馬亂開，甚至還害我在大眾前就這樣給他"摔馬"，不但害我身上都是擦傷，而且我最氣的是......你害我的愛馬摔到腿斷了啦！他ㄋㄋ的，你這個張角，竟然敢這樣對待本大爺的愛馬～找死。 我的寶貝啊～你爸我終於幹掉那個害你殘廢的張角啦！去～死張角，你到最後還是打不贏我的～哇哈哈～

曹操戰記 二 (虎牢關之戰)

今天又是一個忙碌的一天，要親自帶著夏侯惇、夏侯淵等人和袁紹、劉備、孫堅等人聯合打敗惡人－董卓，我們本來以為董卓是絕對打不贏我們的，阿但是捏，那個死董卓竟然帶著呂布、貂蟬一起出兵，我的媽呀！才一個呂布就把咱們的袁術軍全殺個片甲不留阿，害我方全體軍隊士氣下降，天哪！沒士氣怎麼跟別人大幹一場ㄋㄟ，幸好咱們的曹操軍夠強～夠讚～夠英勇～才把全軍隊的士氣拉回來，說到頭來還是偶這個領導人夠聰明，才會帶出這麼機靈的部隊阿～～哈哈哈～～

可惡的呂布，他竟然殺了我旗下的一堆士兵，害我差點士兵不夠用，最後捏呂布終究抵擋不了咱們的曹、袁、劉、孫四大部隊的攻擊，終於被咱們幹掉了～YA～

到了最後決戰的時刻，咱們派出衝車部隊突破虎牢關，合力殺了董卓，真是直得歡慶阿～可是……這又好像意味著我們魏、蜀、吳之間的戰役要開打了……

曹操戰記 三 (官渡之戰)

今天的這場戰役要和袁紹軍對打，其實我已經抓到了他們的弱點，所以基本上我是不想打的，但是不打又不行，因此只好帶著旗下最強的武將應戰，但是令我不解的是……為什麼在前幾天關羽會跑來我這說要暫時性的投靠我ㄋㄟ，真是怪了，關羽明明就應該是在劉備旗下的阿，為什麼會跑來投靠我ㄋㄟ？？？於是我就帶著關羽一起應戰，就在當時我發現關羽的功績優異，不但打敗了敵方的武將，而且還找到了烏巢兵糧並且放火把它燒了，因此而使得袁紹軍士氣下降，我軍才得以獲勝，但是就在準備進行最後決戰的時候……竟然發現劉備在幫袁紹，本來想藉機幹掉劉備的，但是劉備在看到關羽之後就撤隊了，阿咧他們真的是把我給搞混了，算啦！至少已經把袁紹殺了，我也不想計較那麼多了。

曹操戰記 四 (長板之戰)

我可憐的愛馬呀！今天真是辛苦你嚕。今天一早就要帶著夏侯惇、張遼和徐晃

	等人馬去追擊劉備和他的百姓們,本來以為是一件很簡單的事情,但是劉備派了諸葛亮、趙雲、張飛和關羽等人在長板橋那堵我,哇咧靠ㄅ,就因為這四個人堵在長板橋那,不但害的我軍過不去,而且還一併殺了我軍的一堆士兵,使得我軍兵力大減,幸好我今個所帶出來的武將數量多,再加上又幾乎都是猛將,費了好大的勁才把他們四個打跑,雖然說是打跑了但……這時劉備已經快要逃亡成功了,哇靠!費了那麼大的勁才打贏一小場杖,他們卻這樣拍拍屁股就快跑掉了,那我們剛剛不就白打啦!於是我們就只好騎馬狂追阿～～～ 最後終於還是……沒追到,哇咧靠ㄠ,追了不知多久了竟然沒追到,唉……今天真是有夠ㄙㄞˋ阿…… 曹操戰記 五 (赤壁之戰) 今天的這場戰役真是給他輸個有夠慘,竟然在蜀國跟吳國的聯合攻擊下被打退了,而且我軍的船艦也全部被燒個精光了,所以最後只能騎馬撤退,唉……真的是有夠慘,說到頭來這次最主要戰敗的原因只有一個,阿就是被諸葛亮祈禱借來東南風,再加上周瑜和黃蓋放火船,使得我軍的船艦在大火及東南風的掃蕩下全都沉了,這就是這次戰敗最主要的原因了,其實是還有一個主要的原因,那就是這次吳國所帶出的武將是周瑜、呂蒙和陸遜,這幾個都是很讓我頭大的武將阿,不但武藝好而且戰略佳,每次一開打就會要人命阿,我敢打賭,要是吳國沒有這幾個武將的話,這場戰役的勝利者就一定會是我～～～(但願如此就好了)
實際性格	1.該生害羞不敢在大眾面前表達自己感受。 2.單親家庭但貼心,有責任也多愁善感。 3.愛玩電玩。
落差發覺應用	1.從會做事與抓重點,導師多給予關懷與鼓勵。 2.該生完全從電玩再配連續劇寫出本文,出乎導師意料之外。

陸、結 論

　　在知識經濟邁向創意經濟的時代，沒有時間再讓我們以傳統的閱讀操作模式犯錯誤或做出浪費的決策。持續確保下一代競爭的優勢在於「創意」和「創新」，因此分眾特質的讀者群必須有不同於以往的閱讀推展策略行銷。老師的專業能力就在能提供多元探索的各種歷程，養成不同的閱讀素養。

　　「三國人物日記」採取角色扮演融入閱讀活動，主要目的是要藉由以第一人稱撰寫來喚醒扮演者對於角色做出後設認知的產出。簡單來說這項作業可以分為二個面向看待，對學生而言，這是好玩的創意思考與增強資訊蒐集與應用能力；對老師而言，就是屬於輔導工作的範疇。從學生產出的作品可以看出這個單元的四項成果：

一、本單元讓學生透過後設認知展現超乎預期的作品

　　這種從建構到解構之後產生後設認知然後進行再建構，整個過程從基礎資料產生獨特而唯一的智慧，如此一來可以滿足心理層面建立自我實現帶給學生自信。依據 PIRLS 所定義的閱讀素養一和素養二完成認知與建構完整了解，學生們呈現已經到達閱讀素養三的成就，因為讀出了文章的意思之後，再加以思辨，重整已知的知識，成為了一種「新」的知識。

　　從貂蟬寫一首悲傷的詩、趙雲自稱文采好或描述其自信，再到羅貫中掌握全盤的思緒與電玩中生出來活生生的曹操，在在呈現學生的創意與一般作業的截然不同，這種透過後設認知轉化出來的新作品處處可見其思考模式與創意。

二、本單元讓學生體會練習語言表達與玩電動遊戲一樣有成就感

　　在要求學生盡情揮灑自我的前提下，透過撰寫三國人物日記的過程中，可以看出學生寫得比平常要求寫心得或其他充實課程作業來得流暢。這種語言表達讓學生感受到淋漓盡致，其表現可歸納為下列兩項：

（一）以原本語文程度較好的學生而言

　　因為後設認知發揮效用，讓他們又整合了許多資訊進來，讓文章的表達方式呈現多元化，並使文章呈現更豐富的內涵。

（二）以原本語文程度較差的學生而言

　　因為角色扮演發揮效用，讓他們心靈投射到角色生活，雖然創意或統整的程度表現不出色，但以語文表達流暢與完整而言，都能抓到情節重點而完成小題大作的表現。

當教師把其作品放至班級網頁分享時，PIRLS所定義的閱讀素養四指標自然達成參與學校及生活中閱讀社群的活動，也讓學生能夠由閱讀獲得樂趣達成PIRLS的閱讀素養五指標。

三、本單元使學生展現未觀察到的心理層面而利於班級經營工作

　　學生的所建構出的三國人物，果然都呈現自己的性格投射，因此老師可以透過日記內容，增進對學生當下心態的認識，並藉此作為一個轉接點幫助更深層了解學生，對於實施適性輔導有相當的幫助。

　　以貂蟬日記的作者為例，其中一位是生活中很得母親寵愛的男生，不愛唸書只愛睡覺，看看他所詮釋的貂蟬：「雖然想幫義父，可是我又不太想⋯⋯算了，明天再說吧！」「呼～今天好累喔，我還是早點睡覺好了，不然如果明天有事就糟囉。」果然印證了筆者平時的觀察。另一位同學在老師眼中是正經的女生，可是她卻出乎意料的寫出思春的貂蟬，筆者認為該生正值偶像崇拜的年紀，在潛意識中有愛慕的情緒剛好可以藉由這個單元抒發出來，未嘗不是好事。

　　雖然這項作業有助於學生輔導，筆者卻必須很有技巧的尋找機會與學生溝通，而且不能說穿是從三國日記發現的，否則會讓學生產生被窺探的不安全感，因此溝通輔導動作一切都要水到渠成。

四、本單元成果印證角色扮演融入閱讀活動讓閱讀推展工作得到正向回饋。

　　像「三國人物日記」這樣的閱讀學歷程和寫自己的日記最大的不同的是「敢言其內心所欲言」，從創作的角度上看學生寫完一般學生不易完成的字數，每個人的成長與自信在文章中都可以明顯看出。作品成果經過導師分析後將協助導師更了解學生，因此這樣的活動單元不但在班級經營上會有突破性的貢獻，同時對提升學生撰寫閱讀心得的能力也提供了有利的證明。

　　在2007年1月29日出版的第1001期商業週刊專訪第三波、財富革命作者Alvin Toffler，他指出我們正在轉進新的經濟系統中，我們需要創意、需要知識，但是大部分的先進國家，包括美國，用的卻是過時的教育系統，所以第一件要做的事，就是改變教育系統。他更具體指出現在我們送小孩上第二波學校，幫

他們準備如何在第三波經濟中生存，這是個非常錯誤、浪費的決定。這個單元操作閱讀推展的流程所建立的獨特操作模式，就要實踐 Alvin Toffler 的主張，至於可否推展到其他古典小說或西洋的經典名著，則有待進一步的研究。

筆記欄

統合式閱讀教學試作研究

黃志傑[*]

摘　要

本論文旨在描述藉由教材與教法的互相搭配，在國中國文領域教學中，建立一個以閱讀教學為主軸的教學模式。

在教材方面，改變現行審定版教科書的單元編排方式，而以講讀、導讀、自讀課程為組元單位，重新編纂一套適合閱讀教學的教材。這種教材的編排方式，適合精讀及略讀教學，故可謂之為統合式閱讀教材。

在教學法方面，本次試作配合精讀與略讀教材，設計相對應的閱讀教學法。亦即以啟發式教學法進行講讀課程教學，而以擬文學圈教學法進行導讀課程教學。另外，自讀課程則以誘讀、推讀、輔讀等方法，達到不教之教的目的。這樣的在一單元課程中，結合了各種閱讀教學法的狀況，可謂之為統合式閱讀教學法。

關鍵詞：閱讀教材、閱讀教學法、啟發式教學法、文學圈

壹、前　言

本研究的主要目的是藉由教材與教法的互相搭配，嘗試建立一個國中國文領域教學中以閱讀教學為主軸的教學模式。

在教材方面，有別於目前國中國文所採用的審定版教材，需要發展一套能配合閱讀教學的全新的教材。所謂全新，主要是指教材形式的全新，亦即編輯體例的全新。至於內容，可重新選編範文，亦可依照舊有選文，重新編排。本次研究，為了符合單元編輯的構想，故選擇新編範文，作為試教範本。而在教材的形式上當然是全新編輯，目的在統合講讀、導讀、自讀等篇章，編纂出一套全方位之閱讀教學教材。

在教法方面，目前國中國文領域教學，在有限的時間壓力下、在分科

---

[*]臺北縣立明德高級中學國文科教師，臺灣師範大學國文系博士候選人

課目的限制中，教師多據審定版教材，以講述法傳授語文知識。每一課多是字、詞、句、段、篇章、修辭等，鉅細靡遺地採取「滿場灌」的方式授課。至於閱讀教學，似乎是另一個「非考科」的課程，與領域教學截然有別。本研究希望，將平日領域教學常用的教學法，結合適合閱讀教學使用的教學法，在成套的課程安排下，進行教學法的組合。具體言之，講述法教學固然最具知識傳授的功用，文學圈閱讀法卻富含創發思考的功能；或說，精讀固然是領域教學中所不可避免，自讀更是學生擴展學習之必經途徑。這樣的安排統合了教學法，也統合了閱讀方法，

　　本次試作，若求周延，應是從課程設計、教材編纂、教法理念、教學歷程、成果檢討、回饋改進等等，一貫而下，分章敘述。然而礙於論文篇幅，故本文重點放在教法理念說明及教學實作歷程上，而在論述教法時不可分割的教材方面，亦僅擷取其中部份，簡述其要。至於課程設計等等範圍，則俟他日另文再論。

貳、教材編纂簡說

　　本研究重點放在教學法的理念說明與實作歷程，而教材是主要配角。如果現行坊間有適合本次研究使用之教材，則取而用之即可。但目前各審定版教材之編輯體例皆與所需不符，因此必須重新編輯教材，以利教學。換言之，本次研究中，教材雖非重點，卻是教學中必備角色，故於本節先簡說教材特色，以作為後續教學實作的憑藉，與後文闡述之依據。

一、閱讀式教材體例

　　如何使一部教材成為閱讀式教材，而非一般教材。筆者認為重點在編輯體例與排版的方式。後者不在討論範圍，故不論，僅論前者。

　　本教材單元編輯體例依序為：「主題介紹」、「單元目標」、「範文組成表」、「講讀範文」二課、「導讀範文」二課、「自讀範文」二課。這樣編排的目的就是方便閱讀教學實施。這也是本次教學試作不適合借用各審定版教材教學的原因。

　　講讀、導讀、自讀三者兼備，是本教材為了閱讀教學而特別設計的體例。其實這樣的教材編製並非本教材所獨創，其他地區之教材亦見此編排

方式[1]。

依據原教材編纂設計，講讀教材二篇，使用六節課授課；導讀教材二篇，使用二節課授課；自讀教材二篇，不安排授課時數。

至於閱讀式教材編纂體例如何發揮閱讀教學之效果，於後文教學法描述中一併提及，此處暫闕。

二、啟發性問題討論

（一）講讀課程設計「討論與練習」

此設計與審定版相比，在形式上並無二致，但在學習單的設計上卻有不同。學習單上呈現「自我發言提示」及「他人發言摘要」兩欄。在進行討論時，學生依據上課前所寫的「自我發言提示」來發表意見，而其他未發言的學生，則可以注意聆聽他人說法，將精采處記錄在「他人發言摘要」中。當然，學生要回答這些課後的問題，必須預先閱讀課文，則「先行閱讀」一事，已達到閱讀教學之初步目標。其次學生須課前先寫發言單，意謂學生除了閱讀選文之外，還必須看完課後討論問題，並做出回答，則「做出回答」一事，已達到閱讀思考之教學目標。

練習部分則以字音、字形辨別比較與成語訓練為主。著重在語文知識之熟習。意欲技能訓練不可偏廢。

（二）導讀課程設計「討論與思考」

討論的題目可以和任務單中的團體任務相同，但任務單中的個人任務就不應該在討論與思考中出現。而教材中思考的題目也不必在任務單中出現。

至於詳細教學操作，下文闡述教學法一節會詳細介紹，此處暫闕。

（三）自讀課程設計「理解與思考」項目

自讀教材即是學生自行閱讀，教師並不干預，甚至無所謂評量的措施。學生在看完文本之後，僅需依照理解與思考的題目，一一去自我回答，就能獲的閱讀的效果。

---

[1] 本教材編寫體例之擬定，多參考顧黃初、顧振彪所著之《語文課程與語文教材》（北京：社會科學文獻出版社，2001年）一書，讀者可自行查閱。

參、教法設計理念

　　本次教學試作，為了配合單元內各個不同的課程，分別使用了不同的教學方法。一個課程中或一篇選文的授課，可以只用一種教學法貫串到底，也可以穿插多種教學法搭配使用，以下分述：

一、講讀課程

　　本課程計有範文二篇，各以三堂課授課。講讀課程中，不只使用一種教學法授課，主要是以兩種教學方法穿插使用。一則能不失語文知識傳授之功用；二則能啟發學子閱讀思考之能力。以下分述所使用之教學方法：

（一）以「講述法」維持傳授知識的基本要求

　　講述教學法在本次試作教學中，僅用在「講讀」教材部份。顧名思義，之所以稱此二篇為「講讀教材」，其實就是設定此二篇之教學方式：一則教師以講述行之，另則學生須精讀文本。

　　一提及「講述法」教學，似乎就是不思進步的代名詞。然而就筆者觀察，現今中學國文課堂，仍不能排除以講述方式授課。針對這種現相象王明通云：

> 　　講述法係一歷史悠久，而且運用廣泛，成績卓著之教學方法。任何
> 教學，無能屏此而不用，舉凡介紹教材，引起動機，敘述事實，指
> 示觀念，解釋困難，摘要結論，整理補充等，皆須以講述行之。斯
> 法所以為人所病，主因在於教師始終以為教學目的僅為傳授知識，
> 以至長期濫用……行之既久，自是弊端百出，難見其瑜。[2]

此言甚是。無怪乎現今的課堂觀察，所見的教學法中仍以講述法為主，因為講述法真是「成績卓著」。只是用濫了，就百弊叢生了！

　　但是，換個方向思考，如果語文教學的目的就只有「傳授知識」，那麼「講述法」就應該是最好的教學方法了。王宛磬云：

> 　　教師採用敘述和說明的方式來講授語文知識。在較短的時間內集中

---

[2] 王明通《中學國文教學法研究》（臺北：五南圖書出版公司，1989年）頁95。

傳授密集的書本知識，保證知識傳授的系統性、完整性和深刻性。[3]

具體而言，語文課程不能排除語文知識的灌輸，而灌輸語文知識的最簡單有效方法就是講述法。那麼在語文教學中使用講述法，是必然且必要的手段了。

當然，「傳授知識」不是語文教學唯一的目的，當然教學方法也就不能一路「講述」下去。

（二）以「提問法」深入文本討論

講讀課程中，學生須精讀，教師須講課。而其中教師的「講」，除了講述法的「講」之外，提問法的「問」也一種「講」。或可謂之為「不講之講」。

什麼是「提問」呢？路冬梅云：

> 提問，就是在課堂上為了調動學生積極思維，教師依據教學內容向學生提出問題，是引導和促進學生自覺學習的一種教學手段。[4]

筆者認為，所謂的「講」，可以看成是「老師向學生直接或間接的說出」。於是直接說出知識答案的講述法當然是「講」，轉個彎用問題引導學生自行思考答案的方式也是「講」。故引文中所謂的「調動」、「引導」、「促進」皆可視為一種「講」的方式或功用，目的在使學生「自覺學習」。亦即教師用提問方式勾動學生閱讀後的思考，學生經過思考而獲得文本所要傳達的訊息或意念，則提問法達成之效用同於講述法之知識灌輸。 只是講述法是直接灌注，故謂之「講」；提問法是間接引發，故謂之「不講之講」。

進一步言，名為「提問法」，是以實際操作形式來看；若以其功用而言，因能啟發學生的思考，故亦可謂之為「啟發性教學法」。王宛磐云：

> 由教師提出一些問題，引導學生積極思考，得出正確答案。這種教師提問、學生作答的對講形式，就像日常生活中的談話……。談話

---

[3] 王宛磐、郭奇《語文教學通論》（開封：河南大學出版社，2003 年），頁 166。
[4] 路冬梅主編《新課程語文教學法》（開封：河南大學出版社，2006 年），頁 190。

　　的過程，實際上就是啟發學生分析問題、解決問題的過程。[5]

啟發學生自覺地思考，應是閱讀教學最重要的目標之一。

　　據筆者自身經驗，講述法是教師將知識「滿場灌」，不符合學生本位之教育理念，但卻最能在有限的教學時間內掌握重點授課；提問法容易造成學生的思緒「滿天飛」，卻是能夠啟發學生思考的教學方法！

　　誠然，閱讀教學的方法豈是僅止於此，另外尚有朗讀、默讀、討論、提要、比較、批注、讀書筆記、讀後感[6]等等，也都是閱讀教學的好方法。只是筆者希望把閱讀教學的教學法逐漸帶進領域教學的過程中，先不絕對揚棄傳統領域教學的講述法，同時帶進閱讀教學的提問法，使二者折衷，交錯運用，期能尋找一種最理想的搭配，是本次教學試作的目的之一。

二、導讀課程

　　本課程計有範文二篇，各以一堂課授課。

　　以擬「文學圈」教學法達到引導閱讀的目的。所謂擬文學圈教學法，就是不等同於文學圈教學法，卻又借用文學圈教學法的許多步驟或方法，故謂之擬文學圈教學法。

　　吳敏而將「文學圈」定義為：

　　　　文學圈是一個協同探究和閱讀的團體。它的過程是在每個人選擇讀物之後，先獨立閱讀，再分享個人對文本的回應，然後共同決定探究的議題，進行深入探討。[7]

據此，本次教學試作，不完全符合「文學圈」之定義。其中最大的不同就在「共同決定探究的議題」一義。亦即本次試作之閱讀探究議題，由教師決定，非學生自由議定。

　　本次教學試作，擷取「文學圈」教學法之部分操作步驟，而以導讀範文為教材，進行閱讀教學。以下分述各步驟之設計理念。

---

[5] 王宛磐、郭奇《語文教學通論》（開封：河南大學出版社，2003 年），頁 171。
[6] 張中原主編《課程語教學論新編》（南京：江蘇教育出版社，2007 年），頁 147~161。
[7] 吳敏而〈套圈圈、洋蔥圈、閱讀圈——文學圈之理論與實務〉收入侯秋玲 吳敏而編《文學圈之理論與實踐》，頁 10、11。

（一）安排「任務單」作為第一層次的閱讀引導

何謂任務單？任務單就是在上課前，製作一種表單，每人一張，每張上面寫著不同的任務。學生依據這個任務來閱讀文本，或者依據這個任務來找尋文本中相關的答案。

這樣的做法能讓學生在閱讀中有一個預設的任務要達成，為了達成這個目標，他必須閱讀全文，而且可能不只閱讀一次。更且在閱讀完成後，要填寫任務單之際，學生必須在心中回想文本內容，反芻咀嚼之後才能化為文字，填寫任務單。此時，學生之閱讀已從認知進入理解，甚至進入分析、綜合階段。

任務單之安排取自「文學圈」教學法。林文韵云：

> 任務單的目的在提供不同的回應向度，學員可以把任務單貼在紙上並做筆記。我想示範的是，寫回應是使用書面語言記錄自己的思考，是寫給自己看的，是一項對自己有用也有意義的書寫，這不像寫作業單是要交功課的。[8]

相同於林教授的作法，筆者把任務單功能定位在「發言提示」上。也就是說，學生填寫任務單是為了發言時能順暢發言，就像演講者有演講大綱，或重點提示一樣。與林教授不同的是，筆者設計的任務單形式較像學習單，而作用上，它是必須收入學習檔案的「功課」。

形式像學習單，功用卻絕不相同。學習單主要用來驗證學生學習成果，而任務單主要是用來記錄學生個人想法。驗證成果的必須有標準答案，而用來記錄想法的，答案絕不可能一致。

至於為什麼任務單一定要成為收入檔案的功課？因為填寫了任務單，才能確認學生閱讀了文本，也唯有填寫了任務單，才能確保分組發言時不致無言。

以上是第一層次的閱讀引導。說是引導，其實只是給個閱讀文本的助

---

[8] 林文韵〈推動文學圈的師資培育〉收入侯秋玲 吳敏而編《文學圈之理論與實踐》，頁32。

統合式閱讀教學試作研究

力，並未指導學生思考方向，而是讓學生自由地在文本中探究。

（二）安排分組發言討論作為第二層次的閱讀引導

在分組討論這個流程中，也與「文學圈」部份相同，部份相異。在分組方面，林文韵云：

> 學員常會問到分組的問題，到底是同質性或異質分組才好，我建議以學生的興趣分組。老師應提供不同難度的書，讓學生自己決定要閱讀哪本書，因為唯有討論自己有興趣的書，才有話題聊，也才能引起學習的動機。[9]

本導讀課程也做學生分組，但不像林教授所述的文學圈分組，筆者就依照座號分組。這樣的做法看似魯莽，其實是深思熟慮後的決定。一是因為本導讀課程的文本就只一篇文章，非是一本書，更不是好幾本書，沒有選擇的餘地。說得粗魯一點，只此一篇，別無選擇，何來興趣云云。其次是依據經驗，學生自行分組，常見一、二位「孤雁」學生，始終找不到同組人，甚至可以說沒有人願意和他同組，如此一來，課程就難以進行了。最後，也是最主要的原因，是這種討論方式在本班首次實施，莫說學生陌生，就算老師，也不熟悉。依照座號分組，老師最能掌握分組成員特性，推動起來，也應相對順暢。所以，最陌生的路徑，以最安全穩當的步伐前進，應是最佳的選擇。

至於討論方面，吳敏而云：

> 討論是文學圈的關鍵活動。原則上，討論的議題應由學生自行決定，但是，很多教師不放心，或是希望學生能夠均衡的談論各種文學要素，所以就會發任務單給學生。假使由教師提供任務單，應該是多樣的任務，並且數目要超過小組的人數，讓每個人都有機會挑選任務。[10]

---

[9] 同註 9，頁 34、35。
[10] 同註 8，頁 18。

以「討論」而言，本導讀課程本來就採此形式進行教學，但討論議題的形成，卻與之不同。其原因主要還是學生尚不熟悉此活動之運作，要求其自行決定討論議題，恐怕是強人所難！因此，討論議題皆由筆者明白寫入個人任務單中，人人任務不同。

依上所述，本導讀課程襲用了文學圈分組討論的授課方式，卻非全然地運用文學圈授課理念。然而，理念雖有異，卻不表示全然無用。高博銓說：

> 討論可以增進學童的閱讀理解，近一步釐清概念，統整新舊經驗而獲致批判性地理解。
>
> 也因此，班級閱讀教學可以運用適當的討論技巧，採取分組的方式進行，讓讀者有機會可以進一步地提升其閱讀技能。透過小組的討論，彼此得以互相對話，也使讀者成為有批判能力的思考者。[11]

高氏之言，誠為本試作教學之分組討論部份提供理論依據。

筆者認為，分組發言討論的目的在進行閱讀探究。所謂的閱讀探究，是學生依據自己的任務單所寫的答案，向其他組員說明。當每位組員都說明完畢自己的任務之後，開始進入探究階段。所有組員依據他人所說明的內容提出自己的看法，或補充、或反駁，意在更深入探討每位學生任務的答案。學生經此反覆討論之後，或許堅持己見，或許同意他人說法，無一定則。然而就在此反覆討論之中，閱讀成果就此深化，此謂閱讀探究。而分組發言討論也就完成其第二層次的閱讀引導作用。

（三）以教師輔助作為第三層次的閱讀引導

真正的「文學圈」教學方式，教師的參與度，愈少愈好。吳敏而云：

> 開始嘗試文學圈時，教師往往會過度的認真，未能擺脫一些根深蒂固的教學行為，因而破壞文學圈自由學習的重點。……。不要引導小組討論。有些教學方法需要教師介入，但是文學圈的基本原則是

---

[11] 高博銓《教學論 理念與實施》（臺北：五南圖書股份有限公司，2007年）頁290、291。

放手給學生探索，以養成終身所用的探究模式，所以，教師需要適當的放手。[12]

筆者絕對贊成吳氏的說法，而且正確的「文學圈」教學法就應該依照吳教授所言的方式進行，就應該抱持吳教授所言的理念從事。

但是在深思熟慮之後，筆者決定不如此進行。不放手讓學生自由地討論，而是必須適時地指導討論。

教師應適時指導小組討論！這不是說教師需坐下來與學生共同討論，而是介入正在討論的小組當中，指導該小組的討論。什麼時機介入呢？當該小組言不及義時；當該小組成員論述有客觀的知識上的錯誤時。

學生的論述，在客觀的知識上有誤，教師立即導正，避免同組學生接收錯誤訊息。相對的，在主觀的想法上與眾不同，則不應干預之。

至於何謂言不及義呢？學生常常說著說著，就說到天邊海角去了。也許還是故事內容範圍，卻不是要討論的主題，此時，教師就應該介入小組討論，將小組導回論題常軌。

綜合言之，在文學圈教學法初運作的階段，教師的介入是必須的，其目的有二，一是在進行閱讀內容理解時除錯，二是在進行閱讀教學過程中除弊。

三、自讀課程

以自讀課程完成閱讀橫向遷移。馬笑霞云：

> 橫向遷移，是指學生對所學的知識和技能的重組與擴大，培養學生分析判斷類推的能力。講讀課中學生理解了的知識，並不能保證橫向遷移的必然發生，只有通過自讀課的形式，引導學生把掌握的知識加以運用，在獨立閱讀中才能產生知識技能的橫向遷移。[13]

換言之，閱讀教學中，由講讀課程一路下來，一直到了自讀課程，才是將「閱讀」這件事，完全傳授給了學生。

---

[12] 同註 8，頁 21。
[13] 馬笑霞《語文教學心理研究》（杭州：浙江大學出版社，2001 年）頁 178。

另外，本次試作之自編教材採用主題式單元編纂，也符合此一理論。馬氏續云：

> 心理學研究表明，學習遷移的產生有賴於兩種學習之間的共同因素。一個教學單元內講讀課文與自讀課文的同類或相關組合，恰恰體現了這一遷移規律的特點。[14]

以本單元而言，自講讀選文二篇，到導讀選文二篇，及自讀選文五則，都是有關三峽地區神話傳說之篇章，符合「同類或相關組合」之要求。

「自讀」即自行閱讀，亦即提供篇章，讓學生能在課餘時間自行閱讀。或許有人會問：要是學生不自行閱讀，那編寫了這些自讀篇章，這豈不是白工夫一場！筆者的回答是：是！如果學生不課後自行閱讀，這個「自讀」課程根本就是無疾而終。但重點是：我們必須想辦法讓學生自行閱讀。

換言之，此課程最大困難就在於評量。如何確知學生課後讀了沒有，除非要求繳交學習單，或安排一堂課堂檢討，如導讀課程一般。否則甚難驗證學生是否讀了書，更遑論讀懂了沒有。

然而，若安排了教學時數，一則等同了導讀，二則佔用了時數。若繳交學習單，則又容易抹煞閱讀樂趣。以上都有違自讀原意。

（一）安排查找資料作業

所查找的資料與自讀課程相關，卻又不是針對自讀教材內容的作業。例如本次教學試作，自讀範文兩課，共五篇，其內容皆是三峽地區民間的口傳文學。那麼在寫作課程[15]中，要求學生去查找的資料就設定是三峽地區的傳說即可。此時，為了不跟課文重複，學生們只好先看課文談了哪些傳說，然後才去找課文中未收錄的傳說，如此一來，要學生查找資料的目的就達到了，而自讀課程中要學生自行閱讀的目的也在學生主動閱讀中達成。

---

[14] 同註 14。

[15] 本次試作之原始課程設計，除文中所述課程之外，亦包含活動課程（探索教育）與寫作課程（情境寫作），為一整合式之課程設計。然因本文論述重點非在課程，且礙於篇幅，故相關於後二課程之論述皆不在此呈現。

（二）利用課堂提示及發問

在上講讀課程時，以及在上導讀課程時，有意無意地提及自讀課程中的篇章故事，卻又不說完全，讓學生因存疑，而主動地去閱讀課文尋找解答。這是一種誘使的力量，不強迫學生閱讀，而是讓學生為了解決疑惑而主動閱讀。主動的力量比被動的力量大，這是無可懷疑的事實。

（三）設計「理解與思考」項目

本項目在自讀課文之後，概略依據「重述文本」、「理解擇要」、「對應生活」、「啟發思考」等四個閱讀成果驗收的進程，設定題目。讓學生在讀完篇章之後，能有所依循，進行反芻，進而深化閱讀成果。

這樣的設計可以說是一種評量——自我評量。當學生願意主動閱讀，讀完了依據「理解與思考」項下的問題一一回答，在腦中回想一次、解答一次，這是真正讀懂了文章，真正思考了內容。不須寫學習單，不須交心得報告，閱讀成果自然獲得。

事實上，本課程設計，或說教材的安排及教法的實施，都以「自讀」為目標前進。教材上，同一主題的單元設計，固然是希望學生讀了第一篇後，意猶未盡地主動續讀另外五篇；教法上，講讀課程需畫預習圖，導讀課程須寫任務單，都是一種課前閱讀的性質，而「課前閱讀」，就是一種自讀。

肆、教學歷程

以下詳細記錄課前準備、上課流程及課後整理等歷程。僅記述操作過程，至於施作背後的理論依據，在上節中已清楚闡述，不再贅言。

一、講讀課程

講讀課程有二課，單課以三堂課完成教學。以單課而言，筆者的閱讀教學流程採「預讀→精讀→復讀」[16]的方式進行教學。

「預讀」是課前學生在家自行閱讀，閱讀後畫出預習圖，以備課堂交流討論，亦可作為評量之一元。

---

[16] 此教學流程綜合、修改自二處。一是張中原主編《課程語教學論新編》，頁 164~167。二是蔡偉主編《語文課程與教學研究》（杭州：浙江大學出版社，2008 年），頁 197。

　　「精讀」之意，是必須精研地細讀，這是對學生而言。另一個角度看，在老師的教學動作而言，則是必須精確地講述及啟發式地提問。這部份，佔了講讀課程大多數的時間。

　　「復讀」可運用朗讀、默讀等方式進行，亦可配合課後之問題討論，要求學生針對問題，回頭查閱或思考課文內容，以完成復讀。

　　以下依據教材編排，分述授課內容及授課時程安排。

（一）單元主題介紹

　　以講述法授課，間以提問引導思考。時間約十分鐘。投影片輔助教學。

　　單元主題介紹是在講讀課程之前的另一課程，但因只需用十分鐘課時介紹，故併入講讀課程中實施。

（二）預習問題發表暨討論

　　以問答及討論方式進行教學。時間約十分鐘。投影片輔助教學。

1、預習圖

　　要求學生拿出預習圖。教師先徵求有無自願者，願意展示預習圖，並向全班解說。教師並於學生當中找一位畫得最好的，展示給全班參考。另外再選取一位畫得認真，卻畫得不甚好看的畫作，了解其畫作所要表達之意，並作正面鼓勵。

　　預習圖每人都要畫，卻不需要要求畫得漂亮，只要能表達學生自己的意思即可。

2、發表暨討論

　　依據教材中的預習問題提出討論，要求學生自由發表。如無人主動，教師則應點名回答。

　　學生回答不足處，教師立即補充之。

（三）課文之講讀

　　以講述法、提問法等交互運用。時間包括下列 4、5、6 項，共約七十分鐘。投影片輔助教學。

　　課文講解、閱讀為講讀課程之重心。授課過程中，適時穿插注釋、相關知識補充及趣味語文。

（四）注釋之適時運用

配合課文講讀適時運用。共有三十三則注釋。以超連結投影片方式進行。

（五）語文相關知識之補充

形音義有十五則，文化知識有三則，科際新知有一則。圖片有十四幅。形音義為整理該注釋之同形字，或同音字，或一字多音、一字多義等，並提比較，以釐觀念。文化知識及科際新知則選取文中相關知識以增加學習。至於圖片，則是安排來增加學習成果。

（六）適時加入趣味語文

猜字有六則，配合注釋，答案多與注釋相關。

口訣有二則，功用同猜字，但更具語文學習之實用性。

教師應善用趣味語文，於講讀課堂中適時插入。引發學生學習興趣，不致在長時間的講讀課程中無聊。

至本項為止，共授課九十分鐘，即二堂課時間。

（七）作者簡介

多以講述法實施，間以提問。時間約五分鐘。投影片輔助教學。

可要求學生齊讀，或由某生朗讀。教師點出作者個人之特殊處及作品之可讀性、不朽性即可。

（八）問題討論之實施

以提問法實施。時間約二十分鐘。投影片輔助教學。

以投影片呈現問題，公開發問，並邀請學生主動發言。學生繕寫發言提示單，並據此發言。如無人發言，則再示出投影片上指定發言者。

教師重複學生發言，協助理順其話語、歸納其重點。並據此追問有否進一步之看法或不同觀點之意見。

所有學生聆聽他人發言，也聆聽教師整理學生之發言，從中摘錄最精彩部份，或與己觀點相左部份，記錄在「他人觀點」一欄。

（九）語文知識之課堂練習

學生實際操作。教師帶領檢討。時間約二十分鐘。投影片輔助教學。

給學生十五分鐘時間，由學生親自操作練習。最後五分鐘，由教師在投影片上呈現練習答案，並一一檢討。

上述 7、8、9 項，共使用四十五分鐘，即一堂課時間。

二、導讀課程

　　導讀課程有二課，單課以一堂課時間完成教學。本課程之閱讀教學流程以「導讀→分讀→合讀→拓展」[17]之順序進行。

　　「導讀」即引導閱讀。運用「任務單」及教材所編纂之導讀項目做為閱讀之引導。

　　「分讀」即分題閱讀並分組發表。發言者依據任務單的問題，向同組學生發表想法，同組學生也在文章中尋讀此問題之答案，並提出討論。故「分讀」一詞，亦可稱之為「交流討論」。

　　「合讀」即合組閱讀並全班討論。各組針對該組團體任務，閱讀文章內容，查找可能答案，共同討論。故「合讀」一詞，或可稱之為「交流討論」。而與前項不同點在於，此全班性的交流討論，前項為分組試的交流討論。

　　「拓展」即教師綜合並拓展思考。

　　教學法採擬文學圈教學方式。下列步驟，幾乎是文學圈教學方式之重現，然上課內容及方式則稍有變化。

（一）課前先發任務單

　　任務單之作用如前文，需於上講讀課時即發給學生，並說明任務單的目的及如何使用。

（二）課前閱讀並繕寫任務單

　　交代學生在家依據任務單之任務，研讀課文，撰寫任務單。

（三）分組

　　教師設計任務單時即已分組完成，即甲、乙、丙、丁、戊、己六組，每組五人，分別賦予 A、B、C、D、E 學生等代號。可事先告知學生分組狀況，亦可無需時先告知。俟上課開始，依據分組，要求學生調換座位，同組對坐，以利討論發言。

　　此段教學約五分鐘。

（四）發表

　　上課開始，教師以投影片呈現討論問題，各組進行發表。發言時，前

---

[17] 此教學流程綜合、修改自蔡偉主編《語文課程與教學研究》，頁 197。

半時間各組自成一小團體,不與他組交流。後半時間則由一組發言,全班共同討論。

1、個人任務

各組之 A 學生,同時向各組報告任務單上之任務,其他學生則以聆聽為主,亦可提出問題,全組共同討論。往後 B、C、D、E 學生,同此辦理。教師於發表討論進行當中,適時介入。

此段教學約二十分鐘。

2、團體任務

同組學生之團體任務相同。因此同組學生必須討論出針對這個問題的全組觀點。並推派一位學生,代表全組,向全班宣讀該組針對此問題之回答。教師於發表討論進行當中,適時介入。

此段教學約十五分鐘。

（五）綜合拓展

教師做最後的綜合。一一闡述較具代表性的學生觀點,並說出自己的觀點。不要求學生無異議認同,只是提供學生多個思考方向,讓學生思考能向外拓展。

此段教學約五分鐘。

三、自讀課程

自讀課程無授課時數,僅能在家自行研讀,故無師生面對面之授課形式,話雖如此,卻仍有其授課方式。本課程之閱讀教學流程以「誘讀→自讀→拓展」之順序進行。

「誘讀」,利用前節課堂教學,以提問方式誘發學生閱讀興趣,或於單元作業中安排使學生不得不讀情境。

「自讀」,即學生利用下課、放學或假日,自行閱讀。

「拓展」,即希望學生能依照範文最後的「理解與思考」項目安排,拓展、遷移此一閱讀成果。

（一）教師課堂動作

在無教學時數的自讀課程中,教師的課堂動作當然就是運用同單元的講讀課程及導讀課程中的時數,以問題相關的分式,帶引出自讀課程的教學,其中最重要的就是「誘讀」。誘讀方式可分為三方面來說。

一是正面誘導。於本單元課程開始之初，發下教材之後，即要求學生自行閱讀。教師於講讀課程及導讀課程當中，有意無意提及自讀課文情節，誘發學生自行閱讀之興趣。

二是背後推動。即本單元作業規定，學生須利用假日訪問本地耆老，最好是訪問自己的爺爺、奶奶，填寫「採集記錄單」。且明確規定，採集內容故事不得與自讀課文雷同。如此一來，學生因須採集與自讀課文不同之三峽地區神話傳說，故必須先行閱讀自讀課文，則自讀課程順勢完成。

三是側面鼓勵。鼓勵將採集之口傳紀錄，運用想像，改寫或擴寫成散文或小說形式，於課程結束後繳交，此種作業，亦可誘使學生先行閱讀自讀範文。唯此作業不勉強學生一定要做。

（二）學生學習動作

學生的學習動作最重要的當然就是「自行閱讀」。既是自行閱讀，教師就不適合插手學生閱讀行為。然而閱讀的時、空環境，卻是教師可以著力之處，意即「創設有利於學生有效閱讀的環境與氛圍」[18]。例如在校時間中，臨時的自習時間、下課時間、放學後的時間等，教師皆可以提醒學生，好好利用時間自讀。或在教室、在校園、在圖書館等，規畫安排適合閱讀的空間，也能引發學生自讀興趣。

伍、結　語

本次教學研究，著重在閱讀教學的教材與教法的統合。如前所述，除部分因客觀因素的有限性無法克服，及個人操作順暢度尚顯生疏之外，大部分成果尚稱良好，頗值得日後再精進研究。

在教材上，截然不同於現今審定版教材之編排體例，而是以適合閱讀教學之講讀、導讀、自讀選文為主幹，加上各課問題討論、思考之精心設計，希望能編纂出一部適合閱讀教學之教材。而在實際的操作過程中，感覺頗為順暢，在成果的檢討中，也尚能令人滿意。因此筆者認為，依據此一教材編輯體例，再擴大實施試作，更詳細地研究其中利弊得失，或可做為日後欲編輯以閱讀教學為主軸的教材編輯者之參考。

---

[18] 蔡偉主編《語文課程與教學研究》，頁 181。

　　在教法上，筆者主要運用提問法、文學圈等閱讀教學法；也運用了傳統的講述法教學。在講讀課程中，為了在一定授課時間內，完整系統地將語文知識重點傳授給學生，故而使用講述法；也為了能符合閱讀教學之要旨，啟發學生思考，故而運用提問法深入課文討論。此二種教學法在講讀課程中交互使用，頗能發揮教學效果。筆者認為，在兼顧知識傳授與思考啟發的雙重要求下，講述法與提問法的交互運用，不失為一種由傳統教學過渡到閱讀教學的最佳方式。

　　至於文學圈的教學方式，本次試作稍作修改，故謂之「擬文學圈」，而試作結果雖非完全滿意，卻在可接受範圍內。歸其原因，是師生皆陌生於此種教學模式，故操作未見順暢。另一更重要的原因是學生說話、討論、發表的能力，著實欠缺，此或為日後語文教學所應加強之重點。

　　整體而言，這是個關於閱讀教學中統合式教材與統合式教法的教學試驗。這個試驗在教材的編排上，獲得了不錯的成果；在教法的運用上，部份運用恰當，部分未盡理想。凡此種種，皆須筆者在日後教學中，自我惕勵，再求精進。

　　以上是筆者以第一線國中國文科教師的立場，對多年來所面對之教材及使用之教法，在教學現場中經過反思，並嘗試改變之教學試驗。然而嘗試之作，疏漏實多，望請方家，不吝斧正。

蜜成花不見功夫乃現
――活絡閱讀與作文教學

廖惠貞*

一、閱讀與作文

（一）前言：閱讀與作文的關係

閱讀是寫作的基礎，寫作是閱讀的發揮。兩者關係十分密切。繼「快樂悅讀年」後，近年來有聲書、口袋書、袖珍書相繼的出現，教育界更更大力推廣「滿天星閱讀計劃」。曾看過一首詩：

> 「閱讀是生命最豐盛的饗宴/是我們送給孩子最珍貴的禮物/閱讀是給孩子天使般的翅膀/給他力量/給他希望/讓孩子在海闊天空中盡情飛翔。」[1]

說明閱讀除帶給孩子知識的成長，更是豐富思考的重要媒介。國中基測恢復加考作文，作文儼然成為顯學。文章要寫得好，首要就是要養成廣泛閱讀的習慣，如同蜜蜂要採大量的花粉才能釀成蜜。因此「閱讀是奠定寫作的基礎，寫作是落實閱讀的發揮」，進一步說「閱讀是定寫作的想像翅膀，寫作是閱讀的心靈故鄉」。

語文學習寫作是重要的一環。小學低年級「提早寫作」，培養我畫我說的能力，為中高年級做準備。國中則有「周記」、「生活雜記」、課堂作文的練習。學子反芻萃取長時間閱讀的精華，融合生活經驗中的見聞後，透過文字表達自己的想法心得，讓人生更加的多采。

因此作文是聽說讀寫能力的總體現，國文程度可由此窺出端倪。書寫能力是不可或缺的工具，在聯考的年代，縱使作文占分有所改變，但分數一直居高不下。基

*臺北縣立福和國民中學國文教師兼補校教務組長
[1] 臺北縣陳木城校長作品

測恢復寫作，增為 12 級分，說明作文備受重視。所以要提昇學生的國文程度，作文與閱讀的活絡教學是勢在必行。

在莘莘學子勤奮如蜜蜂吸取採收下，以古典詩詞、古聖先賢智慧、靜思語涵詠學子內在；以讀報剪貼、小書製作、翻翻書培養學子興趣；以全校、班級共讀支學子持習慣，循序漸進，並活用閱讀寫作策略，以作文初階、進階五要勤奮精進，醞釀寫作如晶瑩香醇蜂蜜，蜜成花不見，學子將平日所學所讀融為自己的思想，身心靈日漸茁長，具獨立思考與精準表達能力，這是令人期待的願景。

（二）研究動機：

1.因「PIRLS測驗」「PISA測驗」，國內學童表現不亮眼

根據「國際教育成就調查委員會」（簡稱IEA）[2]下設的「國際閱讀素養成就調查」（PIRLS）就是為了瞭解怎樣的閱讀能力才是合格的水準？各國閱讀能力的養成政策，是否成為其他國家的他山之石？這些問題都需要一個長期的、跨國的、大型的研究才能獲得解答，因此進行的研究。

針對全球45個國家（地區），小四學生舉行的國際閱讀素養調查結果俄國、香港、加拿大（亞伯達省）、新加坡、加拿大（卑斯省）名列前五名，首次參加的臺灣平均成績535分，名列全球22名，雖高於總平均500分，但在三個華文國家中列第三名，成績並不理想。

又根據「學生基礎素養國際研究計畫」[3]這項PISA研究，以15歲（國三與高一生）為調查對象，主要評量學生在完成義務教育後，是否能掌握社會所需的知識與技能。結果發現我國學生「數學素養」排名全球第1，「科學素養」第4，「閱讀素養」第16，明顯落後。

2.學生寫作能力退步

語文是基礎學科，聽、說、讀、寫四項，缺一不可。民國 90-94 年基測取消寫作測驗，學生疏於向學。尤其科技進步，上網上 MSN，用鍵的機會增加，減少執筆

---

[2] 「國際教育成就調查委員會」（International Association for the Evaluation of Educational Achievement, 簡稱 IEA）下設的「國際閱讀素養成就調查」（Progress in International Reading Literacy Study, 簡稱 PIRLS）
[3] 2008 年 1 月 7 日 【國語日報】報導經濟合作組織（OECD）主辦的「學生基礎素養國際研究計畫」

的機會。火星文字無厘頭出現，簡字別字錯字倍增，甚至矛盾不通字句也紛紛呈現，例如：

（1）用字用詞不當的病句

　　①運動可以恢復疲勞。②上課勿必要專心。

（2）詞語顛倒使用的句子：

　　①王小明應該在上課時不看漫 畫書。②奶奶小時候很照顧我。

（3）繁瑣句子：

　星期天，我們到一個地方去玩，那個地方真好玩，從前我們不知道有這麼好玩的地方，現 在總算找到這個好玩的地方了。我們玩到天黑，才離開這個好玩的地方。

（4）句子欠合理通順：

　　①看著父親那蒼老、憔悴的面容和步態，他不禁潸然淚下

　　②他上街買了香蕉、茄子、番茄和蔬菜。

　至於火星文、錯字、簡字、別字誤用更不勝枚舉。學生寫作能力退步，令人憂心，不容等閒視之。

二、閱讀教學

（一）他山之石可以攻錯

1.範文選材及內容　－上海

　　筆者為臺北縣國中國文輔導團員，於96年3月24日~31日隨教育團至大陸參訪。得知上海第二期課改上海從1998年進入第二期課改工程， 2001年推出體育、語文、地理學科。九年義務教育課本由上海師範大學主持編寫。

　　教材選擇上增加廣用性的「時文」，為穩固基奠性，教師教學特別加強美感的啟發和創造性。目前學生感興趣的文學作品很少。多數學生處在「讀圖時代」學生喜歡「動漫」，在動漫世界中要吸引回學生很難。經典名著才叫做文學，「純文學」對人生淨化、精神崇高、感情真摯是動漫無可取代的。中等學校不定期舉辦講座，吸引學生對純文學欣賞的興趣並實際閱讀。

[4]

95年度七年級第一學期語文領域課程計畫

	上課週數	學習節數	補充銜接	定期評量	作文篇數
台灣	20	4	1	3	4-6
上海	20	6	2	2	8

課程教材　師資培訓　教學評量　寫作評量

課文內容分析

	課前預習	導讀題解	作者介紹	注釋	課文欣賞	問題討論	應用練習	延伸閱讀
南一		☆	☆	☆	☆	☆	☆	☆
翰林		☆	☆	☆	☆	☆	☆	☆
康軒	☆	☆	☆	☆	☆	☆	☆	補語日
上海			☆		☆	☆		☆

課程教材　師資培訓　教學評量　寫作評量

95年度六年級第一學期教材

	台灣康軒	台灣翰林	台灣南一	上海
課／單元	14／六	14／六	14／六	40／八
古典文學	2篇	2篇	8篇	
韻文	3課6篇	3課6篇	2課4篇	5課8篇
每周一詩	無	無	無	16首
現代文學	9篇	9篇	9篇	11篇
神話傳說	無	無	無	3課8篇
翻譯文學	無	無	無	5
報導文學	無	無	無	3課6篇

課程教材　師資培訓　教學評量　寫作評量

95年度七年級第一學期教材

	台灣康軒	台灣翰林	台灣南一	上海
課／單元	14／六	14／六	14／六	35／八
每周一詩				16首
古典文學	2篇	2篇	3課	8課
韻文	3課6篇	3課6篇	2課4篇	5課8篇
現代文學	9篇	9篇	9篇	11課
神話傳說				3課8篇
翻譯文學				5課
報導文學				3課6篇

課程教材　師資培訓　教學評量　寫作評量

95年度八年級第一學期教材

	台灣康軒	台灣翰林	台灣南一	上海
課／單元	14／六	14／六	14／六	49／九
每周一詩				18首
古典散文	4課	1課	課	5課
韻文詩詞	課	3課6篇	課	9課12篇
現代文學	6課	5篇	5課	18課
科普文章		1課		6課
翻譯 小說	1課			8課11篇
戲劇				3課

課程教材　師資培訓　教學評量　寫作評量

95年度九年級第一學期教材

	台灣康軒	台灣翰林	台灣南一	上海
課／單元	14／六	14／六	14／六	52／九
每周一詩				18首
古典文學	2篇	2篇	3課	11課
韻文 曲	3課6篇	3課6篇	2課4篇	10課16篇
現代文學	9篇	9篇	9篇	12課
藝術評論				6課
翻譯文學				9課
現代小說				4課

課程教材　師資培訓　教學評量　寫作評量

　上海舊、新教材分析（以六年級第二學期為例）

課文數：舊14課＋讀讀想想14課＋讀讀背背7課＋復讀與運用7課＋表達7課＝49課

　　　新47課（含24篇學生自主閱讀課文）＋綜合學習9課＋每週一詩18首＝74課

兩岸比較：臺灣新課程18課，九年一貫課程12課，經過「教改」教學份量減少約二分之一大陸舊課程49課，新課程74課，經過「教改」教學份量增加約二分之一

　　由上圖表可知，大陸國語國文科範文的選材範圍及內容、類別、課數，都比臺

---

[4] 96.05.04 臺北縣國教輔導團上海杭進杭出國中國文科報告

灣豐富多元，包含神話傳說、翻譯文學、報導文學、戲劇、藝術評論、翻譯文學、現代小說等項，臺灣的教材從未編入，至於科普文章、翻譯小說則未普及各版本，是否該項大陸看齊？教改後國內課程大量減縮，大陸課程卻大量增編，值得我們大大深思。

2. 上海 適存小學課外閱讀教學[5]

（1）閱讀時間

　　每日三讀：課前讀、午休讀、睡前讀

　　課前讀：「早讀課」值日班長每天早上到校就帶讀昨天教的課文五到十分鐘。上課前預備讀，每個閱讀都有專題，如：讀古書、名句。午休讀：以班為單位，老師指導，如主題是「感恩」老師要指導如何寫讀書心得。讀經典，靜下心來看書、讀書，學校搭建平臺讓學生有機會展示讀書心得。睡前讀：「親子共讀」希望建立親子關係，培養學生靜心、去除浮躁。

（2）閱讀課程：課外補助內容都由教師自編，閱讀課不要求做讀書心得報告（午間閱讀要寫心得）

（3）上課方式：教師說故事→學生覆述故事→看故事書→佳句背誦→句式仿寫，以課內習得的方法，要求課外學習。以感悟、質疑、關聯詞、句型、陳述句改反問句形式進行仿寫。採用「合作小組」方式由教師提問，閱讀是輸入的工夫，每一篇課文有獨特的價值，如何檢驗輸入到位？從內容、寫法去探究體驗文章，文章獨特在什麼地方？學生討論後彙報整理。

（4）閱讀內容：愛國中學自編閱讀教材，從《詩經》《楚辭》等韻文，至散文至白話文、新詩，厚厚一本，未做任何解釋。由全校按進度大量閱讀，甚至把握上課前老師未進教室前，大家共同出聲誦讀。

（二）閱讀新策略

　　據周忠益教授〈談閱讀的層次——從《如何閱讀一本書》談起〉表示：「最近幾年隨著重視閱讀尤其是閱讀教育，認為『閱讀是人類最基本、也是最簡

---

[5] 96.03.27（二）臺北縣國教輔導團參訪上海 適存小學

蜜成花不見功夫乃現－－活絡閱讀與作文教學

　　便的一種親近文化的行為。』甚至認為『各項藝文活動都與閱讀活動息息相關，各種藝文競賽語發表活動，。都須閱讀來紮穩實力。』」[6]

因此回國後，整理之前的閱讀寫作策略，並擷取對岸的優點，採用新的閱讀策略。依循「觸發興趣」、「培養習慣」、「落實能力」三大步驟。培養學子主動求知、學習生活、獨立思考、建構知識、提昇性靈的能力。所以激發閱讀興趣，培養閱讀習慣，是敲門磚。老師們不可小覷教科書，善用文本及學校環境教學。因此觀念上要改變：

1.觀念的澄清

（1）運用範文的教材，啟迪情意：

　　國中教材白話文中，如大家耳熟能詳的「背影」、「謝天」、「失根的蘭花」等，老師帶著學生閱讀，藉著事件的描述，喚起他們的感動。如：朱自清父親抱著橘子辛苦攀爬月臺的身影，隱沒在人群的蹣跚背影；陳之藩祖父母在田裡、茶飯裡刻苦的神情；陳之藩小時候老家茅屋在風雨中坍塌的情形等，俾能在不同的情境中體會作者的心境，與文章的意境。情意的啟迪，美的發現，和作者心靈的共鳴，是語文教學的精髓。

　　　　郭麗華老師〈馳騁在絲路上〉說：「與萬物同情，與天地同心。這是『物』與『我』合一，這樣的感動當然是十分深刻的。……樸素的意象裡，有真純的感動。在紛擾渾沌的生活中，這個世界也許多的是平凡與庸俗甚至汙卑與可增。不要抱怨，讓我重拾赤子的純真，在文章裡找出觸動我們的真、善、美。」[7]

因此要重新喚起學子視而有情，聽而有感的靈敏情意。

（2）隨興閱讀，享受閱讀樂趣：

---

[6] 周益忠：〈談閱讀的層次－－從《如何閱讀一本書》談起〉，《閱讀教學理論與實務研討會會前論文及實務彙編》2009 年 4 月 24 日，頁 103。
[7] 郭麗華：〈馳騁在絲路上〉，《作文決勝千里》（臺北：中央日報出版，1992 年），頁 83-86。

周益忠教授〈談閱讀的層次－－從《如何閱讀一本書》談起〉：「**樂讀** 樂在書中自得其樂『好之者不如樂之者』，在生活實踐中，在大自然的呼喚中得到印證，不但享受讀書之樂樂無窮，領略『尋孔顏樂處所在』，也體會到『樂乎天命復奚疑』的人生奧秘 」[8]

所以老師們偶爾可以帶著學生探訪圖書館，讓他們挑選喜歡的書，隨興自在清閒的閱讀，享受閱讀的樂趣。圖書館環境優雅，窗明几淨，最適合讓學生們靜下來，僅單純地聽聽自己內心的聲音，或是神交古人，創意對白，讓身心靈可以得到適時的休憩。「偷得浮生半日閒」，享受知識的洗禮，享受如孔顏聖賢的讀書樂。

（3）啟發式提問，落實提問技巧

過去教學，偏向以老師為主體，教學現場泰半是老師教授寫筆記，學生則是聆聽抄寫。[9]2008 年 3 月臺北縣福和國中暨語文教學輔導團－臺灣香港教育學院語文交流研討會，

提出「優化語文學習的評估」：從文學教學出發 能產生「促進學習」效能的提問，不同於一般的提問，如〈背影〉作者的家中發生了甚麼事，令作者感到「禍不單行」？教師的提問是否具有思考價值?學生一一按課文回答，無需動腦筋，啟發性不足，對理解課文沒有甚麼意義。如果換成這樣的問題：作者用哪一個詞形容家中接連發生的變故？他父親又怎樣回應？據此，你認為兩人的性格有甚麼不同？思考的空間就大了。

提問的方向正確，若問題太空泛，不夠清晰、明確，教學目標不到位。例如：「作者怎樣寫父親為他買橘子？」如果改為：「作者寫父親為他買橘子，是抓住甚麼特點來寫的？」，就能抓住描寫的要點，及特寫鏡頭。

---

[8]周益忠：〈談閱讀的層次－－從《如何閱讀一本書》談起〉，《閱讀教學理論與實務研討會會前論文及實務彙編》2009 年 4 月 24 日，頁 113。
[9] 2008 年 3 月 20 日　臺北縣福和國中暨語文教學輔導團－臺灣香港教育學院語文交流研討會 香港教育學院唐秀玲、鄭佩芳、王良和、鄺銳強司徒秀薇、謝家浩、張壽洪等教授，經驗分享。會中提出「檢視語文課堂提問的現況」

香港教育學院教授說明促進學習效能的提問不等同普通的發問，筆者 2010 年 2 月 8 日始又多次參加鄭圓鈴教授「提問式教學工作坊」，見賢思齊逐漸嘗試提問的方式讓學生回答。題目前一兩題內容是既定的「訊息」，接著就是需要同學討論思考、比較、批判。剛開始同學有些害羞，經一次一次的鼓勵獎勵，回答越來越精彩有趣，令人驚艷，課堂常笑聲不斷。。例如：姚燧〈憑欄人寄征衣〉「欲寄君衣君不還，不寄君衣君又寒。寄與不寄間，妾身千萬難！」請問同學女子寄出征衣了嗎？[10]（A）認為會寄出的，原因何在？回答是——甲：因為不歸比凍死好。乙：因為她深愛著他。丙：還是會寄出去，因為若不寄出看到征衣又煩惱。丁：從題目上〈憑欄人寄征衣〉可看出她寄出了（B）認為不會寄出，原因何在？甲：因為軍方會發放大衣。乙：他太沒良心，可能交女朋友。丙：反駁乙案，軍中不可能交女朋友，是搞同性戀。（C）不知道，原因是「寄與不 寄間，妾身千萬難！」她自己也不知道要寄或是不寄。不論同學的答案是什麼，都給於肯定。

　　但詩詞賞析重在情義的薰陶，所以回答「因為她深愛著他」會寄出的乙項則給予高度的讚賞。

（4）課前朗讀　品味文意

　　筆者有時先示範有感情的朗讀，詮釋文意。或是由學生輪流朗讀，讓學生能充分掌握聽說的機會。每一段落後，筆者就內容做簡要的導引發問，讓學生自由發表分享看法。也可由老師設計全校共讀教材，以視訊的方式播出，共同聽講，共同閱讀。，為學生開起一扇「朗讀習慣」的視窗，是值得仿效的創新作法。[11]2008 年 3 月臺灣香港教育學院中文系與臺北縣福和國中暨語文教學輔導團—語文交流研討會

　　　　提出「優化語文學習的評估」：從文學教學出發加強朗讀教學首先請全班同
　　　　學朗讀課文一次。（形成性評估：語感、讀音、錯音……）再發問這篇文章，
　　　　你喜歡哪一段？請用有感情的聲音朗讀你最喜歡的段落。（評估：對作者情
　　　　感的理解、掌握；朗讀的能力）

---

[10] 問題討論者：北縣福和國中 940、917、補校 801 班，暨北縣海山高中國中部國文教師 2010 年 3 月
[11] 同註 9

　　有此認知後又參加閱讀評量工作坊、閱讀策略研習，不斷修正閱讀指導方法，不僅繼續維持敝校傳統本位課程，讓詩詞吟唱、論語播講、靜思語故事播講、聯絡簿短文閱讀與寫作、自編作文講義、圖書車、班級圖書得以延續，學生在閱讀及作文比賽屢獲佳績，基測作文亦有傑出的表現，在此分項說明。

2. 閱讀教學策略

（1）自編教材，全校共讀：閱讀活動必須是經常性，持久性的。敝校利用晨間導師時間實施。

①詩詞吟唱教學：

　　配合校本課程，敝校推行詩詞吟唱業已二十八年，每學期由學生活動組固定安排週四時段，進行詩詞吟唱教學。

　　　潘麗珠教授《閱讀的策略》：「《禮記.經解》篇云：『溫柔敦厚而不愚，深
　　於詩者也。』……讀詩、誦詩、詠詩，就跟寫作一樣，具有微妙的身心治療
　　之效。以詩樂的力量，落實為化民成俗，這是詩樂文化的至高精義！」[12]

詩樂的教化功效很大，敝校行之近 30 年。這學期曲目有〈將進酒〉、等五首，例如[13]2010 年 3 月 3 日〈下江陵〉 李白，先朗詩讀文「朝辭白帝彩雲間……輕舟已過萬重山。」由老師（筆者暨許師）解說詩詞意旨背景，「安史之亂」李白被流放夜郎，行至白帝城時，接到肅宗的大赦令，驚喜交加，立即從白帝城下江陵。途中寫此詩，表達喜悅之情。隨後教唱歌譜再唱詞，全校以歌神交古人，配上優美的國樂，可說是「詩樂風飄處處聞」全校四千六百餘位師生共同和李白享受了回鄉的喜悅。若內容長的詩作如〈將進酒〉則要分好幾次教唱了，還要不斷地反覆練習，幾次後就能朗朗上口。華視〈新聞雜誌〉節目特於去年 10 月來訪，今年 3 月播出，許師及筆者都進行教唱，筆者還教客家詩詞吟唱呢！

---

[12] 潘麗珠《閱讀的策略》（臺北：商周出版，2008 年），頁 118。
[13] 臺北縣福和國中編印/邱文苑曲：《古典詩詞吟唱曲譜》2001 年 12 月 31 日修訂，頁 15。

②論語教學：

> 按《如何閱讀一本書》：「第二個層次的閱讀我們稱之為檢視閱讀
> （inspectional　reading）。特點在強調時間。在這個閱讀層次，學生必須
> 在規定的時間完成一項閱讀的功課……可能用 15 分鐘讀完一本書……，抓出
> 一本書重點……，略讀或預讀……，檢視閱讀視系統化略讀的一門藝術。」[14]

利用有限的週五早自習播講論語，敝校行之近 30 年，安排好時間播講老師。例如
2010 年 3 月 12 日〈雍也篇五〉章子曰：「回也，其心①三月不違仁，其餘，則日
月②至焉而已矣。」，先由主講老師帶領誦讀經文，再解釋語詞，如三月：形容很
久的時間。焉：指稱代詞，指「不違仁」。接著翻譯：孔子說：「顏回，他的心志
能長久不違背仁德，其他的人，只能一天或一月的時間，做到不違仁罷了。」說明
章旨：嘉許顏回的仁德，兼以激勵其他學生。最後再和時事做連結勉勵同學行仁要
持續，全校共讀，為立身處世作準備。在一定的時間完成論語篇章有效的學習，也
達到潛移默化之效。

③聯絡簿短文閱讀：

> 潘麗珠教授《閱讀的策略》「聯絡簿　寫作和閱讀分不開，但寫作的素材怎
> 樣獲得呢？從生活中所見所聞所遇中取得，學生的聯絡簿很好用。……，每
> 周更換主題記的形式不拘，一旦養成習慣，也就培養了觀察生活，注意細節
> 的能力。對於寫作肯定有幫助。」[15]

因此敝校自編並活運用聯絡簿，每學期末，上網廣徵親、師、生文稿，透過編審小
組編輯，完成一本有親、師、生作品、詩詞、靜思語故事、論語的內容。學生每日
閱讀寫心得內容，全校四千三百餘位學生共同閱讀，將閱讀與寫作融為一體了。

---

[14] 莫提默.艾德勒 Mortimer.Adler 查理.范多倫 Charles Van Doren 著/ 郝明義、朱衣譯：《如何閱讀一本
書》（臺北：商務書局 2003 年），頁 27。
[15]潘麗珠《閱讀的策略》（商周出版 2008.12.31　頁 188）

④靜思語故事播講[16]：

　　靜思語故事文依日期排好，負責老師編寫對話腳本，配合光碟內容講述，並提出靜思語讓同學知道如何關懷家人、別人、關懷大自然，例如 4 月 6 日〈送愛到南非〉：「一箱一箱的物資，是遠從臺灣送來的愛心鉛筆盒。全校師生高興的迎接，……，1996 年，南非 雷第史密斯地區的志工在發放訪貧後，決定興建穩固的校舍。一年後新校舍完工，學生不擔心日曬雨淋，老師也用心為教育盡一份心力。」說明只要有心，愛的種子也就這樣一顆接一顆，在南非的土地上生根發芽。靜思語就是：只要心中有愛，人生就有希望。期盼學生也能見賢思齊發威揮愛心。

（2）班級閱讀，激盪腦力：

　　利用班級閱讀叢書，每位同學共同閱讀一本書，兩個禮拜後進行討論，可以集思廣益，腦力激盪。各班各班可以先就書目討論後再共同借閱，書目如下：

（1）佐賀的超級阿嬤（2）夏綠蒂的網　（3）別鬧了,費曼先生　（4）快樂：達賴喇嘛的人生智慧　（5）目送　（6）幸福,請在對的地方尋找　（7）超級禮物　（8）達文西密碼（9）這些年二哥哥很想念你（10）親愛的漢修先生等。可講述該書故事、說出或寫閱讀心得、舉辦閱讀測驗比賽、網路發表心得、或在班級閱讀部落格分享心得。透過討論或發表讓讀書效果將更加深刻。甚至可以成立班級圖書館，同學借閱時間比較方便，圖書來源則是由每位同學從家中帶來，分類整理上架，列出全班名單登記借書記錄，還可以列出個人借書排行榜，優勝者給於獎勵，激勵大家熱衷閱讀。

（3）讀報剪貼、小書翻翻書製作[17]

　　在班上推「讀報」活動，利用現有的班級報紙資源，張貼在公佈欄，或輪流閱讀，老師可以特選某一單元輔導同學閱讀。若有過期的報紙，也可以請同學分組分工資源利用，把重要或藝文的報導及資訊，分門別類剪下，由老師定一主題，公佈在班上讓大家閱覽。甚至請同學用剪貼簿閱讀，老師批改。筆者亦曾指導學生閱讀〈奇異的夜晚〉心得作成小書或繪本，或製作翻翻書，換個方式表達心情，效果也不錯。

---

[16] 由敝校余麗卿、吳麗珊、黃秀英、張蓓蒂、李進福、許文姿、廖惠貞等老師負責播講
[17] 筆者及校內老師平日訓練學生國語文能力的作法

（4）擅用網路資源，多元閱讀：

可由網路，或電子報、報章雜誌中搜尋。例如：可從焦點新聞中節錄部份報導，讓學生書寫標題或摘要。目前北縣有網路線上閱讀，可把路徑告知同學，讓同學在校或在家閱讀後再作回應。[18]筆者拙作〈三個小精靈〉〈河背人家雛燕歸來〉有幸入選，學生閱讀後直接在網路回應，老師也可以安排同學閱讀線上其他類的文章。

（5）協同教學：

筆者曾和其他科聯合進行大單元教學，例如美術課至河濱公園風景寫生，可與生科、生物、地理、等科協商，除了寫生還可作溼地觀察、地質觀察，回校後國文老師指導下從觀察所得，運用哪些修辭法，發揮想像和創造力，寫出一篇心得。

（6）應用性閱讀：

> 潘麗珠教授《閱讀的策略》：「把所有閱讀的內容運用在生活中的各種環節裡，例如寫作、教學、廣告創意，……，應用本身就是價值。」[19]

閱讀最終目的是能學習應用，因此選出範文，閱讀後能增加知識或增進表達技巧。如福和 915 班艾明萱去年以〈破繭〉一文獲得溫世仁全國作文比賽國中組特優，筆者即選作範文。

> 「夜深了，我卻仍在與社會來回廝殺。倦了，放下筆，我將目光投向窗外，黑暗中，我彷彿看到什麼東西在樹梢抖動著，…… 雖然我不是那耀眼的美麗彩蝶，但是，我仍對破繭充滿希冀，…… 所以，現在的我，正在準備，準備下次的破繭，然後，飛向那屬於我的藍天。」[20]

此文修辭不論譬喻、排比、轉化筆法靈動，掌握住物我的互動，將自己基測的失意和灰白的繭作一聯結，並能作聯想，文章首尾一貫，結尾充滿希望。讓學生吸取此篇文章結構、修辭、聯想、物我互動的長處，仿作一篇類文。

---

[18] 97-98 年北縣網路線上小說閱讀徵文，筆者拙作〈河背人家雛燕歸來〉、〈三個小精靈〉入選
[19]潘麗珠：《閱讀的策略》（臺北：商周出版，2008 年），頁 193。
[20]福和國中 98 級 915 班校友艾明萱（現就讀　北一女中一年級）

（7）詩詞範文，佳句事例背誦：

> 郭麗華老師〈馳騁在絲路上〉說：「題材本身再好，也像這些具有美『質』
> 的花兒一樣，須待『藝術』加工，賦予它『美』文，『文質彬彬』——文彩
> 與實質調適和諧，才是理想的作品。『現實的美只在內容，而藝術則把它融
> 化在優美的形式裏。』」[21]

因此閱讀的作用在於增加新知開拓視野，學子能藉此熟記內容，繼而靈活運用。因
此對經典篇章與詩詞，佳句事例的背誦，學校可設定語文護照，分各階段實施也訂
下獎勵辦法，激勵同學的背誦能力。充滿啟示意味的詩文如：

陶淵明：〈雜詩〉「陶淵明盛年不再來，一日難再晨。及時當勉勵，歲月不等
人。」

顏真卿：〈勸學詩〉「三更燈火五更雞，正是男兒讀書時。黑髮不知勤學早，
白首方悔讀書遲。」

朱　熹：〈觀書有感詩〉「半畝方塘一鑑開，天光雲影共徘徊，問渠那得清如
許？為有源頭活水來。

陸　游：〈寒夜讀書〉「韋編屢絕鐵硯穿，口誦手鈔那計年。不是愛書即欲死，
任從人笑作書癲。」

現代佳句惜時類：如「零碎的布料，可編織彩衣，零碎的時間，可成就美夢。」

閱讀類：如俄國諺語「書籍是眺望世界的一扇窗」

學識類：如「書有如夢中情人，一日不死，便終身追求」

處世類：風斜雨急處，要立得腳定；花濃柳豔處，要看得眼高；路危徑險處，
要回得頭早。(洪自誠菜根譚)

套用類：如「胸有丘壑理易了，腹有詩書氣自華。」如「好的開始是成功的一
半，好的結束才是成功的全部」同學日常能多背誦，如電腦班輸入，屆時需引用時
自然能如源源活水下載，可為文章增添幾分的點麗與說服力。

---

[21]郭麗華：〈馳騁在絲路上〉，《作文決勝千里》（臺北：中央日報出版，1992 年），頁 79。

（8）介紹熱門書目：讓同學有更多選擇的機會，例如

2008 年敝校協助國中國文輔導團舉辦全縣課外閱讀心得寫作比賽，[22] 列出國中生課外閱讀十二大熱門書目：（1）少年小樹之歌（2）在天堂遇見的五個人 （3）最後十四堂星期二的課 （4）用腳飛翔的女孩（5）五體不滿足 （6）讓高牆倒下吧 （7）北極第一家 （8）城南舊事 （9）天作不合 （10）十三歲新娘（11）阿嬤的小孩（12）哈利波特 6-混血王子的背叛。並作一簡介，讓同學有更多選擇。

[23]課外閱讀　　　　讀報剪貼　　　　　剪貼　　　　　　日記　　　　聯絡簿寫作

短文閱讀寫作　　小書製作　　　　翻翻書　　　　剪貼　　　　　筆者全校詩詞吟唱教學

（三）增強課堂教學

1.他山之石－落實提問技巧及題目設計

前文已述97年3月20日香港參訪團到敝校，進行語文教學經驗交流。香港教育學院中文系等教授，經驗分享。提出「檢視語文課堂提問的現況」，有的課程欠啟發性，學生對課文理解不到位。思考的空間就狹宰了。

提問的內容方向要正確，抓住描寫的要點，教學目標才到位。題目可循序漸進，先找特定訊息，再提出思考性、概括性問題，文章中無法找到訊息須經過推論比較才可得知的題型設計。當然老師必須熟讀教材，才能設計出推論比較的題型。

---

[22] 2008 年 5 月臺北縣國中國文輔導團舉辦全縣閱讀心得比賽，並統計出 12 大熱門排行榜書籍
[23]筆者及校內老師平日訓練學生國語文能力的作法及成果

[24]觀賞福和全校詩詞吟唱教學

香港教授經驗分享

香港臺灣語文交流合影留念

2. 改變範文教學方式

　　如大家耳熟能詳的「背影」、「謝天」、「失根的蘭花」等，帶著學生閱讀，依設計好的題目發問，或純欣賞美文，藉著事件的描述，喚起感動。如：朱自清父親抱著橘子辛苦攀爬月臺的身影，隱沒在人群的蹣跚背影；陳之藩祖父母在田裡、茶飯裡刻苦的神情。俾能在不同的情境中體會作者的心境，與文章的意境。情意的啟迪，美的發現，和作者心靈的共鳴，是語文教學的精髓，若只囿於字詞篇章的講述，頗令人扼腕。不妨讓孩子們說說，重新喚起學子視而有情，而有感的靈敏情意。

三、作文教學

（一）他山之石：

　　95年3月26日至31日隨臺北縣教育團至上海參訪語文教學，獲益許多，其中單云德老師的教學啟人甚深，令人欽佩。[25]

1.300秒練習：

　　「300秒作文」訓練學生寫作「速度」，單云德老師每天訓練學生「300秒」寫作，學生五分鐘內可以寫240 字。（筆者見賢思齊，課堂上也訓練學生「300秒」寫作，首次只寫八90個字，兩次後可寫100字以上，五次後能寫180字以上，最多達210字。和上海學生240 字，稍有差距，學生辯說：大陸寫簡體字。）

2.「專題作文」訓練學生寫作「深度」，訂定一個主題，同學共同討論，老師作一歸納後，再書寫，戴老師批閱後選優秀作品，再作補充說明。

3.升學議論作文，700-1000字，以800字為優。

---

[24] 2008 年 3 月 20 日　　臺灣香港教育學院唐秀玲、鄭佩芳、王良和、鄺銳強司徒秀薇、謝家浩、張壽洪等教授，觀賞福和全校詩詞吟唱教學，香港教授經驗分享，香港臺灣語文交流合影留念。
[25] 96.03.29 參訪上海市新基礎學校　　單云德老師的教學

在專訪單老師他表示教學理念：[26]
母語教學孕育的是學識的根基，老師要用
心教、用心讀，要讀教材也要讀學生，
不要按老師的想法設計教學，
要站在學生的立場設計教學，讓學生對
語文感興趣。

單云德老師工作室　　　單老師與北縣語文團員

4.學生到自己家裡看書：培養學生閱讀興趣的好方法，帶學生到自己家裡看書、看
書櫥，透 過看書櫥，學生家裡的書櫥就會多起來，有書櫥就會去買書。

（二）教學方式：

1.「專題作文」訓練學生寫作「深度」。

2.「三百秒作文」訓練學生寫作「速度」，每天訓練學生「三百秒」寫作，學生五
分鐘內可以寫 240 字，在平時累積學生寫作的能力與實力。

3.培養學生閱讀興趣：

　　帶學生到自己家裡看書櫥，通過看書櫥，學生家裡的書櫥就會多起來，有書櫥
就會去買書，這的確是特殊又溫馨的方法。

4.一節課一得：每一節課，至少有一個主題或語文技巧傳授給學生，例如修辭法、
　　文章結構、朗讀技巧等，讓學生程度在無形中日日累積與聞得程度。

5.課前課中課後的設計學習：單云德老師是上海新基礎學校特級老師。他設有個人
　　網站工作室，分為名師講壇、教學設計、希望之星（學生作品）、經典荐讀等
大項。單老師在課前，會要求學生上網站先預習,如林海音女士「爸爸的花兒落了」，
　　會以不同顏色的字，標出此課的線索，插敘描寫的部份，讓學生能在長篇文章
中，理出頭緒。並在兩節課中，能抓住本文的重點。他說課前的預習是鋪墊的工夫，
課堂中是提升能力，課後的拓展則是鞏固語文的重點。不斷讀書，用眼、心靈和學
生溝通，共同成長，帶領語文課的文章情意及寫作技巧的引導。語文的教學老師應
充分給予學生資料線索，藉由教師網頁要求學生預習，老師課堂上需再作語文提昇
及課後的拓展（延伸）。

---

[26] 96.03.29 參訪上海市新基礎學校　單云德老師的工作室，單老師與臺北縣國中小國語文團員合影

　　葉校長瑞芬在致詞時說：「教育是無國界的，教育工作者最重地是要把學生帶上來。」[27]從新基礎實驗學校的硬體設備到工作團隊，無論是境教、言教、身教，點點滴滴的努力無非就是要把學生帶上來。很榮幸同年七月在秀朗國小及敝校的努力下，邀請到單云德老師到臺灣演說，傳授語文教學秘訣，引起極大的迴響。

（三）寫作策略

1.聯絡簿：生活雜記及檢討，讓同學天天有話說，是磨練寫作的好機會。前文已說敝校自編聯絡簿，每天不可讀到一篇好文章，親師生溝通的橋梁。[28]

2.日記：同學可就每天的學習重點，生活剪影，例如校慶、文康競賽、母親節慶祝活動、隔宿露營等等，以文字記下生活片段，讓青春不留白。

3.共同講義：由各年級老師根據單元、節令、本位課程設計作文講義，內容包含範文、文章解析、例子、佳句、成語等，全校會考前，老師解說同學討論。

4.範文寫作：作文需有老師的引導，範文寫作是摹仿寫作，按同樣主題，寫出不同的經過、情節、感受，學習文中修辭技巧，同學最容易觸類旁通。

5.全校會考：由全校訂定各年級會考時間，按基測方式模擬練習，每學習四篇。[29]

6.協同教學：如前所述可和生物、健教、表演藝術、美術老師聯合進行教學。

（四）作文要素

1.基本五要：人、事、時、地、物

　　　　廖玉蕙教授《文字編織－讓寫作變容易的六章策略》：「細膩敏銳的觀察思考　《文心雕龍》上：『操千曲而後曉聲，觀千劍而後識器』深入的觀察室認識事物的過程。程明道先生也曾說：『萬物靜觀皆自得』……，散文作者能多做觀察，對芸芸眾生的了解，更能引起讀者的共鳴。」[30]

所以觀察力是最基本的功夫，哪些人？什麼時候？什麼地方？場景物？做哪些事？

---

[27] 葉校長瑞芬前臺北縣秀朗國小校長，今已退休，擔任臺北縣國教輔導團督導。
[28] 同前頁 7　③
[29] 每學期 4 次共同會考，各年級於早自習時間測驗，事前由各年級分配老師製作講義教學。
[30] 廖玉蕙：《文字編織－讓寫作變容易的六章策略》（臺北：三民書局 2009 年），頁 133。

是最佳的素材。如八年級隔宿露營，有哪些令人期待的活動，野吹 炊、搭帳篷？晚會？教官的表演？撼動人心的呼口號。發現牧場油桐花樹開花獨特的景色及乳牛或馬匹等。

2.深入五要：時空、轉折、互動、拓境、希望

空間的改變，實際情快及心境的轉變，和文中描寫人物動物大自然及的互動，文中衍生的哲理拓境，對文中人物、自己，或未來的期望。例如如八年級隔宿露營，由永和至桃園埔心，空間的改變情況？為晚會如何自動練習？營火通明，大家樂跳的情景，忘了當初練舞的辛苦。出發時天氣陰霾，晚上下雨，現實的轉變，影響心境的轉變？原本失落，經過老師的說明，睡營房也是新體驗。心念一轉，不再抱怨，領會隨遇而安的道理。出門在外一切靠團隊、自己，例如煮飯煮菜，體會出在家的好及父母辛勞。由教官的帶隊陪伴，了解教官的辛苦及離別的不捨，開拓感謝心。期待能有再次的機會讓大家並肩坐一起，心手相連，Hight成一團。當幕落了回到學校，又是新的開始，即將邁向基測的衝刺生涯。就同學的經歷紀錄，循著線索，深入五要「時空、轉折、互動、拓境、希望」，忠實得寫出心中的話，文章自然能深刻。因為時空有轉變，敘事才靈動；有轉折，情境才多樣；文物有互動，情節才感人；有拓境，意境才高遠；充滿希望，才有激盪力量。[31]

3.三階躍進：事、情、理

掌握由景（物）入情，由情化裡的路線前進。可由景因事說情，進而化成議理。由情化理也是文章最引人的「拓境」，如陳之藩〈失根的蘭花〉一文寫他應朋友之邀到費城參觀一所大學，看到了優美的校景花兒，因此想到故鄉，抒發對家人、故園的懷想文章，進而引發「人生如絮，飄零在萬紫千紅的春天」的感嘆。最後深切體會到反常而合道的「頭可斷，血可流，身可辱，國不可亡」的剴切哲理，情深意重道理中肯透澈，讓人深思自知。[32]

（五）作文要訣

1.基本三度：速度快，廣度豐，深度夠。

---

[31] 筆者累積作文教學之體驗
[32] 筆者從〈謝天〉一文，體悟出文章結構及文思理路

2.基本三要：文詞要優美－吸引人，見解要具體－說服人， 情感要真摯－感動人。

3.構思流程：審題 → 立意→ 取材→結構 → 修辭→口訣檢視。

4.初階口訣：首尾呼應最重要　佳句例子不可少　修辭標點字體優　文章寫成自然好

5.進階口訣：首尾呼應最重要　佳例轉折不可少　時空修辭拓境高　　物我互動情

理到。[33]

　　　《文心雕龍》：「意翻空而易奇，意徵實而難好」指文思憑空想象，往往

設想奇特；語言實實在在，難以運用得巧妙。強調遣詞造句的重要。[34]

（六）紮根工夫

　　　文章是抒發情感，表達心志，傳承思想的媒介。近如與人的溝通，遠如道統的傳續，都藉著文章的功能而達成。所以有所謂「文章千古事，得失寸心知」，「文章乃經國之大業，不朽之盛事」之說。唐韓愈說過「文以載道」，又說「文起八代之衰，道濟天下之溺」，文章的功效從古至今都被肯定。因此如何加強作文能力乃為重要的課程。

　　　作文能力的培養，立竿見影，並非一蹴可幾，除了少數天賦異稟之人，能天馬行空，揮灑自如外，大部分的人仍須靠後天踏實的努力。累積平日辛勤的點滴，方能織就智慧的文采。在此提出平日紮根的工夫：

1.多讀：閱讀是寫作的基礎，寫作則是閱讀的發揮。杜甫曾說：「讀書破萬卷，下筆如有神。」，閱讀是吸收養分的過程，如同蠶要齧食桑葉，才能吐出銀絲。所以多讀書正如多開發寫作的泉源，泉源不斷，運用就能自如。

2.多寫：閱讀文章，要隨時記錄。俗話說:「話是風，筆是蹤。」多記可將佳言美句隨時提用。準備喜愛的筆記本，邊讀邊把嘉言美句摘記下來，有空隨時閱讀，這是涵詠文學休養的最佳方式。最好養成寫日記的習慣，亦可作讀書心得或時事剖析，能有恒的天天寫，文筆自然流暢。

---

[33] 筆者累積作文教學之體驗

[34] 《文心雕龍 神思篇》：「意翻空而易奇，意徵實而難好」強調遣詞造句的重要。

3.多背：多背是豐富語句的不二法門，為文時要能暢達中肯，必須旁徵博引，形容印證。如作文題目「珍惜少年時」，可用杜秋娘〈金縷衣〉「勸君莫惜金縷衣，勸君惜取少年時，花開堪折直須折，莫待無花空折枝」《禮記學記篇》「時過然後學，則勤苦而難成」，或朱熹〈勸學詩〉「少年易老學難成，一寸光陰不可輕，未覺池塘春草夢，階前梧葉已秋聲」除展現最佳的說服力，亦是學以致用的影響力呈現。

4.多看多想多觸發：李白在〈春日宴桃李園序〉文中曾說：「陽春召我以煙景，大塊假我以文章。」大自然提供無窮的寫作題材，何不將此脈動化為珠璣呢?有人說紅塵的美，源於對生命的感動。此種感動言說或訴諸文字後，引起共鳴及互動，更加雋永耐人尋味。原住民作家亞榮隆.薩可努（戴自強）曾說：「生命中任何事物，都有人性化生命化的一面」例如透過外婆的敘述，在排灣族：「煙」是祖先和子孫的對話，「天上的星星」來自母親的眼淚，「鹿的跳躍」是生命的到來……透過對大自然的尊敬與觀察，透過想像，讓原住民久遠不為人知的文化習俗，深深打動人心。因此文章要有感情，才能激發智慧；有思想才能尊榮生命。正如夏丏尊「讀書貴有新得，作文貴有新味」的觸發工夫。

除了上述的基本工夫，要寫好文章，最重要的是要保有一顆赤子之心，廖玉蕙教授《文字編織－讓寫作變容易的六章策略》：「保持一顆赤子之心　一個文學工作者，多少要有一顆赤子之心。《聖經》上說：『如果你不變成一個小孩，你就進不了天國。』同樣的我們也可以說：『如果你沒有赤子之心，就成不了一個好的作者。』」[35]

所以多關懷家人、親朋、學校以及國家、國際村。有至情方有至文，能誠於中方能行於外啊！文章非天成，後天的修持，自有所成。四項的基本工夫，看似平常，卻也能創造奇蹟。

5.多元活動：生活是多項的，如同陳幸蕙女士在〈生命的碎珠〉一文提出，生活如一個大箱子，放了大石小石沙還可放進水，同學除了讀書補習，還可參加校內或校外聯課社團活動，戶外休閒，聚會，聽演講，讀書會，園遊會等等，可擴充生活內容與領域，生活越是精采寫作的素材就越豐富。

---

[35]廖玉蕙：《文字編織－讓寫作變容易的六章策略》（臺北：三民書局 2009 年），頁 132。

　　國中必須要能承接國小作文實力：1. 運用語詞分辨語境、成語2.段落篇章 3.修辭：摹寫、譬喻記敘能力、觀察力 4. 能表達想法。繼而能1.大量運用成語2.修辭運用：排比、引用、對白3. 強化記敘、論說 、抒情能力 4. 能表達想法、批判力 5. 發揮想像力。師生可以共同檢視，依個別差異，哪項目須再增強，平日則多做練習。還要掌握作文類型要領（一）引導（限制性）（二）擴寫（三）縮寫（四）續寫（五）仿寫（六）看圖寫（七）評論（八）閱讀式等。

6.評量方式　批改口訣

（1）定期段考：附加考作文，按規定的時間完成，老師按基測標準給分。

（2）平日練習：平時的練習，范文研讀後訪作，或300秒練習。

（3）參加徵文：參加校內或校外徵文，磨練文筆外，若得到肯定，還可有些稿費，一舉兩得。老師批改口訣：「二優一缺不可少，眉批總批同重要 ，多寫少改增信心，日起有功文章好」

四、結論：建議與展望

　　語文的涵詠是長年累月的積累功夫， 閱讀必須在平日落實，有創新的作法，要堅持理想持續實行才能達到效果。想要有枝繁葉茂的收穫，首先要廣泛閱讀：

（一）建議：國中小國文課本範文宜增科普類、翻譯、神話或報導文學。篇目必須增多。各版編輯宜有教部專員，不宜全由商家共控，教部宜有督導職權。

（二）及時在學子心田種下語文的種子。平時落實閱讀策略，改變範文教學方式，加強朗讀閱讀教學。

　　以古典詩詞、古聖先賢智慧、靜思語涵詠學子內在；以讀報剪貼、小書製作、翻翻書培養學子興趣；以全校、班級共讀子學支持習慣，循序漸進，並活用閱讀寫作策略，醞釀寫作如晶瑩香醇蜂蜜，蜜成花不見，讓學生樂於讀書。繼而掌握作文人、事、時、地、物的基本五要素。再深入時空、轉折、互動、拓境、希望的五要素，有效能的寫作，所謂「閱讀是寫作的想像翅膀，寫作是閱讀的心靈故鄉」相信師生共同堅持下當樂活閱讀、寫作達人、打通讀寫的任督二脈，「活絡讀寫能力」。時時澆灌文學的活水，縱使說「文章非天成」，但天道酬勤，只要能堅持，自能孕

育朗朗有情的語文讀寫天地。「寫作是語文的一畝良田，閱讀是良田的源源活泉，師生日日辛勤歡喜耕作，深植株株桃李文學芝蘭。」和大家共勉！

參考書目

（一）專書：

郭麗華：〈馳騁在絲路上〉，《作文決勝千里》（臺北：中央日報出版，1992年）

2.潘麗珠：《閱讀的策略》（臺北：商周出版，2008年12月31日）

3.廖玉蕙：《文字編織－讓寫作變容易的六章策略》（臺北：三民書局，2009年）

4.莫提默.艾德勒Mortimer.Adler 查理.范多倫Charles Van Doren著/郝明義、朱衣譯:《如何閱讀一本書》（臺北：商務書局，2003年）

5.臺北縣福和國中編印：《古典詩詞吟唱曲譜》，2001年12月31日修訂

（二）論文：

1.周益忠：〈談閱讀的層次－－從《如何閱讀一本書》談起〉，《閱讀教學理論與實務研討會會前論文及實務彙編》，（臺北：國立臺灣師範大學國文系，2009年4月）

（三）報告：

1.96.05.04臺北縣國教輔導團上海杭進杭出參訪國中國文科報告

（四）文章：〈破繭〉福和98級915班校友　艾明萱（現就讀　北一女一年級）

（五）報紙：2008年1月7日　【國語日報】

九年一貫課程國民小學中年級寫字教學教材與教案編寫――以100學年度實施之97課綱為依據

張清河[*]

摘　要

　　國民小學寫字教學在課程綱要的規範之下，有其必須達成的能力指標，教師教學以「文具→姿勢→基本筆畫→偏旁搭配→間架結構→作品」為進程，學生學習依「習慣→認識→掌握→寫出→應用→欣賞」階段發展；教材與教案編寫必須適性才能達成有效教學。本文之撰寫，乃指三年級開始的毛筆字教學，依將於100學年度實施之97課程綱要，本國語文學習領域中有關寫字部分的分段能力指標、教材編選原則、教學原則、學習評量等範疇與規範，透過分段能力指標內涵及其分項的研析，規畫其適當的教學時機，轉化成各學期教學重點，再擬定學期的教學單元，並編輯教材，最後依據教學單元及其所對應之能力指標來編寫教案，裨益現場教學活動順利進行，並達到有效教學之目的。

關鍵詞：小學中年級、寫字教材、寫字教案、編寫

一、前　言

　　寫字教學在國小從三年級開始毛筆字的教學課程，依據學生發展經驗與能力，適當的編寫教材是讓學生學習產生效果的重要歷程，而教材根據書寫能力的教學是由小而大[1]，欣賞方式則是由大而小[2]；因此，在課程綱要的規範之下，教師必須有編選教材的能力，惟其順序應為教師具備編寫的能力之後才有選擇的空間。但編寫的能力培養又需有一段時間的教學經驗來累積，才能掌握教材的內容與重點，但只要能掌握寫字教學的大架構，循序漸進，似乎又是一件水到渠成的事；而教案的編寫則是教學活動的依據，因此教學中良好適用的教案，無疑是提

---

[*] 臺北市士林區芝山國民小學教師。
[1] 由筆畫至字形結構至內容章法到全篇幅。
[2] 由全篇幅到內容章法到字形結構，最後才是筆畫。

高教學成效不可或缺的指引。本文所稱寫字教學，係指三年級開始的毛筆字教學。

二、寫字教學的發展與現況探討

　　九年一貫課程綱要各學習領域學習階段係參照該學習領域之知識結構及學習心理之連續發展原則而畫分，不同的學習領域各有其不同的階段畫分方式，且每一階段均有其能力指標。97課程綱要中本國語文學習領域階段畫分情形，參見表1。

表1　本國語文學習領域階段畫分情形表

年級\學習領域	一	二	三	四	五	六	七	八	九
語文	本國語文		本國語文		本國語文		本國語文		
階段	一		二		三		四		

分段能力指標項目包含六大項：
（一）注音符號運用能力
（二）聆聽能力
（三）說話能力
（四）識字與寫字能力
（五）閱讀能力
（六）寫作能力

　　我們今天要關注的是（四）識字與寫字能力中寫字能力部分的教學現況；由於課綱中的教學原則規畫三年級以後，毛筆寫字教學，得視教學需要，規畫定時教學，或配合綜合活動，利用社團延伸教學。於是現行各校寫字教學實施情形亦各有其多元的方式。
（一）實施時間：
1.配合各科作業，隨機實施教學。
2.規畫定時教學，每週一次或隔週上課或一學期內約定上課週次。

3.配合綜合活動或彈性時數教學。

4.利用社團延伸教學：可分為教學時數內（課表中）或教學時數外（課後社團，收費）。

（二）實施場所：班級教室或書法專科教室。

（三）授課教材：教師自編教材、選用書法課本或習字簿。

（四）授課師資：校內老師或外聘教師。

　　在九年一貫課程綱要（92）公布實施前，教學者所依循的是教育部編印的《國民小學課程標準》，教學科目在「國語」一科包括注音符號、說話、讀書、作文、寫字（含書法）等內容，各年段教學具體目標均包括說、讀、作、寫四部分[3]。通常「寫」的部分會有「寫字」科獨立一節課，實施毛筆字教學，硬筆字教學的比例較少；而現在則規定各年級硬筆寫字教學，宜配合各科作業，隨機教學，換句話說，每天的作業都會練習到；三年級以後，毛筆寫字教學，得視教學需要，規畫定時教學。相對而言，實用性高的硬筆字，較以藝術性表現為主的毛筆字，更受到重視。

　　然而依臺北市國民小學 97 年度基本學力檢測，國語文能力指標類別的分析結果來看，本次檢測的六年級學生在注音符號應用能力、識字與寫字能力及閱讀能力平均通過機率分別為 87.40%、74.49%、83.48%；其中以注音符號應用能力最佳，識字與寫字能力相對較弱，參見表 2。

表 2 臺北市 97 年度國語文能力指標分類通過機率圖

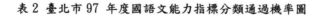

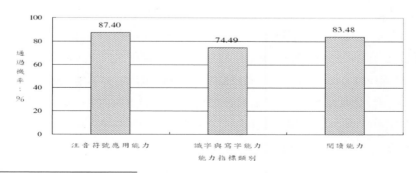

---

[3] 教育部編：《國民小學課程標準》（臺北：教育部，1993 年），頁 54-57。

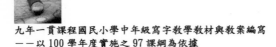

這樣的現象有可能是命題、答題或基本能力方面的因素所造成,因為識字與寫字能力面向的題目難出,或說識字部分不難,但寫字部分卻不知如何測驗,學生能力難以量化,這部分學力檢測命題小組的成員可能還要再花些心思,研究是否有其他非選或開放性題目可資運用,否則只能依教學現況揣測,可能是學生這部分的能力正漸漸產生學習不足的結果,導致識字與寫字能力面向平均通過機率低於其他項目,顯示教學成效不彰。

三、對97課程綱要語文學習領域中有關寫字教學微調後的瞭解

寫字教學的內容屬於語文學習領域中的本國語文學習領域;在其主要學習重點能力指標項目方面,92課程綱要中以英文字母(A-F)代表能力指標項目序號,而其他語言分段能力指標的編號都是數字,為求一致性,故97課程綱要已將英文字母(A-F)改為數字(1-6)。刪除了原能力指標序號中,代表十大基本能力序號的第3個數字,讓數字串(1分段能力項目-1階段-1指標內涵-1指標內涵分項說明序號)所代表的能力指標編號單純化、易識別了許多。

而在本國語文學習領域學習階段畫分部分,97課程綱要因應教學現場實況,國小將一、二年級畫分為第一階段,三、四年級為第二階段,五、六年級為第三階段,符合教師教學的低、中、高三年段,比起92課程綱要中的一、二、三年級為第一階段,四、五、六年級為第二階段,務實了許多。

教育部國教司的國民中小學九年一貫課程網頁中,可下載〈國民中小學九年一貫課程綱要語文學習領域(國語文)修正草案對照表〉來比較並加以注意,由於本國語文學習領域學習階段畫分的調整,國小92課綱由二階段細分為97課綱的三階段,所以會有92課綱沒有第三階段能力指標的情形;因此97課綱的第三階段能力指標是由92課綱中的第二階段能力指標調整過來加以增、刪、修成的,而97課綱的第一、二階段能力指標是由92課綱中的第一、二階段能力指標整并後加以增、刪、修而成,這是編輯教材與教學時須注意的,這些異同之處在〈修正草案對照表〉的說明欄中有詳細的說明,筆者的分析將藉著寫字教學教材編寫的進程,適時置入於各章節中,因為不論領域學習階段如何畫分,能力指標如何編列,毛筆字教學有一定的參照模式,改變不會太大。

四、國小中年級寫字教材編寫

　　課程綱要下的寫字教材編寫有一定的架構、步驟與模式可依循，首先要清楚寫字教學項目中的分段能力指標內涵及其分項，並規畫其適當的教學時機，接著轉化為各學期教學重點，再擬定學期的教學單元，並編輯教材，最後依據教學單元及其所對應之能力指標來編寫教案，現場教學活動便依教學教案進行；為使讀者具體瞭解這一連串的進行過程，筆者特以中年級為例依序規畫寫字教學課程單元結構，並試編單元教材、教案，用以協助老師教學前的備課作業。

（一）瞭解學生先備經驗與知識

　　任何科目的教學，都必須瞭解學生先備經驗與知識，才能銜接課程，讓縱向連結教學完整；於是我們先透過低年級，第一階段寫字能力指標內涵及其分項來觀察，以清楚學生曾經學習過的課程重點內容。

4-1-3 能養成良好的書寫習慣。

4-1-3-1 能養成良好的書寫姿勢，並養成保持整潔的書寫習慣。

4-1-3-2 能正確的使用和保管寫字工具。

4-1-4 能認識楷書基本筆畫的名稱、筆順，並掌握運筆原則，練習用硬筆書寫。

4-1-4-1 能掌握基本筆畫的名稱、字形和筆順。

4-1-4-2 能正確認識楷書基本筆畫的書寫原則。

4-1-4-3 能用硬筆寫出合理的筆順、正確的筆畫及形體結構的漢字。

4-1-4-4 能寫出楷書的基本筆畫。

4-1-4-5 能認識楷書基本筆畫的變化。

4-1-4-6 能配合識字教學，用正確工整的硬筆字寫作業、寫信、日記等。

4-1-5 能激發寫字的興趣。

4-1-5-1 能激發寫字的興趣。

4-1-5-2 能自我要求寫出工整的字。

　　根據以上，我們可以清楚學生對於寫字姿勢、文具、習慣都有一定程度的認

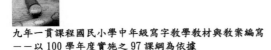

知,對於楷書基本筆畫、名稱、筆順、形體、結構也會有基本的認識,惟其均屬硬筆字學習範疇。

(二)依寫字能力指標編列教學重點

1. 研析第二階段寫字能力指標內涵及其分項的意涵

4-2-3 能概略瞭解筆畫、偏旁變化及結構原理。

4-2-3-1 能流暢寫出美觀的基本筆畫。

4-2-3-2 能應用筆畫、偏旁變化和間架結構原理寫字。

4-2-3-3 能用正確、美觀的硬筆字書寫各科作業。(硬筆)

4-2-4 能保持良好的書寫習慣,並且運筆熟練。

4-2-4-1 能養成執筆、坐姿適當,以及書寫正確、迅速,保持整潔與追求美觀的習慣。

4-2-5 能掌握楷書的筆畫、形體結構和書寫方法,並練習用硬筆、毛筆寫字。

4-2-5-1 能正確掌握筆畫、筆順及形體結構。

4-2-5-2 能掌握楷書偏旁組合時變化的搭配要領。

4-2-5-3 能掌握楷書組合時筆畫的變化。

4-2-5-4 能認識筆勢、間架、形體和墨色。

4-2-5-5 能配合識字教學,用正確工整的硬筆字寫作業、寫信、日記等。(硬筆)

4-2-6 能概略認識字體大小、筆畫粗細和書法美觀的關係。

4-2-6-1 能欣賞優美的書法。

4-2-6-2 能概略認識字體大小、筆畫粗細和書寫美觀的關係。

4-2-7 能激發寫字的興趣。

第二階段寫字能力指標,共有五項指標內涵及十一分項,其指標排序並未完全依學生寫字學習步驟流程;因此,經筆者仔細推敲、分析上述能力指標後,將

學生學習依「習慣→認識→掌握→寫出→應用→欣賞」發展階段安排進程，主要著眼於學習須具先備能力，學生必須先養成良好的書寫習慣，才能進入認識字體進而掌握字形，流暢寫出美觀的字，並應用在自運上，最後才能培養欣賞的能力；而教學重點則以「文具→姿勢→基本筆畫→偏旁搭配→間架結構→作品」為依據，由淺入深安排，先說明寫字文具的選用與保養後，再將坐姿執筆調整列為優先指導項目，進而學習基本筆畫、偏旁搭配及間架結構，最後產出作品；前者為學生學習能力培養，後者為教師教學內容，互為體用，依其發展進程，將其安排於三、四年級上下學期中。其中 4-2-3、4-2-4、4-2-5、4-2-6 四項指標內涵，在其分項中說明得更清楚完善，因此僅列分項，4-2-3-3 及 4-2-5-5 二分項屬硬筆字範疇不列；4-2-7 沒有分項卻是每學期均應注意的重點，所以重複配置；共引配一項能力指標內涵及九分項。

2. 書法教學用語釋義

　　寫字能力指標內涵及其分項中有許多書法教學用語，我們必須先瞭解之後，才能將其轉化成教學重點，規畫到各年級的上下學期中；因此筆者將一些比較不容易釐清的名詞作一番說明與解釋。

（1）基本筆畫：指漢字中的橫、豎、撇、挑、點、捺、折、鉤八種筆畫。

（2）筆畫的變化：由基本筆畫變化延伸之筆形，參見表 3。

表 3 基本筆畫變化延伸之筆形

橫畫			
仰勢	俯勢	左尖橫	右尖橫
五	可	非	上
豎畫			
垂露豎	懸針豎	左弧豎	右弧豎

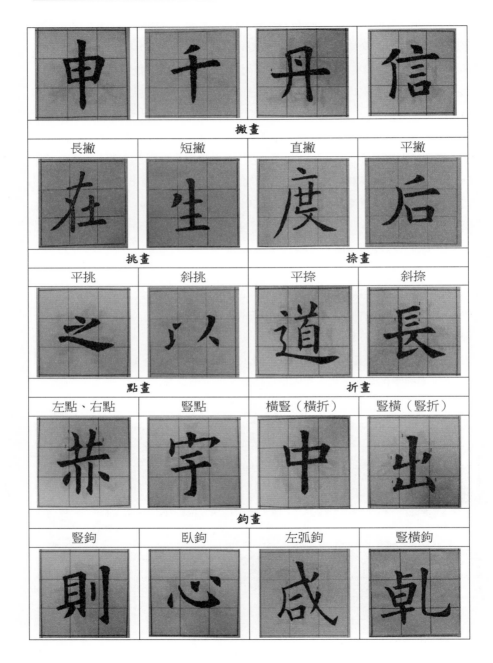

申	千	丹	信
撇畫			
長撇	短撇	直撇	平撇
在	生	度	后
挑畫		**捺畫**	
平挑	斜挑	平捺	斜捺
之	以	道	長
點畫		**折畫**	
左點、右點	豎點	橫豎（橫折）	豎橫（豎折）
恭	宇	中	出
鉤畫			
豎鉤	臥鉤	左弧鉤	豎橫鉤
則	心	咸	虱

（3）筆勢：寫字時筆毫在點畫運動中產生形象所傳達的視覺感受，既存在於點
畫之中，也存在於字形結構之中，甚至表現在書家作品的全幅章法上；如"王羲
之書字勢雄逸，如龍跳天門，虎臥鳳闕[4]。"用想像或具象的生物動作來讚頌書
家用筆技巧及其風格之美，極具創意。

（4）間架結構：指點畫搭配、排列、組合、堆疊成字的形式與規律；又稱字體
結構或結體，有間隔平均法、向背俯仰法、外形法、中心法…等。漢字有獨體字
和合體字的結構；獨體字只由筆畫組成沒有部首偏旁，合體字結構又有上下、上
中下、左右、左中右、包圍結構等；從不同的面向來分析，會有不同的關係法則，
今歸納提出十項字體結構原則，參見表 4。

表 4 字體結構原則

原則	1、均間原則	2、仰俯向背原則	
說明	字中有許多同方向之筆畫，宜平行，間隔相當。	橫畫多分仰俯，豎畫多分向背以求變化	
範字	臣、勿、川（間距相當）	年（仰平俯）、月（相背）	
原則	3、外形原則	4、左右原則	
說明	書寫時宜掌握字形外貌所呈現的幾何圖形，筆畫少外形小，筆畫多外形大。	字由偏旁與偏旁相併而成，左右相互寬窄、穿插、配合。	
範字	土（三角形）、四（長方形）、田（正方形小）	和（左長）、唯（右長）、皎（左窄）、謝（三勻）	

---

[4] 〔南朝梁〕蕭衍：〈古今書人優劣評〉，《歷代書法論文選》（上海：上海書畫出版社，2006 年），頁 81。

原則	5、上下原則	6、重心原則
說明	字由偏旁與偏旁相疊而成，各有長短寬窄之合理對應。	調整重心，以求平衡。
範字	罪（下長）、恩（上窄）、器（三勻）	山（豎筆正中）、者（日偏右）、萬（上半偏左）
	罪　恩	山　者
原則	7、賓主原則	8、接筆原則
說明	主從關係，主筆厚重勁挺，其餘筆畫宜配合主筆。	字的點畫接筆處，組合各有其審美的法則。
範字	己（豎橫鉤）、成（左弧鉤）、乃（長撇）、事（豎鉤）	口（下橫右伸）、百（右豎下伸）、水（左不接右接豎鉤）
	己　成	吉　百
原則	9、變化原則	10、脈絡原則
說明	字中有兩筆以上點畫相同者，宜改變其形或筆法；亦可因造形需要而增減點畫，以求美觀。	字中點畫宜連貫，或形連或意連，字形才能流暢有神。
範字	炎（上捺改成點）、建（增點）、產（減撇）	注（形連）、為（意連）
	建　產	注　為

（5）形體：指漢字構成的字形外貌，其會因文字的演進與實用的需要而產生形變，從甲骨文、大篆、小篆、漢隸到楷、行、草，其字貌外形均有異同之處，其

書寫要求首為正確，次為美觀。

（6）墨色：墨的黑白層次變化，即濃、淡、乾、濕、黑、白。

（7）筆順：寫字時筆畫的先後次序。

（8）形體結構：即字形結構；簡單說就是字體結構，又稱為間架、結字或結體，是字體筆畫和偏旁部首的結合及構造原理。

（9）偏旁：漢字偏旁是由筆畫所構成的物件，這物件通常是合體字組字構形的部分，它的規模介於筆畫與整字之間；如"打、把、拖、扛"有共同的偏旁「扌」，稱為提手旁；又如"江、河、溪、海" 也有共同的偏旁「氵」，稱為三點水。

3. 編列能力指標內涵及其分項，並轉化為教學重點

瞭解書法教學用語後，我們就可以將能力指標內涵及其分項依授課時程編列於國小中年級各學期中，並轉化為教學重點，參見表 5。

表 5 能力指標內涵及其分項配置學期及教學內容重點表

年級	三年級上	三年級下
能力指標內涵	4-2-4-1 能養成執筆、坐姿適當，以及書寫正確、迅速，保持整潔與追求美觀的習慣。 4-2-3-1 能流暢寫出美觀的基本筆畫。 4-2-7 能激發寫字的興趣。	4-2-5-3 能掌握楷書組合時筆畫的變化。 4-2-5-4 能認識筆勢、間架、形體和墨色。 4-2-5-1 能正確掌握筆畫、筆順及形體結構。 4-2-7 能激發寫字的興趣。
教學內容重點	1. 坐姿、執筆、文具擺置、文具使用與清潔保養方法、書寫環境保持整潔。 2. 楷書基本筆畫教學與練習(1.橫、2.豎、3.橫豎、4.撇、5.挑、6.點、7.捺、8.鉤)。	1. 複習並流暢寫出美觀的基本筆畫。 2. 基本筆畫的延伸教學。 3. 認識字的筆勢、筆順、形體、結構並習寫。 4. 欣賞教學。

年級	四年級上	四年級下
能力指標內涵	4-2-5-2 能掌握楷書偏旁組合時變化的搭配要領。 4-2-6-2 能概略認識字體大小、筆畫粗細和書寫美觀的關係。	4-2-3-2 能應用筆畫、偏旁變化和間架結構原理寫字。 4-2-6-1 能欣賞優美的書法。 4-2-7 能激發寫字的興趣。

	4-2-7 能激發寫字的興趣。	
教學內容重點	1. 楷書偏旁組合時變化的搭配要領與習寫。 2. 字體大小、筆畫粗細認識與習寫。 3. 欣賞教學。	1．楷書重要偏旁組合時的搭配要領與習寫。 2．掌握、應用筆畫、偏旁變化和間架結構原理寫字，培養自運能力。 3．用楷書書寫作品及春聯、海報、廣告等實用性文書。 4．欣賞教學。

（三）規畫教學單元重點及其名稱

　　依 97 課程綱要語文學習領域中的教材編選原則、教學原則與學習評量的規範，寫字教材除姿勢、執筆、運筆方法、臨摹要領等之基本要項外，並以基本筆畫與筆形、筆順、筆畫變化、偏旁寫法、間架結構與搭配要領為基礎訓練。第二階段(第三學年)，練習大楷毛筆字，格子的大小，以 8-12 公分見方為度，可採用九宮格、米字格或田字格。依描紅、臨摹、自運與應用進階，做適切的安排，得視教學需要，規畫定時教學。教學經驗中通常用 12 公分見方、九宮格之毛邊紙為範字格式，以符合中年級學生之學習發展需求。

　　寫字教學的教材編寫，從第二階段(第三學年)開始到六年級結束，共有三上、三下、四上、四下、五上、五下、六上、六下八冊；筆者每冊建構 12 單元（每週上一節課或隔週上兩節課，彈性調整運用），共計 96 單元；今編寫中年級寫字教學單元重點及其名稱，共 48 單元，各單元規畫參見表 6。

表 6　中年級寫字教學單元重點及其名稱規畫表

三年級 （上）	單元一	單元二	單元三	單元四	單元五	單元六
教學重點	1.瞭解書法概要 2.寫字文具選	1.習慣適當的坐姿與合理的執筆姿勢	1.研墨指導 2.筆、墨、水的接觸感覺	基本筆畫形體認識與分析	基本筆畫教學與延伸（橫）	基本筆畫教學與延伸（橫）

範字	用與保養	2.研墨指導	點畫與線條	永字介紹	一、二、三	一、二、三
三年級（上）	單元七	單元八	單元九	單元十	單元十一	單元十二
教學重點	基本筆畫教學與延伸（豎）	基本筆畫教學與延伸（豎）	基本筆畫教學與延伸（折）	基本筆畫教學與延伸（折）	基本筆畫教學與延伸（挑）	基本筆畫教學與延伸（挑）
範字	十、士、山	十、士、山	因、西、固	因、西、固	昆、理、聖	昆、理、聖
三年級（下）	單元一	單元二	單元三	單元四	單元五	單元六
教學重點	基本筆畫教學與延伸（撇）	基本筆畫教學與延伸（撇）	基本筆畫教學與延伸（點）	基本筆畫教學與延伸（點）	基本筆畫教學與延伸（捺）	基本筆畫教學與延伸（捺）
範字	生、石、在	生、石、在	玉、注、無	玉、注、無	人、大、天	人、大、天
三年級（下）	單元七	單元八	單元九	單元十	單元十一	單元十二
教學重點	基本筆畫教學與延伸（鉤）	基本筆畫教學與延伸（鉤）	結構教學均間法	結構教學向背俯仰法	結構教學外形法	結構教學外形法
範字	未、水、則	未、水、則	書、臣	三、門	上、下	百、正
四年級（上）	單元一	單元二	單元三	單元四	單元五	單元六
教學重點	結構教學中心法	結構教學左右法	結構教學左右法	結構教學上下法	結構教學上下法	結構教學賓主法
範字	不、京	終、群	坤、相	皇、忘	昔、雲	乃、事
四年級（上）	單元七	單元八	單元九	單元十	單元十一	單元十二
教學重點	結構教學變化法	結構教學變化法	結構教學脈絡法	書法作品書寫格式要素介紹	臨寫作品	觀摩欣賞
範字	建、產	壁、滿	以、之		楓橋夜泊	
四年級（下）	單元一	單元二	單元三	單元四	單元五	單元六
教學重點	重要偏旁部	重要偏旁部	重要偏旁部	重要偏旁部	重要偏旁部	重要偏旁部

	首教學（人、口）	首教學（土、宀）	首教學（山、大）	首教學（广、彳）	首教學（木、手）	首教學（月、心）
範字	信、呼	培、穿	岸、夫	庭、往	株、指	肚、情
四年級（下）	單元七	單元八	單元九	單元十	單元十一	單元十二
教學重點	重要偏旁部首教學（艸、糸）	重要偏旁部首教學（阜、邑）	重要偏旁部首教學（言、辵）	自運作品習寫指導	觀摩欣賞指導	海報書寫練習與指導
範字	苗、級	陪、部	誰、道	回鄉偶書		

說明：

1.結構教學涵蓋偏旁搭配要領及組字時的變化，因此前置；重要偏旁教學，以偏旁成部首者系統性教學，所以後置。

2.教學內容重點無法在完整年級學期教授完畢者，下學期應接續教學，單元重點亦應配合調整。

（四）教學單元重點的教材編寫

編寫適合學生使用的教材非常重要，關係到學生學習目標的達成與否。針對初學者應先介紹要使用的寫字文具，做選用與保養的說明，並規範同儕之間的文具盡可能趨近一致，將未來學習成就的外在影響因素降至最低，接著要讓學生習慣適當的坐姿與合理的執筆姿勢，可參考〈正確執筆方法及寫字姿勢要領〉[5]，來調整學生坐姿，執筆法則依毛筆執筆法指導，一般分為單鉤與雙鉤法，要讓學生體會毛筆執筆法與硬筆執筆法的差異，並要求懸腕或懸肘，一一個別調整才能達到適宜的要求。這時可以用筆墨接觸－線條的練習（圖1）為範帖，在學生習寫中，老師行間巡視調整坐姿與執筆。

編輯範字的字帖；古人終日與筆墨為伍，相較於今日只是為了學習與精進而利用時間寫字，其相處頻率不可同日而語，所以選擇唐朝歐陽詢《九成宮醴泉銘》[6]的字帖為〈基本筆畫教學與延伸〉單元範字依據，主要是唐字具法度，歐字又工整，學生接受度較高，因為他們認為這樣的"標楷體"比較符合心目中美觀的

---

[5]參閱教育部臺（九〇）體字第九〇〇五五二一七號函。
[6]李郁周：《修復放大碑帖選集5‧唐 九成宮醴泉銘》（臺北：蕙風堂，2001年）。

標準，而且它的字數又多，參照度廣，字大小規格以 12 公分見方的六格毛邊紙印九宮格為度，編輯前先將範字影印放大，其界格須與習寫用毛邊紙規格同為 12 公分見方，試舉三例，程序進行如下：

1. 橫畫的教學字帖編輯

先選一個「一」字，再找二個「三」字，裁下第三筆長橫成「一」字，編成橫畫教學的基本練習筆畫，為了讓學生能珍惜紙張資源及增加練習次數，在橫列上排每格中置入三個橫畫，第一橫以雙鉤方式呈現並用線條繪出運筆軌跡，共置入九個「一」字佔三大格，下排則置入範字「二」、「三」、「三」，其中二個「三」字就是先前裁下成「一」字的原字，排列好黏貼並補整九宮格線加以影印（圖 2）；這樣的字帖好處在於其界格大小與毛邊紙同，用來映摹或雙鉤填墨都非常適宜，學生通常會在字帖尚未經映摹前，多印幾張供練習使用。

2. 豎畫的教學字帖編輯

豎畫的編輯比較麻煩，因為除了「十」以外，字帖上找不到合適的字例，所以基本筆畫就擷取三個「中」字的豎畫來練習，其中兩個垂露豎，一個懸針豎，每格擺三個豎畫，佔上排三大格，一樣先裁下原字豎畫的部分，第一個豎畫以雙鉤方式呈現並用線條繪出運筆軌跡；取用的原因是它的長度比較長，符合筆畫練習需求，下排範字則用「十」、「士」、「山」三字，有橫有豎，還可以指導學生接筆原則，排列好黏貼並補整九宮格線加以影印使用（圖 3）。

3. 折畫的教學字帖編輯

折畫在基本筆畫教學中以橫折教學為重點；橫折，一般又稱為橫豎或橫折豎，主要是其組成為最基本的橫畫加上豎畫，範字取「申」、「西」、「固」三字習寫，它們的基本筆畫橫折也從範字中裁下置於上三格，第一個橫折仍以雙鉤方式呈現並附線條表示運筆軌跡，與範字相互對應，各有兩次的習寫（圖 4）。

（圖1）	（圖2）
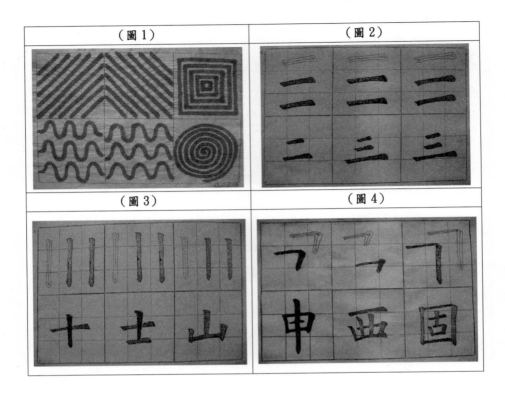	
（圖3）	（圖4）

五、寫字教學教案編寫

　　九年一貫課程綱要中的寫字教學，經由分段能力指標內涵及其分項的編排並轉化為教學重點，再根據教學重點來建構學各期教學單元。因此，舉凡教學之單元名稱、教材來源、學習領域、教學節數、單元目標、具體目標、能力指標、教學活動、教學資源、時間分配、評量方式等，都由現場教學的教師來掌握，教師擁有相對的教學自主。因此在教學活動實施前，確認教學重點後，便可依教學重點內容設定教學單元名稱，再將單元活動分成幾個小單元，依序編寫教學活動，其程序如下：

（一）確認教學重點
（二）訂定單元名稱

（三）擬定單元目標

（四）研擬具體目標

（五）編列能力指標

（六）研究教學內容

（七）編寫教學活動

（八）準備教學資源

（九）預定時間分配

（十）設計評量方式

（十一）完成教案編寫

　　根據以上原則，以楷書基本筆畫教學為重點內容，編寫單元為〈楷書基本筆畫教學與延伸－折畫〉的教學教案，參見表 7。

表 7 楷書基本筆畫教學與延伸－折畫教學教案

教學單元	楷書基本筆畫教學與延伸－折畫	教材來源	自編
學習領域	本國語文學習領域	教學節數	2 節
適用年級	三年級	設計者	張清河
教學時間	80 分鐘		
教學日期	99 年 5 月 14 日		
單元目標	1.能養成良好的書寫姿勢並保持整潔。 2.能懸腕用毛筆流暢書寫正確的橫折畫。 3.能對毛筆字書寫產生興趣。		
具體目標	1-1.能保持良好的坐姿、合理的執筆姿勢。 1-2.文具擺置、使用、清潔保養方法得當。 2-1.用毛筆寫基本筆畫，必須正確運筆，以藏鋒起筆、行筆、轉折、行筆、收筆之順序書寫。 2-2.能用毛筆書寫橫折畫。 2-3.能注意筆畫在九宮格中的相對位置。 3-1.按步驟用心習寫老師教學的內容。 3-2.能知道書家小故事的主旨。 3-3.能完成老師規定的課後作業。		

能力指標	4-1-3-2 能正確的使用和保管寫字工具。 4-2-4-1 能養成執筆、坐姿適當，以及書寫正確、迅速，保持整潔 　　　　與追求美觀的習慣。 4-2-3-1 能流暢寫出美觀的基本筆畫。 4-2-7 能激發寫字的興趣。
教學研究	一、設計理念：以基本筆畫的教學與習寫，擴散到字形結構原則的基本認識，並運用故事題材的連結，激發學生的學習興趣。 二、教材分析： 1.折畫在教育部《國字標準字體教師手冊》所附「國字筆畫名稱表」中，有橫折（四）、橫折橫（朵）、豎折（匹）、橫折鉤（有）、橫撇橫折鉤（乃）、豎橫折（吳）、豎橫折鉤（弟）等七種，在基本筆畫教學中以橫折教學為重點，一般又稱為橫豎或橫折豎，主要是其組成為最基本的橫畫加上豎畫，所以可以分解成橫畫加上豎畫兩部分接筆習寫，或先完成橫畫後提筆再下筆完成豎畫，並注意橫畫的斜度與豎畫的斜率；橫畫筆鋒轉豎畫時，因其夾角小於90 度，故必須經過提筆再按的程序，才不致絞亂筆毫。 2.範字申、固、西習寫時，需注意均間原則、空間布白與接筆原則。 三、學生經驗： 1.有良好坐姿與執筆姿勢，並適當保管文具的習慣。 2.有擺置書法文具與將環境收拾整潔的能力。 3.有筆墨經驗，橫畫、豎畫的雙鉤填墨及臨寫經驗。

教學活動	教學資源	時間分配	評量方式
第 1 節 壹、準備活動 （一）教師：書法文具、電腦、單槍投影機、螢幕、實物投影機、自編字帖。 （二）學生：書法文具、六格毛邊紙（九宮格） 先備經驗：基本筆畫教學與延伸－橫、豎。	書法文具、電腦、單槍投影機、螢幕、實物投影		

貳、發展活動 （一）準備活動：學生先將書法文具擺置得當，並完成準備工作。	機、自編字帖	2分	觀察學生是否正確的使用和擺置寫字文具。
（二）引起動機：統整上節課學生書寫豎畫的優缺點，並說明改進方法。		5分	
（三）老師介紹橫折畫的筆畫名稱與書寫順序，用電腦、單槍投影機播放圖檔；示範書寫，過程用實物投影機連結單槍投影機，直接投影到螢幕上。		10分	
（四）請學生先用摹寫方式練習橫折畫（視程度可先雙鉤後摹寫或將字帖墊在毛邊紙下方摹寫），再以臨寫方式練習橫折畫。		10分	觀察學生是否能養成適當的執筆、坐姿，以及書寫正確，保持環境整潔。
（五）習字過程中老師行間指導，不斷要求學生適當的坐姿與執筆方式，以養成良好的書寫習慣，並視時間許可講述書法家王羲之「墨汁當醋蒜」的小故事。			
參、綜合活動 （一）選擇部分同學的習寫作品張貼在黑板上供觀摩，並指出優缺點以資鼓勵或改進。		5分	
（二）書法文具收拾、清潔與環境整理。		8分	檢查學生文具收拾與環境整理是否清潔。
第一節課結束			

	書法文		
第 2 節 壹、準備活動 （一）教師：書法文具、電腦、單槍投影機、 螢幕、實物投影機、自編字帖。 （二）學生：書法文具、六格毛邊紙（九宮格） 先備經驗：基本筆畫教學與延伸－橫折畫。 貳、發展活動 （一）準備活動：學生先將書法文具擺置得當， 並完成準備工作。 （二）引起動機：歸納上節課學生書寫橫折畫 的優缺點，並複習、說明改進方法。 （三）老師介紹範字及書寫時之注意事項、九 宮格線與筆畫之相對位置、基本筆畫的變化、 均間原則、接筆原則及空間布白，並注意橫畫 的斜度與豎畫的斜率，用電腦、單槍投影機播 放圖檔；示範書寫，過程用實物投影機連結單 槍投影機，直接投影到螢幕上。 	具、電 腦、 單槍投影 機、 螢幕、 實物投影 機	2 分 5 分 10 分	觀察學生 是否正確 的使用和 擺置寫字 文具。
（四）請學生先用摹寫方式依序練習申、西、 固三字（視程度可先雙鉤後摹寫或將字帖墊在 毛邊紙下方摹寫），再以臨寫方式練習。		10 分	觀察學生 是否能養 成適當的

（五）習字過程中老師行間指導，不斷要求學生適當的坐姿與執筆方式，以養成良好的書寫習慣，並視時間許可講述書法家王羲之「床几作書」的小故事。 參、綜合活動 （一）選擇部分同學的習寫作品張貼在黑板上供觀摩，並指出優缺點以資鼓勵或改進。 （二）書法文具收拾、清潔與環境整理。 第二節課結束	 5分 8分	執筆、坐姿，以及書寫正確，保持環境整潔。 檢查學生文具收拾與環境整理是否清潔。

　　教案的編寫旨在使教學活動順利進行，而教學活動結束後，教學者必須客觀檢核教案與教學現場活動的差異，藉以作為增、刪、修改教學教案的依據，更可以同儕間互相觀摩、對話，融入橫向、縱向教材連結的不同觀點，使教案的單元設計更臻完整適用。

六、結　論

　　寫字教學中的毛筆字教學為本文的主要重心，從 97 課程綱要來觀察，其重要性已稍有式微的現象，現實中漸漸被重視的是實用性質較高的硬筆字教學；如果是這樣，那麼毛筆字教學從另一個角度來看，的確是已從實用性昇華到藝術性的境界了。不論從審美的面向或從創作的面向，現代書法展覽許多都是在欣賞美的形式與創作的多樣性，書家運用單字、少數字、排列字，創作在多元化的媒材上，以抽象性的表現來創造視覺感官的震撼，這時漢字具體形象的表徵已不再現，甚至不需要被識讀，書寫內容不再吸引觀眾；何妨，當毛筆字教學進階至書法應用、創作、欣賞時，書法教學也可以部分列入藝術與人文領域中的視覺、表演藝術中實施教學，這是值得被討論的議題。

　　97 課程綱要寫字部分的微調，大部分可以符合教學現況，如階段的畫分；但少部分仍有不夠完備之處，如能力指標中對於字形結構的描述用語太過冗雜，不易讓現場教學的基層老師看懂並運用；少許爭議也在結論中提出，如 97 課程

綱要本國語文學習領域，第五項實施要點中的第 1 點，教材編選原則第（11）項，「B.書體：第一、二、三階段以楷書練習為主。第四階段教材中的生字，宜練習辨認行書。」這其中所謂的 "書體" 在書法中指的是書寫筆畫、結構時所產生的體勢，楷書、行書則是 "字體" 的名稱，王壯為先生在《書法研究》一書中特立一章節來說明：

> 『書法雖不能離開文字，但二者又各為一事，各有範圍，因之言文字之形體則曰字體，言書法之體勢則曰書體。字體雖因時代不同而有變遷，要在其正確無誤，書體雖亦必求無誤，而要在其體勢之美；這是字體與書體的主要不同之處。[7]』

也就是說，篆、隸、草、行、楷書，稱為 "字體"；楷書中的歐陽詢字、褚遂良字、顏真卿字、柳公權字，各有其書寫的體勢與風格，稱「歐體」、「褚體」、「顏體」、「柳體」，是為 "書體"；提出以供商榷。

而課綱中的教材編選原則中提到，"第三階段(第五學年)，兼習中楷，格子的大小，約 6-7 公分見方為度。" 但現行全國語文競賽中的寫字比賽，國小學生組字之大小為 5 公分見方，6 公分見方為國中學生組、7 公分見方為高中學生組之規格；若要配合課綱，則國小學生組字之大小宜更改為 6-7 公分見方，否則第三階段所學習的中楷格子的大小，就應以 5 公分見方為標準，這樣競賽活動才能結合課程學習，課程在活動的輝映下就更具意義了。

不論如何，站在推動寫字教學的立場，提出一些個人的經驗與看法，期望能協助一些有興趣於此的老師，亦希祈諸位方家、先進不吝指正，以擴大自我提升之空間。

---

[7] 王壯為：《書法研究》（臺北：臺灣商務印書館，1999 年），頁 23。

國小學童隸書書法欣賞教學之教案設計

陳健文*、林淑婷*

摘　要

　　書法為我國固有傳統藝術文化的精華，但「九年一貫課程」實施後，授課時數不足，此一傳統文化面臨消失的危機。在有限的教學時間內，無法讓每一個學生成為小小書法家，但至少能讓學生學會欣賞傳統書法藝術之美。本研究藉由探討「書法教育」、「欣賞教學法」及「隸書欣賞美學」，進行適合國小四年級學童隸書書法欣賞教學之教案設計，共八節課，分為四個單元實施教學。

　　經實際教學後，發現在國小中年級實施書法藝術之欣賞教學是可行的。藉由欣賞教學的實施，讓學童對書法藝術產生喜愛及認同感，就書法教育而言，欣賞教學的模式是值得大力推廣的。教案撰寫過程中，發現書法欣賞教材蒐集不易，有關單位應有效整合，以利推廣書法藝術欣賞教學，讓這傳統藝術能綿綿不絕的流傳下去。

關鍵詞：書法教育、隸書書法藝術、欣賞教學、教案設計

一、前　言

（一）動機與目的

　　書法為我國固有傳統藝術文化的精華，其所獨具的線條美及文化內涵，成為我們文化上值得驕傲的一環。為了讓我們的後代子孫也能認識並應用這書法之美，所以在教育的過程中，「書法課程」從未缺席過（蘇德隆，2003）[1]。但自民國九十年「九年一貫課程」實施後，書法課程併入語文領域中，張順誠（2001）[2]的研究發現，現今的國民小學書法課，普遍存有隨意被調課或挪用的現象，書法教學的實際情形

---

*嶺東科技大學視覺傳達設計研究所　助理教授
*臺中市大新國小　級任教師
[1]蘇德隆：《國小書法欣賞教學之研究》（南華大學，2003年），頁28。
[2]張順誠：《屏東縣國民小學書法課程實施現況調查研究》（國立屏東師範學院碩士論文，2001年），頁1。

爲何，根本無人在意，其不受重視的情形相當嚴重，令人痛心。筆者任職於國小，以上所述的現象，處處可見。

李郁周（1995）提及：「書法作品其實就圍繞在我們生活周遭，透過一枝看起來構造簡單的毛筆，不但傳承了歷史經驗，也保留了人類的智慧，然而這些筆墨之美，我們却往往視而不見，豈非遺憾？」。[3]自從「九年一貫課程」實施之後，每週一節的書法課也幾乎消失了，這樣的情況，可能導致一個令人憂心的結果－傳統文化的自然淘汰。只因這一代的年輕人不識這些傳統的事物，這些東西對他們來說毫無意義也沒有感覺，自然不覺得重要也不會去重視。

或許感受到這種傳統文化消失的危機，臺中市教育處也於民國九十七年七月四日公佈「臺中市公私立國民小學書法教育教學目標」，明訂一學期至少需教授四節課的書法，依三至六年級分別教授篆書、隸書、楷書及行書。筆者目前擔任臺中市國小四年級級任教師，為配合書法教學目標，故選定隸書為教案設計主體。在有限的教學時數限制之下，或許無法藉由習寫，訓練小朋友寫得一手好字，成為小書法家，但筆者希望藉由書法欣賞課程的實施，讓他們接觸書法、喜愛書法，進而運用。所以在本教案的撰寫上，以欣賞教學為重點。

本研究藉由探討「書法教育」、「欣賞教學法」及「隸書欣賞美學」，進行隸書書法欣賞教學教案設計之撰寫，並探討過程中遇到的困難及實施成效。

（二）教案設計範圍

本研究之教案撰寫內容僅以民國九十七年七月四日頒布的「臺中市公私立國民小學書法教育教學目標」中四年級書法教學目標及「九年一貫」寫字課程中與隸書相關之目標為主軸。

（三）名詞釋義

1.書法欣賞教學

欣賞，就是某個人對於周遭的人或物給予一種評價，繼而產生了好惡。這是一種心理的、情緒的反應，多屬於感情方面；與知識思想之屬於理智者不同。藉由教學活動，引導學生對教材內容的了解、接受及再思考，使師生都能享受教學活動的樂趣，此即為欣賞教學之義涵。書法欣賞是欣賞者面對書法作品所進行的一種審美感受活動。

2.教學設計

---

[3]李郁周，《書法與生活—筆墨之美繞身邊》（臺北：雄獅美術，1995年），頁54-57。

　　所謂教學設計，李宗薇（1993）[4]提出教學設計的定義為「對教學的目標與學習者的特性，進行一系列分析、規劃、執行與評估的過程」。林進材（2000）[5]則認為「所謂教學設計本身含有計畫的意義，是教學活動的藍圖與處方，針對特定的對象、特定的目標、選用特定的方法、內容及策略，並施予教學評量，以修正並促進教學品質」。Smith & Ragan（1993）[6]亦指出教學設計是指「描述教學系統規劃的過程」，教學設計者的工作就是要去回答下列三個問題：我們要到哪裡？（教學目標）、我們怎麼去？（教學策略與方法）、我們怎麼知道已達目的地了？（評量與修正）。要回答上述三個問題，教學設計者必須全盤考量教學要素，是以教學設計涵蓋了教學歷程、目標、方法、評量等環節的每一個部分（李宗薇，1999）[7]。

二、書法教育

（一）書法教育之現況

　　民國九十二年「九年一貫課程綱要」公布，語文領域佔學習領域學習節數的 20 % ～ 30% ，雖是各領域之冠，然而語文領域中分本國語言（國語文、閩南語、客家語、原住民語）、英語。現今升學主義掛帥的情形之下，可想而知，識字與寫字能力可分配到的教學時數實在是少之又少了。新課程在語文科授課時數被瓜分及減少的情況下，大部分學校在排課的課表上，「寫字課」早已消失不見，於是，「寫字課」已面臨泡沫化的危機。

　　或許感受到這種傳統文化消失的危機，漸漸的，有許多國小將書法教育列為學校本位課程。臺北市教育局及臺中市教育處亦分別明定兩週上一次書法課及一學期至少需教授四節課的書法，顯見主管教育行政機關也逐漸重視起這傳統優美的文化。

（二）隸書書法課程教學目標

---

[4]李宗薇，《師院「社會科教學研究」課程應用教學設計之實驗研究》（臺北：師大書苑，1993年）。
[5]林進材，《有效教學－理論與策略》（臺北：五南，2000）。
[6]Smith, P. L. & Ragan, T. J. (1993). *Instructional Design*. New York: Macmillan.
[7]李宗薇：《教學設計理論與模式的評析及應用：以師院社會科教材教法為例》（國立臺灣師範大學博士論文，1999年），頁30-31。

針對「九年一貫」寫字目標及臺中市公私立國民小學書法教育教學目標,整理出適合四年級學生欣賞隸書教材時之教學目標如下:

1.「九年一貫」語文學習領域中與隸書欣賞相關之目標-

1-3-2-1　能欣賞教師及同學的字。

1-6-10-1　能激發寫字的興趣。

2-5-1-4　能認識筆勢、間架、形體和墨色。

2-6-6-2　能辨識各種書體(隸)的特色。

2-6-6-4　能知道古代書法名家相關的故事。

3-5-2-1　能欣賞書法作品的行款和布局。

3-5-2-2　能欣賞書法作品的行氣。

3-3-2-4　能靈活應用寫字的方法與原理。

2. 臺中市公私立國民小學書法教育教學與隸書欣賞相關目標-

A-4-1　能說出一件以上簡牘隸書碑帖的名稱及所屬時代。

A-4-2　能說出一件以上漢碑隸書碑帖的名稱及所屬時代。

B-4-1　能藉由臨摹或參考簡牘隸書書體書寫一件以上作品（不限字數、格式及媒材）。

B-4-2　能藉由臨摹或參考漢隸碑帖書體書寫一件以上作品（不限字數、格式及媒材）。

C-4-1-1　能說出一項以上簡牘隸書書體的特色。

C-4-1-2　能舉出一項以上簡牘隸書書體在日常生活中的應用實例。

C-4-2-1　能說出一項以上漢碑隸書書體的特色。

C-4-2-2　能舉出一項以上漢隸隸書書體在日常生活中的應用實例。

（三）書法欣賞

書法欣賞是屬於學生情意部份的培養,適合以欣賞教學法來進行欣賞課程的實施。情意領域的欣賞教學,著重於加強個人的後設認知,所謂的後設認知是指個人對自己的認知歷程和結果具有察覺與反思的能力。洪文珍等人（1998）[8]指出教學時

---

[8]洪文珍、洪文瓊、吳英長:〈國小書法學習策略教學研究〉,《東師與文學刊》第 11 期（1998 年）,頁 218-224。

可採直接教學與鷹架式教學，並選擇適當的書跡來配合後設認知的教學。至於老師如何講述書跡碑帖之美，指導學生欣賞，余益興（2001）[9]指出國小學生欣賞書法的方法是屬於經驗性的，可採用下列三種方法實施：

1.簡介式欣賞－簡介式欣賞是就書體書法之美，書法家的特色，歷代書法風格等大主題作介紹。

2.分析式欣賞－分析式欣賞主要針對書法美學的線條、空間、墨色、章法等主題加以賞析。

3.比較式欣賞－比較式欣賞是從兩種或多種書體作比較。

在隸書欣賞課程中，以上述三種方式交互運用。以老師為主的簡介式欣賞是能帶給學生最多知識背景的一種方式，在細說隸書源流時，多以此種方式進行。碑帖欣賞時，則以分析式及比較式為主，藉由與他人討論的價值澄清，讓自己更能掌握欣賞重點。

整個學習過程，幫助學生建構書法學科的概念結構。由老師講授、回饋澄清及透過書跡的組合呈現，刺激學生用點畫、結構、佈局、墨韻的概念來看作品，久而久之，形成認知基模，接著他會根據這個基模去解讀書跡，感受書跡之美。

就書法藝術來說，做為造型的組合要素，線條不是漫無所歸，隨意揮灑的，它必須依循著一定的組合去運動的，這組合就是原本表達意念的文字。而這些個別體的組合，又講究佈局、組成章法，其造型又別具面目了（資成都，1990）[10]。故對名家書跡章法、行氣的賞析，亦使學生了解其美感所在，進入書法欣賞世界中。

在指導孩子從事書法欣賞時，了解書法作品本身呈現出來的獨特風格外，更重要的是要引導孩子透過其外在的形式探討其內在所表現的意境和思想內涵，藉由書法評論、書法史、書法故事的融入，使學生獲得整體的價值與意義。

（四）書法欣賞教學與評量

李詠吟（1997）[11]指出學習評量是以學生為對象，透過適當的方式搜集到學生的

---

[9]余益興：〈九年一貫課程書法教學之變革與因應〉，《國教輔導》第 40 期（2001），頁 29-34。
[10]資成都：〈書法藝術性探究－書法理論上最根本的命題〉，《一九九○年書法論文選集》（1990），頁 1-11。
[11]李詠吟、單文經：《教學原理》（臺北：遠流，1997）。

資料，而對學生的學習結果作價值判斷。教學的形成性評量，常用的方式有小考、詢問、觀察、資料檢核等；總結性評量常用的工具是教師自編測驗、標準化測驗、問卷及資料檢核等。陳章甫（2003）[12]認為評量(evaluation)是運用科學方法和技術，獲得有關學生學習行為及其成就的正確資料，再根據教學目標，就學生學習表現的情形，予以分析，研究和評斷的一系列工作。

李國揚（1992）[13]參酌戴依(Day, 1985)所提出十一種可在「以學科為本位的藝術課程」中做統整性使用的評量方法，依書法學科本質，提出七種書法教學學習成就評量方法：觀察、晤談、討論、問卷調查、考試、報告，及思考表白。

洪文珍（1992）[14]認為書法教學的目標包括認知、技能與情意三方面的目標，評量時也需針對這個項目來評。她認為評量包括評量的對象、時、工具：(一)評量的對象－老師的評量與學生的自評互評；(二)評量的時間－形成性評量與總結性評量並用；(三)評量的工具－包括觀察、訪談、自由發表（口頭或書面）、評量表、教師自編問卷及客觀測驗。

就書法欣賞教學而言，是為達成其欣賞能力及欣賞態度之增進，要了解學生的能力及態度是否有增進，「評量」是不可缺少的。綜合以上各學者提出的評量方式，找出適合本課程的評量方式及適用時機，整理如下：

1. 學習單，藉由學習單進行評量。
2. 問答法－於課程進行中使用。
3. 觀察－課程進行時，觀察學生的各項反應，作為改進教學之依據。
4. 討論與報告－藉由團體的討論，歸納學習心得。再藉由口頭報告的方式呈現出來。
5. 學習日記－「思考歷程聲音化」對某些孩子而言或許會有執行上的困難，將之轉換為學習日記，以文字記錄自己的學習所得。
6. 自評互評－讓小朋友針對自己及他人的作品進行評述，做到價值的澄清。

---

[12]陳章甫：《藝術鑑賞統合教學法對國小五年級學生書法風格鑑賞能力之影響》（國立新竹師範學院碩士論文，2003年）。
[13]李國揚：〈談小學寫字課的鑑賞教學〉，（《研習資訊》66期，1992年。
[14]洪文珍：《國小書法教學基本模式探究》（臺北：蕙風堂，1992年）。

三、欣賞教學法

（一）欣賞教學法的目的及本質

　　欣賞教學法的目的在於養成正當的態度、引導學生學習評估價值、培育高尚的理想、陶冶學生的性情及啟發學生的研究興趣等，崔光宙（1989）[15]將文藝欣賞教學的目標，分為認知、情意和技能三個方面。

　　陳章甫（2003）[16]認為一般人常將「欣賞」與「鑑賞」混淆，欣賞應是純粹指對所見事所見事物，產生喜好或讚美；而鑑賞則加入明察，識別判斷性，是指透過分析解釋的過程而正確的識別其性質與意義。本研究所指的欣賞應界定在除情感的喜好外，亦能對書法作品進行簡單的描述、分析、解釋及判斷的工作。

（二）欣賞教學法的原則

　　楊馥如（1993）[17]認為：「學生的審美能力不是與生俱來的，必須仰賴後天的教育才能達成」。在各種學科學習時，都含有欣賞教學的機會，教師應隨時利用機會，培養學生正當的興趣、態度、和理想，但在進行欣賞教學的同時應顧及以下原則：教材合適、提供知識、避免分析、補充想像、利用教具、配合活動、引起共鳴、指導實踐、以身作則，及發展興趣。

　　書法欣賞教材的選擇過程中，需注意到要符合學生的學習程度。好的教材若要達到好的教學成效，實施時的方式也是相當重要的，以開放的態度帶領學生欣賞，讓他們能暢所欲言，相信必能從中產生思考，學會欣賞書法藝術的能力。

（三）欣賞教學法的實施步驟

　　欣賞教學雖然沒有一定的模式，仍要考慮教學目標的擬訂、欣賞主題的選擇、欣賞媒體的選擇與製作、教學評鑑的實施等五個因素（崔光宙，1989）[18]。以上五個因素大致可將其分析並循序進行教學活動，其步驟流程如下（圖1）：

---

[15]崔光宙：《教學原理－欣賞教學法》（臺北：師大書苑，1989年），頁238。
[16]同註12，頁1-17。
[17]楊馥如：《中學『美術史』教學理論基礎之研究》（國立臺灣師範大學碩士論文，1993年）。
[18]同註11，頁242。

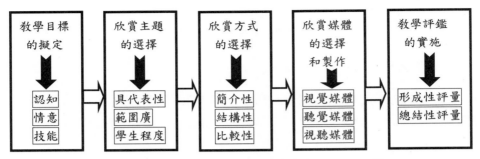

圖 1　欣賞教學法實施步驟簡圖（參考崔光宙，1989）

四、隸書欣賞美學

在欣賞過程中，欣賞主體始終處於主導地位，欣賞者知識結構、學識修養、審美趣味的差異，　直接關係到欣賞的程度。

李甫、郭農聲（1995）[19]指出書學的內容十分豐富，但概括起來，大體包括書法原理、書法技法、書法評論、書法史等四個層面。搜集整理隸書欣賞美學相關知識，做為發展隸書欣賞教學課程設計之參考。

（一）隸書的名稱

過去一般相信隸書之由來為「奏事繁多，篆字難成，即令隸人佐書，曰隸字」。但近來指出「隸」字亦有「附屬」的含意，可能意指其為篆字之衍生。又稱「古隸」、「今隸」、「秦隸」、「漢隸」、「佐書」、「八分」、「草隸」。

在東漢時期流通書寫的文字已是八分，但是東漢人僅稱為「隸書」或「左書」，尚無「八分」這個名詞。

（二）隸書的寫法及藝術美感

秦篆和西漢早期古隸在演變中最主要的是文字結構，在書寫便捷的情形下自然演變，在逐漸約定俗成下產生「隸化」，因為不是經由人為整理規範推行，所以在漢初文字資料中各作品的隸化內容與隸化程度也都各不相同。

漢初文字中也有很多沒有波磔的，這時的波磔沒有定法定式，直到西漢中期的

---

[19]李甫、郭農生：《書法教學》（臺北：洪葉文化事業有限公司，1995 年）。

武帝時期以後，橫豎連筆的轉彎，由圓轉多變成方折轉角多，而且「橫式波磔」增多，字形亦由漢初多縱勢長方變成橫勢扁形或正方，形成所謂的八分隸書。

後人在論隸書的書寫用筆時還有一個極為重要的，便是所謂的「蠶頭」起筆法，顧名思義便是橫畫起筆時先往左下「逆入」而形成像吐絲蠶頭狀，最大特徵是起筆粗頭的左緣線呈「右上往左下」的斜曲狀。

隸書的藝術美感有以下幾項：1.筆劃粗細相間，線條的視覺形象豐富。2.「蠶頭雁尾」的特殊筆法，將視覺藝術的節奏感提高。3.「蠶頭雁尾」的筆法，在視覺心理學的作用下，易產生三度空間的美感。4.紙的使用與隸書碑刻的大量湧現，在章法空間構成上提出新的視覺要求。5.解放毛筆的書寫特性，側鋒的運用，使筆畫運動的節奏點散佈於字的四周邊緣。

（三）隸書的發展史

1.隸書的起源—秦始皇命令李斯創立小篆後，也採納了程邈整理的隸書。由於作為官方文字的小篆書寫速度較慢，而隸書化圓轉為方折，提高了書寫效率。漢朝最通行的字體是隸書，因而「漢隸」被認為是隸書的典範。隸書到秦朝時已經大致成型。隸書的發明和普及，在漢字形態的發展史和中國書法史都是一項大變革，人們普遍認為，隸書是古今漢字的分水嶺。

2.隸書的繁盛—到東漢時期，隸書產生了眾多風格，並留下大量石刻。《張遷碑》、《乙瑛碑》《曹全碑》是這一時期的代表作。現存的漢隸作品主要是以石刻、碑文和帛書簡牘的形式流傳下來的，比較著名的作品有：石刻有《萊子侯刻石》、《魯孝王刻石》等；碑文有《石門頌》、《乙瑛碑》、《西狹頌》、《禮器碑》、《曹全碑》、《張遷碑》等；帛書和簡牘有《長沙馬王堆帛書》、《居延漢簡》、《武威漢簡》等。

3.隸書的第二次高峰—魏晉以後的書法，隸書出現了一個較長的沉寂期。隸書書法藝術再放異彩是在清代，在金石考證古文字研究風氣大開之中，清代書家在廣泛參研六朝以前的各種文字資料後，綜合參用篆、隸、楷、草的字形與筆意，在結字與用筆上自我成局，從漢碑出發融入金石碑版的各類形質，終能另出新意再造新境。

（四）隸書結構

隸書結構，與其他書體既有相通之處，也有獨特之處，主要表現在以下幾個方面：

1.縱向收緊，橫向舒展－隸書一般豎短橫長，撇與捺也多朝橫向展開，這就使大部分隸書寫成扁方形。但不必硬將每個字都壓成扁方形，還是要堅持隨字立形的原則。

2.勻稱中有錯落，錯落中見勻稱－隸書的勻稱不能等同於美術字、圖案的勻稱，是錯落中呈現出的整體勻稱。

3.伸縮相間、主次分明－隸書中有些筆畫較為誇張，分外醒目。在筆畫的組合上很講究主次，主要的筆畫應該伸展、誇張，其他的筆畫則應該收縮、避讓。

4.偏旁獨立－隸書的各個偏旁均能獨立存在，自成形體。左右分開均能獨立存在而不傾斜。

（五）隸書章法

　　隸書的通幅章法排列，大致上有以下特點：

1.在具體布白時，往往字距大於行距，形成上下疏朗、左右緊密的特殊風韻。這樣的布局，是隸書章法上的特點。

2.隸書結構上是縱向收緊、橫向舒展。章法上恰好是反其道而行之，兩者間才相反相成、相得益彰。

3.隸書的格子，一般以長方形為宜，整幅字才會疏密得當，賞心悅目。

　　隸書欣賞美學除上述之外，重要書跡的賞析及了解也是不可或缺的。

五、隸書欣賞教學教案設計

　　藉由以上探討進行教案之撰寫，共分四個單元。課程中，隸書宮燈的製作及欣賞，是小朋友相當感興趣的部份，於附錄中附上作法及圖片。另外選錄課程 ppt 檔並加以說明，供教師設計教案簡報時參考。教案撰寫如下：

表 1 教案設計（一）

課程名稱	細說從頭		
教學	四年級	教學時間	二節課八十分鐘

年段			
教材來源	林進忠（1997）。認識書法藝術－隸書。臺北：國立臺灣藝術教育館。 林金城（2000）。書法教學理論與實際。臺北：幼獅文化事業股份有限公司。 祝敏申（1989）。書法欣賞與學習。臺北：華嚴出版社。 李甫、郭農生（1995）。書法教學。臺北：洪葉文化事業有限公司。 閔祥德（1985）。書法百問百答。臺北：藝術圖書公司。 周燕兒、周蒂棠（1985）。中國書法故事。臺北：丹青圖書公司。		
教學內容	（一）隸書的名稱及界義 （二）隸書的寫法及藝術美感 （三）隸書發展史 （四）隸書結構 （五）隸書章法 （六）隸書故事		
教學目標	1-3-2-1 能欣賞教師及同學的字。 3-5-2-1 能欣賞書法作品的行款和布局。 3-5-2-2 能欣賞書法作品的行氣。 2-6-6-2 能辨識各種書體(篆、隸、楷、行)的特色。 2-6-6-4 能知道古代書法名家相關的故事。		
教學評量	（一）紙筆測驗 （二）問答法 （三）實際操作		

教學活動	教學資源	評量方式	教學時間
壹、準備活動 一、課前準備 1. 教師將上課相關內容製成 ppt 檔案存入電腦硬碟。 2. 熟悉媒體操作模式。 3. 準備書法字帖或相關書籍六本。 4. 準備隸書書法作品。 5. 製作書法故事學習單。 二、引起動機 1. 播放三年級時學習的篆書，引起小朋友的興	電腦、單槍投影機、銀幕		
		問答	5分

趣。			
2. 播放隸書作品，引導小朋友欣賞有何不同，並進行發表。			
貳、發展活動			
【活動一】隸書名稱及界義			▶10分
1. 說明「隸」字亦有「附屬」的含意，可能意指其為篆字之衍生。			
2. 播放隸書各種不同名稱，並一一解說。			
3. 說明不同字體都有難以區別、混同過渡的時期。			
【活動二】隸書的寫法及藝術美感			▶10分
1. 圖形聯想：「縱式波磔」、「橫式波磔」、「蠶頭」、「雁尾」。	碑帖	操作 發表	
2. 碑帖翻翻樂：說明何謂「雁不雙飛」，請小朋友找找碑帖中的字作為舉例。			
3. 說明隸書藝術的五項美感。			
【活動三】隸書的發展史			▶15分
1. 關鍵字解說法：隸書的起源－利用關鍵字，將隸書的起源串成故事，向小朋友說明。		問答	
2. 介紹隸書繁盛時期作品，分三大類型－【簡介即可】	碑帖或於ppt 檔顯示圖片		
（1）石刻－《萊子侯刻石》、《魯孝王刻石》。			
（2）碑文－《石門頌》、《乙瑛碑》、《西狹頌》、《禮器碑》、《曹全碑》、《張遷碑》。			
（3）帛書和簡牘－《長沙馬王堆帛書》、《居延漢簡》、《武威漢簡》。			
3. 介紹隸書第二次高峰的作品，清代的金農、鄧石如、何紹基。			
※※第一節結束※※			
【活動四】隸書結構			▶10分
1. 播放單個字的隸書作品，讓小朋友欣賞後，發表字的結構和之前寫的隸書、或平日寫的硬筆楷書有何不同。			
2. 碑帖翻翻樂：說明隸書結構獨特的四個部份，請小朋友翻翻字帖上的字，舉例說明。			

【活動五】隸書章法	操作	5分
1. 展示隸書長幅作品,讓小朋友感受長幅作品的寫法及氣勢,並說說想法或欣賞所得。	發表 問答	
2. 說明隸書章法排列的特點。		
【活動六】隸書故事	隸書作品	10分
1. 播放隸書故事─程邈獄中制隸書。		
2. 老師以線索提示,再複習一次。		
叁、綜合活動		15分
一、以分組競賽的方式進行測驗。	問答	
二、故事結構單的書寫。		
※※第二節結束※※		
	問答	

教 學 要 點 及 注 意 事 項
1.【活動五】之隸書作品,若有實際作品較好,小朋友較能感受長幅作品的氣勢。

表 2 教案設計(二)

課程名稱	碑帖欣賞(一)		
教學年段	四年級	教學時間	二節課八十分鐘
教材來源	同教案設計(一)		
教學內容	(一)秦代碑帖作品欣賞 (二)西漢碑帖作品欣賞 (三)隸書故事		
教學目標	A-4-1 能說出一件以上簡牘隸書碑帖的名稱及所屬時代。 C-4-1-1 能說出一項以上簡牘隸書書體的特色。 2-6-6-4 能知道古代書法名家相關的故事。		
教學評量	(一)紙筆測驗 (二)問答法 (三)觀察 (四)討論報告		

教學活動	教學資源	評量方式	教學時間

國小學童隸書書法欣賞教學之教案設計

壹、準備活動	電腦、單槍投	
一、課前準備	影機、銀幕	
1. 教師將上課相關內容製成 ppt 檔案存入電腦硬碟。		
2. 熟悉媒體操作模式。		
3. 製作欣賞關鍵詞卡。		
4. 製作臨摹圈選學習單。		
5. 製作書法故事學習單。		
三、引起動機 ·····························►		5分
1. 隸書大不同－播放不同的隸書碑帖，引起小朋友的興趣。	觀察	
2. 預告本節課的上課內容，要讓大家好好的認識不同的隸書。		
貳、發展活動		
【活動一】隸書分期 ·························►		15分
1. 老師由朝代順序帶領，進入今天的學習，秦朝，接下來是漢朝，漢朝又分為東漢和西漢。		
2. 說明秦朝大篆解體後的情形。		
3. 在隸書的發展上，又分為早期隸書和成熟期隸書，其中的差異在於有無波磔，一波三折的蠶頭雁尾寫法，屬於成熟期的隸書。		
4. 將隸書作品分為「秦代」、「西漢」、「東漢」、「清代」四個時期來介紹，會特別介紹「清代」，是因為清代金石考證古文字研究風氣大開，讓隸書書法藝術再放異彩。		
【活動二】秦代隸書作品欣賞 ···············►		15分
1. 說明：何謂「簡牘」？	字卡	問答
2. 欣賞關鍵詞張貼：小朋友欣賞時，較難將自己的感受化為言詞表達出來，將關於「簡牘」的欣賞關鍵詞張貼於黑板上，讓小朋友進行配對遊戲。		
3. 依序介紹：青川戰國木牘、馬王堆三號墓帛書、天水秦簡、雲夢睡虎地秦簡。		
4. 依老師介紹之內容及自己的感受，進行欣賞配對遊戲。	字卡	問答

5. 發下「秦代」隸書作品學習單，圈一圈自己想臨摹的字體，並寫下原因。	學習單	紙筆測驗	5分

※※第一節結束※※

【活動三】西漢隸書作品欣賞			20分
1. 西漢隸書作品分三大類進行介紹：（一）筆寫墨跡（二）刻寫文字（三）碑刻文字。			
2. 列印不同字帖分發給各組，分組欣賞不同的碑帖，並上臺報告，與小朋友分享欣賞心得。	學習單	討論報告	
3. 比較欣賞：在學習單上列印三種碑帖，讓小朋友同時欣賞三種碑帖，比較其中美感的不同，請小朋友分享欣賞感受。		問答	
4. 發下「西漢」隸書作品學習單，圈一圈自己想臨摹的字體，並寫下原因。	學習單	紙筆測驗	
【活動四】隸書故事			10分
1. 播放隸書故事—善寫隸書的曹操。			
2. 老師以線索提示，再複習一次。			
叄、綜合活動			10分
一、以分組競賽的方式進行測驗。			
二、故事結構單的書寫。		問答	

※※第二節結束※※ 紙筆測驗

教 學 要 點 及 注 意 事 項
1. 各組討論前，教師可先做示範。
2. 各組討論時，教師須於行間巡視。

表 3 教案設計（三）

課程名稱	碑帖欣賞（二）		
教學年段	四年級	教學時間	二節課八十分鐘
教材來源	同教案設計（一）		
教學內容	（一）東漢作品 （二）清代作品 （三）隸書故事		

教學目標	A-4-2 能說出一件以上漢碑隸書碑帖的名稱及所屬時代。 C-4-2-1 能說出一項以上漢碑隸書書體的特色。 2-6-6-4 能知道古代書法名家相關的故事。
教學評量	（一）紙筆測驗 （二）問答法 （三）觀察 （四）討論報告 （五）實際操作

教學活動	教學資源	評量方式	教學時間
壹、準備活動 一、課前準備 1. 教師將上課相關內容製成 ppt 檔案存入電腦硬碟。 2. 熟悉媒體操作模式。 3. 準備相關書法學習單。	電腦、單槍投影機、銀幕		
二、引起動機 1. 播放小朋友「一字書法家」的作品，引起小朋友學習興趣。 2. 今日所要認識的書法作品，為東漢和清代的作品。		問答	▶5分
貳、發展活動 【活動一】東漢隸書作品欣賞 1. 東漢隸書名作，有陽剛書風、中庸書風、陰柔書風，雖皆以「蠶頭雁尾」著稱，但巧妙各有不同。 2. 依序介紹乙瑛碑、史晨碑、禮器碑、曹全碑、張遷碑、石門頌。 3. 想一想，老師描述的內容應該是哪一個碑帖？ 4. 碑帖組合樂趣多：將碑帖中感興趣的字剪下來組合，感受一下不同書風組合的樂趣及諧調度。 5. 發下「東漢」隸書作品學習單，圈一圈自己想臨摹的字體，並寫下原因。 ※※第一節結束※※	學習單 學習單	問答 實際操作 紙筆測驗	▶15分 ▶5分 ▶10分 ▶5分

【活動二】清代隸書作品欣賞			
1. 隸書書法藝術再放異彩是在清代，在金石考證古文字研究風氣大開之中，結字與用筆上自我成局，從漢碑出發融入金石碑版的各類形質，終能另出新意再造新境。			10分
2. 清代出現了鄭燮、鄧石如、伊秉綬、何紹基等著名書法家，在繼承漢隸的基礎上加以創新。			
3. 依序介紹金農、鄧石如、伊秉綬、何紹基的作品。			
4. 讀帖並欣賞一下筆畫的不同。			
5. 和同學討論一下，最想學習的書法家字體為何？原因是什麼？上臺與小朋友分享。		討論報告	5分
6. 發下「清代」隸書作品學習單，圈一圈自己想臨摹的字體，並寫下原因。	學習單	紙筆測驗	5分
【活動三】隸書故事			
1. 播放隸書故事─王次仲弱冠創「八分」。			10分
2. 老師以線索提示，再複習一次。			
【活動四】			
參、綜合活動			
一、以分組方式，進行課程內容問答。		問答	10分
二、故事結構單的書寫。	學習單	紙筆測驗	
※※第二節結束※※			
教 學 要 點 及 注 意 事 項			
設計各種不同的活動來增進學習動機及樂趣，教學前，教學者應熟悉教學流程的實施。			

表4 教案設計（四）

　　「紅包」是傳統中國年時，是一種傳統節日的代表物品。筆者認為若能以不同形式來表現小朋友的書法作品，且與傳統節日結合，必能擴大他們創作之視野及想像。固以「紅包」為素材，將之組合成傳統宮燈形式，再以隸書作品書寫意念為裝飾，完成之作品，還能於元宵節時提燈籠用，與生活緊密結合。

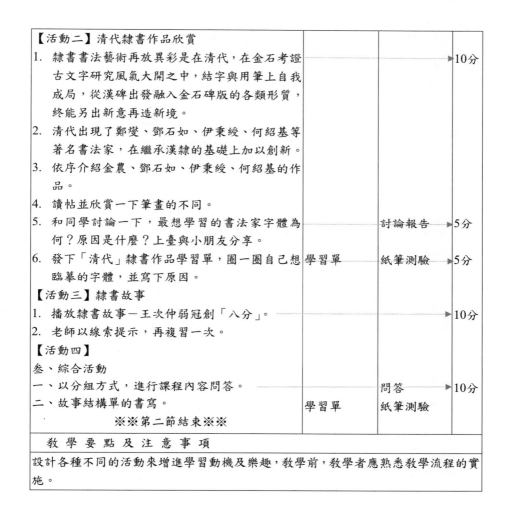

課程名稱	隸書與生活

教學年段	四年級	教學時間	二節課八十分鐘

教材來源	同教案設計（一） 部分解說圖片：設計者自行拍攝。

教學內容	（一）生活運用作品介紹 （二）學生作品欣賞　　◎隸書宮燈　　　◎一字書法家

教學目標	B-4-1 能藉由臨摹或參考簡牘隸書書體書寫一件以上作品（不限字數、格式及媒材）。 B-4-2 能藉由臨摹或參考漢隸碑帖書體書寫一件以上作品（不限字數、格式及媒材）。 C-4-1-2 能舉出一項以上簡牘隸書書體在日常生活中的應用實例。 C-4-2-2 能舉出一項以上漢碑隸書書體在日常生活中的應用實例。 1-3-2-1 能欣賞教師及同學的字。

教學評量	（一）實際操作 （二）自評互評 （三）問答法 （四）學習日記

教學活動	教學資源	評量方式	教學時間
壹、準備活動 一、課前準備 1. 教師將上課相關內容製成 ppt 檔案存入電腦硬碟。 2. 瀏覽檔案。 3. 準備相關的引言。 4. 熟悉媒體操作模式。 5. 準備回饋單。 6. 蒐集小朋友之前寫的隸書作品，將之做成媒體播放。 7. 請小朋友在課前蒐集十二個相同大小的紅包袋並攜帶訂書機及透明膠帶。	電腦、單槍投影機、銀幕		
二、引起動機 1. 拿出隸書宮燈做好之成品，引起小朋友學習的興趣。	隸書宮燈成品		5分

2. 請小朋友拿出蒐集的紅包袋，準備製作隸書宮燈。		
貳、發展活動		
【活動一】隸書宮燈製作		5分
1. 老師播放隸書宮燈製作的經過，先解說之後，再讓小朋友照著步驟來做。	實際操作	20分
2. 依著步驟，讓小朋友實際動手做屬於自己的隸書宮燈，老師於行間巡視指導。		10分
【活動二】小小欣賞家	回饋單 自評	
1. 請小朋友將做好的隸書宮燈放置於桌上，進行自我作品的欣賞評分。	回饋單 互評	
2. 請每個小朋友抽一個號碼球。老師發下「小小欣賞家」回饋單，小朋友依抽到的號碼進行欣賞及鼓勵。		
3. 欣賞結束，寫完回饋單，放置於該位小朋友桌上。讓每個小朋友回座位看看別人對自己作品的鼓勵及建議。		
※※第一節結束※※		
【活動三】隸書的日常生活運用		
1. 製做的隸書宮燈，不但能廢物利用，隸書的書寫，更增添作品濃濃的中國風。	問答	5分
2. 小朋友，想一想，隸書的書寫除了能運用在美術作品上，還能運用在什麼地方？讓小朋友自由發表。		15分
3. 將老師蒐集到的隸書日常生活運用，與小朋友分享。分享時，可順便考考小朋友不同字體的辨識。廟宇是個可以欣賞各種不同書體的好地方，提醒小朋友去拜拜時，別忘了可以順便欣賞一下中國書法不同字體的美。		10分
【活動四】欣賞「一字書法家」	問答	
1. 老師播放小朋友的隸書作品。	互評	
2. 進行全班的共同欣賞，並給予榮登「一字書法家」的小朋友鼓勵。		10分
叁、綜合活動		

377

一、請小朋友發表對隸書欣賞、隸書宮燈、隸書 習寫的學習感想。 二、發下紙張，請小朋友進行學習小日記的書寫。 　　※※第二節結束※※	學習單	學習日記	

教 學 要 點 及 注 意 事 項
1. 隸書宮燈的製作，可能無法於一節課的時間完成。
2. 學習日記的書寫可當課後回家作業。

六、結論與建議

（一）結論

　　藉由對欣賞教學法的深入探討，運用「簡介性」、「結構性」及「比較性」等不同方式來介紹碑帖，讓呆板的碑帖介紹變得有趣，提高小朋友的參與度及學習興趣。藉由教學的實施得知，在國小中年級時期實施書法藝術之欣賞教學是可行的。

　　除了碑帖的欣賞之外，以小朋友的作品為欣賞對象，對他們而言，不僅有趣，更有一份榮譽感，藉由作品的自我與他人肯定產生成就感。「一字書法家」的實施，讓小朋友樂於寫書法。「隸書宮燈」的製作，讓他們體認到書法可融入於生活中許多事務，培養欣賞生活中書法之美的習慣。

　　「九年一貫」課程中，「書法」在學習領域中是很特別的一個科目，課程綱要中提及學習目標，各教科書出版廠商卻因諸多因素未研發相關教材，尤其是欣賞部份，更是少之又少。筆者於教材資料的搜集整理中發現，網路上，雖有許多書法教學相關內容，卻找不到有系統的、適合國小的書法教材。筆者只能藉由對相關書法書籍的閱讀，以學習目標為主軸，釐清教學內容，進而進行教學資源的蒐集及教案的撰寫。

　　在有限的教學時數限制之下，可藉由實施書法欣賞課程，讓小朋友接觸書法、喜愛書法，進而運用。對於自己曾接觸的傳統藝術，在心理上會有一種認同感，加強他保存傳統文化的信念，對傳統藝術而言，不啻是一種助力。就國小書法課程而言，欣賞教學的實施模式是值得被大力推廣的。國小教師在繁重的教學工作之餘，

深入去了解、分析教材及自編教材的時間有限，爲讓「書法欣賞教學」能順利推展，教學資料的蒐集及彙整是相關單位應重視的。

現今是個資訊發達的世代，書法欣賞教學資料的推廣可藉由網路進行，提供教師一個只需有網路工具即唾手可得的多媒體網路教材，提高教師的授課意願，讓書法這傳統藝術文化的精華，得以流傳下去。

（二）建議

就國小階段之書法教育而言，從三年級學童開始實施欣賞教學是可行的。以三至六年級，分別教授篆、隸、楷、行書四種字體之欣賞教學，讓學生能獲得書法欣賞之完整的知識體系。

在教材的整合上，若能結合多媒體教材，會使之更易於推廣。以現代科技與古典文化結合之方式，為書法教學注入新活力。

附錄：隸書宮燈製作步驟

（一）蒐集十二個大小一樣的紅包袋。 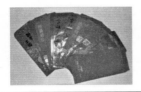	（二）在毛邊紙上練習寫"平安如意"四個字。 	（三）將紅包袋的封口以雙面膠封住。 
（四）將十二個紅包袋對折。 	（五）拿六個紅包袋，在其中一邊黏上雙面膠。 	（六）拿一個未貼雙面膠的紅包袋對黏，完成如下六組。 
（七）將六組紅包袋翻到背面，上下對齊排好，在中間部份以透明膠帶黏住。 	（八）翻到正面，在中間選擇四個位置，貼上"平安如意"四個隸書字體。 	（九）要黏成立體形狀時，在其中一個，先黏一半的透明膠帶，將之展開，再將另一個紅包袋黏上去。
（十）將未黏住部分之紅包袋的兩個角，以中心點抓住後，以訂書機訂住。 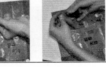	（十一）上下十二個皆要訂住，如下圖。 	（十二）將紅包袋直立，以訂書機將三角狀物體兩兩訂住，上下皆要。
（十三）將燈把之燈泡部份，由縫隙中伸入燈籠中。	（十四）伸入至適當長度後，兩邊以透明膠帶貼住，固定位置。	（十五）簡單又特別的隸書宮燈完成了。

附錄：課程 ppt 檔選錄說明

隸書名稱眾多，以表格歸納的方式說明。	隸書特殊筆法以圖形搭配聯想及找字帖的方式實施。	章法的介紹，藉由實際作品來做解釋。
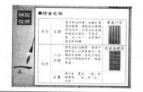		
清楚的交代，為何以這四個時代為教學主軸。	以「分析式」之方式介紹碑帖。	碑帖欣賞配對，以分組討論的方式。
		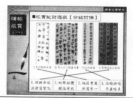
碑帖介紹時，以不同字體的顏色標示出重點。	讓小朋友能從筆劃上的不同去欣賞隸書。	讓小朋友藉由碑帖的欣賞，比較出其中的不同。
	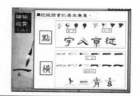	
以動畫方式，製作隸書小故事播放。	以日常生活週遭之景物，提醒學生留意欣賞。	設計「考考你」，做總結性評量。

國小學童隸書書法欣賞教學之教案設計

 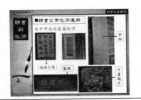 

從獨體字形義探究教學深化識字教學之研究
——以臺中市大新國小低年級為例

許雅惠*

摘　要

　　國小低年級學童正處於「前運思期」及「具體運思期」間，主要任務為語言與概念的發展，已能教導他們明確的漢字組字規則。本研究以翰林版國小低年級國語科生字為材料，由獨體字為教學起點，以形義探究教學為主軸；從圖像引導兒童進入漢字殿堂，依據積木理論設計部首定位板，將漢字的構形規律運用於識字教學。輔以多媒體教材進行教學，彈性運用各類識字教學法，加深學童對漢字間架結構的理解，建立漢字構形的基本觀念，以形成漢字系統的內在聯繫。教學實驗結果不僅達到三個月識字量 500 字的預期目標，而且教學者有意識地教導漢字單字的字形結構知識，不僅提高了大量字彙獲得的成效，同時也為識字量與漢字組字規則的關係印證正向相關發展的可能性。

關鍵詞：獨體字、形義探究教學、部首定位板

一、緒　論

（一）研究動機與目的

　　教學研究最根本的問題，即在回答「教什麼」和「怎麼教」。「教什麼」是與內容有關的問題；「怎麼教」則在討論方法、路徑。就識字教學而言，內容的選擇與確定取決於教學者對漢字文化的理解；教法則需依循「學習者為中心」的認知取向，設計多元學習方式讓學生能全面掌握漢字。因此，對漢字系統的全面認識與深入理解學習者的認知模式，是教學者進行識字教學前，最需要考慮的課題。

　　在學生的各項書寫作業當中存在有錯字、別字，已是非常普遍的現象，諸多錯別字的教學研究也提供了預防錯別字的方法策略，但錯別字的補救教學一直未

---

*臺中市大新國民小學教師
**本文的完成，得力於臺中教育大學周碧香教授多所指導；也感謝在「2010年閱讀策略、寫字與命題評量研討會」上會議論文審查委員及與會學者提出的寶貴意見，一併致上最高敬意與謝意。

見成效。目前傳統的識字教學方法大多停留在機械式的記憶抄寫階段,對於漢字的形、音、義三要素,似乎未能以理解方式作有效的聯結。筆者以為,可能在某個關鍵階段的學習未能幫助學童進行具體字形到抽象意涵的理解鏈結。曾見報載標題:「學生錯字,老師白字,錯一窩/越改越錯:『顯注』改『顯住』/把對的改成錯的:『遊學』改『游學』, 督學傻眼。」[1]學生出現錯字,在所難免;但教學者出現別字,理當避免。因此,國語文教學除了考量學童認知發展外,更需省視教師是否具備有教育專業及國語文教學專業能力。然而,避免學童寫錯別字的教學若要治本,欲救其失不如禁於未發。學習貴在慎始,與其日後焦頭爛額地訂正學童錯別字,無寧在其關鍵時期以有效的識字教學策略,鞏固學童對漢字形、音、義的認知與理解,此即為教育所秉持的「發展重於預防,預防重於治療」的重要觀念。

從辨識漢字的過程來看,兒童首先辨認字形的大致輪廓,然後才是組成部分;在合體字的辨認中,先辨認的是字的組成部分,其次才是部分與部分的關係,字的細節部分往往被忽略[2]。學者研究發現初入學兒童熟記字形的過程,從字形粗略輪廓的泛化辨認到逐步分化,形成視、聽、動覺表象的正確識記,最後到能掌握漢字形、音、義三者統一聯繫,精確地辨識個別字,是一段曲折複雜的學習歷程[3]。學童分析、概括和辨認漢字字形的發展過程,先發展對熟字的辨認能力,經過一段時期後,這種能力會遷移到其他生字的學習;形成了漢字字形辨識能力的兩個轉折點,第一個轉折點在一年級上學期,第二個轉折點在一年級下學期到二、五年級之間[4]。

國小課程中國語文領域節數的縮減,是現行識字教學未能穩固深耕的諸多原因之一。王寧先生曾說:「小學識字教學是漢字教育的正常開端。」[5]識字教學需

---

[1] 陳秋雲:〈學生錯字 老師白字 錯一窩〉,《聯合報》C3教育版,2007年8月1日。

[2] 曹傳詠、沈曄:〈在速示條件下兒童辨認漢字字形的試探性研究:字形結構的若干因素對字形辨認的影響〉,《心理學報》第3期(1963年),頁203–213。

[3] 萬雲英:〈兒童學習漢字的心理特點與教學〉,載於楊中芳、高尚仁編《中國人·中國心——發展與教學篇》,「中國本土心理學新紀元研究會」論文集》(臺北:遠流,1991年),頁403-448。

[4] 曹傳詠、沈曄:〈小學兒童分析概括和辨認漢字字形能力的發展研究Ⅰ〉,《心理學報》第1期(1965年),頁1-9。曹傳詠、沈曄:〈小學兒童分析概括和辨認漢字字形能力的發展研究Ⅱ〉,《心理學報》第2期(1965年),頁121-134。張必隱:《閱讀心理學》(北京:北京師範大學出版社,2002年),頁29。

[5] 王寧:〈漢字教學的原理與各類教學方法的科學運用(上)〉,《課程·教材·教法》第10期(2002

在一定數量的積累之後，才能形成漢字系統的內在聯繫。職是之故，我們將初入學的學童視為「零起點」的教學對象，思索語文節數在目前未能增加的限制下，如何運用現行教材、從獨體字出發，深化識字教學？在深究各種識字教學法之後，本研究決定以 500 字的識字量作為實驗教學預期達成之教學目標；以不增加學童認知負荷的前提，在分散識字的課程組織架構之下，輔以基本字帶字進行大量識字，配合隨課文識字延伸的各項閱讀教學，以期達成三個月識字量 500 字的教學成效。幫助學童積累一定數量的漢字，達到形音義全面理解；在符合漢字表意性、構形系統性的教學方法強化下，學習掌握漢字的科學方法，以達到不教而終身識字。

（二）始於識字，終於閱讀

研究指出，一般成年人每天接收的字彙超過十萬字，相當於 34ＧＢ資訊，大約是一部筆記型電腦容量的五分之一[6]。在科技高速發展、訊息不斷膨脹的資訊閱讀革命時代，如何快速閱讀，接收訊息，提取意義，是現代人需具備的一項基本知能。閱讀包括識字與理解，雖然理解是閱讀教學的最終目的，但識字卻是理解的基礎[7]。識字，包括字形辨認、字音辨讀及字義搜尋[8]。具有適當的識字量及流暢的識字速度及自動化的識字技能，是閱讀理解的基本條件。

Chall 將閱讀發展分為六個階段，分別為前閱讀期：零到六歲；識字期：一、二年級；流暢期：二、三年級；閱讀新知期：四到八年級；多元觀點期：八到十二年級；建構和重建期：十二年級以上。六個階段又分為兩大階段，前三期為「學習閱讀」，後三期為「閱讀學習」[9]。閱讀能力是一種對書面語言掌握的能力，非由漢字教學所能單獨完成；而識字教育必須依賴於語言習得，故識字教學應當與語文教育同時進行[10]。

識字與理解的關係是訊息處理的過程，讀者的解碼技巧必須自動化之後，才能將更多的精力放在閱讀理解方面。小學生要認識 500 個漢字之後才能讀簡單

年），頁 1。

[6] 聯合報國際中心：〈你累了嗎？成人大腦每天 10 萬字轟炸〉，《聯合報》A7 版，2009 年 12 月 15 日。

[7] 胡永崇：〈學習障礙學生之識字教學〉，《屏師特殊教育》第 3 期（2002 年），頁 17。

[8] Perfetti, C.A., "Reading ability". in R. Sternberg (Ed.), *Human abilities: An information processing approach*(New York: W. H. Freeman and Co,1984), pp. 59-81.

[9] Chall, J. S., *Stages of reading development,* 2nd ed.(Fort Worth, TX: Harcourt Brace,1996).

[10] 王寧：〈漢字教學的原理與各類教學方法的科學運用（上）〉，頁 3。

的句子，但要閱讀一般兒童讀物仍存有很多困難[11]。小學低年級學童口語表達能力已經很強，他們有旺盛的求知欲，智力發展迅速，並已由其他管道獲得了大量的口語詞彙及與日常生活相關的一般知識。然其在閱讀學習上所面臨的主要矛盾是一方面識字量少，但另一方面識字週期長；受限於書面詞彙的貧乏，使他們的閱讀在相當一段時間內難以開展。

　　相關研究指出課堂教學並非兒童詞彙增長的唯一途徑，閱讀過程中隨意、偶然的「伴隨學習」也是兒童詞彙迅速增長的重要原因[12]。此種非主要目標的、自發的、無意識的自然學習效應，能讓學童在伴隨學習中獲得不熟悉詞彙知識的可能性約為 5%～11%[13]。兒童雖然不認識字詞的書寫形式，但在日常口語中，字詞的語音和語義得到了提前編碼，可能已獲得了某些語音編碼能力，一般稱此為「生字的優先暴露效應」[14]。因此，我們將漢字教學提前二週開始，於開學後第九週即正式進入識字教學。以獨體字形義探究教學進行三個月的實驗研究，期能瞭解漢字識別在進行獨體的認識到合體的組合歷程中，學童的反應及可能面臨的困難等問題。經由實驗、分析、提出報告，希望透過與教學現場結合的實驗研究，改進「只教識字、不注意教給識字方法指導、零碎分割字形，或方法單一，以致輕忽識字寫字能力的培養，妨礙了教學效率的提高。」[15]的傳統教學模式，希冀能有助於識字教學的研究。同時讓兒童的識字學習回歸真實生活，並藉由「閱讀學習」達到學習新知與自我教育的終身學習目標，讓孩子以閱讀文字、書寫文字表達自己，此方為識字教學的核心目的。

---

[11] 王玲玲：〈詞匯教學與詞匯的習得〉，《第一屆小學語文課程教材教法國際學術研討會論文集》，（臺東：國立臺東師範學院，1995 年），頁 215。

[12] 陳華峰、彭聃齡：〈幼兒從電視中學習——一項伴隨學習的研究〉，《心理科學》第 18 卷第 1 期（1995 年），頁 22-28。王愛平、舒華、周鈺昕：〈字幕在兒童伴隨學習中的作用〉，《心理科學》第 32 卷第 1 期（2009 年），頁 90。

[13] 舒華，張厚粲：〈閱讀中自然學習生詞的實驗研究〉，《心理學報》25 卷 2 期（1993 年），頁 203-210。伍新春，李虹，舒華，Richard C. Anderson，李文玲：〈拼音在兒童分享閱讀中的作用〉，《心理科學》第 25 卷第 5 期（2002 年），頁 548-551。伍新春，張潔，舒華，李虹，Richard C. Anderson，李文玲：〈拼音在兒童課外閱讀中的作用〉，《心理發展與教育》第 2 期（2002 年），頁 49- 54。

[14] 陳俊、張積家：〈小學低年級學生對陌生形聲字的語音提取〉，《心理科學》第 28 卷第 4 期，（2005 年），頁 901-905。

[15] 馮永敏：〈教會學生識字寫字—識字寫字的教學策略〉，《國教新知》第 55 卷第 1 期（2008 年），頁 3。

二、文獻探討

（一）課程組織

　　教育部預計將於100學年度實施的「九十七年國民中小學九年一貫課程綱要」本國語文領域中，對國小一年級到國中九年級學生區分四階段識字量。一、二年級：700-800字；三、四年級：1,500-1,800字；五、六年級：2,200-2,700字；七～九年級：3,500-4,500字[16]。無論是現行之92課綱或將實施之97課綱，學童要認識2,000字，大致需花四年時間。目前小學一年級國語文課程教學進程，前十週是注音教學，從第十一週開始進行漢字教學，到第廿一週上學期課程結束，為期十一週。以翰林版第一冊為例，習寫字75字，認讀字26字，識字量共計101字。

（二）兒童認知發展

　　兒童入學之後的具體運作能力，在兒童的心理發展上是相當重要的轉捩點。國小低年級兒童正處於「前運思期」及「具體運思期」間，他們大量地使用語言符號吸收知識、運用簡單符號進行思考；也能按照事例，藉由具體操作，進一步從事推理。但他們在學習上最大的障礙是容易分心，不易專注。兒童在八歲以前，對圖形或事物的歸類，是由知覺或心像決定的；所以，吸引兒童注意力的屬性特徵，可隨時改變，故其對外界事物的歸類常顯得紛亂無序。對低年級兒童而言，最困難的就是把許多不同經驗所得的空間版圖知識，變成一個整體而有組織的架構。因此，發展心理學家認為，訓練與教導在兒童認知發展中扮演極重要的角色；Bruner 等人也認為，學校是促進「語言認知發展」的主要場所[17]。

三、研究設計

（一）教材分析與課程設計

1. 教材分析

　　「六書」中的象形、指事、會意、形聲等構字之法，以今日觀點來論，這「四書」的排列次序很適合兒童對漢字的認知順序[18]。獨體象形、指事較為形象直觀而易學；合體會意、形聲較為抽象概括，學童需積累至一定程度的數量才能進行

---

[16] 教育部：《97 年國民中小學九年一貫課程綱要(100 學年度實施)》
[17] 鄭昭明：《認知心理學：理論與實踐》（臺北：桂冠圖書， 2004 年），頁 84。
[18] 許嘉璐：〈漢字結構的規律性與小學識字教學—兼評幾種小學識字教學法〉，載於《第一屆小學語文課程教材教法國際學術研討會論文集》（臺東：國立臺東師範學院，1995 年），頁 403。

理性思維。本教學研究的授課內容以翰林版國小一、二年級國語科教材為主,將第一至第四冊的習寫字依獨體字、合體字性質及「六書」分類統計,作為從獨體字形義探究教學深化識字教學之參考準則,分析結果如下:

表 1　翰林版國語科一至四冊習寫字統計表

學　期	一上	一下	二上	二下
冊　數	第一冊	第二冊	第三冊	第四冊
習寫字數量	75	164	207	208
獨體字　象　形	24	30	34	24
指　事	13	12	2	1
字數	37	42	36	25
佔習寫字比例	26.22%	25.61%	17.39%	12.02%
合體字　會　意	15	40	62	47
佔習寫字比例	20%	24.39%	29.95%	22.60%
形　聲	23	82	109	136
佔習寫字比例	30.67%	50.00%	52.66%	65.38%

2. 課程設計

　　本研究以螺旋式課程理念設計教學,彈性活用各類識字教學法,強調漢字拆分拼合的積木結構特性,並充分結合閱讀語境建立字詞觀念的抽象概括性,累積心理詞典的語彙,作為未來藉由自主閱讀達到自我教育的目標。以下將本研究教學設計理念與教材教法設計內容圖示如下:

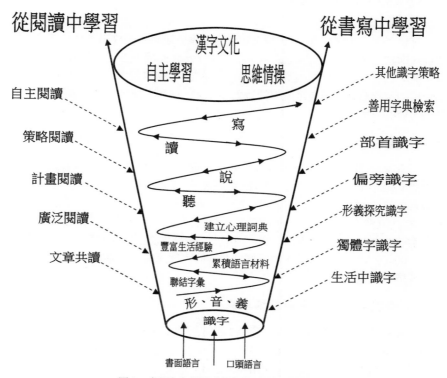

從閱讀中學習　　　　　　　　　　從書寫中學習

漢字文化

自主學習　　　　思維情操

自主閱讀　　　　　　　　　　　　其他識字策略

　　　　　　　　　寫　　　　　　善用字典檢索

策略閱讀　　　　讀　　　　　　　部首識字

計畫閱讀　　　　　　說　　　　　偏旁識字

　　　　　　　聽　　　　　　　　形義探究識字

廣泛閱讀　　　　建立心理詞典　　獨體字識字

　　　　　　豐富生活經驗

文章共讀　　　　　累積語言材料　生活中識字

　　　　　聯結字彙

　　　　　形、音、義

　　　　　　識字

書面語言　　口頭語言

圖 1　本研究之螺旋式課程設計理念的識字教學

（二）研究方法與對象

1.研究方法

　　本研究採用文獻分析法、內容分析法及行動研究法，進行實證的獨體字形義探究識字教學研究。依文獻探討、內容分析、教材準備、前測、識字實驗教學、後測及識字量評估測驗的程序進行。於第 9 週進行前測，進行三個月的實驗教學，第20 週進行後測，並在第 21 週進行「識字量評估測驗」[19]。

2.研究對象

　　研究對象為臺中市大新國小一年級一個班級學生，男 14 名、女 15 名，共 29 名，其中含特殊生 3 名，平均年齡為 6 歲 7 個月

四、獨體字與漢字結構

---

[19] 洪儷瑜、王瓊珠、張郁雯、陳秀芬：〈識字量評估測驗〉，載於《中文閱讀障礙診斷測驗》（臺北：教育部，2007 年）。上網日期：2010.1.21。網址：
http://edu.nttu.edu.tw/NFL/contents/testMode/test_list.asp?menuID=384#

許慎《說文・序》云：「倉頡之初作書，蓋依類象形，故謂之文。其後形聲相益，即謂之字。文者，物象之本；字者，言孳乳而浸多也。」[20]鄭樵《通志・文字略》云：「獨體為文，合體為字。」[21]從文字發展史上看，漢字經歷了一個由史前的單體寫意性圖畫符號向獨體象形「文」的歷史轉變，再由獨體的「文」變為合體的「字」[22]。

（一）積木理論

　　「積木」是將一個個最小單位的單一形體積木，根據所需，堆疊組合而成為立體、不同造型成品的遊戲。漢字也如同積木，創造漢字的「積木」——初文，其數量為何？《說文解字》九千三百五十三個文字中，只有四百八十九個是獨體的「文」，其餘八千八百六十四個都是合體的「字」[23]。現存的五萬多個漢字，皆是由 500 字左右的「象形文」和「指事文」組裝堆疊而成合體字。藉由拆解合體字，可以對構成的獨體積木進行個別意義的字理探究；此種據形辨義的過程，稱為「積木理論」[24]。

（二）獨體字與合體字的結構模式

　　一般稱漢字為「方塊字」。在書寫形式上，為了使每個漢字能容納在一個方格內，由獨體字組成合體字的構件往往採取不同的配置方式，傅永和（1993）將通用漢字分為 13 種結構模式[25]。結構類型如下表：

[20] 〔漢〕許慎撰，〔清〕段玉裁注：《說文解字注・十五卷上》（臺北：頂淵文化，2008 年），頁754。
[21] 高鴻縉：《中國字例》（臺北：三民書局，1984 年），頁 6。
[22] 孟華：《漢字：漢語和華夏文明的內在形式》（北京：中國社會科學出版社，2004 年），頁 89。
[23] 符顯仁：《中國文字面面觀》（臺北：莊嚴出版社，1988 年），頁 7。
[24] 盧國屏：《漢語解釋理論與方法》（臺北：五南圖書出版社，2008 年），頁 103。
[25] 傅永和：〈漢字結構和構造成分的基礎研究〉，載於陳原主編《現代漢語用字信息分析》（上海：上海教育出版社，1993 年），頁 117。

表 2　漢字結構類型表

序號	結構符號	名　稱	例　　　　　　字
1	▯▯	左右結構	說、休、陽、忙、睡、後、海、慢、站
2	▭	上下結構	李、冬、想、忽、買、恩、忍、架、雲
3	▯▯▯	左中右結構	咖、掛、腳、獅、例、做、湖、謝、撕
4	▤	上中下結構	葉、賣、蓋、章、等、莫、舅、算、案
5	⊓	左上右包圍結構	同、閃、問、間、悶、閉、閱、鬧、鳳
6	⊔	左下右包圍結構	凶、函、幽
7	⊏	上左下包圍結構	匹、區、匿、匾、匠、匣、匪、匯、匱
8	⌐	左上包圍結構	友、右、床、病、康、店、房、眉、廟
9	⌐	右上包圍結構	可、句、司、氧、氫、氣、勺、勾、戒
10	L	左下包圍結構	起、近、過、追、爬、建、毯、進、選
11	⌐|	右下包圍結構	斗
12	▢	全包圍結構	回、因、固、困、園、國、圓、圈、團
13	▭	獨體方塊結構	日、月、田、山、魚、面、瓜、耳、八
14	?	特殊結構	坐、威、爽、歲

※本表由筆者修正名稱與增加例字後，重新製表。

　　根據統計，「現代漢語常用字表」[26]中以左右結構最多，佔 56.52%；其次為上下結構，佔 23.30%；其後依序為獨體結構，9.81%；左上包圍結構，3.89%；左下包圍結構，2.62%；其餘皆未達 1%[27]。

（三）獨體字與字符、偏旁及部首的關係

　　漢字的字符，可分為意符、音符和記號[28]，多由獨體字所構成。舉凡形聲字的形旁和聲旁組成合體字的偏旁，也多源於獨體字；其中構字能力頻繁活躍而歸

---

[26] 「現代漢語常用字表」是中國大陸國家語言文字工作委員會和國家教育委員會於 1988 年 1 月 26 日聯合發布。共收錄了 3,500 個漢字，包括常用字 2,500 個，次常用字 1,000 個。
[27] 邢紅兵：《現代漢字特徵分析與計算研究》（北京：商務印書館，2007 年），頁 45
[28] 裘錫圭：《文字學概要》（臺北：萬卷樓圖書，2001 年），頁 15。

類為部首。為了使獨體字獨有的孳乳能力在漢字學習中得以持續發展，早在清代王筠即曰：「蒙養之時，識字為先，不必遽讀書。先取象形、指事之純體教之。……純體既識，乃教以合體字。……能識二千字，乃可讀書。」[29]又於《文字蒙求》自序中闡述對漢字結構及識字教學的看法：「人之不識字也，病於不能分，苟能分一字為數字，則點畫必不可以增減且易記而難忘矣。……形聲字即合此三者以成之，豈非執簡御繁之法乎?」[30]

漢字的形、音、義結構提供了一個辨識文字有關的架構，可不必特別在意局部特徵等細節上的差異，或是可藉由結構與部首的共變關係，推測部件的訊息或藉由結構來推知字義相關的訊息[31]，此架構可以適當地減輕讀者處理文字時的認知負荷。

（四）漢字識別與書寫的關係

字形識別是音義認知的基礎，而對字形的感知和記憶又常常需以音義做為線索。字形識別雖存在筆畫數效應，但筆畫數並非唯一因素；艾偉指出，影響識別的另一重要原因是「字形的筆畫組織」[32]。漢字的書寫練習，目的在讓學生掌握寫字的基本方法和規則、認識漢字的結構與特徵，幫助兒童在大量識字及掌握構字規律後，書寫技能得以獲致大量學習遷移。筆者將漢字字形認知到書寫的視、知、動覺的歷程，歸納如下圖：

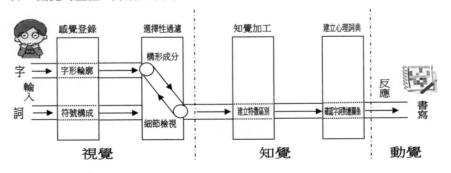

---

[29] 〔清〕王筠撰：《教童子法》（臺北：藝文印書館，1966 年），靈鶼閣叢書卷一，頁 1。
[30] 〔清〕王筠：《文字蒙求》（臺北：文光圖書公司，1977 年），頁 1。
[31] 葉素玲、林怡慧、李金鈴：〈中文字形結構在國小學生字形相似性判斷所扮演的角色〉，《教育與心理研究》27 卷 1 期（2004 年），頁 98。
[32] 艾偉：《閱讀心理‧漢字問題》（臺北：國立編譯館，1955 年），頁 13。

圖 2　識別漢字的視、知、動覺認知機制

五、「部首定位板」的創發理念與設計使用

（一）緣起

中國人在口頭上介紹姓氏時，常以拆字法來說明姓氏所使用漢字的寫法，如弓長「張」、雙口「呂」、古月「胡」、耳東「陳」、木子「李」、木易「楊」、草頭「黃」……等。目的有二，一是區別某個音同或音近的姓氏；二是便於記錄或記憶[33]。一般說來，姓氏極為常用，幾乎已成為一種代號；此種說明用法的目的在敘述字形結構與寫法，注重的是通俗明白，縱有字形指稱偏誤，仍為一般人所能理解。此也說明了這些做為部首或偏旁的獨體字，對中文閱讀者是熟悉的辨識刺激，已成為合體字之不可分割的構成部分。

研究發現人在持續審視一個漢字時，這個字會自動分解為它的組成部分[34]。獨體字的識別從筆畫開始，其字形輪廓提供了漢字識別更多資訊[35]。學者研究指出，熟練的中文讀者在判斷中文字時，會根據字形的結構特性辨識[36]。曾志朗先生研究俗語「有邊讀邊，無邊讀中間」在心理歷程的意義，指出漢字呈現時，要就是一目了然，不然就要經過由整體到局部的解體過程。這種「先見樹後見林」的知覺歷程帶來了各獨立部件，如部首、聲旁等的字形突出，而閱讀者根據部件方位不同而賦予不同的語文特徵，類似字形的語音轉錄原則[37]。部首與聲旁的信息加工處理不同，部首在早期便被登錄，且與結構或其所在位置有關，而聲旁則可持續到較晚的時序[38]。因此，加強獨體字和偏旁部首字的教學，不僅在提高識字速度，更能保證漢字教學的質量。

---

[33] 萬業馨：《應用漢字學概要》（合肥：安徽大學出版社，2005 年），頁 229。
[34] 彭聃齡：《漢語認知研究》（北京：北京師範大學出版社，2006 年），頁 3。
[35] 萬業馨：〈從漢字識別談漢字與漢字認知的綜合研究〉，《語言教學與研究》第 2 期（2003 年），頁 73。
[36] 葉素玲、李金鈴、陳一平：〈中文的字形分類系統〉，《中華心理學刊》第39卷（1997年），頁 47-74。Yeh, S. L., Li, J. L. & Chen, K. M., "Classification of Chinese characters: Verification by different predesignated categories and varied sample sizes," *Chinese Journal of Psychology* 41(1999):65-85. Yeh, S.L, & Li, J.L., "Role of structure and component in judgments of visual similarity of Chinese characters," *Journal of Experimental Psychology: Human Perception and Performance* 28(2002):933-947. 葉素玲：〈中文部件與整字的關係探討(2/2)〉《國科會專題研究成果報告》，（2003 年），計畫編號：NSC92-2413-H-002-026。
[37] 曾志朗：〈華語文的心理學研究：本土化的沈思〉，載於楊中芳、高尚仁編《中國人‧中國心——發展與教學篇》，「中國本土心理學新紀元研究會」論文集》（臺北：遠流，1991 年），頁 546。
[38] 葉素玲：〈以重複視盲作業探討中文字形、字義、與部首的關係〉，《國科會專題研究成果報告》，（2004年），計畫編號：NSC93-2413-H-002-017。

（二）「注意」在教育上的意義

　　所謂注意，是指在從事某種作業時，心智活動的分配。易言之，注意的關鍵，就是「犧牲某些事物的處理，以便能有效的處理其他的事物。」[39]注意與學習兩者關係極為密切，沒有注意就沒有辨識、學習與記憶。如果對一個記憶單位給予八秒鐘的注意，必定能長久的保存在記憶裡[40]。人們常對不太簡單、也不太複雜的事物最感興趣。過於簡單，顯得無趣，易生厭煩；過於複雜，則增加挫折感，容易放棄。只有有趣的事物才能使人有動機去注意它，因此，我們需要「有趣事物的理論」[41]來提升學童注意的動機。準此而言，教學者需思索如何設計既有趣、相對於學習個體而言又富有挑戰性的課程，藉以提升學童的注意動機，方能有效地促進學習。

（三）兒童的短期記憶容量

　　一般人的見解，每以為兒童記憶優於成人。王鳳喈在艾偉所著的《漢字問題》序言中提到：「兒童生活較成人為簡單，其所學習之事物亦較簡單，故記憶較易，因而覺其記憶力強。如與成人在同樣條件之下，舉行嚴密測驗，結果如何，正未可知也。」[42]他認為應以科學方法的實證資料驗證常民之見，不可以傳統見解作為真理，其目的在強調實驗研究之必要；而艾偉在 1923 年所得的實驗結果否定了「兒童記憶優於成人」的說法。就此觀點來審視實驗結論，加上認知心理學的實證結果得知，兒童的短期記憶容量遠不及成人。

　　無論是感覺登錄、注意的能力或記憶的性質或容量，都有其限制。美國心理學家米勒指出人腦的立即記憶可容納 7±2 不同訊息的容量，最少 5 個，最多 9 個容量[43]。人類短期記憶的平均容量單位數量，詳見下表：

---

[39] 鄭昭明：《認知心理學：理論與實踐》，頁 97。
[40] 同前註，頁 109。
[41] 同前註，頁 110。
[42] 艾偉：《閱讀心理·漢字問題》，頁 3。
[43] 王秀園：《全腦與學習》（臺北：天下雜誌出版，2008 年），頁 105。

表 3　短期記憶的容量

年齡	短期記憶的平均容量單位		
15	●●●●●●●	±2	
13	●●●●●●	±2	因人而異，而有增加兩個單位或是減少兩個單位的差異。
11	●●●●●	±2	
9	●●●●	±2	
7	●●●	±2	
5	●●	±2	

（四）符碼系統理論

　　閱讀和書寫是人類創造出來、需要教導才會的能力[44]。人類史上最偉大的發明就是文字的發明，它是一種看得見的語言，看得見的語言創造了物體、符號或字母的新世界。文字是一種視覺性符號系統，建立在文字視覺性的感性特徵與概念之間的聯結。漢字中象形、指事、會意等形態的文字，其外在的視覺性特徵，常能代表某個抽象概念。最近的研究顯示，教育可以改變行為，教育也改變認知歷程；不論生命初期有什麼樣的不同，早期的介入干預和不斷地訓練都能夠大大地影響個人最後的表現。因此，對於日常生活中整個文化系統符碼設計與詮釋讀寫能力，是每一個成長中的孩子需發展的重要任務。故引介並掌握符碼系統，可視為現代學齡教育系統的主要任務。

（五）「部首定位板」的設計使用

　　從認知心理的角度分析，學習者在最初習得了基本筆畫、筆順之後，對字形的認知往往不再以單獨筆畫辨識，而是對筆畫所組成的偏旁部首來進行有關信息加工處理[45]，也就是說學習者對漢字認知的「組塊容量」[46]發生改變。以語言文字學的角度而言，構成漢字形體的最小單位是筆畫；從學習者的認知心理操作型態來看，則是以偏旁部首作為漢字構字組形的基本單元。

　　視覺管道處理是漢字的獨特性質，「字形肌動碼」的實驗顯示漢字的字彙儲存有「動作」的感覺資料在內[47]。筆者利用隨教科書配發的「生字卡」教具，考

---

[44] Sarah-Jayne Blakemore & Uta Frith 著，游婷雅譯：《樂在學習的腦》（臺北：遠流，2007 年），頁 110。
[45] 劉鳴：〈漢字信息編碼特徵與教材教法〉，《華南師範大學學報》第 2 期（1998 年），頁 51。
[46] 蘿普著，洪蘭譯：《記憶的秘密》（臺北：貓頭鷹出版社， 2006 年），頁 62。
[47] 曾志朗：〈華語文的心理學研究：本土化的沈思〉，頁 567。

量兒童短期記憶容量單位的限制,在不增加學童認知負荷,以提升注意學習為教學目標,設計了長、寬各為 18.5 和 18 公分的「部首定位板」。幫助學童將漢字認知的焦點放在由「本字」[48]偏旁化[49]之後的部首,作為搜尋漢字字義的探照燈;部首位置的顏色則以象徵享受友誼歡樂的蜜桃橙色[50]來提高兒童專注的情緒與愉悅的活力。並根據十三種不同漢字結構,畫出分隔虛線,強調部首位置,方便辨識漢字結構空間方位相合關係。在識字教學時,利用於分析字形、區辨漢字結構,分解組合次序,使學生形成明確的視覺表象、掌握字形。以有意義的理解策略大量識字,藉由積累到一定數量的漢字時,識得形聲字中形旁表意、聲旁表音的規則。「部首定位板」的輔助使用,除了幫助兒童推理字義、減少錯別字的產生、端正書寫架構外,更有助於教導字典檢索的能力,同時激發了學生對識字學習的高度興趣,達到了大量識字的效果。

六、獨體字形義探究教學特點與課程設計

(一)教學特點

1.形象直觀,符合兒童認知規律;形義相依,體現漢字構形理據

教育學和認知心理學等研究指出,兒童對直觀圖形的認識遠比抽象符號的認識快得多。獨體字形義探究教學從漢字造字法起源入手,以象形、指事等獨體字為主,從古代獨體字象形直觀的具體圖象特徵,引導兒童聯想,形成心像,建立意義。並解析現行漢字的形旁、音旁與記號字的字符意涵;經由漢字溯源探析,教導兒童認識漢字形義關係的表徵,建構漢字理據性,增進字義理解。

2.分析結構,理解偏旁變形;語言描述視覺信息,類化漢字結構

漢字結構的方塊字特性及可拆解性,使得偏旁的組合關係在空間架構上形成相互避讓原則,產生字形變化。 如獨體字「土」,在「堆」字成為偏旁「土」;「火」在「煎」字成為偏旁「灬」。除了能讓學童理解偏旁組合的避讓規則,更能藉此教導學童與人溝通相處之禮讓、妥協、調適、和諧的價值思維。

---

[48] 王玉新:《漢字部首認知研究》(濟南:山東大學出版社,2009 年),頁 25。

[49] 王玉新:《漢字認知研究》(濟南:山東大學出版社,2000 年),頁 101-174。

[50] Theo Gimbel 著,盧耽譯:《健康色彩好心情─顏色的自然療法》(臺北:探索文化,1998 年),頁 29-30。

　　由於事物的表象與語言活動具有緊密聯繫關係，以言語表述活動過程的進展會使相對應的表象更加明確。如教「分」字，可描述為：「上下結構—分，上八下刀，分糖果」；教「到」字，描述為：「左右結構—到，左至右豎刀，遲到了」；教「草」字，描述為：「上中下結構—草，上艸中日下十，青草地」；教「道」字，描述為：「左下包圍—道，左下辵，右上首，條條道路通羅馬。」將視覺信息轉化為語言形式，加深了兒童對漢字結構的理解。

3. 舉一反三，觸類旁通，融會貫通

　　通過對獨體字的高構字特性促進合體字的學習，藉由一個字的學習達成了對一類範疇字的意義掌握。如與「火」有關的字，偏旁多有「火」；與「眼」有關的字，偏旁多為「目」。這種「形局義通」的道理，即是清人陳澧所言：「字義不專屬於一物，而字形則畫一物者。」[51]此理驗證於形聲字的教學，最能體現融會貫通之效；以「口」做形旁的字，如吵、喝、吃、吐等，類似的字的意義皆與口相關。

4. 活用多元識字，深化識字功效；善用閱讀語境，深化形義聯繫

　　運用漢字的形象性、可解釋性和可聯繫性，融合漢字構形的生活文化內涵，體現漢字文化內涵豐富的文化事象，增強識字的學習動機與教學的趣味性。識字教學需分階段進行，每到一個階段，教學方法和策略都要因積累的不同而發生變化[52]；要根據不同教學階段和漢字不同的屬性，選擇不同的教學策略與教學方法交互使用。再則，規律性地安排每天 10 分鐘的「持續安靜閱讀」課程，有意識地創造閱讀語境的學習，讓學童藉著文章的閱讀，依據上下文的意思來理解生字、新詞，也提供了學童理解文義、擴展心理想像的空間，有助於在一定語境中進行意義的聯繫。讓識字不只是識字，更是一種聯想力、創造力的啟發。

（二）課程設計

1. 文字的前世今生

　　以文字的演變激發學童識字的興趣，帶領他們乘坐「文字時光機」，穿越時空去看看自己的姓名在遠古時代的寫法。在觀察中國人姓名文字演變過程中，學童理解到先民造字的直觀具像法則。從「近取諸身」的生活事物為起點，到「遠

---

[51] 〔清〕陳澧：《東塾讀書記》（臺北：臺灣商務印書館，1997 年），頁 182。
[52] 王寧：〈漢字教學的原理與各類教學方法的科學運用（下）〉，《課程‧教材‧教法》第 11 期（2002年），頁 27。

取諸物」的事物表徵之傳達意涵，皆在與自身有關的姓名中，理解了漢字文化。
同時也在由「文」派生而成「字」的歷程中，如同走過了一段漢字演變發展史。

圖3　文字之盟，千年之約——文字迷宮[53]

表4　姓名文字變！變！變！

[53] 改編自林世仁：《文字森林海》（臺北縣：虫二閱讀文化坊，2004 年），頁 50-51。

大新國小一年3班　姓名的文字變！變！變！

（手寫字形演變對照表：甲骨文、金文、說（隸）篆文、小篆、篆書、楷書、書）

2.獨體字形義探究教學實驗課程

　　以下詳列民國九十八年八月修訂四版之翰林版國語科第一冊課文,概述筆者在現行課程組織進度下,如何進行獨體字形義探究教學課程,以明本教學內容梗概。

　　　　一二三,木頭人,一二三,木頭人,一二三四五六七,停。（第一課木頭
　　　　人）

從「木」、「人」延伸其他同部首的字族識字,開始從自己的姓名練習如何檢索字典,查詢字詞,並以童詩共讀,強化文字書寫的樂趣。

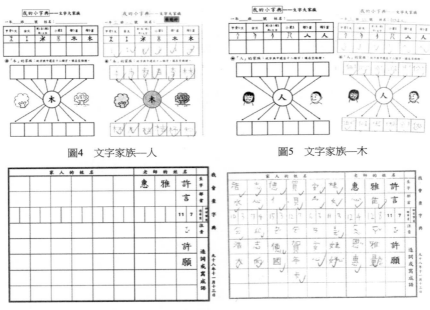

圖4　文字家族—人　　　　　　　圖5　文字家族—木

圖6　　我會查字典

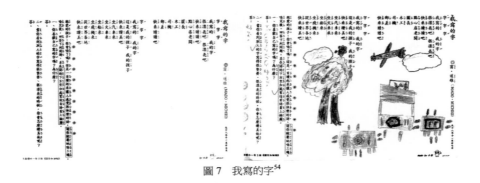

圖 7　我寫的字[54]

　　一朵雲，兩朵雲，天上共有多少雲？一朵花，兩朵花，地上共有多少花？

（第二課雲和花）

---

[54] 取材自窗・道雄詩作，米雅編譯：《另一雙眼睛——窗・道雄詩選》（臺北：上誼文化，2002年），頁 86-87。

以「也」、「少」為基本字,集中識字。筆者設計「毛毛蟲」閱讀學習單,以動畫呈現一隻好餓好餓的毛毛蟲吃掉「花」字和「葉」字的「艸」之後,變成了一隻好飽好飽的毛毛蟲。藉由「餓—飽」的文字相反詞揭示及拆分「花、葉」的偏旁部首,以動態及音效呈現毛毛蟲由瘦變胖的文字傳達意象。讓識字不僅是識字,閱讀也不限於字形辨識、字義提取;而是高層次的閱讀理解力、創意聯想力與心靈感受力的培養。再藉由〈我的小時候〉、〈花和蝴蝶〉兩首童詩共讀,進行策略閱讀,幫助學童在閱讀語境中建立心理詞典的語彙。

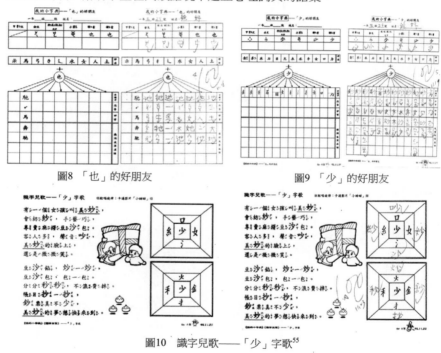

圖8　「也」的好朋友　　　　　　　　圖9　「少」的好朋友

圖10　識字兒歌——「少」字歌[55]

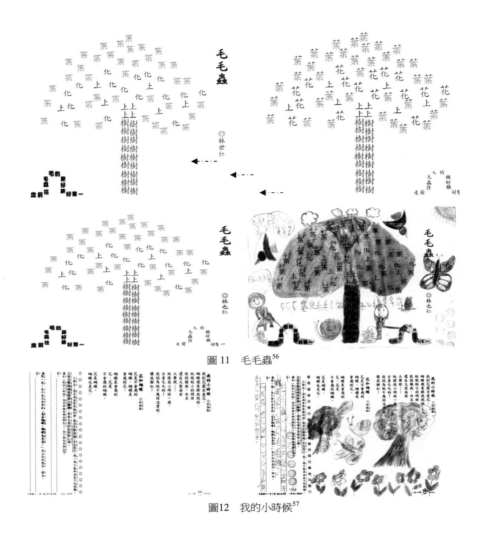

圖 11　毛毛蟲[56]

圖12　我的小時候[57]

下課了，下課了，我們來玩大風吹。大風吹，大風吹，大風不停的吹，我們不停的跑。（第三課大風吹）

以「果」、「元」字為基本字集中識字；以「風」為題，設計文字動畫，運用聯

---

[56] 取材自林世仁：《文字森林海》，頁 44-45。
[57] 取材自林煥彰：《花和蝴蝶》（臺北：民生報事業處，2007 年），頁 70。

想，啟發思維。再與「八八風災」的社會議題結合，並教導學童關注與珍惜大自然環境，。

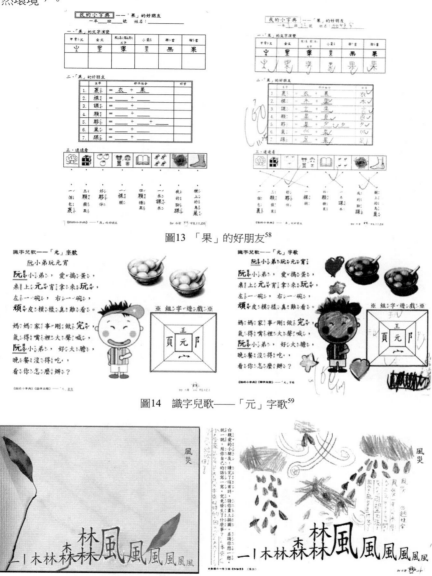

圖13 「果」的好朋友[58]

圖14 識字兒歌——「元」字歌[59]

[58] 文字演變的字體取自中研院「漢字構形資料庫」。
[59] 取材自林世仁：《文字森林海》，頁44。

從獨體字形義探究教學深化識字教學之研究
——以臺中市大新國小低年級為例

圖 15　風災[60]

一張紙，四四方方。摺小魚，小魚水中游。一張紙，四四方方。摺小羊，
小羊山上走。（第四課摺紙）

以「羊」、「走」字為基本字，集中識字。

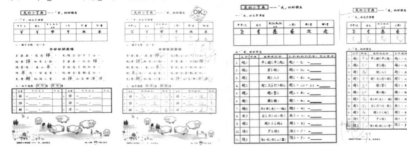

圖16　「羊」的好朋友　　　圖17　「走」的好朋友

太陽下山了，小鳥要回家。小羊要回家，我也要回家。家，是個溫暖的
地方。（第五課回家）

正式帶入「部首定位板」的使用，分析漢字可拆分組合的特性，區辨部首方位；
再以「溫」字聲旁延伸識字教學。

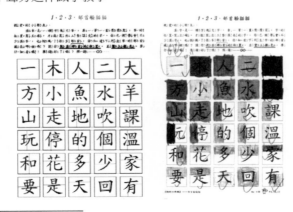

---

[60] 同前註，頁 36-37。

圖18　1・2・3 部首躲貓貓

圖19　找出全班姓名的部首

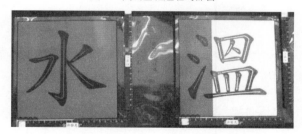

圖20　獨體字「水」與偏旁「氵」的寫法

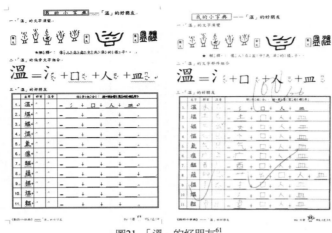

圖21 「溫」的好朋友[61]

　　打開我家的大門，外面是青青的草地。關上我家的大門，裡面是家人的笑聲。（第六課我的家）

開始認識獨體字及合體字結構類型名稱，以「門」、「裡」字的「礻」和「面」延伸識字教學。

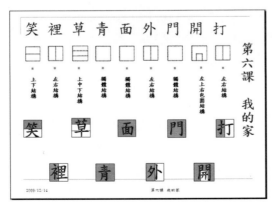

---

[61] 圖片取自王宏源：《字里乾坤》（北京：華語教學出版社，2000 年），頁 208。

圖22　獨體字「門」與充當合體字形旁及聲旁的差異

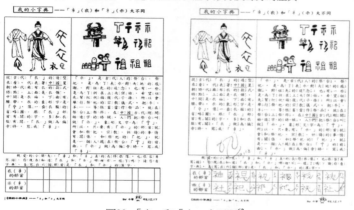

圖23　「礻」和「衤」大不同[62]

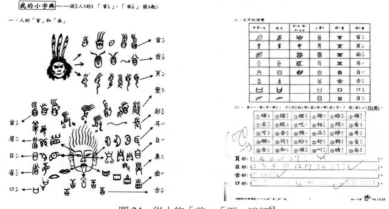

圖24　從人的「首」、「面」談起[63]

小妹妹，分水果。一個給爸爸，一個給媽媽，分到最後剩兩個。一個大，

---

[62] 圖片取自牟作武：《中國古文字的起源》（上海：上海人民出版社，2000 年），頁 163、頁 313。
[63] 同前註，頁 113。

一個小，大的給哥哥，小的給自己。（第七課分水果）

以「刀」在不同結構中偏旁的寫法，教導學童在生活中識字。

圖25　「刀」在不同漢字結構中偏旁的寫法

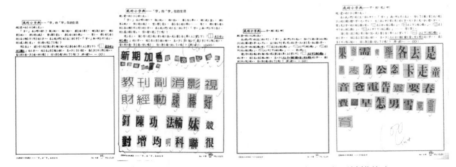

圖26　左右結構的字　　　　　　　圖27　上下結構的字

　　爸爸在院子運動，我送上一條毛巾。爸爸笑了，我也笑了。媽媽在燈下看書，我送上一杯開水。媽媽笑了，我也笑了。（第八課我愛爸爸媽媽）

將本學期所學的生字作一總複習，鞏固學童對漢字形、音、義的聯結。

圖 28　找出一～八課生字部首

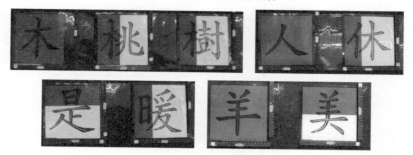

圖 29　木、人、日、羊在合體字中偏旁的寫法

圖 30　由學童操作部首定位板，辨識字形結構

（三）運用多媒體，鮮活形象，提升學習動機

　　漢字教學藉由網路、多媒體的優勢，可同時呈現影像、聲音、文字的特色，特別有利於漢字系統中「形音」和「形義」的連結與記憶[64]。多媒體輔助教學的實驗研究證實，電腦多媒體呈現漢字，可以促進學習者利用文字圖像信息處理加工漢字。最有效的呈現方法是突出部首及部件組合的動畫，其次是突出筆畫順序的動畫呈現，最後才是接近紙筆書面呈現的拼音聲像及文字呈現[65]。強調漢字的部首及偏旁組合的視覺過程，增加拼音、筆畫等與漢字的聲音、意義相關的信息，可加強漢字形音義三者之間的聯繫，促進漢字的記憶及提取。我們在教學上輔助使用豐富多樣的多媒體工具，識字成效頗佳，茲臚列於下：

　　1.教育部編製的「常用國字標準字體筆順學習網」[66]，提供了單字、注音、部首、拼音、筆畫、筆順的查詢與練習。在教導學童練習書寫自己的姓名筆順時，不僅實用、有趣，更有助於日後筆畫、筆順的正確書寫。

---

[64] 方麗娜：〈利用教育部網路電子詞典進行字詞教學的設計與實例〉，《第六屆全球華文網路教育研討會》，（2009.6.19-2009.6.21），頁 1。上網日期：2010.2.8。網址：
http://edu.ocac.gov.tw/discuss/academy/netedu06/html/paper_1.html。
[65] 靳洪剛：〈多媒體漢字呈現與漢字習得：三個跨語言組的漢字測試分析〉，載於《第四屆全球華文網路教育研討會論文》，（臺北：中華民國僑務委員會，2005 年），頁 509。
[66] 「常用國字標準字體筆順學習網」：http://stroke-order.learningweb.moe.edu.tw/

2.臺北縣教育局「自編國小一至六年級生字簿」[67]，方便在教學上自編生字書寫的學習單。下圖為小一新生開學日當天，發給學生回家練習的姓名筆順學習單。

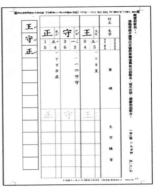

　　3.國科會數位博物館先導計畫——「搜文解字」[68]，方便查詢同偏旁、部首、部件的生字，利於教學者進行字族文識字教學。

　　4.香港大學「現龍系列——現龍第二代」[69]的「文字由來動畫」，幫助兒童認識六書構造的演變。

　　5.動畫設計師季宇為「漢光教育基金會」製作的「漢字藝術動畫」[70]系列，七部以漢文字圖像製作的小故事，每部動畫長約三分鐘，以動態呈現和獨特的水墨風格來體現漢字之美。識字教學中，引起識字動機效果極佳，普遍得到兒童的喜愛。以漢字動畫「小飛鳥」為例：

---

[67] 臺北縣教育局「自編國小一至六年級生字簿」：http://src.tpc.edu.tw/eword/
[68] 「搜文解字」：http://words.sinica.edu.tw/
[69] 香港大學「現龍系列——現龍第二代」：http://www.dragonwise.hku.hk/dragon2/
[70] 「漢字藝術動畫」：http://www.youtube.com/user/badasi

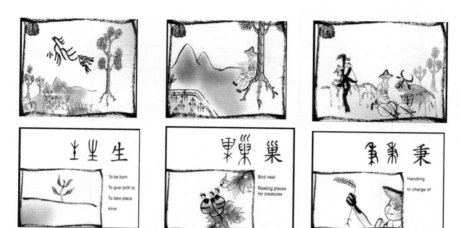

6.日本NHK電視臺「漢字大好き」節目，生動有趣的漢字演變與漢字結構組合的介紹，激發了兒童識字的學習動機。以「光、先、兄」三個字的演變圖示為例：

七、結果與建議

（一）初步結果

在經過三個月獨體字形義探究教學實驗之後，依據「識字量評估測驗」檢測結果顯示，全班 29 人的平均識字量為 878 字；達成預定教學實驗目標識字量 500 字以上的有 22 人；男生的最高識字量為 1599 字，1 人；女生最高識字量為 1681 字，1 人。統計結果詳見下表：

表 5　識字量評估測驗結果與全國常模百分等級對照統計表

全國常模百分等級	一上識字量（字數）	識字量組距（字數）	人數（男）	人數（女）	總人數
1	0	0			
5	30	1〜30			
10	50	31〜50			
15	101	51〜101			
20	151	102〜150		1	1
25	151	151			
30	201	152〜201			
35	203	202〜203		1	1
40	253	204〜253	1	1	2
45	352	254〜352	1		1
50	356	351〜356			
55	406	357〜406	1		1
60	456	407〜456	1	1	2
65	570	457〜570	1	1	2
70	660	571〜660	1	1	2
75	718	661〜718	1		1
80	789	719〜789	2		2
85	920	790〜920	1		1
90	1059	921〜1059	2	2	4
95	1196	1060〜1196		1	1
99	1580	1197〜1580	1	5	6
		1581 以上	1（1599）	1（1681）	2

　　本測驗結果與閱讀理解能力有高度相關。根據筆者觀察，成績在百分等級
90 以上的學童，其口語表達、課外閱讀量及字典檢索能力的表現較佳。另外兩
位新住民子女與一位有構音異常狀況的兒童，在識字能力的發展較為遲緩；但其
在測驗過程中的造詞書寫表達，並未出現錯字，此與李俊仁、柯華葳研究指出「聲
韻覺識可能為影響中文識字發展的原因而非結果」[71]的論證相符。

（二）結果分析

1. 字音鞏固，有助於低年級學童識字

　　根據 Just & Carpenter 的觀點，建立心理詞典的核心成分是語義的聯繫，字
音、字形是心理詞典的表層線索[72]。對漢語兒童而言，在認識漢字前，就會以漢
語溝通，也能明白口語表達的意義。字音是漢字心理詞典中暫時的中介線索，音
義的聯繫關係必先於形義的聯繫[73]。王陽明的童蒙教育理論非常重視詩歌的教化

---

[71] 李俊仁、柯華葳：〈中文閱讀弱讀者的認知功能缺陷：視覺處理或是聲韻覺識？〉，《特殊教育研究學刊》32 卷 4 期（2007 年），頁 14。

[72] Just M. A. & Carpenter P. A., *The Psychology of Reading and Language Comprehension.* (Boston, MA: Allyn and Bacon, 1987)

[73] 佘賢君、王莉、宋歌、張必隱：〈小學識字教學難點與漢字心理詞典的發展〉，《上海教育科研》

作用,高度提倡「唱詩」。他認為唱詩可以「洩其跳號呼嘯於詠歌,宣其幽抑結滯於音節。」[74]胡適曾在《四十自述》中提到:「我雖不曾讀《三字經》等書,卻因為聽慣了別的小孩子高聲誦讀,我也能背這些書的一部分,尤其是那五七言的《神童詩》,我差不多能從頭背到底。這本書後面的七言句子,如:『人心曲曲彎彎水,世事重重疊疊山。』我當時雖不懂其中的意義,卻常常嘴上愛唸著玩,大概也是因為喜歡那些重字雙聲的緣故。」[75]

以現代認知觀點來看,胡適的出聲背誦與王陽明的訓蒙教材都符合兒童認知發展進程。字形與字義的連結最初要藉助字音,但字形與字義的聯繫一旦建立起來了,就不需要字音的幫助了。漢字初學難,大約在五百字以內直到千把字以內,學起來相當困難[76]。故在小學識字教學中,除了以結構識字與利用熟字記字的字形教學重點外,低年級尤應側重字音教學。尤其是要糾正方言中的字音錯誤,注重區分同音字的不同意義。依教育部統計,民國97學年度新住民子女就讀國小人數占全體國小學生之6.7%[77]。內政部統計,民國94年出生嬰兒中生母為大陸港澳或外國籍者占12.9%[78];亦即在民國100學年度,每8位小一新生中就有1位是新住民子女。因此,未來在低年級識字教學中,教學者需有意識地提高出聲閱讀與增加朗誦的課程比重,藉以加強其漢字字音、字形的聯繫辨識。

2. 一部好字典的重要

中國俗話有「認字認半邊,不怕跑上天」之說。漢字形聲之字十居八九之多;統計指出,現代漢字聲旁的有效表音率約為39%[79],規則形聲字僅佔漢字的三分之一。字形是表層線索,字音是聯繫形義的中繼媒介,字義才是心理詞典的深層表徵。字典是幫助學童將口頭語言轉化為書面語言的重要工具,一部好字典的重要,不言可喻。胡適曾說:「我勸你少用幾個錢,多賣幾畝田,千萬買部好字典。」[80]要教會初學漢字的兒童查字典,是一項頗為艱鉅的任務;學生準備之各版本字

12 期(1998 年),頁 30。

[74] 林文寶:《歷代啟蒙教材初探》(臺北:萬卷樓,1995 年),頁 128。

[75] 胡適:《四十自述》(臺北:遠流,2007 年),頁 47。

[76] 張志公:〈漢字鳥瞰〉,《語文建設》第 4 期(1985 年),頁 12。

[77] 行政院主計處:國情統計通報第051號,民國98年3月19日。上網日期:2010.2.20。網址:http://www.dgbas.gov.tw/mp.asp?mp=1。

[78] 行政院主計處:國情統計通報第 040 號,民國 95 年 3 月 3 日。上網日期:2010.2.20。網址:http://www.dgbas.gov.tw/lp.asp?CtNode=1481&CtUnit=690&BaseDSD=7&xq_xCat=02。

[79] 周有光:〈現代漢字中聲旁的表音功能問題〉,《中國語文》第3期(1978年),頁172-177。

[80] 符顯仁:《中國文字面面觀》,頁 77。

典編審品質良莠不齊，確實造成教學上的一些困擾。因此，在查字典教學上，先以教學者的姓名及兒童自己或家人的姓名作為學習檢索字典的目標字，並輔以多媒體的輔助教學，較能達到成效。同時，教室中準備五、六本審定較嚴謹、品質內容較佳的字典，方便兒童檢索，有利於合作教學與補救教學之用。

3. 識字教學重視理據，遵循漢字文化傳統

在講授獨體字的溯源時，並非僅在強調古漢字字形本身的生動有趣與藝術美感，目的在藉助古漢字形的演變引發學童產生好奇心與濃厚的學習興趣，最重要的是有意識地帶進部首的概念。獨體字成為合體字的意符時，意符本身即為部首，構字能力強，能引領出一組組的形聲字。在兒童學習漢字初期，增進其對獨體字的識記與部首表義概念的獲得，間接地激發他們對音符的敏感程度。在此過程中，學習者便能意識到漢字是一個個能夠拆解、再組合的形體結構，還能根據對獨體字原來意義的認識去推測所構成的合體字的意義範疇，達到觸類旁通、舉一反三、融會貫通之效。

（三）對漢字教學的建議

1.依據學童不同學習風格，彈性活用及融合各種識字教學方法。

2.在國語科教材中加入常見的字形結構模式，如左右結構、上下結構、左下包圍結構等，改進傳統教學單純以書空筆畫方式來學習個別漢字的方法。

3.教學者的板書工整及漢字教學觀念的正確，影響教學成效深遠；筆順、筆畫的正確範寫，對初學漢字的學童極具重要性。

4.國小低年級識字教學的核心目標在閱讀，有策略計畫性地安排閱讀課程，並需關注「閱讀困難」的問題。尤應關懷新住民子女在識字學習零起點之初的基礎深耕，強化形音聯繫為先，進而鞏固形音義聯結。

5.多媒體補助教學的廣泛應用，是未來識字教學必然發展的趨勢。其直觀形象性、互動開放性，有助於識記漢字的讀音、筆畫、筆順、間架結構與字義的理解，相較於傳統教學的效果，確實能增進識字速度，提高識字效率。

6.建議課程綱要之識字量規準採行「識寫分步」原則，提高認讀識字量。小一學童之認知發展多處於「前運思期」，是必須藉由大量識字以發展語言與概念獲得的重要時期；重新思考對一年級生活與綜合領域課程的節數進行調整縮減，增加

國語文領域的節數。保留一年級生活領域中藝術與人文課程，於二年級再加入自然科學課程；綜合領域課程也於二年級再開始授課。確立「識字教學」為低年級國語文教學主軸，增加課程內容，提升文章廣度、深度，僅提高識字量，而不增加習寫字，以為三年級之後的策略閱讀奠立根基。

　　本實驗教學對於識字量與漢字組字規則的關係，提供了正向相關發展的可能性；教學者有意識地教導漢字單字的字形結構知識似乎是加速了大量字彙獲得的可能。但兒童熟悉漢字組字規則與漢字結構之後，是否真能增進識字自動化技能，進而得以快速掌握漢字一般字彙知識；而且需累積到多少習得的字彙時，方能確立漢字結構特定模式的概念，將是未來研究的重點。

筆記欄

國民小學寫字的教與學之探討
——以五年級硬筆字為例

羅淑貞[*]、黃秀莉[*]、康世昌[*]

摘　要

　　本研究旨在探討國小五年級學童的硬筆字學習。文中先分析硬筆字教學的內涵、硬筆字教學方法、硬筆字教材的編寫、硬筆字教學原則和策略、硬筆字得評量標準；再進行硬筆字的教學設計與實施；實施後，提出硬筆字之教學省思做為教師邇後硬筆字教學之參考。

關鍵字：硬筆字教學、　硬筆字結構教學、　硬筆字臨摹教學

一、前　言

　　文字的功能很多，除了表情達意溝通思想之外，更是傳遞知識的基本工具。人類自從發明文字以來，文化傳承科學發展得以日新月異、綿延不輟，都是先賢藉由文字橫跨時空限制將他們的智慧傳承於後人的結果。教育即是藉語文的功能，在教與學之間傳遞文明。

　　中國文字書體的演變，與書寫工具的發展，息息相關。甲骨文是用刀筆鍥刻而成，而後的金文、石鼓文、大小篆等，也都有硬筆寫字的軌跡；因此，我國古老的文字，可以說是以硬筆表現的。到了漢代，毛筆的功能漸被發揮，絹帛紙張也漸被用於書寫；從此，毛筆的使用歷經了幾千年而不衰。近世紀來，科學的發展使得書寫工具不斷改進，鋼筆、鉛筆、原子筆……如雨後春筍般，每天都有更好寫、更便利的筆被研發出來，於是硬質的筆又逐漸代替了毛筆。硬筆寫字具有快速、方便的好處，比毛筆寫字更具備了實用性。為符合書寫工具的時代需要，本研究以硬筆書法為之。

　　在學習的過程中，「字如其人」這句話是從小不斷被師長耳提面命的，一個

---

[*]南投縣埔里鎮埔里國民小學教師
[*]南投縣鹿谷鄉鹿谷國民小學教師
[*]國立嘉義大學中國文學系副教授

人寫的字是否端正美觀，往往決定其予人第一印象的好壞，對其個性的評斷，總能起幾分暗示的作用。相較於印刷字體，手寫字更能令人感受到文字的內涵，表現出個人的寫字技巧和內在，可以說寫字是自我的最直接表現。本研究主要之目的在探討硬筆書法在國小五年級的教與學之實施情形。

二、硬筆字教學上的相關文獻分析

（一）硬筆字教學的內涵

　　硬筆字的教學應該要包含哪些內容呢？陳正治認為國字的基本知識可分為字形、字音、字義三部分，在字形部分要注意筆畫、偏旁部首、筆順規則、間架結構[1]；李漢偉提出寫字要領主要分為四項：執筆與運筆、筆畫與筆順、書空教學、形體結構教學[2]；張雲英則認為寫字應重視姿勢與運氣、執筆、運筆、用筆、結構與間架的指導[3]；陳弘昌提出硬筆字的教學應從基本筆畫(含執筆)著手，其次是筆順教學、筆畫教學、書空教學，及描寫教學[4]。九年一貫課程綱要語文領域也指出寫字教材應配合單元教材習寫字之生字為基礎，硬筆與毛筆並重，循序安排基本筆畫、筆形、筆順、筆畫變化、間架結構等練習，由淺入深，由簡而繁，全程引導，並引導正確寫字姿勢及執筆方法。本研究就間架結構的教學及筆順的教學來探討硬筆字教學內涵。

1、間架結構的教學

　　每個中國字筆畫的長、短、粗、細，以及每一個組成部分的大、小、高、低，都有一定的規矩。這種規矩就是字形間架結構，掌握字形結構的要領才能把字寫的端正、勻稱、美觀。本研究參酌各家說法，且配合國小高年級學生之認知能力，在教學國字間架結構外形原則以正方形、長方形、扁形、斜形、圓形、梯形、角形等教學獨體字；以上下結構、左右結構、包圍結構、層疊、三併結構教學合體字；硬筆字結構原則方面以「中心原則」、「均間原則」、「向背原則」、「變化原則」、「誇張原則」、「脈絡原則」為指導重點，進行教材之規劃與設計。

2、筆順的教學

---

[1] 陳正治：《國小語文教學論集》（臺北：臺北市立師範學院，1996 年），頁 10-11。
[2] 李漢偉：《國小語文科教學探索》（麗文文化公司，1996 年），頁 267-276。
[3] 張雲英：〈兒童寫字教學概說〉《教師之友》42 卷第 3 期（2001 年），頁 37-46。
[4] 陳弘昌：《國小語文科教學研究》（臺北，五南，1999 年），頁 369-370。

　　中國文字有其一定的結構形式，也有其一定的書寫法則，尤其是國字的筆畫順序。筆順對於書寫國字有重大的影響，教育部國語推行委員會指出：「筆順的先後，可以影響筆畫的起落、筆法的運轉和間架的組合。唯有熟悉筆順，書寫起來才能得心應手，氣韻流暢，寫得一手好字來。[5]」

　　筆順是指一個字書寫時筆畫的先後順序。明瞭筆畫的順序，可以使書寫比較流暢，也比較能掌握字形，寫出比較整齊漂亮的字。教育部國語推行委員會為配合國字字體標準化，統一書寫筆順，以利中小學之教學及一般人士學習之用，邀請對中國文字或書法有研究之專家學者，組成專案小組，就「常用國字標準字體」楷書四八○八字，逐字研訂，將其筆順逐筆析寫於國字之下，使便於查考學習[6]。其基本法則共歸納為十七條，茲說明如下表1：

表1　標準字體筆順規則

序號	筆順規則		例字
1	自左至右	凡左右並排結體的文字，皆先寫左邊筆畫和結構體，再依次寫右邊筆畫和結構體。	川、仁、街
2	先上後下	凡上下組合結體的文字，皆先寫上面筆畫和結構體，再依次寫下面筆畫和結構體。	三、字、星
3	由外而內	外包形體，無論兩面或三面，皆先寫外圍，再寫裡面。	刀、勺、月
4	先橫後豎	凡橫畫與豎畫相交，或橫畫與豎畫相接在上者，皆先寫橫畫，再寫豎畫。	十、干、士
5	先撇後捺	凡撇畫與捺畫相交，或相接者，皆先撇而後捺。	交、入、今
6	豎畫在上或在中而不與其他筆畫相交者，先寫豎畫。		上、小、山
7	橫畫與豎畫組成的結構，最底下與豎畫相接的橫畫，通常最後寫。		王、里、告。
8	橫畫在中間而地位突出者，最後寫。		女、丹、母
9	四圍的結構，先寫外圍，再寫裡面，底下封口的橫畫最後寫。		日、田、回
10	點在上或左上的先寫，點在下、在內或右上的，後寫。		卞、為、叉
11	凡從戈之字，先寫橫畫，最後寫點、撇。		成、戒、成
12	撇在上，或撇與橫折鉤、橫斜鉤所成的下包結構，通常		千、白、用

---

[5] 教育部國語推行委員會：《常用國字標準字體筆順手冊》（臺北：教育部，1996 年）。
[6] 教育部：《常用國字標準字體筆順手冊》（臺北：教育部，1996 年）。

	撇畫先寫。	
13	橫、豎相交，橫畫左右相稱之結構，通常先寫橫、豎，再寫左右相稱之筆畫。	來、垂、喪
14	凡豎折、豎曲鉤等筆畫，與其他筆畫相交或相接而後無擋筆者，通常後寫。	區、臣、也
15	凡以辶、廴為偏旁結構之字，通常廴、辶最後寫。	廷、建、返
16	凡下托半包的結構，通常先寫上面，再寫下托半包的筆畫。	凶、函、出

資料來源：教育部（2003）：常用國字標準字體筆順手冊

（二）、硬筆字教學方法

　　所謂教學方法，是教師教導學生學習活動的方式，也是進行教學課程設計必須考慮運用的項目。以下簡要說明一般教學法的實施方式：

洪文珍[7]認為教學方法隨著教學內容、教學目標、教學情境而改變，沒有一種教學方法可以放諸四海皆準的，應視不同的教學目標而採取不同的教學方法，是綜合的策略運用。茲整理說明如下表2：

表2　書法教學法

目標	教學法
認知領域	1.講述學習法　　2.精熟學習法　　3.啟發教學法 4.協同教學法　　5.設計教學法
技能領域	1.練習教學法　　2.發表教學法
情意領域	1.示範、接近、增強三種策略 2.欣賞教學法 3.澄清書寫過程的思考、動作的自覺

　　硬筆字教學是以學生的寫字能達到「正確、美觀、整潔」為目標，為了達到此一目標，必須讓學生理解筆畫、筆順、結構等，此為認知領域；且必須讓學生具備正確的書寫能力，並養成習慣，此為技能領域；還必須讓學生能分辨作品差異，欣賞並學習優良的作業，此為情意領域。

　　根據教學目標選擇教學方法是教師應具備的能力，研究者考量教學的場所、時間和內容，採取下列教學法做為研究實施方法：

1、講述法

---

[7] 洪文珍：《國小書法教學基本模式探究》（臺北：蕙風堂，1991年），頁121-163。

講述教學法或稱講演法，在中外教育史的記載中，可以發現到這是最早被教師所採用的教學方法之一。講述法是依照知識體系，有系統的，合乎邏輯順序的將內容交給學生，在實際測驗中，就測量知識時，講述法和其他教學法一樣有效。

2、示範法

由教師將教學的內容做正確的示範，讓學生仔細觀察、模仿、練習的教學方式。蔡崇名提出：書法教學以技能為主，技能之學習，除示範尚須輔以講解，兩者相輔相成，缺一不可。示範為練習教學之主要過程，亦是書法教學之中心，技能之熟練，最重正確，起始有誤，其後偏差愈大，示範即在提供正確之動作，避免講述法空泛籠統之弊[8]。

3、練習教學法

在技能的學習過程中，反覆的操練和重複的練習，以及回顧、檢討和複習等都是必要的。練習不是未經思索的，無意義的重複動作，而是有目的的，包含了思考、理解、認識、注意和統整的活動。練習教學法是以反覆不斷的練習，使技能、經驗或特定內容的學習達到正確或純熟的反應或結果的教學方法[9]。

4、欣賞教學法

自古以來，中國就有藉欣賞教學以培養健全人格的主張。論語泰伯篇中，子曰：「興於詩，立於禮，成於樂。」即是表示藉著詩、樂的欣賞，以陶冶性情，培養高尚的情操，完成健全的人格。欣賞教學沒有一定的步驟或材料，教師可以根據教學目標、教學時數去選擇實施[10]。

5、自學輔導法

自學輔導法（supervised study）教師所扮演的角色是激發學生的興趣，指定學生學習的作業，指示學生自學的方法，解決學生學習的問題，評定學習的成就。學生依據教師的指導，依據指定的作業及學習方法，進行自學活動。自學輔導法的功能有：適應個別差異、增進教學效果、培養自學能力、改善教學活動。實施方法為：引起動機、指定作業、指導自學、評鑑成績[11]。

（三）硬筆字教材的編寫

---

[8] 蔡崇名：《書法及其教學之研究》（臺北：華正，1996年），頁717。
[9] 黃光雄：《教學原理》（臺北：師大書苑，1994年），頁267-275。
[10] 黃光雄：《教學原理》（臺北：師大書苑，1994年），頁229-255。
[11] 林進材：《教學理論與方法（二版）》（臺北市：五南，2000年），頁186-189。

教學硬筆字內容有書寫姿勢、筆畫、筆順、間架結構等內容，在教學時應該先教什麼內容，後教什麼內容，說法不一，以下分別說明：

元趙孟頫曾說：「書法以用筆為上，而結體亦須用功。」強調毛筆的提頓使轉是學書首重之務，而結構只在其次。康有為說「學書有序」，是從整個書寫體系來探討其主要的步驟。他所主張的是先講「執筆」，次講「結構」，最後才強調「布白」，並以此順序為習字的先後依據。可見其所言習書的步驟是由簡入繁、由點畫而至字體或篇章的觀點出發的學書要領[12]。

但高尚仁認為，中文字具有「形」、「聲」、「義」三方面的特徵，信息處理的觀點來說，中文字是「形」佔重要成分的文字，因此在知覺方面以「整體」的處理原則為主[13]。陳正治提出，小學語文教師的國字教學，應該根據現代的教學思潮，以兒童為中心，依照兒童認知發展的過程，採用由具體到半具體再到抽象的教學次序。在硬筆字方面的教材分析，一般都用「結構法」直接分析生字的間架[14]。劉得斗指出，漢字具有三層結構單位：筆畫、部件（結構）、整個字。他認為部件分析優於筆畫分析。因為兒童剛識字後，必須要經過一段以筆畫為單位分析字的過程。但是當兒童掌握了基本筆畫，學得一些獨體字，對於偏旁部首有一些概念後，應及時推進，由筆畫分析轉向部件分析。部件分析比筆畫分析過程簡約，易記省時，又符合合體字構字規律，因此學習效率高、效果更好[15]。

陳弘昌則認為，編排選字教材需依年級，由易而難、由淺而深，或按筆畫、或按部首、或按結構也可以用字義或形義兼顧的字[16]為組織方式。本研究綜合以上說法，重視「結構」教學，先學好字的結構——將字體各部安放得當，大小配合，就如房子蓋好，即使遭遇風雨也不致動搖。至於筆畫，是教學時國字細部的指導，亦是教學重點。

（四）硬筆字教學原則和策略

國字是由各種筆畫構成，增減一筆，或位置更動，字義就有所不同。寫字是學習技能，習字要先求正確，後求迅速[17]。在本研究中不以「快速」為教學目標，

---

12 高尚仁、管慶慧：《書法與認知》（臺北市：東大，1995 年），頁 15。
13 高尚仁、管慶慧：《書法與認知》（臺北市：東大，1995 年），頁 49。
14 陳正治：《國小語文教學論集》。（臺北市立師範學院國教輔導叢書，1996 年），頁 19-20。
15 劉得斗：〈識字教學漫談（三）〉，《甘肅教育》，Z2，1998 年，頁 48-49。
16 陳弘昌：《國小語文科教學研究（修訂版）》。（臺北，五南，1999 年），頁 376。
17 陳弘昌：《國小語文科教學研究（修訂版）》（臺北：五南，1999 年），頁 62。

而是以學生的寫字能達到「正確、美觀、整潔」為目標,這裡所說的正確是字形、行筆方向的正確;美觀是筆勢優美有變化、結構間架的穩妥、筆畫的映接良好;整潔是運筆要周到,書面要清潔。在這些學習目標之外,並期望學生能養成良好的書寫習慣。

　　硬筆字的教學在點畫、筆順與字形間架構方面做指導,可為毛筆字教學做奠基的工作,硬筆字教學如有所缺失或不足,則會影響到毛筆字教學的效果。李盛德在硬筆字教學方面,以手寫實驗教材與印刷體教材兩組,進行一學期實驗教學,比較其習寫狀況。研究結果發現:採用手寫體範字能快速提升兒童書寫之技能,並增進其審美能力[18]。本研究參考以上學者意見,並參酌班級學生特質,計畫以下列策略進行教學:

1. 激發學生的寫字動機:幾乎所有作業都需書寫方得以完成,使學生能夠認知寫字的重要性,進而增強寫字美觀的自我管理。
2. 鼓勵與表揚:批改作業,對字跡漂亮、認真書寫者,在其簿本蓋笑臉,並分送獎卡,使其獲得成就感。
3. 提供正確示範:上課時提供以白板筆在田字格的小白板書寫的範字,習寫時,以「手寫範字硬筆字習寫單」進行練習,使其掌握書寫訣竅。
4. 先摹後臨:習寫時先選用透明紙張,指導學生覆蓋在範字上,仿寫多次之後再臨寫在硬筆字習寫單上。
5. 明確書寫要求:批改作業認真、確實,對沒有寫好的字,指出缺失、並做範寫。
6. 採用分布練習:重視講解,避免過度反覆練習,盡量將練習分次進行。

(五) 硬筆字的評量標準

　　寫字評分標準,大多涵蓋用筆正確、字形結構、佈局行氣三大方面,本研究擬定之「學生硬筆字習作評分標準」,採用五等分計分法,總分三十分。以運筆、結構、佈局為評分的三個面向,運筆評分項目是方向正確、筆畫流暢;結構評分項目是外形間架穩妥、部件比例恰當;佈局評分項目是留白適當、行氣。

---

[18] 李盛德:《硬筆書法及其教學研究》(臺北:臺北市立師範學院應用語言文學研究所語文教學碩士班碩士論文,2004)。

三、硬筆字的教學設計與實施

（一）硬筆字教學設計

本研究以字的間架指導為硬筆字教學主要的研究教材，參考其他教材，編制適合國小第二階段學生的楷書硬筆書法實驗教材。內容包含以下重點：

1、執筆、姿勢與工具

包括執筆的方法、寫字的姿勢、書寫的工具

2、國字字形結構

依字的部件區分，包括上下結構（上下均分、上寬下窄、上窄下寬）、左右結構（左右均分、左寬右窄、左窄右寬）、三併結構（左中右大約相等、左右寬中間窄、左右窄中間寬）、層疊結構（上中下大約相等、上下寬中間窄、上下窄中間寬）、包圍結構（全包圍、半包圍）、外形原則（方形、扁形、長形、三角形）。

依字的結構原則，選擇均間原則、向背原則、中心原則、變化原則、誇張原則，脈絡原則。

3、筆畫的教學

包括橫畫（短橫、長橫）、豎畫（垂露、懸針）、撇畫（短撇、長撇、平撇、豎撇）、捺畫（斜捺、平捺）、點畫（斜點、長斜點）、鉤畫（橫鉤、豎鉤、彎鉤、豎橫鉤）、折畫（橫折、豎折）、挑畫（短挑、長挑）

4、筆順的教學

包括自左至右、先上後下、由外而內、先橫後豎、先撇後捺，及其他筆順原則的教學。

（二）硬筆字教學過程

硬筆字教學分為兩個部份，一為課堂中由研究者依教學設計施教，一為實驗組回家作業的分散練習，整個研究歷程中所進行的教學單元和設計的課程，如表3：

表 3 硬筆字教學計畫

階段	週別	實施日期	教 學 單 元	教 學 重 點
		97.9.	前測	以「硬筆字書寫測驗」進行前測
一	第一次	97.10.9	※外形原則（一）上下結構的字	＊、策略一：提供手寫範本讓學生用透明紙摩寫，再讓學生臨寫在有格子的作業單上。

	第二次	97.10.16	（二）左右結構的字	＊、示範字例：（一）智、需、雷、奇、前、售（二）順、都、休、扣、晴（三）：謝、徵、漸、樹、辦、腳、傾
	第三次	97.10.23	（三）三併的字	＊、指導重點：正確的姿勢、筆畫筆順的指導
二	第四次	97.10.30	（四）層疊的字	＊、策略二：提供手寫範本讓學生用透明紙摩寫，再讓學生臨寫在沒有格子的作業單上。
	第五次	97.11.6	（五）包圍的字	＊、示範字例：（四）喜、書、蓋、靈、繁、舅、聲（五）：國、回、問、同、函、山、司、（六）：月、田、四、土、下、夕、五
	第六次	97.11.13	（六）獨體字	＊指導重點：間架結構法則的說明
三	第七次	97.11.20	※結構原則：（一）均間原則	＊、策略三：讓學生自己先寫一次範字，再看手寫範本臨寫在作業單上。
	第八次	97.11.27	（二）向背原則	＊、示範字例（七）：三、川、白、勿、生、曲（八）：非、三、石、北、孔、好、物、尚（九）：東、里、吊、市、未、來、米
	第九次	97.12.4	（三）中心原則	＊、指導重點：行氣佈局的指導
四	第十次	97.12.11	（四）變化原則	＊、策略四：不提供手寫範本，讓學生對照印刷細明體，寫在沒有格子的紙上。
	第十一次	97.12.18	（五）誇張原則	＊、示範字例：（十）站、如、地、炎、昌、朋、林、晶、養（十一）：女、武、也、外、大、遺、代（十二）：神、功、茅、氾、並、丈、次
	第十二次	97.12.25	（六）脈絡原則	＊、指導重點：綜合指導
		98.1	後測	以「硬筆字書寫測驗」進行後測

　　本研究材料的編製，因考慮學生程度為五年級學生，筆畫、筆順原理在一至四年級生字教學時都已列入課程；且根據書法教學文獻間架結構為寫好字的必要條件，故本研究以較多時間指導國字間架結構法則，筆畫筆順指導在個別習寫行

間巡視時指導,若發現有學生共同犯的錯誤時再統一說明,藉以避免學生覺得教學內容都已學過而覺得乏味。

硬筆書法的教學內容大抵離不開書寫姿勢、執筆姿勢、筆畫、筆順、間架結構等。本研究主要在探討硬筆書法教學策略之可行性,策略一是先摹後臨終於自寫,先以透明紙覆蓋在範字上,以描紅方式進行摹寫,藉由透明紙提供之回饋與校正,逐漸調整國字之書寫。接著以硬筆字練習單讓學生對臨,讓學生看著範字,重新寫出來。最終是沒有範字,學生也能記住書寫概念而寫出。策略二是由有格線的練習單慢慢進行到沒有格子的練習單,讓學生體會行氣、佈局的觀念。

硬筆書法教學設計依據上述兩個策略,將十二次的教學分為四個階段:

階段一:提供手寫範本讓學生用透明紙摹寫,再讓學生臨寫在有格子的作業單上。

階段二:提供手寫範本讓學生用透明紙摹寫,再讓學生臨寫在沒有格子的作業單上。

階段三:讓學生自己先寫一次範字,再看手寫範本臨寫在作業單上。

階段四:不提供手寫範本,讓學生對照印刷細明體,寫在沒有格子的紙上。

(三)硬筆字教學實務～以「包圍的字(第五單元)」為例

1、教材分析

包圍結構的字分全包圍、半包圍兩大類,半包圍又分為上包圍、下包圍、左包圍、左上包圍、左下包圍、右上包圍。本單元示範例字為國、問、函、區、石、可、過等字。

國:全包圍字,筆順為先寫外部再寫內部筆畫,內部筆畫緊縮,注意比例。

問:上包圍字,筆順為先寫外部再寫內部筆畫,注意兩豎畫為背勢。

函:下包圍字,筆順為先寫內部再寫外部筆畫,注意末兩筆的向勢。

區:左包圍字,內部三個口,上口較橫,下部口較直。

石:左上包圍字,注意口字的接筆。

可:右上包圍字,注意首筆跟末筆的接筆位置。

過:左下包圍字,注意左下偏旁的筆畫。

2、設計理念

包圍的字分全包圍、半包圍兩大類,半包圍又分為上包圍、下包圍、左包圍、左上包圍、左下包圍、右上包圍,學生學習此單元應注意點畫的收斂,符合自然

原則。

3、教學活動設計

（1）、豎畫垂直的指導

長於全字高度的一半的全包圍或上包下的字，兩邊的豎畫要垂直。例：「同」。

（2）、豎畫內斜的指導

等於及短於全字高度的一半的全包圍，上包下的字兩邊豎畫的下部稍斜向中心線。例：「四」。

（3）、筆順教學

四圍的結構，先寫外圍，再寫裡面，底下封口的橫畫最後寫，如「國」。下托半包的結構，通常先寫上面，再寫下托半包的筆畫。如：「函」。以辶、廴為偏旁結構之字，通常辶、廴最後寫。如：「過」。

（4）、包圍結構字的教學

（甲）、研究者先以實物投影的方式講解字形結構：教師範寫國、問、函、區、石、可、過等字，利用圖片說明豎畫垂直、豎畫內斜原則。

（乙）、研究者一邊示範，解說筆畫筆順，學生跟著書空練習。

（丙）、講解結束，學生利用硬筆字習寫單與透明紙進行練習。每個字先用透明紙摹寫三次，以加深對字形結構的觀察與掌握。再以臨寫的方式，每個字在硬筆字習寫單上習寫三次。臨寫時也要用透明紙對照檢視自己書寫的間架結構是否合宜，逐次修正。

（丁）、下課前採用問答法，問學生，周、幽、因、展、旭、司等字是屬於哪種包圍結構？書寫時要注意什麼？課後請學生再找出三個包圍結構字，於下次上課時提出來討論。

4、檢討與分析

全包圍的字其外部件的大小須足夠容納內部件，方不至於擁擠或鬆散，半包圍字須注意內部件不可露出。包圍的字的筆順較多變化，課程加上指導筆順。茲選取學生習寫單的作品分析於下：

（1）、手寫範字

圖 1　包圍結構手寫範字

（2）、學生書寫作品

S5 學生書寫作品

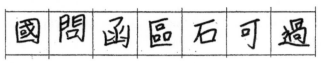

圖 2　S5 學生書寫作品

分析：筆畫流暢，運筆較圓。結構尚緊密，「區」字略差。橫折鉤與豎鉤運筆不夠周到。

S29 學生書寫作品

圖 3　S29 學生書寫作品

分析：筆畫正確，「區」字外部件傾斜，「函」字外部件太小，「辶」部件不佳。

S22 學生書寫作品

圖 4 S22 學生書寫作品

分析：筆畫正確，結構平穩，「區」字外部件傾斜，「辶」部件不佳。

（3）、反省

用有顏色的筆進行包圍的字的教學，但學生對內外部件的大小長短區分，仍有少數不甚了解，應再多舉例。

四、硬筆字的教學省思

（一）學生在運筆、結構書寫方面

本研究利用先摹寫後臨寫的教學策略，以結構教學為綱，以執筆姿勢、筆畫、

筆順的教學為輔,所編輯的硬筆書法實驗教材,對學生的運筆、結構書寫表現有提升的作用。一般教師如果只是運用國語科國字教學的教材來進行教學,缺乏有系統的硬筆書法教材加以輔助,對學生的運筆、結構書寫表現沒有提升的作用。

(二)學生在佈局書寫方面

本研究對於硬筆書法佈局教學的課程設計,編排在第七次課程以後,複習次數較少,且學生的先備經驗中較少佈局的觀念,因學生習以在格子內部書寫,注重字的內部協調,缺乏字與字之間或行與行之間的觀照,因此,本硬筆書法教學先摹後臨的教學策略,對於學生硬筆書法佈局的表現並無顯著提升的作用。

(三)教師對硬筆書法教學的看法

國民小學教師對硬筆書法教學的看法為積極的贊同,顯示其關切度足夠,但礙於教學時數不夠及學生學習意願低落而難以有效推行。教師意見調查表[19]顯示,教師對學生書寫的表現,以及對硬筆書法教學的看法皆有脈絡可循。因學生書寫情形不甚理想,所以教師均贊同實施硬筆書法教學以提升學生的書寫能力,惟仍有諸多困難須解除。

(四)學生在書寫意願上

學生對本硬筆書法課程的自評[20]多為有進步,但課程中應筆字習寫單實施分布練習時,多位學生未能確實執行分數次練習,僅以一或二次習寫完成。換句話說,學生對硬筆書法的看法不夠積極,敷衍了事者大有人在,而這個現象又與父母觀念、社會需求有很大關係。高尚仁提出書寫採用分布練習比集中練習收效更大。因此在學生未能配合的情況下,學生書寫能力便已有提升,若能落實分布練習的策略,學生書寫情形將進步更多。

五、結 論

硬筆書法在傳統書法史發展中未受重視,在近代興起過程中仍處於摸索階段,許多觀念與研究正逐步進展。目前各家與文科教材的編寫,在課文後所附的語文知識多半注重語法修辭與各類文體、文法介紹,有關生字部分注重部首、筆順、總筆畫數、生字練習,缺少筆畫寫法的介紹。如起筆收筆、提按輕重、及字

---

[19] 參見附錄二「教師硬筆書法教學意見調查表架構分析」及「教師對班上學生的硬筆字書寫情形之次數分配與百分比」。
[20] 參見附錄三 學生對於硬筆書法的看法之次數分配與百分比。

形結構的知識，期望在國小各年級有系統的介紹硬筆字的知識。

　　教師的硬筆書法教學能力不足是許多教師共同的困擾，從師資培育的角度來看，辦理硬筆書法研習活動，將能有效改善教師硬筆字教學知能不足的問題。

附錄一　硬筆字教學活動設計（五）

教學單元	包圍結構的字	教材來源	自編
教學日期	97 年 11 月 6 日	教學時間	40 分鐘
教學年級	五年級	教學設計	羅淑貞
教材分析			

一、「**包圍結構字**」的結構法則：
　　包圍的字分全包圍、半包圍兩大類，學生需懂得筆畫收斂原則，讓內部筆畫呈線均衡之包圍狀態。在教學包圍的字時，學生更能體會收斂原則的重要。

二、**間架結構法則**：
　1、**豎畫垂直**：長於全字高度的一半的全包圍或上包下的字，兩邊的豎畫要垂直。例：「同」。
　2、**豎畫內斜**：等於及短於全字高度的一半的全包圍，上包下的字兩邊豎畫的下部稍斜向中心線。例：「四」。

三、**策略**：
　　提供手寫範本讓學生用透明紙摹寫，再讓學生臨寫在沒有格子的作業單上。

活動內容及過程	時間	教學資源
一、準備活動 1、教師準備包圍結構字名稱、揭示圖。 2、學生準備 2B 鉛筆、墊布。 二、發展活動 1、引起動機 　複習上次教學之內容。 2、以收納圖片說明包圍的要求：內容物不可鬆散外露。 3、說明包圍字之包圍筆畫的形式。 4、包圍結構字的說明 （1）包圍的字分全包圍、半包圍兩大類，學生需懂得筆畫收斂原則，讓內部筆畫呈線均衡之包圍狀態。本單元示範例字為國、問、函、區、石、可、過等字。 （2）教師範寫國、問、函、區、石、可、過等字。 （3）學生比較各字的書寫異同之點。 （4）教師歸納包圍結構的字書寫原則。	5 分 10 分 10 分 10 分	圖片 獎勵卡 實物投影機 黑板 黑板

5、指導學生利用透明紙進行摹寫,立即回饋。教師行間巡視,指導姿勢、筆畫、筆順,給於優良者立即的口頭讚美,指導學生利用透明紙做立即的訂正與回饋。 6、請學生在硬筆字習寫單上練習臨寫。 7、指導硬筆字習寫單的作業。	2分	透明紙 習寫單
三、採用問答法,問學生周、幽、因、展、旭、司等字哪些是屬於包圍結構?書寫時要注意什麼? 　　~本單元結束~	3分	

硬筆字學習單5-(包圍結構)　　座號　　姓名:

小朋友:你有觀察過禮物的包裝嗎?是不是裡面的物品大小和外面的盒子要配合,才不會顯得擁擠!國字包圍的字也有相似的概念喔!今天老師要教大家認識並書寫,由內外部件組合而成的國字-**包圍結構字**。

例如:問:可拆成外為(門),內為(口)的半包圍字。

　　　回:可拆成外為(　　),內為(　　)的全包圍字。

　　　過:可拆成右上為(　　),左下為(　　)的半包圍字。

包圍結構字須注意內部件不要掉到外部件之外,且注意筆順,筆順說明要仔細聽老師講解喔!包圍的筆畫有一些變化,請你先仔細觀察、寫一遍並對照書寫要點,看看自己做到了嗎?

國□…………(兩邊豎畫要垂直,內部空間要均衡)

問□…………(兩邊豎畫要垂直,內部空間要均衡)

函□…………(兩邊豎畫下部稍斜向中心線,是下包圍字)

區□…………(豎橫折筆畫後寫,內部三個口,上口較扁)

石　□ ………… （左上包圍，注意口字接筆 ）

可　□ ………… （注意首畫與末畫的接筆位置 ）

過　□ ………… （辶部點稍高，注意載好右上部件 ）

附錄二　教師硬筆書法教學意見調查表架構分析

<table>
<tr><th colspan="2">問題分類</th><th>題目</th></tr>
<tr><td rowspan="12">教師硬筆字教學意見調查表</td><td rowspan="2">目前班上學生的硬筆字書寫情形</td><td>1.在您的班上，請在您認為寫字非常好看的學生號碼下打○○，好看的打○；寫字不好看的學生號碼下打 X，非常難看的打 XX。</td></tr>
<tr><td>2.您覺得學生字不好看的原因是什麼？</td></tr>
<tr><td rowspan="6">對硬筆字教學的看法和做法</td><td>3.您覺得指導學生書寫，其重要性如何？</td></tr>
<tr><td>4.您覺得以目前國語科的教學時數，在班上實施硬筆字教學的時間足夠嗎？</td></tr>
<tr><td>5.在教學課文生字時，您為學生講解的項目有哪些？</td></tr>
<tr><td>6. 您覺得硬筆寫字教學利用何種時間較為有效？</td></tr>
<tr><td>7.您認為硬筆書法教學，應該包含哪些項目？</td></tr>
<tr><td>8.您贊成「硬筆書法學習是一種技能的學習，有練習就會進步」的說法嗎？</td></tr>
<tr><td rowspan="2">對硬筆字教學環境的看法</td><td>9. 您認為在目前教育現場，硬筆字教學的困境有哪些？</td></tr>
<tr><td>10. 近年來，大陸興起硬筆書法學習熱潮，您對此一現象的看法為何？</td></tr>
<tr><td rowspan="2">對於硬筆字教學策略的看法</td><td>11.您同意「用透明紙覆在字上描紅，能讓學生學會掌握字的間架結構」的說法嗎？</td></tr>
<tr><td>12.讓學生先用透明紙描摹生字，再寫在簿本上的硬筆字教學策略，您的看法如何？</td></tr>
</table>

教師對班上學生的硬筆字書寫情形之次數分配與百分比

<table>
<tr><th colspan="2">題目</th><th>選項</th><th>次數</th><th>百分比</th></tr>
<tr><td rowspan="2">1</td><td rowspan="2">在您的班上，請在您認為寫字非常好看的</td><td>□非常好看</td><td>456</td><td>24%</td></tr>
<tr><td>□好看</td><td>864</td><td>46%</td></tr>
</table>

	學生號碼下打○○，好看的打○；寫字不好看的學生號碼下打X，非常難看的打XX	□不好看 □非常不好看	417 139	22% 7%
2	您覺得學生寫字不好看的原因是什麼？	□手的肌力不足 □坐姿和執筆姿勢錯誤 □老師講解不夠 □老師教了，學生很認真寫，但學生不會掌握字的空間位置 □學生太忙，若給予足夠時間字就會變好看 □學生應付了事，沒有用心觀察字形 □練習的次數太少 □其他：□使用自動鉛筆	21 52 6 25 21 52 9 1	34% 85% 10% 41% 34% 85% 15% 2%
3	您覺得指導學生書寫，其重要性如何？	□很重要，很值得花時間指導學生寫字 □重要，值得花時間指導學生寫字 □普通 □不重要，不值得花時間指導學生寫字 □很不重要，很不值得花時間指導學生寫字	18 40 3 0 0	29% 66% 5%
4	您覺得以目前國語科的教學時數，在班上實施硬筆字教學的時間足夠嗎？	□很充足 □普通 □不夠 □其他：	1 12 47 0	2% 20% 77%
5	在教學課文生字時，您為學生講解的項目有哪些？	□部首 □筆畫數 □筆順 □造詞 □相似相反詞 □字的結構寫法	58 46 53 55 37 52	95% 75% 87% 91% 61% 85%
6	您覺得硬筆寫字教學利用何種時間較為有效？	□不必刻意實施硬筆字教學。 □在教學生字時，一併講解書寫技巧。 □利用彈性課程，專門講解。 □其他：□學生寫作業時 　　　　□錯字出現較多時 　　　　□有需要時	3 51 6 1 1 1 1	5% 84% 10% 2% 2% 2% 2%
7	您認為硬筆書法教學，應該包含哪些項目？	□坐姿、執筆姿勢 □結構原則（如：均間、覆載……） □筆順 □字形結構（如：上下合併、左右合併、……） □筆畫 □其他：美感	93 170 164 169 241 1	5 2 4 3 1 6
8	您贊成「硬筆書法學習是一種技能的學習，有練習就會進步」的說法嗎？	□很贊成 □贊成 □普通 □不贊成 □很不贊成 □其他：	27 24 6 0 0 0	44% 39% 10%
9	您認為在目前教育現場，硬筆字教學的困境有哪些？	□教師專業能力 □上課時間不夠 □沒有合適教材 □家長不重視 □學生沒有意願	16 54 20 27 42	26% 89% 33% 44% 69%

		☐社會需求不大	21	34%
		☐其他：☐學生聽與做不一	1	2%
		☐教材作業本配套不足	1	2%
10	近年來，大陸興起硬筆書法學習熱潮，您對此一現象的看法為何？	☐臺灣也要重視學生書寫能力，積極學習大陸的優點	49	80%
			6	10%
		☐不必理會大陸的做法	1	2%
		☐其他：☐應調整國語文，教學各部分比重	3	5%
		☐本來就該注重，不是跟流行	1	2%
		☐當成藝術來欣賞	1	2%
		☐適中		
11	您同意「用透明紙覆在字上描紅，能讓學生學會掌握字的間架結構」的說法嗎？	☐很同意	9	15%
		☐同意	28	45%
		☐普通	18	30%
		☐不同意	4	7%
		☐很不同意	2	3%
12	讓學生先用透明紙描摹生字，再寫在簿本上的硬筆字教學策略，您的看法如何？	☐很認同	9	15%
		☐認同	27	44%
		☐普通	19	31%
		☐不認同	5	8%
		☐很不認同	2	3%

附錄三　學生對於硬筆書法的看法之次數分配與百分比

	題目	選項	次數	百分比
1	你覺得用鉛筆寫字和用毛筆寫字，哪個較容易寫得好？	☐用鉛筆（硬的筆）寫比較容易寫得好。	21	66%
		☐用毛筆（軟的筆）寫比較容易寫得好。	2	6%
		☐都容易	7	22%
		☐都不容易	2	6%
2	你覺得寫字美觀的重要程度如何？	☐很重要	20	62%
		☐重要	4	13%
		☐普通	8	25%
		☐不重要	0	
		☐很不重要	0	
3	老師講解國字分為上下結構、均間原則……等，對於掌握書寫的重點有幫助嗎？	☐很有幫助　☐有幫助	20	62%
		☐普通	6	19%
		☐很少的幫助　☐沒有幫助	6	19%
			0	
			0	
4	你喜歡寫硬筆字練字的作業嗎？	☐很喜歡	9	28%
		☐喜歡	8	25%
		☐普通	14	44%
		☐不喜歡	1	3%
		☐很不喜歡	0	
5	你覺得寫硬筆字的作業單麻煩嗎？	☐很麻煩	0	
		☐有點麻煩　☐普通	3	9%
		☐不麻煩	9	28%
		☐輕鬆愉快	12	38%
			8	25%
6	如果把國語寫生字的作業當成硬筆字練字的作業，你贊成嗎？	☐很贊成	7	22%
		☐贊成	13	41%
		☐普通	7	22%
		☐不贊成	5	16%
		☐很不贊成	0	

7	你覺得用透明紙描字練習，對寫出漂亮的字有幫助嗎？	☐有很大幫助	17	53%
		☐有幫助	9	28%
		☐普通	3	9%
		☐很少的幫助	3	9%
		☐完全沒幫助	0	
8	你用透明紙描字練習，每個字大約描幾次？	☐1-5 次之間	21	66%
		☐6-10 次之間	10	31%
		☐11 次以上	1	3%
9	每次發下的練習單，通常你是怎樣完成的？	☐發下當天寫完	8	25%
		☐分兩次寫完（上課時寫一部分，交作業那天	9	28%
		再寫完另一部分）	15	47%
		☐分五次寫完（每天練習一部分		
10	你覺得自己的字有沒有進步？	☐進步很多	10	31%
		☐有一些進步	17	53%
		☐進步很少	4	13%
		☐沒有進步	1	3%
11	對於硬筆字課程，你有沒有什麼要說的？請寫出來，不要客氣！	☐謝謝老師	1	3%
		☐字進步了很高興	12	38%
		☐上課很開心	7	22%
		☐作業可以多一點	1	3%
		☐希望作業少一點	1	3%
		☐老師教的都記得但都沒發揮，對不起老師	1	3%
		☐手會酸，寫的不好時一直擦掉有點難過	1	3%
		☐不喜歡寫硬筆字	1	3%
		☐透明紙不要縮水	1	3%
		☐透明紙都拿來畫畫，有點對不起老師	5	16%
		☐無意見		

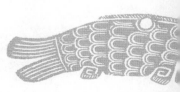

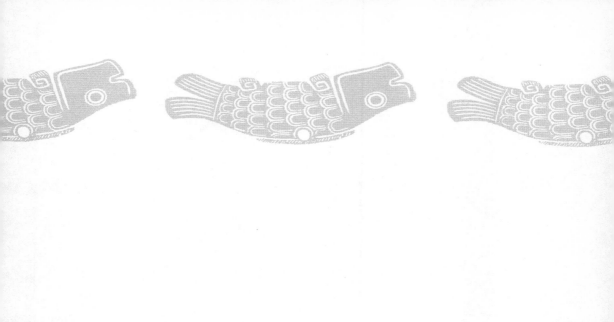

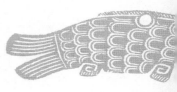

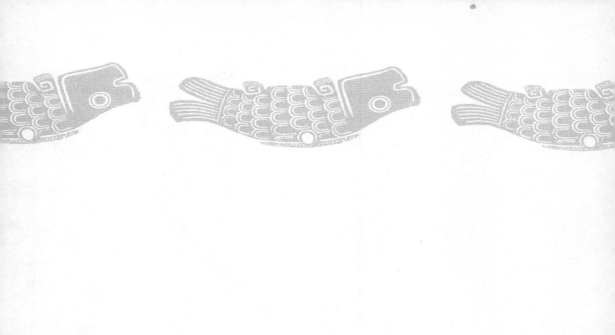
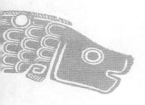

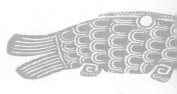

國家圖書館出版品預行編目資料

閱讀評量與寫字教學／江惜美等著.
——初版.——臺北市：五南, 2010.09
　面；　公分
ISBN 978-957-11-6095-5（平裝）
1.漢語教學　2.閱讀指導　3.書寫能力
4.中小學教育　5.文集
523.311　　　　　　　　　99016903

1IUY

閱讀評量與寫字教學（一版）

著　　作：教育部國語文課程與輔導諮詢團隊(447.8)
　　　　　江惜美　洪月女　孫劍秋
　　　　　鄭圓鈴　劉　瑩　等　著
主　　編：孫劍秋
編輯委員：李玉貴　吳惠花　吳韻宇　許文姿
　　　　　陳俐伶　陳靜儀　黃惠美
執行編輯：羅育敏　李威侃
發 行 人：楊榮川
總 編 輯：龐君豪
執行主編：黃文瓊
出 版 者：五南圖書出版股份有限公司
地　　址：106臺北市大安區和平東路二段339號4樓
電　　話：(02)2705-5066　　傳　真：(02)2706-6100
網　　址：http://www.wunan.com.tw
電子郵件：wunan@wunan.com.tw
劃撥帳號：01068953
戶　　名：五南圖書出版股份有限公司
臺中市駐區辦公室/臺中市中區中山路6號
電　　話：(04)2223-0891　　傳　真：(04)2223-3549
高雄市駐區辦公室/高雄市新興區中山一路290號
電　　話：(07)2358-702　　　傳　真：(07)2350-236
法律顧問　元貞聯合法律事務所　張澤平律師
出版日期　2010年9月初版一刷
　　　　　2011年12月初版二刷
定　　價　新臺幣400元